La Sophrologie

POUR LES NULS

La Sophrologie POUR LES NULS

Cindy Chapelle

FIRST Editions

La Sophrologie pour les Nuls

60, rue Mazarine
75006 Paris – France
Tél. 01 45 49 60 00
Fax 01 45 49 60 01
Courriel : firstinfo@efirst.com
Internet : www.editionsfirst.fr

ISBN : 978-2-7540-2319-1
Dépôt légal : août 2011
Imprimé en France par Hérissey à Évreux (Eure)

Directrice éditoriale : Marie-Anne Jost-Kotik
Secrétariat d'édition : Raphaël Dupuy
Correction : Anne-Lise Martin
Dessins humoristiques : Marc Chalvin
Illustrations : SaT
Mise en page et couverture : ReskatoR
Fabrication : Antoine Paolucci
Production : Emmanuelle Clément

À propos de l'auteur

Cindy Chapelle, sophrologue diplômée de l'École française de sophrologie (EFS) de Montpellier. Membre du Syndicat des sophrologues professionnels (SSP) et de la Société française de sophrologie (SFS).

Exerçant à Toulon dans le Var, elle anime des séances individuelles et collectives sur l'équilibre général, la gestion du stress, la confiance en soi, les valeurs de vie et également sur les champs d'application plus spécifiques de la sophrologie : la préparation à la maternité, aux examens, aux compétitions sportives, au sevrage tabagique. Par ailleurs, elle intervient en entreprise principalement sur la question de la gestion du stress et propose ainsi des cours de sophrologie à des groupes de salariés.

Dédicace

Ce livre est dédié à tous les croqueurs de vie, à ceux qui ont le désir d'avancer, de rebondir sur leurs difficultés, d'apprécier pleinement des plaisirs simples, de tendre vers leurs aspirations.

À tous ceux qui cherchent à élargir leur champ de conscience pour vivre sereinement au présent tout en ayant un rapport positif à leur passé et futur. Ouvrir son regard, faire évoluer son mode de pensée pour être pleinement soi, affranchi de ses conditionnements. Se dévoiler à soi-même et oser être soi face aux autres, autonome, cohérent avec soi-même, « bien dans ses baskets », comme on dit.

Un ouvrage pour tous ceux qui ressentent le désir de mieux se connaître afin de se construire une vie bien à eux qui tende vers leur épanouissement.

À tous ceux pour qui le lâcher prise sera un déclic, les libérant des frustrations, des habitudes, pour leur permettre d'aborder la vie sous un nouveau jour.

À tous ceux qui veulent s'ouvrir au monde et aux autres.

À tous ceux qui entreprennent de répondre à cette question : qu'est-ce qui est essentiel pour moi aujourd'hui, qui donne du sens à mon quotidien ? Pour satisfaire au mieux leurs valeurs.

À tous les aventuriers pour qui la liberté est la condition de tout épanouissement. Il ne tient qu'à soi d'édifier son quotidien dans un principe d'auto-responsabilité. Nous n'avons pas la possibilité d'agir sur certaines choses (elles ne dépendent pas de notre seul bon vouloir), mais tant d'autres sont modulables, adaptables à nos besoins avec de la volonté, de l'imagination et de l'amour.

Remerciements

Je remercie de tout mon cœur mes parents, Christiane et Luc Chapelle, qui m'ont accompagnée et suivie durant cette formidable aventure. Des échanges toujours emplis d'amour, de confiance et de tendresse. Deux êtres immuables qui s'inscrivent dans ma vie quotidienne, dans mes actes, et qui, par leur simplicité, reflètent un idéal de vie serein, associé à du rire, du partage, de la vitalité et une gentillesse sans limites. Ils parcourent une route tranquille qu'ils poursuivent main dans la main, car ils ont bien compris et m'ont enseigné que l'amour est la condition sine qua non du bonheur et de l'épanouissement personnel. Être vrai.

Jérémy Chenu, mon compagnon (de route), ostéopathe à Sanary-sur-Mer. Un être original qui, par sa gentillesse et sa générosité, rassemble et fait rire son monde. Une personne qui met en joie mon quotidien, m'écoute et m'épaule. Merci de ta patience et de ton soutien tout au long de l'écriture de cet ouvrage. Je joins également des remerciements à Comète qui se reconnaîtra, mon acolyte.

Également un grand merci à Norbert Cassini – master spécialiste en Sophrologie caycédienne® et directeur de l'École française de sophrologie de Montpellier (EFS) –, à Pascal Gauthier – formateur, psychologue formé aux approches comportementales et cognitives (AFTCC, Paris), master spécialiste en sophrologie, directeur de l'Institut de sophrologie de Rennes (ISR) – et à Christine Egleme – présidente du Syndicat des sophrologues professionnels – qui ont largement participé à l'enrichissement de cet ouvrage.

Enfin, un grand merci à Jacques et Micheline Deltour, Sylvie Chapelle et Jean-Claude Bolgert pour leur participation active.

Sommaire

Introduction

Qui ne s'est jamais senti dépourvu face à un choix ? Qui n'a jamais eu l'impression de vivre sa vie comme un automate à la façon d'un trajet en voiture dont on n'aurait aucun souvenir, tout comme si l'on avait enclenché le pilote automatique ? Qui n'a jamais ressenti d'anxiété en vue d'un entretien important ? La sophrologie propose des méthodes et techniques pour se relier à son corps, mieux se connaître et vivre en cohérence avec ses valeurs profondes.

Elle apparaît ainsi comme une discipline de développement personnel bien que son champ d'application s'étende par ailleurs au domaine clinique. Elle délivre des clés pour une vie plus consciente et permet de créer une formidable relation entre le corps et l'esprit. D'un aspect pragmatique, elle privilégie un entraînement personnel facilement réalisable au quotidien et offre la possibilité de se sentir plus en accord avec soi-même.

Dans cette optique, on pratique la sophrologie pour apprendre à se relaxer, à gérer son stress, à retrouver confiance en soi, ou encore à mieux satisfaire ses valeurs de vie. Plus globalement, il s'agit d'une progression (d'une séance à l'autre), d'une évolution qui tend vers l'amélioration de sa qualité de vie.

« Bonheur : État de parfaite satisfaction intérieure. Bonne chance, circonstance favorable » (définition du Larousse). Le bonheur représenterait-il une recherche de sens ? Passerait-il par la réussite ? Par les autres ? La sophrologie est un moyen de développer un nouveau regard, sans idée préconçue.

Une véritable démarche pour devenir acteur de sa vie.

À propos de ce livre

Informer sur une discipline jeune et en vogue mais aussi dévoiler les outils et techniques qu'elle utilise, tel est l'objectif de cet ouvrage.

Ce livre cherche à être un manuel pratique : il permet d'acquérir une méthode et propose des exercices assez simples pour trouver place dans le quotidien.

Une véritable démarche
La sophrologie n'est pas une discipline miracle mais bien un entraînement. Qui dit entraînement dit investissement personnel. La démarche sophrologique peut être orientée vers les objectifs suivants :

- Trouver **un bon équilibre général** en apprenant à se détendre ;
- Apprendre à **gérer son stress** ;
- Renforcer sa **confiance en soi** ;
- Se rapprocher de ses **valeurs de vie**, de tout ce qui est fondamental pour soi, de ce qui donne du sens à son existence ;
- Mieux s'adapter aux situations du quotidien en apprenant à **lâcher prise**.

Ce livre aborde des points essentiels pour retrouver une cohérence et prendre du recul par rapport à ce que l'on est, ce que l'on vit et ce que l'on fait. Il s'agit de se sentir mieux dans sa tête, mieux dans son corps et globalement mieux dans sa vie !

Envisager la vie sous un nouvel angle
Une démarche pour apprendre à se simplifier la vie, se révéler à soi-même, réveiller son potentiel et ses capacités, dépasser ses conditionnements affectifs. En bref, être en harmonie avec soi-même. L'unité de soi est une des clés de notre équilibre. Mais souvent contraints par nos obligations, nous avons tendance à nous enfermer trop vite dans une vie, sans nous demander réellement ce qui est bon pour nous, ce que nous voulons ou ne voulons plus, bref à manquer un peu de recul. Ne pas se leurrer, rester soi, savoir s'écouter et prendre conscience de ce qui nous épanouit, voilà un vaste programme.

L'objectif même de l'entraînement sophrologique est de chercher à **élargir son champ de conscience**. Ainsi, il nous arrive parfois de vivre comme des révélations, quelque chose que l'on découvre soudain, qui nous « saute aux yeux » : c'est la prise de conscience. Elle nous fait grandir, évoluer comme si nous passions à un nouveau stade. Car tout travail sur soi commence par une prise de conscience. Par exemple, prendre conscience de votre respiration et la redécouvrir vous permettra de mieux la maîtriser par la suite. De même, prendre conscience de votre relation au stress vous conduira ensuite à mieux le gérer.

Les motifs de consultation
Tout d'abord, il est bon de savoir que la sophrologie s'adresse à tous : enfants, adultes, seniors. Compte tenu de son vaste champ d'application, elle peut être profitable pour :

- Une personne qui ne supporte plus son travail. La sophrologie lui proposera d'améliorer son équilibre général, de gérer son stress et d'effectuer un travail pour se relier à ses envies, désirs, besoins.

- Une personne qui connaît un état de fatigue et ne se trouve plus de but dans la vie. Un travail sur l'équilibre général et les valeurs de vie sera alors intéressant.
- Une personne qui a des difficultés à faire des choix. Elle pourra amorcer un travail sur la confiance en soi.

Bien d'autres motifs sont envisageables : apprendre à se relaxer, gérer ses émotions, pallier un mal-être, se préparer à un examen, à la maternité, etc.

La sophrologie est souvent associée à la gestion du stress, et pour cause ! C'est un des principaux motifs de consultation. Dans le cadre de séances sur le stress, au début de l'entraînement, un travail sur l'écoute du corps et la respiration est réalisé. C'est la base de toute détente.

Le point de départ : à vos marques, prêts, lisez !
Avant d'aller plus loin dans la lecture de cet ouvrage, il peut être intéressant de répondre à ces questions :

- Qu'est-ce qui vous amène à la sophrologie ?
- Avez-vous déjà pratiqué une autre discipline de développement personnel ?
- Qu'attendez-vous de la sophrologie ?

Après réflexion, il ne vous reste plus qu'à explorer ce livre !

Comment ce livre est organisé

Prenez l'exemple d'un enfant qui apprend à lire. Au début, on lui enseigne les lettres et les syllabes. Puis, peu à peu, ces bases deviennent des mots et prennent tout leur sens. C'est ainsi que ce livre a été conçu. Il suit un ordre logique en commençant par bien cerner ce qu'est la sophrologie pour ensuite l'appliquer.

Première partie : L'histoire de la sophrologie

Comprendre l'origine de cette discipline ainsi que ses principes, faire connaissance avec son fondateur (Alfonso Caycedo) et pénétrer les méandres de la « conscience », tels sont les objectifs de cette entrée en matière. Vous découvrirez, peut-être avec surprise, que la sophrologie n'est pas que de la relaxation et commencerez à discerner le cadre de cette pratique aujourd'hui bien réglée.

Deuxième partie : Qu'est-ce que la sophrologie ?

Savez-vous ce que signifie « sophrologie » ? Avez-vous une idée de la méthodologie appliquée ? Connaissez-vous le protocole d'une séance ? Des questions et surtout des réponses essentielles pour approfondir vos connaissances sur le sujet. Un proverbe chinois affirme : « Celui qui pose une question risque d'avoir l'air bête cinq minutes ; celui qui ne pose pas de question restera bête toute sa vie. » Alors répondons ensemble à ces interrogations ! Vous déchiffrerez ainsi dans un premier temps le sens étymologique du mot « sophrologie », comprendrez les grandes lignes de la pratique et aurez une idée précise du déroulement d'un cours de « sophro ».

Troisième partie : En pratique

Des relaxations dynamiques qui représentent la colonne vertébrale de la discipline aux techniques dites spécifiques, il n'y a qu'un pas, puisque l'entraînement sophrologique les associe. La méthode et les techniques sont ainsi complémentaires. Pour vous donner un aperçu, il existe une technique spécifique appelée « sophro-déplacement du négatif » qui permet, schématiquement, d'évacuer les tensions inutiles à chaque expiration. Cette partie est essentielle pour se familiariser avec la pratique.

Quatrième partie : Les principaux champs d'application

La sophrologie est une sacrée actrice ! Elle joue un rôle aux multiples facettes et permet ainsi de retrouver un bon équilibre général, gérer son stress, reprendre confiance en soi, être bien relié à ses valeurs de vie. Elle devient également un allié de taille dans la préparation à la maternité, l'amélioration des performances sportives ou encore les addictions. Des programmes d'entraînement vous sont proposés au sein de cette partie. À vous de les mettre en pratique !

Cinquième partie : À vous de jouer !

Des programmes divertissants sont exposés dans cette partie, selon que vous souhaitez vous détendre, pratiquer la sophrologie en couple, entre ami(e)s ou avec les enfants. Vous y trouverez des exercices pratiques, mais aussi des relaxations dynamiques et des techniques spécifiques. Alors lancez-vous et surtout faites-vous du bien !

Sixième partie : La partie des Dix

Des conseils et astuces récréatifs et efficaces. Cette partie vous dévoilera 10 exercices pour vous relaxer au quotidien et vous donnera des pistes pour enregistrer les terpnos logos, textes qui accompagnent les techniques sophrologiques.

Septième partie : Annexes

Pour en savoir plus sur la sophrologie, les différents termes utilisés dans le jargon sophrologique et sur les ouvrages et sites Internet qui vous permettront d'aller plus loin dans votre pratique, rendez-vous au plus vite dans cette partie !

Les icônes utilisées dans ce livre

Des icônes placées tout au long de l'ouvrage dans la marge pourront aiguiller votre lecture…

Cette icône vous indique le développement d'une idée, vous dévoile le protocole d'une technique et vous permet d'aller plus loin dans votre pratique de la sophrologie.

Il s'agit ici de vous faire connaître des éléments d'histoire, de terminologie ou de pratique qui vous permettront de mieux appréhender les différentes facettes de la sophrologie.

Cette icône désigne les notions importantes à retenir. Vous les trouverez tout au long de l'ouvrage, alors ouvrez l'œil !

Lorsqu'une situation mérite une explication particulière, cette icône fait office de mise en garde.

Parce qu'on apprend plus facilement en s'identifiant aux autres, cette icône signale des témoignages d'hommes et de femmes qui pratiquent ou ont pratiqué la sophrologie pour vous aider dans vos sophronisations.

Certaines informations ont plus d'importance que d'autres. Cette icône vous aidera à repérer les histoires qui méritent réflexion.

Schématiquement, cette icône vous indique les points importants développés dans le chapitre. S'il n'y a qu'une seule chose à se rappeler, c'est celle-ci!

Les conventions utilisées dans ce livre

La théorie, c'est bien, mais la pratique, c'est mieux! C'est pourquoi les différents exercices proposés dans cet ouvrage sont mis en forme de façon à ce que vous les repériez plus facilement. Vous trouverez donc les trois types d'exercices ci-dessous dans un encadré différent des encadrés habituels.

Technique spécifique

Ces encadrés indiquent un terpnos logos guidant une technique spécifique, qui peut être pratiquée en toute autonomie si vous avez déjà suivi des cours accompagnés d'un(e) sophrologue, ou enregistrée (au dictaphone) pour votre entraînement personnel.

Relaxation dynamique

À l'instar des techniques spécifiques, ces encadrés indiquent un terpnos logos guidant une relaxation dynamique. Vous pouvez pratiquer ces relaxations dynamiques seul(e), lorsque vous avez déjà suivi des cours avec un(e) sophrologue, ou en suivant les indications sur un enregistrement.

Exercice pratique

Ces encadrés indiquent un exercice à pratiquer en parallèle de la méthode et des techniques spécifiques propres à la sophrologie.

Par où commencer

Pour découvrir la sophrologie dans son contenu théorique, connaître son histoire, ses objectifs, les principes qui l'encadrent, sa définition précise ainsi que la façon dont elle se pratique, lisez les **première et deuxième parties**, qui pourront répondre à vos questions.

Si vous souhaitez passer au plus vite à la pratique, je vous conseille de débuter par la **troisième partie** intitulée d'ailleurs « En pratique ». Trois techniques clés pour commencer votre entraînement sont présentées : la sophronisation de base, le sophro-déplacement du négatif, la sophro-présence du positif.

La **quatrième partie**, « Les principaux champs d'application », vous exposera à la fois la théorie et la pratique sur des sujets tels que « L'équilibre général » (chapitre 14) ou encore « La confiance en soi » (chapitre 16). Vous souhaitez travailler sur la gestion du stress, rendez-vous au chapitre 15 !

Pour débuter en douceur, n'hésitez pas à vous lancer tout de suite dans les **cinquième et sixième parties** en piochant notamment de petits exercices faciles à réaliser au quotidien tout au long du chapitre 26 : « 10 exercices pratiques pour se relaxer ».

En fin d'ouvrage, dans les **annexes**, vous trouverez un lexique visant à éclaircir le jargon sophrologique ainsi qu'une bibliographie pour aller plus loin !

Première partie

L'histoire de la sophrologie

Dans cette partie…

Vous allez assister à la fondation d'une discipline nouvelle, inspirée par d'autres pratiques telles que l'hypnose ou le yoga, mais bel et bien unique en son genre. C'est l'occasion de parcourir le cheminement d'Alfonso Caycedo, qui, au fur et à mesure de ses recherches, a instauré la sophrologie.

Chapitre 1

La création d'une discipline

Dans ce chapitre :

- Les débuts de la sophrologie
- Les évolutions de la discipline
- La professionnalisation et la démocratisation

Partez à la découverte de la sophrologie depuis sa création en 1960, jusqu'à nos jours ! Son fondateur étant médecin, les recherches et expérimentations qu'il a effectuées ont, à l'origine, été réalisées dans le milieu thérapeutique. Ensuite la sophrologie s'est implantée dans un laboratoire à ciel ouvert. Encore aujourd'hui, elle s'actualise à travers des observations et vérifications scientifiques.

Alfonso Caycedo, le fondateur

Né en 1932 à Bogotá en Colombie, Alfonso Caycedo est issu d'une famille espagnole d'origine basque. Malgré ses nombreux voyages, il reviendra toujours à ses racines. En réalité, on en sait peu sur sa vie personnelle, bien que l'histoire de la sophrologie (développée ci-après) nous rapporte quelques moments clés de sa biographie. Son mariage à Genève en 1963 avec une Française passionnée de yoga explique d'ailleurs sans doute ses voyages en Orient qui auront largement enrichi la sophrologie.

De l'hypnose à la sophrologie

Ses études secondaires l'emmènent en Colombie, puis son cursus universitaire le conduit à Madrid. C'est dans la faculté de médecine madrilène qu'il décroche le titre de docteur en médecine et chirurgie. Il choisit de se spécialiser en psychiatrie et neurologie et intègre le service du professeur de psychiatrie Lopez Ibor, son premier maître, dit-il. Ludwig Binswanger deviendra le second, comme nous le verrons, lors de sa rencontre avec la phénoménologie.

Constatant la violence des procédés thérapeutiques d'après-guerre pour modifier les états de conscience (comas insuliniques, électrochocs sans anesthésie), il se tourne vers une méthode plus douce : l'hypnose clinique. Il crée la Société espagnole d'hypnose clinique et expérimentale à Madrid en 1959. Rapidement, cette société devient la première Société de sophrologie, ses travaux scientifiques ayant démontré la difficulté de remodeler l'hypnose. En fait, ses observations ne correspondaient pas aux théories de nombre d'auteurs sur le sujet. D'autre part, l'hypnose était assimilée à une pratique mystique, fantaisiste, voire obscurantiste. Alfonso Caycedo souhaitait commencer ses recherches sur la conscience en partant sur des bases saines, libres de tous préjugés.

C'est ainsi que le terme sophrologie fut créé en 1960 et que le premier département de sophrologie clinique vit le jour dans l'hôpital Santa Isabel, toujours dans la capitale espagnole, dans le but d'entreprendre une étude approfondie des phénomènes de la conscience.

Rencontre avec la phénoménologie

Entre 1963 et 1964, Caycedo rencontre en Suisse le professeur Ludwig Binswanger, père de la psychiatrie phénoménologique, et intègre à ses côtés, en tant que médecin neuropsychiatre stagiaire, le sanatorium (hôpital) Bellevue de Kreuzlingen. Alors qu'il est le dernier élève de Binswanger, celui-ci l'initiera à la phénoménologie existentielle. La phénoménologie est une approche qui privilégie l'expérience par rapport à l'intellectualisation et, en ce sens, qui cherche à appréhender un phénomène dans son essence. En sophrologie, cela va devenir le fait de laisser les phénomènes émerger à la conscience. Nous aurons l'occasion de développer cette notion dans le prochain chapitre.

C'est un des tournants de l'histoire de la sophrologie qui, jusqu'à présent, pouvait être assimilée à une technique proche de l'hypnose. La phénoménologie va amener un renouveau, une approche bien distincte de la sophrologie. Le professeur Caycedo s'intéresse de près à la phénoménologie existentielle – une phénoménologie orientée vers le vécu de l'être – en vue de l'intégrer au sein même des bases de sa méthode. Convaincu du bien-fondé et de la pertinence de cette discipline, il souhaite la démocratiser. La sophrologie est en train de se construire sur un principe d'accueil des phénomènes sans jugement.

LE SAVIEZ-VOUS ?

Binswanger : père, fils et petit-fils

Ludwig Binswanger joua un rôle prépondérant dans la recherche psychiatrique notamment par son analyse existentielle. La Daseinanalyse est issue des travaux de Martin Heidegger, philosophe qui approfondit la phénoménologie. Elle considère l'Être dans son existence, en s'intéressant à sa façon d'être au monde, dans sa spatialité, sa temporalité, sa corporéité, ses rapports avec les autres dans ce monde, etc. Ludwig Binswanger peaufinera cette méthode tout au long de sa vie au sein de ce fameux sanatorium Bellevue de Kreuzlingen. Celui-ci fut fondé par son grand-père, puis dirigé par son père, et Ludwig en confiera lui-même la gestion à son fils. Un lieu qui abrita quatre générations de Binswanger et dans lequel Caycedo compléta sa méthode.

Au gré de ses voyages en Orient...

Figure 1-1 : Alfonso Caycedo lors d'un voyage en Orient.

De 1965 à 1968, Alfonso Caycedo entreprend un voyage initiatique passant par l'Inde et le Japon, à la découverte de nouvelles pratiques pour enrichir et faire évoluer sa discipline. Dès son retour en Occident, il crée les deux premiers degrés des relaxations dynamiques et un peu plus tard le troisième :

- Le 1er degré est inspiré du yoga indien ;
- Le 2e, de certaines techniques de méditation utilisées par les Tibétains bouddhistes ;
- Le 3e, de sa rencontre avec le zen japonais.

À travers ses rencontres avec des yogis et autres guides spirituels, il découvre des techniques pour modifier volontairement les états de conscience ainsi que de nouvelles approches du concept de conscience. De ces échanges naîtront deux ouvrages intitulés *Letters of silence* (Bhawani and sons, New Delhi, 1966) et *India of Yogis* (National Publishing House, New Delhi, 1966). L'année 1968 marque la fin de la fondation de la sophrologie, mais pas de sa construction !

La faculté de Barcelone et la reconnaissance

Dès son retour en Espagne, il est nommé professeur de psychiatrie de la faculté de médecine de Barcelone. Il commence alors avec ses collaborateurs un long travail de recherche et d'expérimentation d'une dizaine d'années, validé peu à peu par l'évaluation scientifique. C'est le temps des mises à l'épreuve. Mais c'est aussi le temps de la diffusion des méthodes de sophrologie. Pour cela, deux congrès mondiaux sont programmés sur les thématiques suivantes : « Sophrologie, médecine d'Orient et d'Occident » et « L'harmonie au sein de la civilisation du drame ». Ces congrès se tiendront respectivement en 1970 et 1975 sous un régime politique espagnol encore franquiste.

C'est au sein de la faculté de médecine de Barcelone et de son institut qu'Alfonso Caycedo peaufine le cycle réductif de sa méthode. Ce cycle est composé des quatre premiers degrés de la relaxation dynamique, technique d'entraînement sophrologique qui sera plus tard associée aux techniques spécifiques. Entre 1968 et 1982, il publie deux ouvrages intitulés *Progrès en sophrologie* (Société centrale de sophrologie et médecine psychosomatique, traduction de *Progresos en sofrologia*, Editorial Scientia, Barcelone, 1969) et *Dictionnaire abrégé de sophrologie et relaxation dynamique* (Ediciones Emegé, Barcelone, 1972), et multiplia les congrès scientifiques de Barcelone à Madrid en passant par Lausanne et Bruxelles. Il initie à Paris un entraînement sophrologique collectif, le premier en France. Il renouvellera l'expérience au Brésil en 1977, dans le souci d'ouvrir sa méthode au champ social.

EN SAVOIR PLUS

C'est au cours de cette année qu'Alfonso Caycedo reçoit le titre de professeur *honoris causa* de Pernambouc, État brésilien dont la capitale est Recife. Il s'agit d'un titre honorifique décerné à une personnalité par une université.

À cette occasion, il prononce un discours portant le nom de « Déclaration de Recife » sur les valeurs de l'homme. La création de l'Union internationale pour le développement sophrologique de la conscience humaine suivra cet événement.

Des bases solides et universelles

La sophrologie s'extrait progressivement du champ thérapeutique pour s'ouvrir en parallèle au champ social. Elle devient, au fil des années, socio-prophylactique : elle s'adresse à tous et présente un intérêt notable dans les mesures de prévention en matière de santé. Elle développe ainsi ses applications concernant l'équilibre général, la gestion du stress, la confiance en soi, etc. Par ailleurs, l'appellation « Sophrologie caycédienne » est déposée et des réunions sont organisées pour unifier le contenu de la méthode caycédienne.

La sophrologie sociale à Bogotá

Dès 1978, la sophrologie s'ouvre au champ social. C'est en Colombie que le professeur Caycedo tournera cette nouvelle page dans l'évolution de sa méthode. En août 1982 se déroule le troisième congrès mondial à Bogotá. Il crée le quatrième degré de la relaxation dynamique.

La réorganisation de la discipline

Le professeur Caycedo s'installe en 1988 en Andorre et protège légalement sa méthode et son enseignement en tant que Sophrologie caycédienne®. La sophrologie est à présent bien définie et sa diffusion en Europe effective, mais elle peine à acquérir une identité propre. Les praticiens en sophrologie ont été formés au début de sa création. Ils n'ont donc pas intégré la spécificité phénoménologique et existentielle. Dans leur esprit la sophrologie est restée au stade de l'hypno-sophrologie et chacun l'utilise à sa façon, sans lui donner une identité propre.

Soucieux d'unifier sa méthode, le professeur Caycedo invite tous les sophrologues en Andorre. Une véritable réorganisation est opérée afin d'actualiser les formations. D'autre part, les recherches vont bon train et les cycles réductif, radical et existentiel, socles de la méthode d'entraînement sophrologique – la relaxation dynamique –, sont établis en 1992 sous une première forme qui sera ensuite régulièrement modifiée.

L'Université internationale de Sophrologie caycédienne®

Le 20 juin 1992, l'Université internationale de Sophrologie caycédienne® voit le jour. Elle deviendra plus tard l'Académie post-universitaire de Sophrologie caycédienne® en hommage à Platon. C'est dans ses dialogues que le philosophe utilise le terme *sôphrosunè,* synonyme de paix spirituelle. Le professeur Caycedo s'en inspira pour créer le mot « sophrologie ».

EN SAVOIR PLUS

Un hommage à Platon

L'Académie est une école philosophique fondée par Platon. Pourquoi porte-t-elle ce nom ? Parce qu'elle est située tout près du tombeau du héros Académos. C'est dans les faubourgs d'Athènes que Platon a établi cette institution. L'Académie fut fondée en 387 et son entrée portait l'inscription : « Que nul ne pénètre ici s'il n'est géomètre. » De quoi se remuer les méninges ! Une école de philosophie semblable à une université, avec ses étudiants, son règlement, ses salles de conférences et ses bibliothèques. De nombreux élèves viendront y suivre des cours orientés vers la philosophie et les sciences. Les mathématiques étaient un des principaux enseignements. Platon s'y intéressa de près, notamment à la démonstration qui, selon lui, représentait le meilleur entraînement de l'esprit. Alors n'hésitez pas à vous replonger dans vos manuels scolaires !

En novembre de la même année, au cours du sixième congrès européen de psychiatrie où plus de 2000 psychiatres sont présents, la Sophrologie caycédienne® est officiellement instituée. Composée de ses deux branches, clinique et socio-prophylactique, elle étend ses champs d'application. La formation de sophrologue n'est plus réservée aux médecins et aux professionnels paramédicaux, mais devient accessible à tous.

La structuration définitive… ou presque !

En 1994, le professeur Caycedo instaure deux filières bien distinctes :

- la sophrologie comme école scientifique ;
- la Sophrologie caycédienne® comme nouvelle spécialité clinique et prophylactique.

Entre 1995 et 2001, la méthode Alfonso Caycedo est bien définie grâce aux douze degrés de la relaxation dynamique et à ses techniques originales, bien qu'elle doive évoluer encore au cours des prochaines années. Un cheminement de plus de quarante ans, allant de la création à l'instauration d'une nouvelle discipline et passant par l'expérimentation et la vérification. En réalité, la sophrologie évolue encore aujourd'hui, tout en conservant des fondations stables et solides.

N'OUBLIEZ PAS !

Les grandes étapes de la sophrologie

1960 : Fondation de la sophrologie à Madrid.

1963-1964 : Intégration de la phénoménologie.

1965-1968 : Voyages en Orient.

1968 : Début des recherches et expérimentations à Barcelone.

1978 : Naissance de la sophrologie sociale à Bogotá.

1992 : Congrès européen de psychiatrie de Barcelone qui donne une légitimité à la sophrologie.

La sophrologie aujourd'hui

La sophrologie gagne peu à peu son indépendance. La méthode développée par A. Caycedo reste, bien sûr, le fond de l'enseignement reçu par tout sophrologue professionnel, mais l'évolution des mœurs amène la sophrologie à s'ouvrir à d'autres formes. Dans toute pratique (la psychothérapie, par exemple), il y a les fondamentaux, les changements contemporains, mais aussi la touche personnelle de chaque praticien, notamment dans sa façon de transmettre les techniques propres à sa discipline. L'essentiel reste de se tourner vers des praticiens qualifiés, en l'occurrence des sophrologues professionnels (voir plus loin « Renforcer sa crédibilité »).

Vers l'autonomie

Aujourd'hui, la sophrologie a plus de 50 ans et poursuit son chemin. On trouve des courants très attachés à l'enseignement du fondateur tandis que d'autres s'ouvrent à de nouvelles orientations. Les sophrologues se doivent de suivre l'évolution de la société et en ce sens d'adapter leur discipline. Certains courants se tournent vers le relationnel, d'autres vers l'analyse (la sophro-analyse).

La sophrologie ressent le désir naturel de voler de ses propres ailes. En bref, les sophrologues professionnels sont à la fois admiratifs et réservés en ce qui concerne la Sophrologie caycédienne®, favorisant la simplicité et le pragmatisme pour développer les bienfaits de la sophrologie.

Le but est de rester dans la lignée de la sophrologie dite caycédienne mais de sortir de son carcan. C'est une relation naturelle, saine, qui est en train de se mettre en place, la sophrologie prend son autonomie tout en respectant l'enseignement d'origine.

Elle se décline en diverses tendances tout comme d'autres disciplines en leur temps (la psychanalyse a développé le courant freudien mais aussi le courant lacanien par exemple).

Renforcer sa crédibilité

La sophrologie est une discipline concrète, pragmatique et en ce sens se doit de proposer des praticiens qualifiés aux personnes souhaitant la pratiquer, en l'occurrence des sophrologues **professionnels**. Des structures existent pour promouvoir et encadrer la sophrologie :

- le Syndicat des sophrologues professionnels (2003) ;
- la Société française de sophrologie qui a été créée en 1966 et qui est également une instance fédératrice ;
- la Coordination des écoles professionnelles en sophrologie (2000).

Le Comité d'action et de régulation des enseignements en sophrologie (CARES), créé en 2010, rassemble à présent les trois structures citées ci-dessus.

EN SAVOIR PLUS

On dénombre aujourd'hui environ 85 écoles de sophrologie. Tous les sophrologues formés par correspondance ou ayant reçu un enseignement dit « léger » (moins de 300 heures) ne peuvent intégrer le Syndicat des sophrologues professionnels (SSP).

Ces critères sont indispensables à la crédibilité de la discipline, d'autant plus qu'il n'existe pas de diplôme d'État, la sophrologie étant reconnue officieusement mais pas réglementée.

EN SAVOIR PLUS

L'actualité de la sophrologie

La sophrologie entre dans une nouvelle phase de structuration. Les formations s'organisent pour être crédibles vis-à-vis des pouvoirs publics. Qui dit organisation des formations dit rassemblement des directeurs d'écoles pour une réflexion commune. Il s'agit de poser des conditions en termes de contenu, de mise en place et de nombre d'heures de formation. En bref, c'est la recherche de garanties. La sophrologie est en train d'évoluer en ce sens. Par exemple, le nombre d'heures de formation requis pour être inscrit comme sophrologue professionnel au sein du SSP (Syndicat des sophrologues professionnels) va passer de 250 à 300 heures, les 400 heures sont même visées. Ce syndicat est une structure officielle, comme une fédération, dans laquelle chaque sophrologue adhère à un code déontologique. C'est un moyen de structurer la sophrologie mais aussi et surtout d'apporter aux sophronisants des garanties pour une pratique sérieuse et sereine. La sophrologie améliore ainsi sa crédibilité et va certainement dans le sens d'une reconnaissance et peut-être d'une certification européenne.

Aujourd'hui, la sophrologie est toujours en évolution et contrôlée par la vérification scientifique, notamment par le Groupe d'épistémologie de la sophrologie (épistémologie : étude critique d'une méthode scientifique.). Celui-ci s'attache entre autres à insérer la discipline dans le milieu hospitalier et plus largement à la valider dans ses différents champs d'application. Des études objectives sont alors rédigées par des experts (médecins non sophrologues, psychologues et autres), à partir de l'expérience et du ressenti des patients vis-à-vis des exercices pratiqués. L'Observatoire national de la sophrologie réalise lui aussi des études portant notamment sur l'apport de la pratique sophrologique dans le stress, les troubles du sommeil et la douleur.

EN SAVOIR PLUS

Le Groupe d'épistémologie de la sophrologie

Le GES est un organisme qui établit un cadre scientifique pour étudier la portée de la sophrologie. Son protocole est simple : choisir un champ d'application (cancérologie, obstétrique ou autre), créer une équipe spécialisée dans ce domaine au sein d'un centre hospitalier, mettre en pratique des techniques de sophrologie. L'objectif est de réaliser des études dans un espace où le sophrologue participera à une expérience, sans en être juge. C'est à l'équipe formée de médecins non sophrologues qu'incombe la tâche d'évaluer objectivement dans leur domaine les bienfaits et les limites de la sophrologie. Une étude sur la sophrologie et la maladie de Parkinson est actuellement réalisée au sein d'un service hospitalier de Rennes.

Sa diffusion à l'étranger

La sophrologie est particulièrement présente en Suisse, où elle est très structurée et très encouragée. En Belgique, elle fonctionne comme en France avec différentes écoles et structures. Elle est également bien démocratisée au Québec.

Chapitre 2

Les sources de la sophrologie

Dans ce chapitre :

- L'hypnose, à l'origine de tout
- L'apport de la phénoménologie
- La conséquence des voyages en Orient

À travers ce chapitre, vous allez comprendre pourquoi la sophrologie est ce qu'elle est aujourd'hui. L'hypnose vous est initialement exposée puisqu'elle représente la première étape des recherches d'Alfonso Caycedo. Puis en continuant à suivre l'histoire de la sophrologie, nous nous arrêterons sur la phénoménologie, fondamentale dans l'approche sophrologique. Par ailleurs, au cours de ses voyages en Orient, le professeur Caycedo découvrit le yoga, le bouddhisme et la relaxation. Découvrez à votre tour les apports et les influences de ces disciplines sur la sophrologie.

L'hypnose, l'art de la suggestion

Le terme « hypnose » apparaît au XIXe siècle. L'histoire de cette discipline souvent controversée par les scientifiques et noircie par les polémiques, est faite de hauts et de bas. Milton Erickson (1901-1980), psychologue et psychiatre américain, a joué un rôle prépondérant dans le renouvellement de l'hypnose traditionnelle. Il considère l'état hypnotique comme un processus naturel expérimenté au quotidien par chacun d'entre nous. Ses bénéfices sont multiples : certains la pratiquent pour arrêter de fumer, d'autres pour lutter contre la douleur ou encore pour gérer leur stress.

Hypnotique ne rime pas avec mystique !

Milton Erickson parlait de « transe quotidienne commune » pour définir l'hypnose. Ce serait en fait un processus mental naturel caractérisé par des moments d'absence (lorsqu'on a la tête dans les nuages). Cet état modifié de conscience peut, par ailleurs, être induit par un praticien. On entre alors dans l'hypnose thérapeutique avec pour support la suggestion.

Au cours d'une séance d'hypnose, le patient va puiser dans ses ressources pour résoudre sa problématique. Pour cela, les suggestions contenues dans le discours d'un hypnothérapeute se doivent d'être qualitatives. Ces professionnels suivent un enseignement dans les diverses écoles d'hypnose.

LE SAVIEZ-VOUS ?

Hypnos, un dieu grec

L'étymologie de l'adjectif « hypnotique » conduit au sens suivant : « relatif au sommeil ». Dans la mythologie grecque Hypnos était le dieu du sommeil. Il avait le pouvoir d'endormir les hommes et les dieux et était considéré comme le gardien de la nuit. Dans le chant XIV de l'*Iliade*, Héra lui demande d'endormir Zeus afin que Poséidon puisse rassembler les Grecs et repousser le danger que représentaient les Troyens, prêts à mettre le feu à leurs navires. Hypnos refusa dans un premier temps, craignant de s'attirer la foudre de Zeus, puis Héra lui promit en échange la main de Pasithée – l'une des Charites, déesse personnifiant la nature, la créativité, la beauté, la séduction, et la fécondité – dont il était amoureux. Hypnos fut comblé et accepta sans plus tarder. Un pouvoir plutôt pratique quand on pense qu'il permit d'inverser le cours d'une bataille ! En marge de ce mythe, il est bon de préciser que l'hypnose ne se pratique pas durant le sommeil mais bel et bien dans l'état hypnotique.

L'hypnose, antérieure à la sophrologie

Les chemins de la sophrologie et de l'hypnose se sont croisés au cours de leur histoire respective. Deux disciplines qui se comprennent, s'écoutent mais prennent chacune leur direction. Une façon de dire que la sophrologie a été initiée par l'hypnose mais que sa méthode – relaxations dynamiques et techniques spécifiques – lui a conféré son identité propre et originale. Alfonso Caycedo pratiquait l'hypnose avant de créer la Société de sophrologie qui a acquis son autonomie par une terminologie bien spécifique et une approche différente de la conscience. En réalité, ce n'est qu'à partir de la création des relaxations dynamiques – après le voyage du professeur Caycedo en Orient, dès 1968 – que la sophrologie se démarque véritablement de l'hypnose.

EN SAVOIR PLUS

Le sujet est accompagné par la voix tant dans la pratique de l'hypnose que de la sophrologie. Mais le type de discours de chaque discipline est bien distinct : respectivement, la suggestion et le terpnos logos. La suggestion fonctionne par inductions directes ou indirectes, tandis que le terpnos logos est un discours d'accompagnement favorisant l'autonomie. Il permet de guider le sophronisant lors de la pratique de techniques propres à la sophrologie. Cette relation est la base de tout entraînement sophrologique afin que la personne puisse s'investir personnellement dans sa démarche. Ce point fut essentiel dans la fondation de la sophrologie.

Les méthodes de travail de ces deux pratiques sont également bien différentes. L'hypnose va proposer des suggestions adaptées à la problématique de l'individu, tandis que la sophrologie va proposer des techniques concrètes d'entraînement (relaxations dynamiques et techniques spécifiques) correspondant à l'objectif de la personne.

N'OUBLIEZ PAS !

La sophrologie est une discipline d'accompagnement. L'entraînement personnel est un des éléments essentiels de la sophrologie. Le sujet s'approprie les techniques de manière à les mettre en pratique en toute autonomie.

Quand l'expérience prévaut sur le savoir

Apparue au XVIIIe siècle, la phénoménologie est l'étude du phénomène tel qu'il se dévoile à la conscience. Il est essentiel de ne pas s'arrêter à ce mot si compliqué à prononcer et de ne pas le laisser à l'état de concept. C'est une discipline que l'on peut largement adapter à l'existence (phénoménologie existentielle, selon Binswanger). Il s'agit de poser un nouveau regard sur les choses (comme pour la première fois), de faire appel à un autre état d'esprit, en tout cas dans le cadre de la sophrologie.

C'est un phénomène !

Figure 2-1 : La phénoménologie, ou comment poser un regard neuf sur ce qui nous entoure.

Un phénomène est ce qui apparaît à la conscience. Comme un document vierge qui n'a pas encore été traité. En ce sens, la phénoménologie est une approche permettant de se relier au phénomène tel quel, sans se référer à nos réalités, nos questionnements et nos jugements. L'objet et la conscience sont indissociables. L'objet fait surgir à la conscience toute une subjectivité liée à du vécu et à des expériences. Or, les phénomènes sont à appréhender dans leur plus simple appareil, avec un regard d'enfant. Ne plus se dire « c'est une table », mais au contraire mettre ses connaissances de côté pour se relier à cet objet en laissant émerger toutes les sensations, les perceptions qu'il nous évoque. C'est, en ce sens, vivre de nouvelles relations avec les objets, les idées, etc.

À MÉDITER

« Je me dis quelquefois que nous profanons la vie : à force de voir les choses, nous ne les regardons plus. Nous sommes blasés. Je me dis que pour bien jouir, il serait sage de se priver. Il est bon de commencer par le renoncement, de s'imposer de temps en temps une cure d'abstention. Turner vivait dans une cave. Tous les huit jours, il faisait ouvrir brusquement les volets, et alors quelle incandescence ! Quels éblouissements ! Quelle joaillerie ! »

Henri Matisse, *Paroles de peintres* (Albin Michel, 1997).

LE SAVIEZ-VOUS ?

L'allégorie de la caverne

Dans *La République* (Flammarion, 2002), livre VII, Platon développe son allégorie de la caverne. Il fait un parallèle entre le monde sensible représenté par une caverne et le monde des idées, l'extérieur en tant que réalité (le sensible mis en forme). À l'intérieur de la caverne, des prisonniers sont enchaînés, le regard dirigé vers la paroi depuis leur enfance. Ils ne peuvent pas bouger et leurs liens les empêchent de tourner la tête. La lumière d'un feu projette des ombres contre la paroi. Ces ombres, ce sont en fait des figurines agitées à l'extérieur. La théorie est la suivante : les prisonniers ne voyant que ces ombres depuis des années les jugent sans doute comme des objets réels, au point qu'un écho provoqué par un passant serait interprété comme la voix de l'ombre qui défile. Un jour, un prisonnier est détaché. Il se redresse douloureusement et s'engage vers la lumière qui l'éblouit violemment. Ce monde est une véritable souffrance pour lui. Il ne comprend pas cette réalité et pense que les ombres de la caverne sont plus réelles que les objets qu'il distingue à présent. Il lui faudra force et conviction pour parvenir à rester dans ce monde supérieur. En s'y habituant, il ne regarderait plus les reflets du soleil sur l'eau mais le soleil lui-même. Retourner dans l'obscurité de la caverne serait alors inconcevable. S'il allait en avertir ses compagnons prisonniers, il serait mal reçu voire même tué.

Ce mythe laisse place à différentes interprétations. Tout d'abord on peut considérer que le prisonnier détaché est un philosophe. L'idée qu'il vienne délivrer ses compagnons signifie que le philosophe cherche à éduquer les hommes. Mais celui-ci est mal reçu parce qu'il est pris pour un rêveur voire un perturbateur. Platon parle ainsi du rapport entre la condition humaine et la philosophie.

Une autre interprétation consisterait à dire que par certains aspects nous sommes dans l'obscurité et que la phénoménologie est un moyen d'éclairer la conscience. Les chaînes symbolisent les croyances, les habitudes, les préjugés dont nous sommes prisonniers. Se libérer de ses chaînes impliquerait donc de laisser apparaître les phénomènes sans idées préconçues pour remédier au déni de réalité et ainsi nourrir la conscience. Le mythe de la caverne reflète en somme l'élargissement du champ de conscience à la vue du monde des idées. La progression proposée par Alfonso Caycedo au fil des relaxations dynamiques s'en inspire (voir le chapitre 12).

Les pères de la phénoménologie

Le terme « phénoménologie » fut utilisé pour la première fois par Johann Heinrich Lambert (1728-1777), mathématicien et philosophe. Les travaux sur la phénoménologie de Hegel, Husserl, Heidegger, Merleau-Ponty et Binswanger se sont ensuite relayés au fil des années.

Hegel (1770-1831)

Dans son ouvrage *Phénoménologie de l'esprit* qui paraît en 1906, Hegel décrit la phénoménologie comme la « science de l'expérience de la conscience ». Il expose sa pensée sous la forme d'une progression dialectique en trois principaux points :

- **La conscience confrontée au savoir du monde :** c'est la conscience du monde extérieur. La conscience saisit l'objet avec sa sensibilité et sa perception dans une expérience immédiate.
- **La conscience de soi :** c'est le passage qui permet à la conscience d'accéder à la raison.
- **La conscience de soi comme raison :** l'existence singulière se confronte à l'universel.

À travers ses écrits, Hegel s'intéresse à la logique et au sens des transformations de la conscience à travers les expériences qu'elle vit. C'est aller dans le sens d'une conscience se sachant elle-même conscience.

Husserl (1859-1938)

Husserl est l'initiateur de la phénoménologie moderne. Deux concepts essentiels émergent de sa méthode de réduction phénoménologique :

- **La réduction philosophique :** cette étape réductive conduit au retour à la chose elle-même, la suspension du jugement (*épokhè*) et la mise entre parenthèses. Le premier de ces aspects – le retour à la chose elle-même, autrement dit au phénomène – implique l'intentionnalité de la conscience : « Toute conscience est conscience de quelque chose. » La suspension du jugement ou *époкhè* phénoménologique va consister à se libérer de ses a priori, de ses idées préconçues. La mise entre parenthèses représente le moyen d'accéder à l'essence de l'objet. Husserl distingue la visée d'un objet (noèse) et son mode d'apparition (noème). Ce sont les débuts de la phénoménologie appliquée à l'existence.

- **La réduction eidétique :** cette étape consiste à désigner l'intuition comme connaissance immédiate du phénomène, l'immédiateté d'un donné originaire. Nulle réflexion, mais une approche intuitive de l'existence des objets. C'est en laissant de côté tout raisonnement que nous pouvons parvenir à la perception de l'essence (*eidos*).
- Ouvrir le champ des possibles (des sens multiples) et favoriser l'intuition sont des étapes faisant également partie da sa méthode.

Heidegger (1889-1976)

Il cherche à retrouver le rapport originel à l'Être par cette question : « Qu'est-ce que l'Être ? » Pour cela, il va concentrer sa pensée non pas sur la représentation de ce qui est, mais bien sur ce que c'est qu'être (être-au-monde). Il étudie également la temporalité dans son ouvrage *Être et Temps* (1927).

Leurs réflexions nécessiteraient un esprit plus aiguisé pour être développées. À vous de philosopher en feuilletant les divers ouvrages écrits par ces penseurs…

Une discipline en cache une autre…

La phénoménologie existentielle dans la sophrologie impliquerait une attitude neutre d'accueil des phénomènes durant la pratique des relaxations dynamiques ou des techniques spécifiques. Éviter d'intellectualiser, de faire le lien avec des représentations initiales, ne pas induire les phénomènes, mais les accueillir en laissant place à l'expérience. En ce sens, c'est l'expérience vécue qui prime sur la théorie. La description des aurores boréales n'est pas la même chose que l'expérience des aurores boréales. La phénoménologie est une méthode capable d'étudier la conscience elle-même et la sophrologie utilise des techniques permettant de laisser émerger les phénomènes et de pouvoir, par l'entraînement (par la répétition de ces techniques), multiplier l'expérience, la rencontre de ces mêmes phénomènes.

EN SAVOIR PLUS

La vivance phronique, principe propre à la sophrologie, représente d'ailleurs la rencontre phénoménologique entre le corps et l'esprit dans la conscience. C'est l'expérience de cette rencontre profonde qui va permettre de vivre de manière particulière les phénomènes que sont les sensations, les émotions, la respiration… Ces rencontres, occasionnées au cours des séances de sophrologie au niveau sophro-liminal, vont pouvoir dévoiler de nouveaux espaces de conscience. C'est une expérience interne qui peut entraîner des changements externes dans notre façon d'aborder les situations, nos comportements, nos émotions, notre corps. L'entraînement sophrologique fonctionne ainsi : partir de la découverte d'un phénomène, en passant par sa maîtrise pour parvenir à sa transformation. Prenons le phénomène de la respiration. Dans un premier temps, on pratiquera des techniques de découverte, pour bien prendre conscience de sa respiration. Ensuite, on passera à l'étape de conquête, c'est-à-dire on cherchera à mieux la contrôler, pour enfin intégrer dans son quotidien les bénéfices et les applications d'une respiration consciente et maîtrisée (en faire une alliée). En bref, au lieu de comprendre la respiration en théorie (se représenter par exemple un cycle respiratoire), c'est l'expérience de la respiration que l'on va réaliser, en laissant l'intellect de côté.

La phénoménologie dans la sophrologie apporte une démarche de découverte. Dans la relaxation dynamique du 1er degré, on va chercher à découvrir son corps, comme pour la première fois, selon les principes d'Husserl (retour intentionnel à la chose elle-même, suspension du jugement, mise entre parenthèses). L'expérience est privilégiée.

Le yoga, une voie spirituelle

Le yoga est né en Inde il y a plus de 3 000 ans avant J.-C. Le terme « yoga » vient du sanskrit (langue indo-européenne) *yug* signifiant union. Une étymologie en accord avec l'objectif de cette discipline : trouver la paix intérieure, s'unifier. Le yoga est une voie spirituelle composée d'asanas (postures), du pranayama (travail avec le souffle) et de méditation, qui vise l'équilibre entre corps et esprit. Des bienfaits physiques, psychologiques et spirituels à découvrir…

Différents courants du yoga

Parmi les principales voies du yoga, on distingue :

- **Le hata-yoga :** le plus connu en Occident. Il est orienté vers le renforcement et la purification du corps. Le corps physique se fortifiant, le mental sera plus disposé à dépasser les difficultés du quotidien afin d'accéder à la sérénité.
- **Le raja-yoga :** dirigé vers le mental. Il inclut les techniques du hata-yoga (les postures, la respiration). Le principe est le suivant : contrôler son mental en s'appuyant principalement sur l'écoute intérieure, sur des

postures de stabilité et sur la méditation. Une pratique qui permet de développer sa capacité de concentration.

- Le karma-yoga, le bhakti-yoga, le jnana-yoga et d'autres sont autant de formes du yoga pour améliorer sa qualité de vie par un travail sur le corps et l'esprit.

Postures et respiration

LE SAVIEZ-VOUS ?

Les postures et le travail sur le souffle sont des pratiques inhérentes au yoga :

- **Les asanas** sont des postures à adopter par des mouvements doux et lents. Au-delà d'un entraînement physique, elles sont pratiquées pour développer des capacités mentales dans le but d'élargir la conscience. Sur le plan physique, les asanas permettent d'éliminer les tensions musculaires, de stimuler la circulation ou encore de favoriser la libération de blocages énergétiques. La stabilité recherchée dans les postures est également intéressante puisqu'elle figure l'enracinement dans l'instant présent.
- **Le pranayama** représente un moyen de maîtriser sa respiration pour une bonne circulation de l'énergie vitale. Ce sont des exercices sur le souffle qui sont proposés : par exemple, la respiration yogique complète consiste à gonfler le ventre, soulever la cage thoracique et enfin le haut du buste à l'inspiration, puis de relâcher, à l'inverse, ses trois niveaux à l'expiration. La respiration est intimement liée au mental : lorsque vous êtes pris dans un flot de pensées stressantes, votre respiration a tendance à s'accélérer. En revanche lorsque vous avez la tête dans les nuages, elle est plus lente. Une pratique pour un corps sain et une vitalité décuplée.

Des touches de yoga dans la sophrologie

Les recherches qu'il réalise sur la conscience humaine incitent Alfonso Caycedo à s'intéresser au yoga et à la méditation à travers ses voyages en Orient de 1965 à 1968. Il s'interroge sur la démarche à suivre pour méditer et au fonctionnement conduisant à des états et niveaux de conscience volontairement modifiés. La méditation dhyâna pratiquée dans le yoga et désignant un profond état de concentration a été l'une des découvertes fondamentales pour le professeur Caycedo lors de son périple. Elle ouvrait une nouvelle piste de travail pour enrichir la sophrologie. Le yoga et la méditation dhyâna sont d'ailleurs à l'origine de la relaxation dynamique du 1er degré portant sur la concentration et la corporalité.

Yoga et sophrologie ont également en commun le travail sur la respiration. Ainsi, le souffle est utilisé pour amener une détente globale mais, associé à des techniques de sophrologie, joue différents rôles.

Dans le sophro-déplacement du négatif (technique spécifique utilisée en sophrologie), la respiration aura le rôle d'évacuer symboliquement tout le négatif du corps, tandis que dans d'autres techniques elle pourra participer à la diminution d'une émotion désagréable. La respiration est un outil majeur de l'entraînement sophrologique.

Le bouddhisme, religion et/ou philosophie de vie

Aujourd'hui, le bouddhisme s'est démocratisé et de nombreux Occidentaux s'y convertissent ou en font une véritable philosophie de vie. Le discours du dalaï-Lama, empreint de tradition mais aussi de concepts modernes (les droits de l'homme, l'épanouissement personnel, l'écologie,…), de tolérance et de compassion, touche ainsi un large public.

Les monastères fleurissent un peu partout dans le monde et notamment en France, tout près de Montpellier, où le temple Lerab Ling a été inauguré en 2008 par le dalaï-lama lui-même. Explorons ensemble l'enseignement bouddhiste, âgé de plus de 2 500 ans…

Une pratique traditionnelle

Le bouddhisme indique un chemin et, par sa pratique, recherche la libération de la souffrance, en route vers l'« illumination ». Le bouddhisme occidental n'est pas représentatif du bouddhisme authentique pratiqué par les populations asiatiques. On notera entre autres l'importance donnée à la méditation dans la pratique occidentale alors qu'elle est principalement réservée aux moines en Orient.

Qui est Bouddha ?

Le terme bouddha désigne la personne qui atteint l'« éveil ». Le Bouddha Shakyamuni (sage du clan des Shakya), fondateur du bouddhisme, est né prince Siddharta au sein d'une famille régnante. Son père, le découvrant pourvu d'une grande sensibilité, voulut le protéger du monde extérieur. Il ne mit les pieds en dehors de son palais qu'à l'âge de 29 ans, découvrant le royaume qu'il devrait gouverner un jour. Lors de cette visite et des suivantes, il fit quatre rencontres :

– Un homme courbé par la vieillesse et la douleur : Siddharta comprit alors que tout le monde pouvait être frappé par la vieillesse et la maladie.

– Un homme atteint de maladie et affaibli : le prince fut effondré à la vue de cette souffrance.

– Des gens en train d'élever un bûcher funéraire : le prince découvrit qu'une personne avait terminé ses jours. Il réalisa que lui aussi était exposé à la mort.

– Un solitaire, la tête rasée, ayant quitté son foyer : il fit connaissance avec cet homme qui recherchait une voie hors de la souffrance du monde. D'après le Dïghanikaya (les longs discours du Bouddha), un homme qui a quitté sa maison va « se consacrer à la vie religieuse, à la vie calme, aux bonnes actions ; avoir une conduite méritoire, ne pas faire de tort à autrui et témoigner de la bienveillance à toutes les créatures ».

Cet épisode décisif va lui révéler sa destinée. Il fit ses adieux à sa femme et son fils, abandonna son mode de vie, et se consacra à la quête spirituelle.

Il rencontra des maîtres spirituels qui lui enseignèrent des techniques de méditation. Pensant qu'elles ne l'amèneraient pas à la libération complète de la souffrance, il poursuivit sa recherche et se consacra à l'ascèse. Les ascètes se plient à un mode de vie très sévère, fait de privations extrêmes (nourriture, confort, etc.) dans le but de surmonter la souffrance par la force de leur volonté. Après six années de sacrifices, Siddharta était très affaibli et comprit qu'il devait choisir la voie du milieu, entre le confort aisé et les restrictions extrêmes. Il reprit des forces et, traversant la rivière, se rendit auprès d'un grand figuier. Il sera nommé plus tard « arbre-Bodhi » qui signifie « arbre de l'Éveil ». Il s'assit bien confortablement et se mit à méditer. Déterminé à atteindre l'« éveil », Siddharta entra dans une méditation plus profonde. Durant cette nuit de pleine lune, sa sagesse grandissante se débarrassa des zones d'ignorance restantes qui obscurcissaient son esprit et celui-ci devint de plus en plus lumineux. Au lever du soleil, Siddharta atteignit l'« éveil » total et devint un bouddha. Après l'« illumination », le Bouddha dispensa son enseignement, autrement dit, tourna la roue du dharma.

Pratiques bouddhiques tibétaines et sophrologie

La méditation est un moment de paix qui, par la concentration, met le mental au repos et ancre dans l'instant présent. Ce serait laisser son esprit ouvert, sa conscience à sa liberté, ses questionnements de côté. Des techniques de méditation des Tibétains bouddhistes naîtra la relaxation dynamique du deuxième degré. Son objectif est d'entraîner la conscience à percevoir l'être présent au monde dans le temps et dans l'espace. En pratique, le sophronisant va chercher à s'observer de l'extérieur grâce à une conscience contemplative (comme un regard extérieur).

Plus que les aspects philosophiques et religieux du bouddhisme, c'est la recherche d'états supérieurs de conscience et la méthodologie pour y parvenir qui ont intéressé le professeur Caycedo.

Le bouddhisme diffère de la sophrologie sur la définition de l'existence, qu'il présente comme origine de souffrance, tandis que la sophrologie voit en elle l'épanouissement de l'être. En se reportant à l'histoire du Bouddha historique, on s'aperçoit que ses premières sorties hors du palais ne révèlent que la douleur et la difficulté de l'existence. À l'inverse la sophrologie s'inscrit dans une démarche existentielle positive et tend vers la conquête de l'essence de l'être par l'émergence de la conscience. C'est dans les procédés mentaux utilisés par le bouddhisme et le zen qu'Alfonso Caycedo a rassemblé des connaissances pour la sophrologie.

La relaxation, apaiser le corps et le mental

C'est dans les années 1930 que les méthodes de Schultz et Jacobson ont donné leurs lettres de noblesse à la relaxation. Un moyen de développer l'auto-concentration, de rechercher un relâchement musculaire ou encore, dans une autre voie, de s'évader à travers certaines visualisations (s'imaginer dans un lieu de bien-être). La relaxation permet de diminuer voire d'éliminer physiquement les tensions musculaires et mentalement les idées parasites. Une méthode indispensable pour écouter son corps à travers ses sensations (chaleur, légèreté, etc.) et orienter son esprit vers des images positives.

Favoriser le relâchement

La relaxation représente un moyen de se détendre pour le corps comme pour l'esprit. C'est s'octroyer une pause, un relâchement musculaire, lâcher prise, trouver du repos, diminuer sa nervosité. Le mot relaxation dont l'origine latine est *relaxare* signifie relâchement, repos. Un mot bien approprié pour une technique de décontraction physique et psychique.

Les méthodes Schultz et Jacobson représentent deux grandes techniques de relaxation. Elles partent respectivement d'une approche mentale et musculaire. Le training autogène de Schultz est fondé sur la suggestion de sensations (« Mon bras est lourd »,…), et la méthode de relaxation progressive de Jacobson sur le principe de mise en tension pour un meilleur relâchement.

Il est essentiel de préciser que la sophrologie prend appui sur la relaxation, mais que celle-ci ne représente que le moyen d'accéder aux techniques sophrologiques. En cela, on ne peut définir la sophrologie comme de la relaxation.

Le training autogène de Schultz

Le docteur Schultz mit au point sa méthode* autour de 1932. Celle-ci fait appel à l'autonomie du sujet, à sa capacité d'auto-concentration. Le principe : doper sa force de pensée pour se relaxer à n'importe quel moment grâce à un protocole d'entraînement rigoureux. Des phrases suggestives sont à répéter – « Mon plexus solaire est tout chaud », « Mon cœur bat calme et fort » et d'autres – pour créer un conditionnement qui va tendre vers la maîtrise de soi en toutes circonstances. Un moyen de lutter contre le stress, mais aussi de soulager dans le cas de troubles organiques (cardiaques, respiratoires, etc.). L'entraînement est indispensable pour mettre à profit cette méthode dans le quotidien.

* Johannes Heinrich Schultz, *Le Training autogène*, PUF, 2008.

La relaxation, point d'ancrage de la sophrologie

Durant sa période de recherches et d'expérimentations, Alfonso Caycedo s'intéresse aux techniques de relaxation dont il va s'inspirer pour sa méthode. Grâce aux techniques de Schultz et Jacobson, la sophrologie va s'enrichir de la notion d'entraînement et d'investissement personnel. L'entraînement est le point central du training autogène de Schultz (comme le nom « training » l'indique) puisque la répétition des phrases clés permet leur assimilation par le corps et l'esprit. On parlera de répétition vivantielle en sophrologie.

La relaxation de Jacobson

La méthode* du docteur Jacobson est en partie fondée sur le principe de mise en tension pour un meilleur relâchement. Cette technique (1938) de prise de conscience et de contrôle des sensations musculaires peut également être pratiquée de la façon suivante dans sa version progressive : allongé sur le dos, les yeux fermés, on peut d'abord se concentrer sur le bras droit, inspirer profondément, puis rétention de l'air, mise en tension douce du bras et expiration-relâchement. L'exercice peut être effectué sur le bras gauche, puis sur les jambes, pour enfin se pratiquer sur la totalité du corps.

La relaxation différentielle est un moyen d'économiser son énergie au quotidien en mobilisant le moins de muscles possible et en limitant l'intensité de leur mise en tension pour un geste donné. En pratique, ce sont des mouvements qui consistent à contracter puis à relâcher un groupe musculaire précis en observant les différences entre ces deux moments (le moment de la contraction puis du relâchement). Dans une posture confortable, allongé(e), les yeux fermés, vous pouvez accomplir une flexion du pied pendant trente secondes à une minute en essayant de repérer les zones mobilisées (tension musculaire au niveau du mollet, étirement de la cheville, des orteils, de la voûte plantaire) et l'intensité de la sensation de tension. Puis reliez-vous à cette zone juste après l'avoir relâchée. De même, vous pouvez réaliser l'exercice au niveau des poignets, des épaules, etc.

* Edmund Jacobson, *Savoir relaxer pour combattre le stress*, Éditions de l'Homme, 1980.

Ces techniques de relaxation ont également conduit à l'expression et à la description des ressentis qui émergent durant la pratique. Ils pourront être exprimés à l'oral et par écrit, ce qui deviendra la phénodescription en sophrologie.

Ajoutons également les méthodes de Vittoz – axées sur le principe d'émissivité et de réceptivité du cerveau –, de Tragger – une méthode psychocorporelle visant à amener la détente par le toucher et certaines mobilisations – et de Gerda Alexander, autres techniques de relaxation, intégrées dans la sophrologie, notamment dans la sophronisation de base – technique de relâchement corporel – dont l'un des objectifs est de développer notre qualité de présence en eutonie (tension juste).

L'eutonie est par définition « la tonicité harmonieusement équilibrée et en adaptation constante, en rapport juste avec la situation ou l'action à vivre ». La relaxation est un support à l'entraînement sophrologique.

Une métaphore peut résumer l'apport respectif de toutes ces disciplines à la sophrologie :

> Si la sophrologie était une fleur,
> La phénoménologie en serait la tige,
> L'hypnose, le yoga et le bouddhisme représenteraient l'eau nourricière qui permet la croissance et l'évolution de la fleur,
> La relaxation représenterait alors le support, la table sur laquelle serait posé le vase.

Chapitre 3

La conscience humaine

Dans ce chapitre :

- Les capacités et contenus de la conscience
- Les états et niveaux de conscience

La conscience, quel bien grand mot ! Nombre d'expressions l'utilisent souvent à des fins morales : avoir bonne ou mauvaise conscience, en mon âme et conscience, par acquit de conscience, soulager sa conscience, la conscience professionnelle, la conscience collective, et j'en passe.

En réalité, la conscience humaine ne se réduit pas à un respect de convenances et de croyances. Elle est longtemps restée au stade de concept subjectif, n'étant pas validée par la science, mais elle est devenue au fil du temps une réalité plus précise notamment grâce à la phénoménologie.

Entrons dans l'histoire et les différents aspects de la conscience humaine par des explications concrètes mais non exhaustives, la conscience étant source d'interprétations diverses.

La conscience, c'est quoi ?

Selon la définition du Larousse, la conscience serait « une connaissance intuitive ou réflexive immédiate que chacun a de son existence et de celle du monde extérieur » ou encore « une représentation mentale claire de l'existence, de la réalité de telle ou telle chose ». Les définitions philosophiques, psychologiques et scientifiques de la conscience sont diverses mais ont le mérite de la considérer comme existante. L'entraînement sophrologique tend à dévoiler certaines zones inexploitées de la conscience et à découvrir les valeurs fondamentales de l'existence.

La métaphore du radar

Imaginez une tour de contrôle surmontée d'une antenne radar ; à l'intérieur, un contrôleur aérien devant son écran de contrôle. Le radar qui émet des ondes, une énergie, pour capter la présence d'objets dans l'espace aérien qu'il représente sur un écran, pourrait représenter la conscience. Le contrôleur aérien, qui lit, interprète et utilise ces informations en fonction de ses connaissances et objectifs, pourrait être assimilé au mental.

La conscience apparaît ainsi comme une énergie capable de capter et de faire émerger au mental certaines informations. Cela va dans le sens de l'hypothèse d'une conscience qui, comme le radar, n'aurait aucun jugement, aucune interprétation, aucun attachement aux informations qu'elle capte. Mais la conscience humaine est-elle subordonnée au mental, ou au contraire la conscience pourrait-elle détenir la volonté et utiliser les très nombreuses capacités cognitives du cerveau ? Dans le langage courant, l'idée de conscience est souvent assimilée au mental. Quand une personne dit : « J'ai pris conscience de... », est-ce de conscience qu'il s'agit ou de compréhension ? Cependant, si cette énergie de conscience existe, ne commettons-nous pas parfois l'erreur fondamentale de demander beaucoup à notre intellect (le contrôleur aérien), qui malgré toutes ses compétences se trouve bien limité si nous ne nous rendons pas compte que nos limitations peuvent venir de notre radar (la conscience), qui est défectueux ou sous-utilisé ? C'est cette étude de la conscience humaine et de son développement qui est le fondement même de la démarche et de l'entraînement sophrologiques.

Une idée originale de Norbert Cassini, sophrologue et directeur d'école.

En quelques mots...

La conscience serait une zone diffuse, comme un flux, une énergie, ayant la capacité de percevoir et de se percevoir. Husserl part du principe que « la conscience est conscience de quelque chose », autrement dit qu'elle est toujours intentionnelle. La conscience existentielle est liée à la perception de sa propre identité, de ses capacités (faire des choix de vie, etc.), de ses valeurs, et représente la source de travail de la sophrologie.

Il est important de bien dissocier « conscience » et « compréhension » qui sont respectivement – et pour être réductif – de l'ordre de l'expérience et de la connaissance. La conscience est un radar plus fin : on peut avoir une grande culture générale sans pour autant connaître et avoir expérimenté ce dont on parle. Elle est une force, une énergie plus qu'une forme de compréhension. Elle implique la cohérence d'un individu dans ce qu'il fait, ressent,...

« Ce que l'on sait le mieux, c'est ce que l'on a deviné, puis ce que l'on a appris par l'expérience. »

Chamfort.

Alfonso Caycedo définit la conscience comme « la force d'intégration de tous les éléments et structures physiques et psychiques de l'existence ». C'est l'étude de la conscience humaine et son développement qui fonde la démarche sophrologique.

Les différents cycles (réductif, radical et existentiel) de la relaxation dynamique – axe de travail premier de l'entraînement sophrologique – vont dans le sens de cet élargissement de la conscience. La conscience en tant que force d'intégration de nos expériences se développe et s'enrichit, au quotidien, de notre vécu physique et psychologique.

Les structures de la conscience peuvent s'altérer (conscience pathologique), rester dans la conscience ordinaire ou bien se renforcer pour accéder à la conscience sophronique. La sophrologie et l'entraînement qu'elle propose invitent à un développement de la conscience humaine.

La prise de conscience en images

La prise de conscience est définie comme le « fait, pour un individu, un groupe, de prendre pleinement conscience de quelque chose dont, jusque-là, il ne voulait pas voir ou assumer la réalité » (Larousse). C'est sortir d'automatismes par une conscience dévoilée.

- **Avoir des œillères :** c'est la sensation d'avoir l'esprit étriqué, un champ visuel restreint symbolisant un champ de conscience limité. Élargir sa conscience en enlevant ses œillères serait finalement porter un nouveau regard sur les choses, faire preuve d'un certain recul, englober tous les paramètres relatifs à une situation, un comportement ou autre phénomène.
- **Lever le voile :** c'est imaginer que la conscience puisse être voilée, telle une mariée. Lorsqu'on met un voile sur ses yeux, la « réalité » est déformée, on voit moins distinctement. Une conscience en train de se dévoiler éclaircirait certaines zones non exploitées.

La grenouille qui chauffe

Imaginez une grenouille lâchée dans une marmite d'eau chaude, par réflexe elle s'en échapperait d'un bond. Maintenant, si l'on faisait chauffer tout doucement cette casserole, la grenouille aurait un autre comportement. Elle commencerait par apprécier cette douce chaleur, s'y habituerait. Peu à peu elle ressentirait de la fatigue mais, affaiblie, ne pourrait pas en sortir et finirait certainement par mourir. Réalisée par des scientifiques américains, cette expérience est tantôt validée, tantôt révoquée. Peu importe, en réalité c'est un bon prétexte pour parler d'une conscience latente liée à des habitudes, des accoutumances. Cet exemple montre que, parfois, lorsqu'un changement s'effectue progressivement, la conscience n'en fait pas état et aucune réaction ne survient. De la même façon, le fait d'attraper un gros rhume nous rappelle soudain à quel point on se sent bien lorsqu'on est en bonne santé. On est alors prêt à déplacer des montagnes pour apprécier et mettre à profit son existence. Chacun peut donc se demander s'il n'est pas en train de cuire à petit feu, tout en restant optimiste sur la possibilité de rebondir.

Ce que nous dit la science

La conscience émergerait d'un fonctionnement en réseau de différentes parties de notre cerveau. Il n'y pas de véritable définition de la conscience, chaque spécialité (philosophie, médecine,…) ayant des approches distinctes. En médecine, une personne consciente serait une personne qui réagit à des stimuli, à la commande du spécialiste (serrer sa main par exemple, bien que ce geste puisse être effectué par réflexe). La science étudie le phénomène dans sa globalité par des exercices sur des sujets sains mais aussi sur les états altérés de conscience, à savoir le coma et l'anesthésie.

Grâce à la neuro-imagerie, le berceau de la conscience aurait été détecté. Elle proviendrait d'un réseau d'aires cérébrales situé à l'arrière du préfrontal qui, en s'activant, la ferait émerger. Aujourd'hui les scientifiques parviennent donc à cerner son « emplacement », mais pas son langage. En effet, le dialogue utilisé par les neurones pour établir la conscience n'a pas encore été compris.

Une conscience riche en capacités

Faisons une pause, le temps de quelques lignes, pour dissocier les contenus de la conscience de ses capacités, respectivement individuels et universelles. En effet, un contenu figure le souvenir d'une situation, d'une image, d'un son ou autre. Les contenus de la conscience sont donc personnels et alimentés par nos expériences individuelles. En revanche, ses capacités sont universelles, bien que développées plus ou moins par chaque individu (certaines personnes écoutent plus leur corps que d'autres, par exemple). Elles représentent tout un potentiel qui va pouvoir s'exprimer par la méthodologie propre à la sophrologie (un processus de découverte, de conquête et de transformation). L'entraînement sophrologique va ainsi s'employer à stimuler et à renforcer nos capacités.

EN SAVOIR PLUS

Les capacités de la conscience

C'est en 1983, au moment où Alfonso Caycedo crée la sophrologie sociale à Bogotá, qu'il dresse cette liste non exhaustive de 31 capacités :

- Le rythme nycthéméral (sommeil-réveil)
- Le schéma corporel comme réalité vécue
- La cénesthésie (les sensations émanant du corps, comme les sensations relatives à la respiration)
- La kinesthésie (les sensations relatives au mouvement du corps)
- Les sensations
- La perception
- Le sentiment
- La mémoire
- L'orientation
- La pensée
- L'attention
- La concentration
- La contemplation
- L'association
- Le langage
- L'intelligence
- L'apprentissage
- La communication
- La sexualité
- La conservation
- L'imagination
- L'émotion
- L'affectivité
- Le dépassement de soi
- La sociabilité
- La futurisation
- L'entendement
- La rationalisation
- La réflexion
- La volonté
- La conscience morale

N'OUBLIEZ PAS !

La conscience, support de notre présence

La conscience humaine est reliée :

- **À notre présence au corps par nos sensations**

  Des sensations de présence au monde, de douleur physique, ou exprimant des émotions (agréables ou désagréables).

  L'altération de la conscience corporelle peut par exemple se traduire par une baisse de vitalité ou encore par le refoulement de ses émotions.

- **À notre présence au monde dans le temps et l'espace**

  Avoir la conscience du présent, entre un passé et un futur, c'est avoir la capacité de se situer dans le temps, de se projeter ou au contraire de se tourner vers les souvenirs. La présence au monde dans l'espace suppose la conscience d'un ailleurs : on se trouve dans cette pièce, située dans cet immeuble, dans cette ville, dans ce pays…

  L'altération de cette conscience tridimensionnelle induit des rigidités psychologiques, des difficultés à se connaître, à s'adapter, etc.

- **Aux valeurs fondamentales de notre existence**

  Les valeurs relatives à notre espèce mais également les valeurs propres à notre personnalité qui orientent le sens de notre vie.

  L'altération de la conscience des valeurs qui guident notre existence implique des difficultés à prendre des décisions, à faire évoluer sa vie, à prendre du plaisir dans son quotidien, etc.

L'art est un formidable outil d'expression de la conscience et permet de révéler ses capacités. Parfois un dessin émerge de trois traits de crayon que nous avons pu tracer spontanément sans savoir pourquoi ni comment. En le regardant avec du recul, on se demande vraiment comment on a pu aboutir à un tel dessin. Beau ou laid, là n'est pas la question (qu'est-ce que le beau et le laid d'ailleurs ?), ce qui compte c'est le moment d'absence, de lâcher prise, de spontanéité, l'élan de créativité, l'éclair de conscience en somme qui a eu lieu.

EN SAVOIR PLUS

Conscience éveillée, santé préservée ?

« L'état de la conscience d'un individu peut-il agir sur sa santé ? Voilà bien une question sensible. Pour y répondre, il nous faut d'abord préciser son sens. L'"état de la conscience" ne signifie ni l'intelligence ni une quelconque référence morale, mais l'état de cohérence de l'individu avec ce qu'il est et ce qu'il fait de sa vie.

Cette cohérence implique de fait un lien entre les plans physique et psychique, qui, en les unissant, les nourrit d'un même flux de vie. Selon les principes de la médecine orientale, ce lien entre le corps et l'esprit est indéniable et permanent.

Dans cette vision, la souffrance physique témoigne d'un obstacle à ce lien et est le résultat d'un empêchement à la libre expansion de la conscience de l'individu. La maladie est donc un signal, un message cohérent et prégnant qui cherche à restaurer ce lien défaillant ou mis à mal.

Dans cette optique, le praticien en médecine traditionnelle chinoise incite son patient à « donner sens » à ce qui lui arrive et accompagne ce travail de prescriptions "respiratoires" à travers la pratique de techniques comme le prana-yoga, le tai-chi-chuan ou le qi gong. On a compris depuis des lustres combien la respiration est la fonction physique la plus à même de restaurer le lien intérieur. Étant la seule fonction physique en relation avec nos deux systèmes nerveux (central ou volontaire et neurovégétatif ou involontaire), elle est la seule en relation avec les deux champs de la conscience en résonance avec ces deux systèmes, le conscient et le non-conscient.

La maîtrise de la respiration permet, de ce fait, d'agir et de calmer ou réactiver ces deux systèmes, agissant ainsi tant au niveau conscient de l'individu qu'à son niveau inconscient.

C'est ici que se situe la clé de l'action de la conscience sur la santé par la restauration du lien et que s'inscrit de fait la sophrologie, telle une porte vers ce "rêve" d'équilibre où la conscience serait enfin retrouvée parce que libérée de tout ce qui la plombe ou la muselle. »

Michel Odoul, praticien professionnel en shiatsu et psycho-énergéticien, fondateur de l'Institut français de shiatsu et auteur du best-seller *Dis moi où tu as mal, je te dirai pourquoi* (Albin Michel).

La conscience dans tous ses états

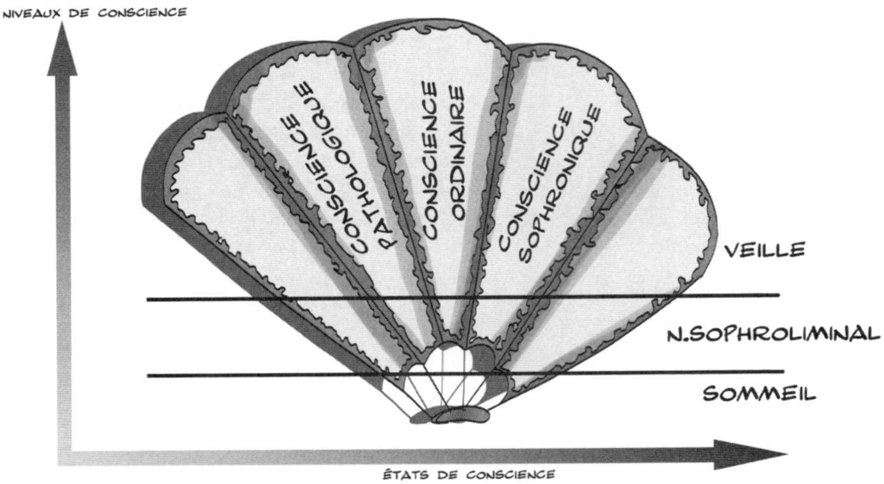

Figure 3-1 : L'éventail de la conscience.

La théorie des états et niveaux de conscience, établie par le professeur Caycedo, définit la structuration de la conscience humaine. Elle a été fondamentale dans la construction de la sophrologie et représente verticalement les niveaux de conscience, horizontalement ses états. Les états de conscience symbolisent l'aspect qualitatif de la conscience, les « possibilités existentielles de l'être ». On compte trois états de conscience : la conscience pathologique, la conscience ordinaire et la conscience sophronique. Précisons que certaines substances peuvent modifier notre état de conscience (drogues, alcool, excitants, médicaments…).

La conscience pathologique

C'est la conscience du sujet malade. Elle est étudiée par la médecine, la psychiatrie et la psychopathologie. La conscience pathologique vit des altérations psychiques qui se traduisent par certaines dépressions, la schizophrénie, les troubles bipolaires, etc.

La conscience individuelle ordinaire

La conscience ordinaire est celle qui définit chacun d'entre nous dans une vie faite de hauts et de bas, de bons et de mauvais côtés, avec le sentiment d'être parfois contraint dans ses possibilités existentielles. C'est la conscience naturelle, celle qui fonctionne de façon classique selon une existence schématique. Elle est étudiée par la psychologie. La conscience ordinaire correspond en fait à la conscience universelle nourrie du vécu de chaque individu.

La conscience sophronique (élargie)

C'est une nouvelle conscience développée par la pratique de la sophrologie. Les états de conscience évoluent avec l'approche phénoménologique et existentielle. La conscience sophronique représente la force d'intégration existentielle positive de l'être. Son développement est l'objectif recherché dans l'entraînement sophrologique. Nous avons tous à un moment ou à un autre accédé à une conscience supérieure, lorsque nous sommes en communion avec la nature, dans le partage d'émotions fortes avec des êtres chers, dans un élan créatif, etc.

EN SAVOIR PLUS

L'intentionnalité de l'entraînement sophrologique est de passer de la conscience ordinaire à la conscience sophronique ou plus globalement de développer, d'élargir la conscience. Les états « supérieurs » de conscience sont recherchés dans d'autres pratiques, notamment dans les techniques de méditation.

Les niveaux de conscience

Les niveaux de conscience sont liés aux variations de la vigilance. Ils oscillent d'ordinaire entre la veille et le sommeil : le niveau sophroliminal utilisé dans l'entraînement sophrologique se situe entre les deux, bien que plus proche de la veille.

La veille

La veille est un niveau de conscience qui peut varier entre l'hypervigilance et la vigilance classique relative aux actes du quotidien. Lorsque vous épluchez des carottes, vous n'êtes pas forcément dans le même niveau de vigilance que lorsque vous conduisez. On peut également parler de niveau de concentration ou d'attention qui varie selon qu'on regarde la télé ou qu'on remplit sa feuille d'imposition.

Le niveau sophroliminal

Toute technique en sophrologie commence par une sophronisation de base – détente corporelle et accueil des sensations – dont l'un des objectifs poursuivis est de parvenir au niveau sophroliminal (aussi écrit sophro-liminal). Il s'agit d'un niveau situé entre la veille et le sommeil – comme vous pouvez le constater sur la figure 3-1 – par lequel on passe naturellement au moment de l'endormissement et du réveil.

Le niveau sophroliminal favorise la vivance. Il réveille plus de potentialités et permet de stimuler plus facilement les structures profondes de la conscience. En cela, il tend vers une proximité, un accès à la conscience et à ses différentes capacités. Un travail sur soi, sur ses ressources est alors plus propice.

Précisons que ce niveau se situe plus près de la veille que du sommeil, puisqu'il est tout à fait possible de s'exprimer lors de la pratique. Cependant, selon la nuit que l'on a passée ou encore la nervosité de sa journée, on peut soit se trouver trop excité pour se concentrer, soit tendre vers le sommeil. Par l'entraînement, on accède plus facilement et rapidement au niveau sophroliminal et on parvient à le maintenir (constant). Il marque une nouvelle qualité de présence.

A. Caycedo actualise sa théorie des états et niveaux de conscience en 2001 et définit désormais un nouveau niveau de conscience situé au-dessus du niveau sophroliminal afin de réaliser l'entraînement sophrologique dans une « conscience vigile ». Une façon de signifier que lors de la pratique est recherché un niveau de conscience proche de la veille plutôt qu'au bord du sommeil. La posture dos droit adoptée régulièrement lors des relaxations dynamiques et techniques spécifiques favorise ainsi la vigilance. Pour plus de facilité, nous parlerons dans l'ouvrage de niveau sophroliminal (désigné comme niveau de conscience initial), tout en n'oubliant pas que c'est un niveau de « conscience vigile » qui est recherché.

Le sommeil

Pas de grandes précisions à ce sujet, si ce n'est que les différentes phases du sommeil reflètent des sous-niveaux de conscience. Sans transition aucune, le coma peut également être considéré comme un niveau de conscience.

Chapitre 4

Principes et règles de la sophrologie

Dans ce chapitre :

- Les consignes données par les principes de base
- La mise en pratique grâce aux règles

Ces principes et lois définissent l'éthique, le cadre de pratique ainsi que la finalité de la sophrologie. Un chapitre essentiel pour comprendre sur quels supports s'appuie le sophrologue pour dispenser des séances harmonieuses, dans le respect de sa discipline et des sophronisants, autrement dit des personnes qui pratiquent la sophrologie.

Des principes de base

Ils représentent en quelque sorte une ligne de conduite, un cadre dans la pratique de la sophrologie. Ce sont les bases pour créer de bonnes conditions à l'entraînement. Ces quatre principes forment avec les deux lois qui suivent ce qu'on pourrait appeler des consignes pré-sophroniques. Le sophrologue se doit de les respecter, en veillant dans les séances qu'il propose à la perception du corps, la mobilisation d'éléments positifs, l'autonomie de pratique et l'adaptation de la méthode.

Le schéma corporel comme réalité vécue

Il s'agit de prendre conscience de son corps dans toute sa tridimensionnalité, c'est-à-dire sa perception dans le temps et dans l'espace, mais aussi de le ressentir. Le schéma corporel ne se rattache pas seulement au corps mais représente une zone diffuse de conscience. Plus que la représentation que l'on se fait de son corps, le schéma corporel va englober tout ce qui y a trait (les émotions, les rapports extérieurs, etc.). C'est le lien entre le côté interne et externe du corps : une conscience corporelle qui n'est pas seulement l'image que nous reflétons dans le miroir.

Une brève définition

Le schéma corporel renvoie d'une part à l'image de notre corps en mouvement dans l'espace et dans le temps (dimension neurophysiologique) et d'autre part à l'image de soi (dimension psycho-émotionnelle). Ce principe englobe donc trois aspects distincts qui s'unifient : se percevoir, se ressentir, se mouvoir. Le schéma corporel représente en fait une capacité universelle et existentielle qui évolue au fil de notre vie par des changements et de nouveaux apprentissages corporels (nous apprenons le tennis, un nouveau métier, etc.).

Le schéma corporel en deux points :

- la représentation « objective » de son corps

  Prendre conscience de sa forme, de son volume, de son occupation dans l'espace, selon ses postures, son équilibre, ses mouvements ainsi que leur coordination.

- la représentation « subjective » de son corps

  Prendre conscience de l'aspect affectif et émotionnel du corps, de son histoire, de l'image que l'on a de son propre corps (beau, laid, rond, mince, etc.), de la façon dont on l'habite.

Il s'agit de trouver un équilibre entre les deux, de vivre son corps au plus près de sa réalité.

Respecter le principe du schéma corporel comme réalité vécue est un moyen de travailler sur sa force existentielle puisque tout passe par le corps. C'est un médiateur : par exemple, lorsque vous êtes joyeux ou vivez une difficulté, c'est votre corps qui vous le signifie par des émotions agréables ou désagréables. Un principe inhérent à l'entraînement sophrologique pour investir un corps en bonne santé et développer une relation physique et mentale harmonieuse.

Et dans la pratique ?

Au début de tout entraînement sophrologique, des techniques de prise de conscience de son corps sont mises en pratique. On peut commencer par exemple par prendre conscience du phénomène qu'est la respiration en essayant de se relier à son rythme, son amplitude, son trajet dans le corps. Dans la même optique, on va pouvoir se mettre à l'écoute de son corps à travers ses sensations, que ce soit des sensations de chaleur ou de froid, de lourdeur ou de légèreté, ou d'autres. Ce sera un des objectifs des techniques de sophrologie et même le principal dans la pratique de la relaxation dynamique du 1er degré (il existe douze degrés) qui tend à faire ressentir son corps, à le faire vivre à travers ses sensations : une façon d'enrichir son schéma corporel.

EXERCICE PRATIQUE

Objectif	Développer une meilleure conscience de son corps pourra également passer par des stimulations corporelles, des tensions douces associées à la respiration :
Déroulement de l'exercice	• **Vous inspirez quatre à cinq secondes;** • **Maintien de l'air (poumons pleins) pendant deux à trois secondes, et tension douce au niveau des bras (par exemple);** • **Puis vous expirez tout en relâchant vos bras.**

Écouter son corps n'est pas forcément une évidence en soi et de nombreuses personnes ont le sentiment de ne pas y parvenir. Une dame paniquée me dit un jour : « Je ne sens pas mon corps. » Effectivement, dans l'histoire commune du mental et du corps, l'éducation dispensée sur ce rapport au corps ou encore une situation douloureuse récemment vécue conduisent certaines personnes à « se couper » de leur corps. La sophrologie propose des techniques pour retrouver une relation plus naturelle à son corps, tant dans sa perception que dans son ressenti.

EN SAVOIR PLUS

Illustrer le schéma corporel

Pour illustrer le schéma corporel comme réalité vécue, prenons l'exemple du golfeur. Lors de ses premiers entraînements, il est dans un apprentissage qui implique une évolution de sa perception et du ressenti de son corps. Au début, il va être un peu gauche, devant se familiariser avec son matériel et ce nouvel environnement. Et progressivement, il va intégrer le contexte, le geste juste, les sensations relatives à cette pratique, bref tout ce qui compose ce sport.

On peut dire alors que son schéma corporel ne se limite pas uniquement à son corps mais est beaucoup plus diffus. En effet, par l'entraînement, son schéma corporel va englober son club, peut-être sa balle et d'autres éléments. Le schéma corporel apparaît alors comme un tout, associé à une perception du corps dans le temps et l'espace mais aussi dans sa subjectivité (ses émotions, son histoire, etc.).

L'action positive

Toute action positive dirigée vers une de nos structures (corps, émotion, mental) se répercute sur l'ensemble des autres structures. Autrement dit, toute action positive orientée vers notre corps ou notre mental va retentir positivement sur tout notre être.

Pour affiner la définition de ce principe, il est essentiel d'apporter des précisions sur le terme « positif » : il représente tout ce qui est mobilisateur, qui va dans le sens de la santé, de la vitalité, et tout ce qui va éveiller une plus grande qualité de conscience.

Le positif n'est pas forcément un ressenti d'intense bonheur mais peut naître de situations du quotidien : savourer un bon petit déjeuner, humer le parfum des jardins, embrasser ses enfants en allant se coucher, tenir la main à sa ou son conjoint(e) sont autant de moments dont on peut s'imprégner.

L'entraînement sophrologique active le positif

Toutes les techniques de sophrologie respectent ce principe d'action positive sans pour autant nier les difficultés du sophronisant. Lors d'un licenciement, par exemple, la joie ne va certainement pas être au rendez-vous. À travers l'entraînement, on va chercher à renforcer ce qui est positif en soi afin d'activer ses structures comportementales, émotionnelles et cognitives.

Les techniques utilisées tendent ainsi à mobiliser toutes nos ressources et capacités (la relation au corps), à renforcer notre vitalité, à créer un rapport positif aux situations du quotidien.

EN SAVOIR PLUS

Découvrez la sophro-présence du positif

Vous trouverez dans le chapitre 11 une technique de sophrologie appelée sophro-présence du positif qui a pour principal objectif de somatiser du positif. Il s'agit de se relier à une évocation agréable (une situation, une image, un son, un mot,...). Ce peut-être l'image du soleil : à l'inspiration on cherche à stimuler les sensations positives dans tout notre corps et à l'expiration à diffuser tout ce positif dans chaque zone, de même que l'on se charge de la chaleur et de la luminosité du soleil lorsqu'on s'oriente face à lui.

La réalité objective

Figure 4-1 : Une bonne séance dépend de la qualité du sophrologue.

Ce principe concerne la personnalité et le professionnalisme du sophrologue. Il va consister à prendre en considération tous les facteurs pouvant altérer l'accompagnement lors d'une séance. Ces facteurs seront essentiellement liés à l'état d'esprit du praticien, à celui de la personne qui a fait appel à lui, ainsi qu'au cadre des séances.

Cadre et limites d'intervention du sophrologue

Pour le sophrologue, cela va représenter un véritable travail sur soi. Dans la relation sophrologue-sophronisant, il s'agira d'accueillir la personne en toute objectivité, c'est-à-dire sans se référer à ce qu'elle peut nous renvoyer – elle peut par exemple ressembler à une amie de longue date – et bien sûr ne pas juger ni son vécu ni ce qui peut émerger durant les séances en termes de ressenti. C'est de la responsabilité du sophrologue que dépend le bon déroulement d'une séance. Il se doit tout simplement d'accepter ses propres limites. Cela impliquera peut-être l'orientation d'une personne vers un psychothérapeute.

Ce principe concerne aussi le niveau de conscience du sophrologue, il est aisé de comprendre qu'un praticien n'ayant pas dormi de la nuit va voir ses capacités d'accompagnement altérées. De façon générale, tenir compte de son propre état de conscience permet d'établir un lien plus juste avec le sophronisant. Il s'agit de prendre conscience de ses émotions, de son corps (sensations agréables ou désagréables), et de l'état de son mental (calme, confus, etc.).

On comprend d'autant mieux l'intérêt d'une formation sérieuse pour devenir sophrologue lorsqu'on s'aperçoit que la qualité d'une séance dépend de la qualité du sophrologue tant dans sa pédagogie que dans sa propre intégration de la sophrologie et de ses techniques. Son état de conscience « élargi » reflète alors le travail effectué sur lui-même, lors de sa formation mais aussi quotidiennement, et surtout l'apport supplémentaire qu'il va pouvoir donner aux sophronisants. Cela se remarquera dans la qualité du programme de ses séances, dans l'accompagnement lors des techniques, dans la qualité de son discours (terpnos logos) et dans la façon de communiquer certains messages. Le sophrologue doit enrichir sa conscience existentielle en permanence pour guider au mieux ses séances. Pour cela, il pratique souvent en même temps que le sophronisant les techniques proposées. C'est uniquement à ces conditions que le sophrologue peut être un bon accompagnateur.

Prendre du recul

Il est vrai que le principe de réalité objective concerne particulièrement le sophrologue, mais il est aussi ancré dans l'entraînement sophrologique et implique donc aussi le sophronisant. En effet, il consiste, au fil des séances, à développer la conscience de son environnement, de ses ressources pour agir en cohérence avec les facteurs externes et avec soi-même. Prenons l'exemple d'un déjeuner entre collègues de travail durant lequel vous avez des difficultés à vous exprimer, imaginant que le collègue d'en face va vous juger négativement. Au final, vous n'en savez rien, étant donné que vous ne lisez pas dans les pensées. Prendre conscience de ce paramètre vous permettra peut-être de vous engager plus librement dans la conversation. L'entraînement sophrologique tend ainsi à faire intégrer ce principe dans son quotidien, en laissant de côté les préjugés, en se rapprochant au plus près de la réalité d'une situation ou d'une personne, pour une existence plus harmonieuse.

L'adaptabilité

Proche du principe de réalité objective, il consiste à adapter la méthode au(x) sophronisant(s), à la personnaliser en quelque sorte. Le sophrologue devra notamment faire appel à sa créativité en fonction du contexte – séances dispensées en salle de sport ou en centre hospitalier – et du sophronisant pour établir un protocole d'entraînement adéquat (nombre de séances, choix des techniques, etc.). Sa responsabilité entre ainsi en jeu lors de l'accompagnement de techniques, pour lesquelles il ne va pas adresser le même discours (terpnos logos) à un enfant qu'à un adulte.

Par ailleurs, il est aussi question du principe du schéma existentiel comme réalité à vivre, qui consiste à mettre à profit l'entraînement sophrologique dans son quotidien. Le sophrologue précise ainsi l'intérêt de faire le lien entre l'aspect pratique de la sophrologie (l'entraînement) et sa relation à l'existence (ses bénéfices). Une discipline de terrain !

Deux règles à suivre en pratique

La vivance est la rencontre phénoménologique du corps et de l'esprit dans la conscience. Elle est favorisée dans chaque technique de sophrologie. Par ailleurs, la seconde loi de la répétition vivantielle est la raison même qui permet de parler d'entraînement sophrologique.

La loi de la vivance phronique

La vivance phronique désigne la rencontre corps-esprit dans les structures profondes de la conscience. Elle représente donc le vécu d'une expérience intentionnelle mais sans a priori. Plus clairement, il s'agit de vivre une expérience avec l'intention d'en faire ressortir quelque chose mais sans pour autant avoir d'idées préconçues sur ce quelque chose, juste le laisser émerger à la conscience. Par exemple lors de la pratique d'une technique de sophrologie, à travers l'expérience de nos sensations nous recherchons peut-être une meilleure écoute de notre corps, mais laisserons les sensations émerger d'elles-mêmes sans les induire, sans forcément les nommer, juste en les accueillant. En bref, la vivance laisse apparaître les phénomènes et leur permet de s'intégrer à la conscience. Les techniques de sophrologie sont pratiquées dans cet objectif même, et tendent à multiplier les rencontres corps-esprit, l'expérience des phénomènes afin de développer notre champ de conscience : plus je vis l'expérience de mes sensations, plus je développe une relation fine avec elles.

La loi de la répétition vivantielle

Textuellement, cela signifie répéter la vivance, processus que nous venons d'expliciter. La répétition vivantielle est, elle aussi, une des bases de l'entraînement sophrologique. Pour tendre vers des changements profonds, il est essentiel de répéter les techniques effectuées en séance. Plus on pratique, plus on intègre. La sophrologie n'est pas une discipline miracle. Une séance peut certainement apporter des éléments intéressants, notamment pour apprendre à bien respirer, mais c'est réellement par un entraînement régulier que ces techniques dévoilent leur intérêt et surtout leurs bénéfices. On cherche ainsi à expérimenter les différentes relaxations dynamiques et techniques spécifiques propres à la sophrologie dans le but de reprendre confiance en soi, de voir les situations sous un nouvel angle ou encore d'apprendre à écouter son corps au quotidien.

Pour concrétiser cette loi, prenons l'exemple d'un étudiant qui souhaiterait se préparer à un examen. Lors de l'entraînement, le sophrologue pourra lui proposer de se visualiser (terme utilisé par facilité et signifiant ici se percevoir et se ressentir) lors de l'examen en gérant bien son stress, entre autres en se voyant bien respirer, avoir confiance en lui, positiver son discours intérieur. Cette technique sophrologique qui s'intitule la sophro-projection future doit être répétée à plusieurs reprises afin de bien intégrer l'objectif en question. Une fois les phénomènes ancrés en soi (dans la conscience), ils apparaissent ensuite dans le quotidien dans un processus d'évolution personnelle. Pour revenir à notre étudiant, par l'entraînement sophrologique (un programme composé de diverses techniques) il va peut-être parvenir à réagir différemment le jour de son examen, en étant plus serein notamment. En bref, la répétition vivantielle crée une nouvelle perception (de la vie, de situations, des autres, de son corps, etc.) tournée vers les principes d'intégration du schéma corporel, de l'action positive et de la réalité objective. En bref, la vivance répétée d'un phénomène l'ancre en soi et l'inscrit dans notre existence.

Sophrologue et sophronisant

La relation sophrologue-sophronisant est nommée alliance sophronique. Précisons que « sophronisant » est le terme employé pour qualifier les personnes qui pratiquent la sophrologie. Le sophrologue anime ses séances de façon à donner des outils et techniques au(x) sophronisant(s). Ce dernier quant à lui s'investit personnellement dans la pratique, dans l'entraînement sophrologique. Un rapport fait d'échanges, d'autonomie et d'emphase.
Le sophrologue n'est pas un coach de vie ! Empathie et autonomie, deux mots d'ordre que doit intégrer le sophrologue dans sa pratique en vue d'une démarche harmonieuse et responsabilisante pour le sophronisant.

L'alliance sophronique

Elle désigne et qualifie la relation singulière entre le sophrologue et le sophronisant. À l'inverse d'autres méthodes qui impliquent un rapport de supériorité ou directif vis-à-vis de l'individu, la sophrologie instaure une relation d'égal à égal, dans laquelle le sophrologue est considéré comme un passeur délivrant des outils et techniques propres à sa discipline.

Référons-nous à un exemple sportif : le pivot assure les passes décisives, mais seul l'attaquant va pouvoir concrétiser ce travail d'équipe. En ce sens, le sophronisant devient peu à peu son propre guide en s'imprégnant des séances non directives. Par exemple, lors de la phénodescription (moment qui suit la pratique d'une technique), le sophrologue s'attachera à ne pas interpréter les phénomènes mais au contraire, par l'écoute active et la reformulation, à amener le sophronisant à développer et à approfondir son discours :

> Le sophronisant : « J'ai ressenti beaucoup de sensations. ».
>
> Le sophrologue : « Vous avez ressenti beaucoup de sensations… ».
>
> Le sophronisant : « Oui. »
>
> Le sophrologue : « Vous souhaitez rajouter quelque chose ? »

Dans ce rapport, le sophrologue doit avoir intégré le principe de réalité objective afin de se limiter à son rôle d'accompagnement et de ne pas entrer dans des considérations subjectives voire inductives. Son intervention se résume à un silence, un acquiescement empathique, une reformulation, parfois à une invitation à en dire davantage.

Le rôle du sophrologue

Le sophrologue ne porte pas de jugements, n'interprète pas et ne déroge pas au secret professionnel. Son objectif est de permettre à la personne qui fait appel à lui de développer une plus grande qualité de conscience et de maîtriser les facteurs (l'écoute du corps, la respiration, la gestion des émotions, etc.) qui interviennent dans ce qu'elle vit. Le rôle du sophrologue est d'accompagner avec empathie dans une démarche autonome de découverte, conquête et transformation, de favoriser l'expérience du sophronisant. La notion de neutralité est très importante, il ne doit donc être en aucun cas inductif, directif, ni suggestif. L'essentiel est que chacun garde sa place.

EN SAVOIR PLUS

C'est en grande partie la qualité de la formation suivie par un sophrologue qui définit son professionnalisme. S'il tient bien la route, sa qualité de sophrologue se lira dans la qualité de ses séances. Une séance de qualité, c'est un cadre préparé et confortable, un contenu pertinent dans le choix des exercices comme dans le temps imparti pour chacun d'eux, et enfin une bonne animation qui veille à la clarté de l'expression, à l'accompagnement des relaxations et phénodescriptions et à l'aspect pédagogique.

Le premier contact

C'est lors de l'anamnèse (premier contact) que se crée l'alliance, le temps de définir la sophrologie, le cadre de pratique, et de faire émerger les motivations du sophronisant. Le sophrologue va user d'empathie pour comprendre ce que vit la personne et utiliser l'écoute active pour mettre en lumière sa problématique. C'est au cours de ce dialogue que les facteurs à travailler vont pouvoir émerger et s'affiner durant la pratique.

La notion d'autonomie

En sophrologie, autonomie rime avec investissement personnel. Ainsi, l'autonomie va consister à se prendre en main, à s'investir dans son entraînement. Notamment en réalisant des exercices de « sophro » de temps à autre dans la semaine qui suit une séance. Un moyen de devenir plus actif dans sa démarche et acteur de sa vie. Ce rapport d'autonomie instauré en sophrologie peut se répercuter positivement au quotidien dans une plus grande facilité à faire des choix par soi-même ou à s'écouter. Par exemple pouvoir aller faire seul(e) les boutiques et choisir seul(e) un vêtement, ou plus sérieusement faire un choix concernant son travail. L'autonomie implique ainsi de prendre conscience de ce qui est bon pour soi : par exemple changer de posture au cours de la pratique d'une technique spécifique, en décidant de s'asseoir plutôt que de rester allongé.

Il peut ainsi être intéressant lorsqu'un enfant vous montre son dessin en vous demandant : « Tu le trouves beau ? » de le renvoyer à sa propre interrogation en lui disant : « Et toi comment le trouves-tu ? » Développer son autonomie, c'est approfondir sa connaissance de soi, écouter son ressenti, agir en accord avec soi-même (si j'ai envie de crier, je crie…), bref c'est renforcer la confiance en soi : je suis capable de dire que je trouve mon dessin beau, ce qui ne m'empêche pas de demander ensuite aux autres ce qu'ils en pensent.

L'importance de l'empathie

Elle ne consiste pas à se centrer sur le problème mais sur la personne. Pour cela, le sophrologue s'appliquera à se rapprocher du rythme de la voix et du ton du sophronisant ainsi que de son énergie et de son niveau de conscience. Par exemple, face à une personne qui n'aurait pas le moral et parlerait tout bas, le sophrologue ne va pas parler vite et fort, faire une démonstration d'énergie et de vitalité en faisant de grands gestes et en sautillant sur sa chaise. L'empathie par définition est « la faculté de se mettre à la place d'autrui, de percevoir ce qu'il ressent ». C'est se mettre au contact du monde de l'autre ou de son expérience.

L'empathie est par ailleurs un moyen pour le sophrologue de proposer des techniques adaptées à la démarche du sophronisant, en cohérence avec sa personnalité et sa problématique.

En bref, le sophrologue est en partie un phénoménologue :

- Il favorise l'autonomie, la conscience, l'évolution.
- Il respecte le principe de réalité objective.
- Il ne cherche pas de la compréhension mais de l'expérience qui transforme.
- Il ne travaille pas sur le problème mais sur la personne.
- Il met le sophronisant en participation active (« aujourd'hui on va s'intéresser à la respiration : savez-vous comment vous respirez ? »).

Choisir sa ou son sophrologue

Le bouche-à-oreille est souvent le moyen le plus concret et le plus rassurant pour se rendre chez un praticien. Cependant, même s'il est largement utilisé pour la sophrologie, il est bon de se référer à des organismes sérieux pour vérifier la qualification d'un(e) sophrologue. Deux sites de référence : celui de la Société française de sophrologie, (www.sophrologie-francaise.com), et celui du Syndicat national des sophrologues professionnels (www.syndicat-sophrologues.fr).

Vous avez d'autres solutions possibles, notamment en passant par les Pages jaunes ou encore en tapant sophrologue + le département de votre choix sur un moteur de recherche, mais rien ne vous empêche par la suite de contrôler les références du sophrologue (nombre d'heures de formation, etc.). Une première séance d'essai est souvent proposée en guise de premier contact afin d'estimer si la pratique de la sophrologie peut vous intéresser dans ce cadre et avec ce sophrologue.

Deuxième partie

Qu'est-ce que la sophrologie ?

Dans cette partie...

Mais que signifie le terme « sophrologie » ? Quel vocabulaire utilise-t-elle ? Quelle méthodologie ? À quoi ressemble une séance ? Dans quel cadre pratiquer ? Autant de questions auxquelles cette deuxième partie va tenter de répondre. Vous commencez à entrer dans le vif du sujet, au plus près de la pratique.

Chapitre 5

Définition et étymologie

Dans ce chapitre :

- L'origine du terme « sophrologie »
- Les usages et les bénéfices de l'entraînement sophrologique
- Une discipline de développement personnel et de prévention de santé

Qu'est-ce que la sophrologie ? Certains la considèrent comme de la relaxation, d'autres savent qu'elle est utile pour gérer le stress ou se préparer à la maternité. On entend souvent parler de ses applications mais plus rarement de la façon dont elle se pratique et de ses objectifs. À travers ce chapitre, vous allez pouvoir vous pencher sur la définition de ce terme et plus largement de cette discipline dont le nom est entré dans le langage courant !

Origine du mot « sophrologie »

C'est bien connu, les définitions étymologiques révèlent le sens caché des mots. Intéressons-nous de plus près au terme « sophrologie » qui, une fois examiné, révèle l'objectif de la discipline qu'il représente. Si jusqu'à présent « sos » évoquait pour vous un signal de détresse, vous allez découvrir qu'en grec ancien ces trois lettres prennent une tout autre signification.

D'où vient-il ?

Les racines grecques du terme « sophrologie » sont les suivantes :

- *Sos* : sérénité, équilibre, harmonie.
- *Phren* : esprit, conscience.
- *Logos* : science, étude, discours.

Selon sa définition étymologique, la sophrologie est donc l'étude de l'harmonie de la conscience, autrement dit une science de la conscience harmonieuse.

Deux principales branches

On parle aujourd'hui de sophrologie clinique et socio-prophylactique en délimitant deux cadres de pratique. Le terme socio-prophylactique peut se dissocier en « social » et « prophylactique » et caractérise communément une action de prévention.

Dans le cadre médical

La *sophrologie clinique* est réservée aux professionnels de santé et de la relation d'aide : infirmier, kinésithérapeute, sage-femme, psychologue clinicien… La sophrologie représente, dans ce cadre, un complément à la démarche de chaque praticien. C'est un moyen d'acquérir des outils, des techniques, une approche relationnelle différente qui permet de favoriser un mieux-être chez les patients, tant dans leur façon de vivre les soins que dans leur parcours thérapeutique. Par ailleurs, les sophrologues ne possédant pas de diplôme médical ou paramédical ont la possibilité de travailler en binôme avec un professionnel de santé, mais se doivent de respecter leur cadre (ils ne sont pas habilités à poser un diagnostic).

Dans le cadre personnel

La *sophrologie socio-prophylactique* peut être considérée comme une pratique de développement personnel dans ce cas., ses domaines de prédilection étant l'équilibre général, la gestion du stress, la confiance en soi, les valeurs de vie, et elle s'adresse également aux sportifs (préparation à la compétition). Elle vise une meilleure connaissance de soi, l'intégration de moyens pour préserver sa santé et sa vitalité. La sophrologie sociale et prophylactique va permettre de renforcer ses structures positives, de développer son potentiel et ses capacités d'adaptation pour améliorer son quotidien. Elle s'adresse ainsi à tous dans un objectif global d'épanouissement personnel.

La sophrologie, c'est…

Conformément à ses racines grecques, ainsi qu'à ses principes et règles (voir le chapitre 4), la sophrologie tend au développement d'une conscience harmonieuse en s'appuyant sur les principes d'intégration du schéma corporel, de renfort des structures positives, de réalité objective et d'adaptabilité. Plus simplement, c'est une discipline visant à améliorer sa qualité de vie par la conquête d'un nouvel état de conscience (la conscience sophronique). Un champ de conscience élargi aidant ainsi à être plus en cohérence avec son environnement, ses ressources, ses valeurs, en bref avec son existence.

Une discipline de développement personnel

La sophrologie associe le corps et le mental (schématiquement) dans une pratique composée de relaxations dynamiques et de techniques spécifiques, qui tend par l'entraînement – et en s'appuyant régulièrement sur la respiration – à développer une meilleure connaissance de soi, à renforcer ses ressources pour une existence harmonieuse, c'est-à-dire dans la recherche d'une vie en cohérence avec soi-même et avec son milieu.

Dans le détail, elle favorise une prise de recul par rapport à sa vie, la capacité à faire des choix en cohérence avec soi-même, à s'écouter, à s'ouvrir aux autres, à prendre confiance en soi et globalement à retrouver du plaisir dans son quotidien. Par ses techniques et ses aspects théoriques, elle donne des outils concrets et délivre des clés pour mieux se connaître, voir les choses sous un nouvel angle, se tourner vers le positif. Pour une même situation, nous pouvons réagir de mille façons différentes, à nous de trouver celle qui nous correspond le mieux pour vivre une existence harmonieuse.

La sophrologie tend à élargir le champ de conscience, c'est-à-dire, de façon réductive, de faire preuve d'ouverture d'esprit. Concrètement cela implique, par exemple, de se demander : « Dans ma vie ou dans cette situation précise, qu'est-ce qui est bon pour moi ? » Parvenir à se poser cette question, c'est déjà sortir la tête de l'eau et prendre conscience grâce à ce recul de la meilleure direction à suivre. Ensuite, toujours par cette prise de recul et par une meilleure connaissance de soi, on parvient à répondre à cette question, c'est encore une autre étape : « Ce qui est préférable pour moi dans cette situation, c'est… »

L'entraînement sophrologique aide également, par une conscience plus fine, à être plus détaché (et non je-m'en-foutiste), à avoir conscience de la façon de gérer ses échanges avec les autres et à prendre conscience des multiples facteurs qui entrent en interaction dans ses rapports. Ce sera, par exemple, prendre conscience que ce que l'on vient de dire a été exprimé sur un ton agressif ou encore oser exprimer ses opinions, en bref être au plus près de son naturel, être soi. Autant de bénéfices pouvant résulter de la pratique de la sophrologie.

Ce ne sont en aucun cas des promesses de résultats, qui diraient que grâce à la sophrologie tout est rose. Chaque personne est unique, vit et intègre les choses à sa façon. Ce serait comme promettre à quelqu'un qui n'a jamais goutté de betteraves : « Tu vas adorer ! » Ce qui compte, c'est le cheminement de la personne à travers les techniques pratiquées dans l'entraînement sophrologique. En ce sens, on peut imaginer qu'à la première séance, le sophronisant apporte une boîte à outils vide, qu'il va peu à peu remplir de techniques (relaxations dynamiques et techniques spécifiques), d'exercices pratiques et de méthodologies destinés à l'aider.

Pour résumer, la sophrologie apparaît, dans ce cadre, comme une discipline du domaine des sciences humaines. Elle propose un ensemble de méthodes et techniques visant à activer positivement ses capacités et ressources afin de développer ses possibilités d'adaptation dans l'existence.

PORTRAIT

Bousculer ses habitudes

« Dans le cadre d'un cours de sophrologie en groupe, durant une sophronisation sur le thème des valeurs de vie, nous cherchions à nous imaginer en train de visiter chacun notre appartement ou maison en passant dans chaque pièce, comme un agent immobilier qui présenterait un bien. L'objectif était de savoir ce qui était important pour soi dans son intérieur. Pourquoi a-t-on accroché ce tableau représentant un paysage, est-ce relié à notre valeur sérénité, nature ou toute autre valeur ? Pourquoi avons-nous agencé nos meubles de cette façon ? Pourquoi avons-nous mis telle ou telle couleur sur nos murs ? Ainsi de suite. Or, j'ai constaté que mon salon est tout blanc. Cela fait des années qu'il est ainsi, et je m'aperçois tout d'un coup que je déteste les tons pâles et imagine avec plaisir un jaune éclatant à la place. »

Brigitte, 52 ans

Un exemple qui peut illustrer le fait que les habitudes, notamment visuelles, nous conduisent à ne plus nous rendre compte de ce qui correspond à nos désirs, à notre personnalité et plus largement de ce que nous voulons vraiment selon la situation rencontrée. L'occasion de rechercher une meilleure cohérence de soi.

Une discipline de prévention de santé

Bien que l'intérêt préventif de la sophrologie n'ait pas encore été franchement reconnu – notamment par les mutuelles qui ne remboursent que très peu les séances de sophrologie –, il est pourtant bien réel. Lorsqu'on parle de sophrologie et de santé, on pense tout de suite à sa branche clinique. Effectivement, comme cela a été dit précédemment, cette discipline s'inscrit dans le cadre de la santé, notamment en permettant de développer ses capacités d'adaptation, et plus largement de renforcer ses ressources, ou encore en proposant des programmes de gestion de la douleur.

Mais intéressons-nous au cadre socio-prophylactique, dans lequel elle apparaît comme une discipline de prévention de santé : développer une meilleure qualité de conscience est en effet un moyen de la préserver. Prenons l'exemple de l'escalade du stress :

- Je vis une situation qui entraîne un stress premier apparaissant sous la forme d'une phase d'alerte (augmentation des tensions musculaires, de la fréquence cardiaque et autres symptômes).
- Si je ne prends pas conscience de ces premières manifestations, mon corps va me les signaler d'autant plus vivement en passant à la phase de résistance. Un moment durant lequel le stress perdure et où le corps met en place des actions pour se protéger.
- Si je n'écoute pas ces nouveaux signaux, mon corps risque de dire stop par des moyens plus radicaux, car il est épuisé d'avoir été tant sollicité.

De même, prendre conscience que l'on étouffe dans son travail et se donner les moyens d'améliorer sa situation, c'est préserver sa santé en osant répondre et remédier aux différentes manifestations physiques et psychiques (tensions, pensées négatives, etc.). Il s'agit de préserver son équilibre général. En cela, la sophrologie socio-prophylactique, axée sur le développement personnel, permettant de mieux se connaître, d'écouter son corps, de renforcer ses ressources et capacités, apparaît comme un moyen de prendre conscience et de gérer des difficultés du quotidien pour vivre une existence plus harmonieuse, synonyme de santé préservée.

La sophrologie est une discipline de développement personnel et de prévention de santé. La pratiquer, c'est contribuer à améliorer sa qualité de vie, notamment en gérant mieux son stress, en renforçant sa confiance en soi. En cela, sa méthode, ses techniques (relaxations dynamiques et techniques spécifiques) et son approche existentielle permettent, en ayant une action sur la conscience (la vivance), de renforcer ses capacités et de prendre du recul par rapport à soi, à sa vie, aux autres, au monde pour une vie en cohérence avec soi-même.

Les bénéfices de l'entraînement sophrologique

Les bienfaits de la sophrologie sont évidemment liés à sa méthodologie progressive : découverte, conquête et transformation. C'est l'expérience pleinement consciente qui permet une évolution de l'individu. Une personne souhaitant apprendre à gérer son stress suivra cette logique au fil de l'entraînement. Par différentes techniques (relaxations dynamiques et techniques spécifiques), elle va commencer par prendre conscience de sa relation au stress (découverte). Elle pourra ensuite développer la maîtrise de son stress (conquête) pour enfin intégrer dans son quotidien les bénéfices et les applications d'une bonne qualité de stress (transformation ; voir le chapitre 15).

Rassurez-vous, ce qui suit n'est pas une liste de bonnes résolutions mais bel et bien l'énumération de quelques bénéfices pouvant résulter de la pratique de la sophrologie, histoire de faire son marché bien-être :

- **Mieux se connaître :** une condition sine qua non qui demande de se connecter à ses désirs, besoins ou encore ses valeurs. Un des intérêts d'une meilleure connaissance de soi est de faire des choix cohérents avec soi-même.
- **Savoir écouter son corps :** rappelons que le corps est le médiateur de toutes les techniques sophrologiques. Apprendre à écouter ses sensations (chaleur, légèreté, etc.), prendre conscience de ses capacités, pouvoir évacuer des tensions inutiles mais aussi savoir se détendre, mieux respirer, sont autant de façons de se familiariser avec lui et de le dynamiser.
- **Gérer efficacement son stress :** c'est parvenir à mieux s'adapter au quotidien et peut-être même mieux adapter son quotidien à soi-même. Vous me suivez ? Cela va demander de savoir prendre du recul par rapport à une situation, d'acquérir la maîtrise de soi en gérant bien ses émotions et d'apprendre à lâcher prise pour ne pas perdre de temps sur des éléments qui ne changeront pas.
- Mais aussi, **renforcer sa confiance en soi**, **mieux satisfaire ses valeurs de vie**, **développer la maîtrise de sa respiration et de sa concentration**, **optimiser ses capacités**, **savoir se détendre**, **gérer la douleur**...

En bref, la sophrologie apparaît comme une pratique de mieux-être, proche d'une philosophie de vie. Vous découvrirez comment vous entraîner à travers tous les champs d'application développés dans la partie 4 de l'ouvrage.

Chapitre 6

Un vocabulaire spécifique

Dans ce chapitre :

- Sophronisation de base et désophronisation
- Le terpnos logos, outil de travail du sophrologue
- Les pauses d'intégration
- La phénodescription écrite et/ou orale

À chaque discipline son langage ! En psychologie on parle de névroses, de complexe d'Œdipe, de troubles bipolaires. En ostéopathie on parle d'articulation sacro-coccygienne, d'atlas ou encore d'axis (vertèbres cervicales). Bref, chaque méthode possède un vocabulaire propre à sa pratique. Vous allez constater que les mots et expressions utilisés en sophrologie ne se trouvent pas tous dans le dictionnaire ! Alfonso Caycedo a ainsi créé un langage propre, en partie issu de la Grèce antique. La sophronisation de base, le niveau sophroliminal, le sophro-déplacement du négatif et d'autres n'auront plus de secret pour vous. En fin d'ouvrage, un lexique réunissant les principaux termes employés en sophrologie est à votre disposition. Entrez dans le jargon sophrologique…

Des « sophro » partout !

Les termes sophronisation de base, sophro-acceptation progressive, sophro-présence du positif ne laissent pas l'ombre d'un doute sur la discipline auxquels ils appartiennent. Afin de bien comprendre ce vocabulaire original, munissez-vous de quelques définitions !

Entrée en matière (la sophronisation de base)

N'OUBLIEZ PAS !

Le protocole des relaxations dynamiques ou techniques spécifiques pratiquées en sophrologie peut schématiquement se résumer ainsi : sophronisation de base + relaxation dynamique ou technique spécifique + désophronisation. La sophronisation de base – qui se décline en deux principales formes (sophronisation de base et sophronisation de base vivantielle par systèmes) – correspond à l'entrée dans la pratique, au relâchement physique et mental pour accéder au niveau sophroliminal. Nous aurons l'occasion d'entrer dans les détails de cette technique au chapitre 10.

La désophronisation ou fin de pratique

C'est la fin du protocole des relaxations dynamiques ainsi que des techniques spécifiques, l'instant où le sophronisant revient peu à peu à un niveau de vigilance et à un tonus habituels. Il s'agit du moment où l'on prend le temps de revenir à un état d'éveil, de s'étirer pour enfin rouvrir ses yeux. La désophronisation laisse le temps d'intégrer le vécu de la technique qui vient d'être pratiquée et d'en conserver tous les bénéfices une fois celle-ci terminée. Chaque sophronisant réalise cette phase selon son besoin en choisissant de la prolonger ou de l'écourter, en s'étirant ou juste en rouvrant ses yeux.

Une technique pour évacuer (Le sophro-déplacement du négatif)

Cette technique est notée ici à titre d'exemple par rapport au vocabulaire employé en sophrologie. En réalité, elle n'est pas la seule à porter l'affixe « sophro », puisque vous découvrirez plus tard (dans le chapitre 11), la sophro-présence du positif, la sophro-mnésie, la sophro-projection future, la sophro-manence des capacités et bien d'autres encore ! Chacune de ces techniques dites spécifiques est orientée vers un objectif de pratique précis. Le sophro-déplacement du négatif a pour objectif, comme son nom l'indique, d'évacuer le négatif de tout le corps et plus précisément les tensions inutiles. Il est souvent pratiqué dans sa version abrégée.

Le terpnos logos, discours d'accompagnement

Le terpnos logos est le discours utilisé par le sophrologue pour accompagner le sophronisant dans la pratique des différentes relaxations dynamiques et techniques spécifiques. Un ton neutre, un débit lent, un volume modéré et un texte harmonieux font du terpnos logos un véritable art à peaufiner. Ainsi, la façon dont est guidé un exercice participe d'ores et déjà au développement personnel. Vous découvrirez les principales techniques sophrologiques accompagnées d'exemples de terpnos logos dans la troisième partie de l'ouvrage.

Un parler objectif

C'est un langage qui se doit d'être le moins inductif possible. Des « peut-être » sont souvent employés pour permettre l'autonomie du sophronisant et éviter d'induire ses ressentis : « Vous pouvez peut-être sentir vos dents se desserrer… » Il s'agit cependant d'un texte qui doit accompagner une pratique. En ce sens, le terpnos logos reflète le protocole de chaque technique utilisée en sophrologie et se doit donc d'être cadré. Cette objectivité concerne également la personnalité du sophrologue, qui devra par exemple mettre au second plan son côté paternel ou maternel. Il devra ainsi faire en sorte de ne pas répercuter ce trait de caractère dans son accompagnement, toujours dans le souci de préserver et de favoriser l'autonomie du sophronisant. Cela va notamment passer par l'emploi d'un ton neutre et pas forcément « enveloppant ». De ce fait, le ton du sophrologue ne doit pas être non plus directif et sec. Le terpnos logos doit être le plus neutre et harmonieux possible.

Un texte à la fois stéréotypé et personnalisé

Chaque technique possède un terpnos logos de référence conduit en fonction de son objectif. Des formules clés, un texte suivant un fil conducteur pour accompagner au mieux le sophronisant dans son entraînement.

En fonction de la personnalité du sophrologue, de sa créativité, le terpnos logos peut prendre différentes formes. Lors de la sophronisation de base par exemple, un sophrologue pourra tenir le discours suivant : « Nous pouvons nous détacher de nos idées parasites en les laissant de côté pour pleinement nous recentrer… » ; un autre pourra dire : « Nous pouvons nous imaginer en train d'emballer nos idées parasites dans un baluchon… Nous l'accrochons à une branche et le récupèrerons à la fin de la séance… »

Terpnos logos

Voici un extrait de terpnos logos pour une sophronisation de base.

« Nous pouvons fermer nos yeux, prenons bien le temps de nous installer… Tout notre corps dans une agréable posture… Simple et agréable lâcher prise… Prenons plaisir à nous recentrer en laissant de côté toutes nos idées parasites… Peut-être comme des nuages qui passeraient sous nos yeux sans s'arrêter…

Et nous allons pouvoir vivre la présence de notre corps tout en le relâchant peu à peu… Commençons par accueillir et vivre pleinement la présence de notre visage, de notre tête… Nous pouvons peut-être sentir tout notre cuir chevelu en train de se décontracter… Les tensions inutiles s'effacent de notre front, de nos yeux, de nos joues… Nous pouvons desserrer nos dents… Toute cette zone en train de se relaxer… Prenons bien conscience de sa forme et de son volume… »

Des instants de silence (les pauses d'intégration)

Éclaircissons à présent l'expression « pause d'intégration » utilisée dans le terpnos logos… Ces pauses portent bien leur nom : ce sont des moments qui, durant les techniques sophrologiques, permettent d'intégrer les phénomènes expérimentés. Le sophrologue propose une pause d'intégration symbolisée par l'arrêt de son discours laissant un instant de silence.

Un moment pour se recentrer

En pratique, les pauses d'intégration s'effectuent durant les relaxations dynamiques ou les techniques spécifiques, c'est-à-dire au niveau sophroliminal. Elles représentent des intervalles de silence insérés dans le terpnos logos, qui permettent de se retrouver, de se relier aux phénomènes activés durant la technique pratiquée.

Laisser les choses se poser en soi

C'est un moment très personnel qui laisse le vécu (les phénomènes) qui peut émerger durant une technique se poser et s'intégrer en soi. Des pauses qui laissent notamment l'occasion d'accueillir ses sensations, de les nommer et de leur laisser du temps et de l'espace. Comme si les phénomènes s'intégraient dans nos structures, jusque dans notre biologie. Intégrer signifie laisser l'expérience qui vient de se vivre se poser et s'ancrer en soi, sans jugement, sans intellectualisation (on ne se demande pas pourquoi on ressent cela, à quoi c'est lié, etc.). Les pauses d'intégration se concrétisent dans le terpnos logos de la façon suivante : « Nous allons pouvoir effectuer une pause d'intégration… » ou encore « Prenons bien le temps d'intégrer notre vécu… » Ces pauses n'ont pas de durée prédéterminée. Elles varient entre quelques secondes et deux à trois minutes.

Mettre des mots sur son ressenti (la phénodescription)

C'est une invitation, après la pratique d'une relaxation dynamique ou d'une technique spécifique, à exprimer en toute liberté (si on le souhaite) le vécu de sa séance. Une phase importante pour mettre des mots sur son ressenti, ses perceptions, etc.

L'échange entre sophrologue et sophronisant(s)

En individuel ou en groupe, le sophrologue propose à chaque fin de pratique de faire part du vécu de telle ou telle technique. Le sophronisant décide ainsi librement de s'exprimer ou non. S'il décide de partager son expérience, le sophrologue se doit de rester neutre, tout en faisant preuve d'une écoute active (il regarde le sophronisant, peut procéder à des reformulations, etc.). D'une phénodescription peuvent ressortir des remarques diverses : « J'ai eu beaucoup de difficultés pour me concentrer », « J'ai ressenti des fourmillements au niveau des jambes… », « Je me suis imaginée bien vivre mon entretien à venir… », et bien d'autres interventions plus développées.

Écrire pour avancer

La phénodescription par écrit est tout aussi intéressante : d'ailleurs rien n'empêche de la coucher sur papier puis de l'exprimer à l'oral. Au cours des séances, noter son vécu est un moyen de garder une trace de ses différentes expériences et peut-être aussi de constater au fil de la pratique son évolution personnelle.

Chapitre 7

Une méthodologie progressive

Dans ce chapitre :

- « Chi (Qui) va piano, va sano »
- Des pratiques tantôt dynamiques, tantôt spécifiques
- Découverte, conquête et transformation

La méthodologie mise en place dans l'entraînement sophrologique se déroule en trois étapes : une phase de découverte, suivie d'une phase de conquête pour terminer par une phase de transformation. Rappelez-vous de l'allégorie de la caverne de Platon présentée dans le chapitre 2 : la sortie de l'obscurité vers la lumière symbolise le cheminement vers l'élargissement du champ de conscience. Mais il est bon de s'interroger sur le fait que parfois la lumière est trop éblouissante : « … quand il [un homme sensé] en verra une [âme] troublée et embarrassée pour discerner certains objets, il n'en rira pas sottement, mais examinera plutôt si, venant d'une vie plus lumineuse, elle est, faute d'habitude, offusquée par les ténèbres, ou si passant de l'ignorance à la lumière, elle est éblouie de son trop vif éclat » (Platon). D'où l'intérêt de la méthodologie appliquée dans l'entraînement sophrologique – découverte, conquête, transformation – qui permet d'avancer progressivement en suivant deux axes de pratiques : les relaxations dynamiques et les techniques spécifiques.

Deux axes de pratiques

La démarche sophrologique propose deux grands axes de pratiques : les relaxations dynamiques et les techniques spécifiques. Ces dernières revêtent un caractère plus concret (voir le chapitre 11). Toutes deux sont complémentaires, elles se conjuguent pour un entraînement sophrologique optimal et tourné vers l'objectif ou la problématique du sophronisant.

Les relaxations dynamiques

La relaxation dynamique est composée de douze degrés et représente un réel entraînement sur le long terme : la relaxation dynamique du 1er degré peut, à elle seule, être pratiquée au cours de multiples séances afin, notamment, de développer une conscience plus fine de son schéma corporel. Schématiquement, les relaxations dynamiques alternent mobilité corporelle (on effectue une rotation de la tête par exemple) et stimulations mentales (on se concentre sur un objet neutre par exemple). Dans la plupart des démarches, seuls les quatre premiers degrés sont pratiqués puisqu'ils constituent l'essentiel de la méthode.

Trois cycles composent la relaxation dynamique :

- Le cycle réductif constitué des quatre premiers degrés : les relaxations dynamiques du 1er, 2e, 3e et 4e degré.
- Le cycle radical : les relaxations dynamiques du 5e, 6e, 7e et 8e degré.
- Le cycle existentiel : les relaxations dynamiques du 9e, 10e, 11e, et 12e degré.

Pour en savoir plus sur les objectifs et le protocole de chacune d'elles, rendez-vous au chapitre 12.

Les techniques spécifiques

Les techniques spécifiques sont des techniques appelées : sophro-déplacement du négatif, sophro-présence du positif, sophro-projection future, sophro-stimulation vitale, sophro-mnésies et autres. Vous les découvrirez en détail dans le chapitre 11. Ces techniques bien particulières (il en existe une vingtaine) sont classées en quatre grandes catégories :

- **Les techniques du présent :** vivre la présence d'un phénomène, par exemple écouter son corps ici et maintenant.
- **Les techniques de prétérisation :** reliées au passé, une image ou une situation vécue deviennent des supports positifs pour prendre conscience et développer la maîtrise d'un phénomène.
- **Les techniques de futurisation :** se projeter, se préparer à un événement.
- **Les techniques de totalisation :** elles associent passé, présent, futur dans une intégration unitaire.

Elles sont complémentaires des relaxations dynamiques et d'ailleurs souvent pratiquées en parallèle au cours de l'entraînement. Certaines techniques spécifiques se conjuguent même au protocole des relaxations dynamiques (le sophro-déplacement du négatif notamment). Elles répondent à des objectifs précis, tels que diminuer l'intensité d'une émotion, renforcer ses capacités.

Une méthodologie globale : découverte, conquête et transformation

Figure 7-1 : Les trois étapes de la méthodologie globale.

Afin de bien organiser les séances qu'il propose, le sophrologue va commencer par proposer des exercices de découverte, puis des techniques pour mieux maîtriser un phénomène (conquête) pour ensuite arriver à la phase de transformation qui réunit tout ce qui a été intégré progressivement. Pour illustrer cette méthodologie, prenons comme référence le phénomène de la respiration, mais gardons à l'esprit que tout autre phénomène (facteur) est applicable à cette méthodologie (la capacité de détente, l'écoute du corps, la gestion des émotions désagréables, etc.). Précisons que les exercices proposés à titre d'exemples font partie des techniques spécifiques et que vous les retrouverez en détail dans le chapitre 11.

Prendre conscience d'un phénomène

La phase de découverte est l'étape phénoménologique par excellence puisque les exercices et techniques proposés vont permettre de redécouvrir le phénomène comme un enfant, sans rien rechercher, sans a priori. C'est le principe même de l'*épokhè*, c'est-à-dire la suspension du jugement, la mise entre parenthèses, le retour à la chose elle-même. C'est une étape d'expérimentation : au lieu de faire des plans sur la comète, de nous attarder sur de la théorie, expérimentons, vivons par nous-mêmes les phénomènes.

Éveil et prises de conscience

Dans cette phase de découverte le sophrologue propose des exercices pour prendre conscience du phénomène sur lequel l'entraînement porte (la respiration, l'écoute du corps, etc.). Elle peut s'étendre sur plusieurs séances et vise à faire découvrir ou redécouvrir le phénomène dans ce qu'il est. Cette étape peut être symbolisée dans l'allégorie de Platon par la sortie de la caverne. Le monde extérieur représenterait un nouvel état de conscience tandis que la caverne serait l'image de la conscience ordinaire. Cette première étape méthodologique permet de laisser apparaître le phénomène au plus près de sa réalité vécue.

EN SAVOIR PLUS

En ce qui concerne la respiration – phénomène choisi pour illustrer concrètement la méthodologie –, on s'aperçoit bien souvent qu'on ne l'écoute pas dans la vie courante tellement elle est naturelle et ne nécessite pas notre intervention pour fonctionner. Dans cette phase de découverte, vous allez chercher à prendre conscience de votre respiration en partant des interrogations suivantes : Comment je respire ? Quel est le rythme de ma respiration, son amplitude ? Peut-on respirer de différentes façons ?...

Un exercice d'initiation

Découvrez un exercice qui pourrait être proposé en séance pour faire prendre conscience de sa respiration. Précisons qu'une seule technique est présentée à titre d'exemple, mais que cette étape nécessite un entraînement plus approfondi, et donc la pratique d'autres exercices.

TECHNIQUE SPÉCIFIQUE

Objectif

Prendre conscience des zones que la respiration mobilise, de ses possibilités, ses effets, son rôle.

Déroulement de l'exercice

Protocole et terpnos logos abrégé :

- **Sophronisation de base vivantielle par systèmes abrégée.**
- **Sophro-déplacement du négatif abrégé.**
- **Sophro-présence à la respiration :**

  Prenons plaisir à nous relier à notre respiration... Son rythme, son amplitude, les zones du corps qu'elle mobilise... Et nous allons pouvoir poser une main sur notre ventre, l'autre sur le thorax... Essayons de repérer si notre ventre bouge... Notre thorax... Nous pouvons également nous concentrer sur notre inspiration... Puis sur notre expiration... Prenons quelques respirations plus profondes pour bien ressentir notre respiration...
- **Sophro-présence du positif abrégée.**
- **Désophronisation.**

Développer la maîtrise d'un phénomène

Un phénomène qui nous apparaît plus conscient peut alors être mieux maîtrisé. Cette phase de conquête va consister à mettre en pratique des techniques pour apprivoiser le phénomène en question.

Entraînement et maîtrise

Cette phase de conquête va faire appel à de nouveaux exercices pour approfondir sa connaissance du phénomène et surtout en développer la maîtrise. Elle correspond à la porte de la caverne dans l'allégorie de Platon, c'est-à-dire le moment où l'on entrevoit le monde extérieur mais où la luminosité est encore trop intense pour s'y ouvrir pleinement. Cette 2e étape méthodologique peut faire apparaître certaines difficultés concernant par exemple l'aisance respiratoire et la capacité à mobiliser son diaphragme : « mon ventre semble comme bloqué » ; « l'amplitude de ma respiration est très limitée » ; « j'ai l'impression de mal respirer » ; « je n'arrive pas à respirer par le ventre », etc. Il peut alors être bon de mieux maîtriser sa respiration.

Un exercice de conquête

Découvrez un exercice qui peut être proposé en séance pour développer la maîtrise de sa respiration. D'autres techniques sont à associer à cet exemple pour un programme d'entraînement complet.

TECHNIQUE SPÉCIFIQUE

Objectif	Développer la maîtrise de sa respiration diaphragmatique.
Déroulement de l'exercice	Protocole et terpnos logos abrégé : • **Sophronisation de base vivantielle par systèmes abrégée.** • **Sophro-déplacement du négatif abrégé.** • **Sophro-stimulation de la respiration :** Nous pouvons jouer avec notre respiration… Commençons par mettre en place notre respiration diaphragmatique en exagérant le mouvement… En sortant le ventre au maximum à l'inspiration et en le rentrant le plus possible à l'expiration… Puis nous pouvons accélérer son rythme… À présent, alternons respiration abdominale et respiration thoracique… Nous pouvons également essayer de prolonger notre expiration… • **Désophronisation.**

Intégrer les bénéfices de ce phénomène

La phase de transformation consiste à intégrer au quotidien les bénéfices d'une bonne conscience et maîtrise du phénomène, qu'il s'agisse de maîtriser respirer, de mieux gérer son stress, d'avoir repris confiance en soi, ou d'autre chose.

Vers une évolution personnelle

Cette phase de transformation marque l'évolution du sophronisant dans sa façon de vivre les choses comme de les accueillir. Elle peut être symbolisée par la lumière du jour dans l'allégorie de la caverne de Platon, le moment où le phénomène est intégré et où la conscience se développe. Cette troisième étape méthodologique permet de mettre à profit dans son quotidien tous les bénéfices d'un phénomène mieux maîtrisé.

Dans l'exemple du phénomène choisi, une respiration conscientisée et maîtrisée va permettre une bonne oxygénation de tout l'organisme et donc favoriser notre santé et notre vitalité. D'autre part, une respiration maîtrisée est un formidable outil pour diminuer l'intensité d'une émotion, se détendre ou au contraire se dynamiser, ou encore pour gérer une douleur.

Un exercice d'intégration

Découvrez un exercice qui peut être proposé en séance pour faire intégrer au quotidien les bénéfices et les applications d'une respiration consciente et maîtrisée. Comme pour les deux premières phases d'entraînement, d'autres techniques spécifiques se joignent à cet exemple dans le cadre d'un « vrai » programme.

TECHNIQUE SPÉCIFIQUE

Objectif	Intégrer au quotidien les bénéfices d'une respiration consciente et maîtrisée.
Déroulement de l'exercice	Protocole et terpnos logos abrégé : • **Sophronisation de base vivantielle par systèmes.** • **Sophro-déplacement du négatif abrégé.** • **Sophro-projection future :** Imaginons une semaine habituelle et arrêtons-nous sur chaque moment où la respiration diaphragmatique pourrait nous être particulièrement bénéfique… Peut-être le matin au réveil, prendre quelques respirations plus profondes pour se dynamiser… Une respiration qui va pouvoir nous apaiser dans un moment de stress… Peut-être en nous imaginant la mettre en place au moment du coucher ou à un autre… Prenons bien le temps…

Déroulement de l'exercice	• **Sophro-présence du positif abrégée.** • **Désophronisation.**

Et en pratique, ça donne quoi ?

Les trois exercices exposés présentent succinctement la façon dont les techniques spécifiques suivent la méthodologie de découverte, conquête et transformation. Celles-ci permettent de travailler sur des facteurs précis en sophrologie : la capacité de détente, la respiration, la concentration, l'écoute du corps, la gestion des émotions désagréables, la relation au plaisir, le lâcher prise, les conditionnements affectifs, les valeurs de vie et autres. L'entraînement sophrologique entre ainsi dans une démarche de découverte, conquête et transformation d'un ou plusieurs facteurs. Outre la respiration, précédemment détaillée, prenons l'exemple du facteur qu'est l'écoute du corps : on va chercher au fil des séances à prendre conscience de sa capacité d'écoute du corps (découverte), à développer et maîtriser cette capacité (conquête) et à intégrer au quotidien les bénéfices d'une écoute du corps consciente et maîtrisée (transformation). Certains de ces facteurs sont associés par le sophrologue afin d'établir un programme de pratique. Pour vous donner une idée de ces programmes, rendez-vous à la partie 4 ! Par exemple pour travailler sur l'équilibre général, il paraît essentiel d'approfondir la respiration, l'écoute du corps et la capacité de détente.

EN SAVOIR PLUS

Concernant les relaxations dynamiques, la pratique de chaque degré représente à elle seule le processus de découverte, conquête et transformation. Autrement dit, pratiquer, par exemple, la relaxation dynamique du 1er degré lors de premières séances peut représenter la phase de découverte. Puis son approfondissement au cours de nouvelles séances peut correspondre successivement aux phases de conquête et de transformation. En effet, c'est par la répétition vivantielle d'une même relaxation dynamique que l'on progresse d'une phase à l'autre et que l'on peut en intégrer les bénéfices.

N'OUBLIEZ PAS !

Les relaxations dynamiques associées aux techniques spécifiques constituent le programme de pratique établi par le sophrologue, qui les adapte en fonction de la « problématique » du sophronisant. Ainsi, les trois étapes méthodologiques apparaissent comme un seul et même principe d'entraînement : le sophrologue va proposer des techniques de découverte dans les premières séances, puis des exercices de conquête et de transformation dans les cours suivants. Une suite logique !

Chapitre 8

Formes et structure d'une séance

Dans ce chapitre :

- Des séances individuelles ou en groupe, à vous de choisir !
- Le déroulement d'une séance type

Les cours de sophrologie, qu'ils s'organisent en individuel ou en groupe, sont riches en échanges, en exercices pratiques, en relaxation dynamique et en techniques spécifiques. Ce chapitre vous permettra ainsi de vous orienter vers la formule qui correspond le mieux à vos attentes. Par ailleurs, cet ouvrage vise à proposer des clés pour un entraînement personnel, en toute autonomie. Vous découvrirez alors comment organiser vos séances en solo. Un cours de « sophro » comme si vous y étiez !

Séance en individuel, en groupe ou les deux ?

La sophrologie s'adresse à toute personne souhaitant améliorer, renforcer sa qualité de conscience et de vie. Il s'agit d'un travail qui peut tout aussi bien se pratiquer en séances individuelles qu'en séances de groupe. Alors individuel ou/et groupe ? Leurs caractéristiques respectives vous offriront plus de précisions sur ces deux formules.

Des séances centrées sur l'objectif du sophronisant

Généralement en cabinet libéral, installé(e) dans un fauteuil : voici comment se présente une séance en individuel. C'est l'occasion de se concentrer sur une problématique personnelle. Selon les objectifs du sophronisant, des séances ponctuelles ou un réel programme sont proposés.

Les motifs pour commencer la sophrologie peuvent être divers. On peut chercher à mieux connaître son corps, à se dynamiser, à développer ses capacités, etc. C'est un outil de meilleure connaissance de soi et de développement personnel dans ce cadre-ci. Par ailleurs, son large champ d'application fait de la sophrologie une discipline pouvant se révéler intéressante à pratiquer pour gérer son stress, reprendre confiance en soi, se préparer à un événement, mieux satisfaire ses valeurs de vie, se préparer à l'accouchement, etc. (voir la partie 4).

Exemples à l'appui :

- Le sophronisant ne trouve plus de plaisir dans son travail.
- Il se sent illégitime dans son nouveau poste de chef et rencontre des difficultés pour imposer son autorité.
- Il s'angoisse et passe des nuits blanches à l'approche de ses examens.
- Il a développé une hypersensibilité et ne peut plus communiquer sans pleurer.
- Il ne parvient pas à occuper ses journées.

Se met alors en place l'entraînement qui s'effectue à la fois en binôme « sophrologue-sophronisant » et de façon tout à fait autonome (voir le chapitre 4). Le sophrologue réalise une anamnèse (il pose le cadre, explique ce qu'est la sophrologie, définit la problématique du sophronisant, etc.) lors d'une première séance puis propose au sophronisant une orientation de pratique. Il indique alors la durée et le contenu possible des séances ainsi que les modalités horaires et tarifaires. Les séances individuelles sont environ d'une heure, le tarif variant entre 35 et 60 euros.

Des séances sur une thématique globale

Les séances en groupe sont de plus en plus souvent mises en place. Chaque sophrologue a sa propre organisation, mais en général les séances de groupe se déroulent tout au long de l'année dans le cadre de modules de 10 à 15 séances hebdomadaires, d'une heure à une heure et demie chacune. Ces programmes développent des thématiques globales, et particulièrement l'équilibre général, la gestion du stress, la confiance en soi, les valeurs de vie. Il est également possible de former des groupes suivant des modules plus spécifiques, sur la préparation à la maternité ou encore le sevrage tabagique par exemple.

Un des intérêts du groupe est le partage des expériences de chaque participant. Lorsqu'on aborde la gestion du stress par exemple, les sophronisants ont l'occasion, s'ils le souhaitent, de faire part de la façon dont ils vivent le stress dans leur vie quotidienne et de citer des exemples de situations stressantes qu'ils ont pu vivre. Les cours collectifs laissent ainsi place à des échanges enrichissants. Une véritable dynamique peut s'instaurer.

Certains échanges peuvent créer des prises de conscience ou tout simplement apporter des idées, des solutions que d'autres n'avaient pas envisagées. Par exemple, une personne aurait commencé des cours de danse pour apprendre à mieux ressentir son corps ou une autre serait parvenue à lâcher prise dans une situation difficile au bureau. Les séances de groupes représentent l'occasion de partager de l'expérience, tout en évoluant dans sa démarche personnelle.

Pour conclure, apportons des précisions d'ordre pécuniaire… Les séances de groupe sont nettement plus accessibles que les séances individuelles : un cours vous coûtera entre 10 et 20 euros. Des tarifs préférentiels sont même proposés pour les modules (10 à 15 séances) sous forme de forfaits.

Dans quel cadre pratiquer ?

Les séances sont essentiellement proposées au sein de cabinets libéraux, de centres de sophrologie et d'associations. Certains clubs de forme ou centres de thalassothérapie les insèrent dans leur programme. Par ailleurs, vous aurez peut-être la chance de pratiquer la sophrologie au sein de votre entreprise : des groupes de salariés sont alors formés pour participer à quelques cours sur la gestion du stress.

S'entraîner seul(e) chez soi

Autant se le dire, s'entraîner tout seul n'est pas une mince affaire ! Il est bien évidemment préférable, dans un premier temps, de suivre des cours de sophrologie avec un sophrologue professionnel pour ensuite pratiquer en toute liberté en ayant assimilé les bases. C'est tout l'objet de cet ouvrage qui se veut un outil pédagogique à utiliser comme un guide d'entraînement personnel venant en complément des séances réalisées en individuel ou en groupe avec un sophrologue.

Cependant, si vous souhaitez vous initier à la sophrologie par ce livre, c'est possible. Au préalable, il vous faudra enregistrer le terpnos logos des techniques clés (avec un dictaphone) de la sophrologie – la sophronisation de base, le sophro-déplacement du négatif, la sophro-présence du positif – qui sont présentées dans les chapitres 10 et 11, ou bien suivre un programme déjà établi, proposé au cours de la partie 4. Vous jonglerez ainsi entre relaxations dynamiques et techniques spécifiques !

S'entraîner seul chez soi, c'est tout d'abord planifier des créneaux horaires réguliers. Une heure hebdomadaire, vingt minutes quotidiennes ou toute autre formule selon votre emploi du temps. Choisissez une pièce calme, éteignez votre téléphone et adoptez votre posture (debout, assise, allongée)…

Une séance, c'est…

Une séance de sophrologie accompagnée par un sophrologue et réalisée en individuel ou en groupe peut s'organiser en trois temps : un temps d'échange, un temps de relaxation (dynamique ou technique spécifique) et un temps d'exercices pratiques. À vrai dire, une séance n'est pas aussi linéaire et s'adapte au cours de la pratique. Le sophrologue n'est jamais le seul à s'exprimer ; au contraire, il privilégie l'écoute et le dialogue. Des séances ponctuelles ou bien des cours réguliers d'une heure à une heure et demie par semaine s'articulent ainsi autour de ces trois axes.

Un temps de discussion

Les échanges font partie intégrante des cours et les ponctuent. Prenons le temps de détailler ces moments de discussion et leur place lors d'une séance :

- **Rappel du cours précédent et bilan de la semaine :**

  Un instant pour se remémorer ce qui a été vu la séance précédente et informer les personnes absentes dans le cadre de séances de groupe. C'est aussi le moyen de discuter de la semaine qui s'est écoulée en s'attardant sur l'entraînement : les exercices ont-ils peu à peu été intégrés au quotidien ou rencontre-t-on des difficultés pour les mettre en pratique ? L'occasion également de souligner des situations particulières qui ont été vécues durant ces quelques jours. Au début de chaque séance, le sophrologue peut également annoncer le déroulement de la séance (techniques pratiquées, etc.).

- **Échanges autour des notions inhérentes à l'entraînement :**

  Lorsque l'on commence un travail sur la confiance en soi par exemple, il est essentiel de définir la notion que l'on va approfondir. Le sophrologue s'attache donc à soulever des questionnements, des hypothèses afin que le ou les sophronisants apportent leurs propres connaissances et leur définition de ce terme : Qu'est-ce que la confiance ou le manque de confiance en soi pour vous ? Dans quelle situation se manifeste-t-elle ? etc. Au cours des échanges chacun amène sa pierre à l'édifice pour cerner au mieux la thématique.

- **Dialogue pré-sophronique :**

  C'est le moment avant la pratique, lors duquel le sophrologue expose la technique, présente son objectif et son protocole.

- **La phénodescription :**

  Le moment où les sophronisants décrivent leur expérience après la pratique, à l'écrit ou/et à l'oral. Lorsque le vécu est exprimé à l'oral, le sophrologue s'emploie, de façon objective, à accompagner le sophronisant dans l'expression de son ressenti.

- **Dialogue post-sophronique :**

  C'est un moment d'échange après une relaxation dynamique ou technique spécifique, durant lequel le sophrologue pourra donner des indications pour s'entraîner dans son quotidien, pour favoriser la pratique ou encore ouvrir des pistes d'exploration.

Un temps d'exercices pratiques

C'est l'occasion de réaliser des exercices pour se relaxer, bien écouter son corps, dénouer ses tensions, etc., dans un état d'éveil, et non pas au niveau sophroliminal. Des exercices concrets sur la respiration diaphragmatique, des exercices ludiques et bien d'autres. En voici quelques exemples :

- **Des exercices de découverte :**

  Une main sur le ventre, l'autre sur le thorax, votre respiration est-elle régulière, lente, plutôt abdominale ou thoracique, etc. ? On laisse apparaître les sensations comme si on découvrait sa respiration pour la première fois, comme un enfant.

- **Des exercices bien pratiques au quotidien :**

  Des mouvements associés à la respiration (par exemple, rotation de la tête pour dénouer sa nuque), des étirements, de l'automassage, etc.

- **Des exercices relatifs à des techniques de relaxation :**

  La méthode Jacobson, Vittoz, Trager ou le training autogène de Schultz (voir le chapitre 2).

- **Des exercices ludiques :**

  Se servir par exemple d'un ballon pour développer la maîtrise de sa respiration, créer une histoire, découper dans des magazines des images et des mots qui évoquent nos valeurs de vie…

Un temps de relaxation (dynamique) ou de sophronisation

Les techniques propres à la sophrologie, c'est-à-dire les relaxations dynamiques et techniques spécifiques, se pratiquant au niveau sophroliminal permettent de travailler sur des objectifs divers. Selon le programme établi par le sophrologue, une séance peut être l'occasion de pratiquer une relaxation dynamique (pendant environ quarante-cinq minutes) ou une technique spécifique (environ trente minutes). Découvrez des exemples de terpnos logos (discours d'accompagnement du sophrologue) pour concrétiser la forme d'une séance de sophrologie.

Les relaxations dynamiques

EN SAVOIR PLUS

Un extrait du terpnos logos de la relaxation dynamique du 1er degré (rappelons qu'il existe 12 degrés) dont l'objectif est de développer la perception de son schéma corporel (prendre conscience des sensations intéroceptives et entraîner sa concentration) :

- « Pour mieux percevoir les limites de notre 1er système, à savoir notre tête, nous pouvons toucher cette zone comme pour la première fois avec des yeux d'enfant… Prenons le temps de redécouvrir la forme de notre visage, de notre crâne… Et accueillons la présence de ce 1er système… Accueillons les sensations qui s'y expriment… Prenons plaisir à les laisser émerger, à leur donner du temps et de l'espace… Peut-être à les nommer… Puis nous allons vivre ce système en mouvement… À notre rythme nous pouvons bouger notre tête d'avant en arrière comme si nous découvrions sa mobilité… Toujours bien à l'écoute de nos sensations… »

Les techniques spécifiques

Aussi appelées sophronisations, elles se composent de techniques telles que le sophro-déplacement du négatif, la sophro-programmation future, la sophro-mnésie libre,… Découvrez un exemple de terpnos logos d'une sophro-mnésie senso-perceptive qui pourrait être proposé dans le cadre d'un programme sur les valeurs de vie (la famille, la liberté, le respect, etc.) :

- Une sophro-mnésie senso-perceptive d'une matinée habituelle (extrait à titre d'exemple) :

  « Relions-nous à une matinée type de notre quotidien, à son déroulement… Prenons le temps de décortiquer nos moindres actions… Pourquoi mettons-nous notre réveil à telle heure et pas cinq minutes plus tôt… Est-ce une habitude liée à notre valeur vitalité, organisation… De quoi est composé notre petit déjeuner… Est-il lié à notre valeur plaisir, diététique, santé ou toute autre valeur… Combien de temps

> passons-nous dans notre salle de bain et qu'est-ce que cela satisfait chez nous *(quelle valeur)*... Laissons s'écouler notre matinée petit à petit en nous posant chaque fois la question pourquoi je fais cela, en quoi c'est important pour moi, quelle(s) valeur(s) cela satisfait... »

La méthode de relaxation dynamique et les techniques spécifiques constituent la trame d'une séance.

Troisième partie

En pratique

Dans cette partie…

C'est le moment de mettre en pratique tout ce que vous avez appris jusqu'ici ! De l'organisation de vos séances de sophrologie à la mise en place des relaxations dynamiques et techniques spécifiques, vous utiliserez les terpnos logos proposés afin de commencer votre entraînement. Alors installez-vous confortablement et prenez connaissance de ces exercices qui permettent de se détendre, de se préparer à une situation future ou encore de renforcer ses capacités.

Chapitre 9

Organiser son entraînement

Dans ce chapitre :

- Qui peut pratiquer la sophrologie ?
- Les 5 systèmes, des régions corporelles déterminées
- Un carnet bien pratique !

Avant de vous lancer dans l'exploration des techniques propres et originales de la sophrologie, munissez-vous de quelques conseils pour faciliter votre entraînement personnel. Le temps d'un chapitre, intéressons-nous aux indications et contre-indications de la sophrologie, à l'organisation des séances, ainsi qu'à la création d'un carnet de « sophro ». La sophrologie se révèle progressivement à vous, la pratique est proche !

Indications et contre-indications

Les indications sont nombreuses, à l'opposé des contre-indications pour le moins restreintes. En effet, le sophrologue, justifiant d'une formation sérieuse, se doit d'avoir les capacités requises pour adapter sa discipline au plus grand nombre : il ne demandera pas à une personne ayant un mal de dos épouvantable de pratiquer une sophronisation allongée par exemple. C'est du bon sens, mais dans certains cas, respecter les limites du cadre de la sophrologie relève du professionnalisme du sophrologue, notamment lorsqu'il s'agit de recommander un psychothérapeute à un sophronisant.

La sophrologie : pour qui, pour quoi ?

La sophrologie est accessible à tous. Seul point à souligner : l'investissement personnel. C'est un réel entraînement qui met le sophronisant dans une participation active. Dès lors, le sophrologue ne joue qu'un rôle d'accompagnement, le sophronisant étant seul à pouvoir s'approprier les techniques et exercices vus lors des séances. Nous pouvons donc commencer par dire que la sophrologie s'adresse à des personnes motivées et investies dans leur démarche de développement personnel ou autre. Les enfants dès 7 ans peuvent suivre des cours de sophrologie au même titre que nos aînés.

La sophrologie apparaît ainsi comme une discipline qui, par son large champ d'application – l'équilibre général, la gestion du stress, des émotions, la confiance en soi, les valeurs de vie, la préparation sportive, le sevrage tabagique, etc. –, s'adresse à tout un chacun. Elle peut être également préconisée, après consultation de votre médecin traitant, dans les cas suivants :

- les troubles du sommeil ;
- l'anxiété et les troubles qui en découlent (migraines, tétanie, troubles digestifs, etc.) ;
- les états de fatigue ;
- l'hypertension artérielle ;
- la douleur (fibromyalgie, suite à une opération chirurgicale, etc.).

Ces différents cas sont pour la plupart détectés par l'individu lui-même et/ou par son médecin traitant. Aujourd'hui la sophrologie se démocratise et certains spécialistes n'hésitent pas à faire appel à un sophrologue référent pour certains de leurs patients, lorsqu'ils diagnostiquent des symptômes psychosomatiques. Supposons par exemple qu'un individu souffre de migraines dès qu'il rencontre une situation « stressante ». Outre un médicament contre les maux de tête, la capacité de gérer son stress et ses manifestations semble pouvoir apporter à cette personne un mieux-être.

Notons également que le sophrologue devra intervenir avec le psychothérapeute dans le traitement des phobies, de stress post-traumatique et d'autres troubles nécessitant des compétences spécifiques. La sophrologie peut ainsi devenir une discipline complémentaire et s'inscrire alors dans un cadre thérapeutique préalablement établi.

Quelles sont les contre-indications ?

Les contre-indications concernent les troubles psychiatriques qui affectent un individu. Un schizophrène qui pratiquerait la sophrologie pourrait aggraver sa pathologie. Par ailleurs, la surdité peut être une contre-indication à la pratique de la sophrologie compte tenu de la place donnée à l'oral lors des séances (le terpnos logos), bien que le protocole d'un cours puisse être adapté. Le sophrologue devra également adapter sa discipline dans d'autres cas tels que certaines maladies cardio-vasculaires, après avoir dit aux personnes concernées de demander l'aval de leur médecin.

D'autre part, il est contre-indiqué de consulter des sophrologues non qualifiés. Rappelons que seule une formation sérieuse permet de connaître le champ de compétences de la sophrologie (et donc ses limites). Pour trouver un sophrologue professionnel, rendez-vous à la fin du chapitre 4.

Des séances régulières

Nous avons pu constater au cours du chapitre précédent que la sophrologie se pratiquait en séances individuelles et en groupe et qu'une séance type se composait de trois temps que conjuguent les échanges, les exercices pratiques et les relaxations dynamiques ou techniques spécifiques. Avant de vous lancer dans votre propre entraînement, il est préférable d'effectuer, au préalable ou en parallèle, des séances accompagnées par un(e) sophrologue. En effet, ces cours vous donneront des clés pour pratiquer ensuite par vous-même.

Comment organiser vos séances ?

Pratiquer des cours de sophrologie accompagnés par un sophrologue revient à s'entraîner une heure à une heure et demie par semaine sur une dizaine de séances – moyenne pour un programme – mais la pratique de la sophrologie peut devenir une activité régulière (du quotidien), au même titre que le yoga. Chez vous, vous pouvez par exemple consacrer dix minutes de votre temps à un entraînement quotidien ou encore vous réserver quarante-cinq minutes une fois par semaine. Un cours en solo équivaut à une relaxation dynamique ou une technique spécifique. À vous de choisir le type de pratique qui vous convient.

- **Je souhaite consacrer un temps court mais régulier à mon entraînement (dix à quinze minutes quotidiennes) :**

  Une approche certes réductive mais intéressante peut être adaptée en ce sens, avant d'être approfondie par de nouvelles techniques. Un exemple de protocole :

  - Vous prenez bien le temps de vous installer dans la posture de votre choix (debout, assis ou allongé, bien que la posture assise soit privilégiée dans la pratique), bien conscient de vos points d'appui. Vous pouvez fermer vos yeux (après avoir intégré le protocole !) tout au long de la pratique des trois techniques proposées ci-après.
  - Vous allez pouvoir relâcher progressivement chaque zone de votre corps en vous appuyant sur votre respiration. Chaque fois, sur quatre respirations vous relâchez toute une zone du corps. Ainsi,

sur quatre respirations vous détendez d'abord votre tête et votre visage, puis (toujours le temps d'au moins quatre respirations) une deuxième zone comprenant le cou, la nuque, les épaules et les bras, ensuite le thorax et le dos, les régions abdominales et lombaires, et enfin une cinquième région corporelle qui réunit le bassin, les jambes et les pieds. *(Technique 1)*

- Maintenant, vous allez pouvoir stimuler la présence de votre corps par sa mise en tension douce. Pour cela : commencez par (1) inspirer profondément, poursuivez par (2) un maintien de l'air (rétention), (3) une mise en tension douce de tout votre corps (de la tête aux pieds), puis (4) une expiration-relâchement (vous soufflez tout en décontractant votre corps), et reprenez une respiration ordinaire. Une mise en tension douce consiste à mobiliser chaque zone. Par exemple, au niveau du visage on va chercher entre autres à froncer les sourcils, à plisser les yeux, comme si l'on grimaçait. Juste après cette mise en tension douce, prenez une minute pour vous relier à la présence de votre corps qui vient d'être mobilisé, aux sensations qui, peut-être, s'y expriment. *(Technique 2)*
- Puis vous pouvez vous concentrer sur votre respiration. En l'espace de quelques respirations (inspiration-expiration), sur chacune de vos expirations lentes et profondes vous prononcez mentalement (en vous) un mot apaisant qui peut être « calme », « détente », « harmonie » ou autre. À chaque respiration ressentez ce que l'évocation de ce terme crée en vous : quelle(s) sensation(s) réveille-t-elle ? *(Technique 3)*
- Vous pouvez ensuite reprendre une respiration plus ordinaire, profiter de ce moment de tranquillité que vous venez de vous accorder.
- Pour terminer, vous prenez le temps de vous resituer dans la pièce, de vous étirer avant de rouvrir vos yeux.
- C'est le moment de décrire votre séance par écrit (la phénodescription). À vos carnets !

✔ **Je souhaite m'initier aux « techniques clés » de la sophrologie :**

Si vous avez suivi des séances avec un sophrologue, vous pourrez les pratiquer en toute liberté sans avoir besoin de vous enregistrer, puisque vous connaîtrez leur protocole, autrement dit la façon dont elles se pratiquent. En revanche, si vous débutez et souhaitez vous initier par vous-même, il devient nécessaire d'enregistrer les terpnos logos qui vous intéressent pour ensuite vous laisser guider par votre voix dans la pratique de chaque technique. Votre entraînement peut prendre la forme de trente minutes deux fois par semaine sur une dizaine de séances. Ces techniques devenues ensuite plus familières peuvent être réalisées en quelques minutes chaque jour.

Les « techniques clés », explicitées au chapitre 10 dans cette même partie, sont : la sophronisation de base, le sophro-déplacement du négatif et la sophro-présence du positif. Toutes les techniques enregistrées sont à répéter à volonté !

- **Je souhaite approfondir la méthode (relaxation dynamique) et les techniques (spécifiques) de la sophrologie :**

  Vous avez à votre disposition des exemples de terpnos logos pour chacune d'elles, qu'il ne vous reste plus qu'à enregistrer si vous n'avez pas effectué de séance avec un sophrologue et donc pas intégré le protocole de chaque technique. Vous pouvez par exemple vous concentrer sur les techniques du présent et sur la relaxation dynamique du 1er degré. Vous alternez ainsi séance consacrée à une technique spécifique (trente minutes) et séance centrée sur la relaxation dynamique (quarante-cinq minutes) au rythme d'un ou deux cours par semaine.

- **Je souhaite me concentrer sur les relaxations dynamiques :**

  Reportez-vous au chapitre 12. Vous y trouverez un exemple de terpnos logos des quatre premiers degrés. Vous avez le choix : soit vous pratiquez sans bande-son si vous vous êtes entraîné avec un sophrologue, soit vous vous enregistrez. Il est en tout cas nécessaire de pratiquer sur plusieurs séances (au moins 5) – dans sa version complète ou abrégée – une même relaxation dynamique en commençant par celle du 1er degré. Vous pourrez ensuite passer au 2e degré.

- **Je souhaite suivre un programme axé sur une thématique :**

  Vous pouvez alors vous référer aux exemples proposés dans la partie 4, qui peuvent, en moyenne, faire l'objet d'une dizaine de séances de trente minutes, à raison d'un ou deux cours hebdomadaires. Il s'agit de techniques spécifiques qui doivent être associées aux relaxations dynamiques et qu'il va falloir enregistrer avant de passer à la pratique. Ces programmes tendent à accompagner les démarches suivantes : retrouver un bon équilibre général, gérer son stress, renforcer sa confiance en soi, mieux satisfaire ses valeurs de vie, se préparer à la maternité, gérer son poids, arrêter de fumer, se préparer à un examen.

- **Je souhaite découvrir la sophrologie de façon divertissante :**

  Vous avez la possibilité de découvrir des programmes ludiques dans la partie 5 de l'ouvrage, vous aurez alors l'occasion de combiner exercices pratiques, notamment sur la respiration, ainsi que la méthode et les techniques de sophrologie.

Les principales étapes de la pratique

Les relaxations dynamiques et techniques spécifiques (sophronisations) suivent, schématiquement, ce protocole :

- **Une sophronisation de base abrégée, vivantielle par systèmes :** on ferme les yeux, c'est la phase d'accès au niveau sophroliminal par un relâchement du corps et une activation de sa présence.
- **Une relaxation dynamique** ou **une technique spécifique.**
- **Une désophronisation :** c'est la phase qui permet de retrouver un tonus musculaire habituel, de revenir peu à peu à un état d'éveil jusqu'à ce qu'on ouvre les yeux.

5 systèmes à retenir pour la pratique

En sophrologie, le corps est au centre de la pratique. Il est ainsi temps de parler des cinq systèmes qui représentent cinq régions corporelles bien particulières et sont mentionnées dans les terpnos logos des différentes techniques. Chaque système est symbolisé par un point d'intégration permettant essentiellement d'intégrer la forme et la présence de la zone en question.

Le 1er système

Il comprend le visage et la tête et a pour point d'intégration le front. C'est le système de la pensée, de la spiritualité mais aussi celui de l'identité. Ce système permet de percevoir le monde extérieur et les individus qui le composent par les cinq sens.

Le 2e système

Il réunit le cou, la nuque, les épaules, la face externe des bras et des mains, le haut du dos (région dorsale). Son point d'intégration est la thyroïde. C'est un système de transfert entre les pensées – le volatil – et l'exécution de ces mêmes pensées – l'action (la concrétisation de la pensée dans le réel). Il représente également l'expression orale.

Le 3e système

Il englobe le thorax, le dos, la face interne des bras et des mains. Son point d'intégration est le sternum. C'est un système porteur d'affectivité : la capacité à aimer, à « ouvrir son cœur », à donner de soi. Il s'agit aussi d'une région corporelle qui peut jouer un rôle de protection vis-à-vis du monde extérieur.

Le 4e système

Il est composé des régions abdominales et lombaires dont le point d'intégration est l'ombilic. Ce système correspond à la grossesse et la vie fœtale et par ailleurs au système digestif. Il va évoquer nos capacités à digérer les choses ainsi que les expériences. C'est l'endroit où est assimilé ce qui vient de l'extérieur. On parle d'ailleurs de cerveau abdominal pour désigner le siège de nos émotions. Ce système parle donc de nous, de notre caractère.

Le 5e système

Il représente tout le bas du corps : le bassin, les jambes, les pieds. Son point d'intégration est le bas-ventre. Les membres inférieurs symbolisent la mobilité, la capacité à se déplacer, à aller à la rencontre des autres et du monde. C'est un système également relié à la capacité de reproduction.

Un aperçu global des cinq systèmes :

- 1er système : visage et tête.
- 2e système : cou, nuque, épaules, face externe des bras jusqu'au bout des doigts.
- 3e système : thorax, dos, face interne des bras jusqu'au bout des doigts.
- 4e système : abdomen et région lombaire.
- 5e système : bassin, jambes et pieds.

Il est essentiel de concevoir ces cinq systèmes pour comprendre les terpnos logos des techniques qui suivent. Ils représentent un fil conducteur notamment au cours des sophronisations (chapitre 10), marquant l'entrée dans la pratique. C'est également un moyen de se concentrer sur des zones précises pour par exemple cibler ses sensations.

La démarche phénoménologique va permettre à chacun de redécouvrir son corps à travers ses cinq systèmes et par l'entraînement sophrologique de se relier à ce qu'ils représentent pour soi. Il est vrai que selon les périodes de vie traversées, nos systèmes peuvent devenir plus familiers ou étrangers, être plus ou moins sollicités, être associés à une représentation positive ou négative. Bref, le ressenti et la perception de nos cinq systèmes sont voués à une perpétuelle évolution.

Les terpnos logos accompagnent

Rappelons que ce sont des textes d'accompagnement guidant les relaxations dynamiques et les techniques spécifiques. Si vous devez les enregistrer (au dictaphone), réaliser un bon accompagnement, il convient d'adopter un ton neutre, apaisant, un rythme lent, et de ménager des pauses entre chaque phrase.

Pour favoriser la qualité de vos enregistrements et par conséquent votre entraînement, notez ces quelques codes qui vous permettront de déchiffrer (ce ne sont pourtant pas des hiéroglyphes !) les terpnos logos présentés au cours des chapitres 10, 11 et 12, ainsi que dans les parties 4 et 5 de l'ouvrage :

- **Les points de suspension :** de brèves pauses entre deux phrases (deux à trois secondes). Présents à chaque ligne, ils permettent de ralentir le rythme.
- **Le retour à la ligne :** un temps d'expérience (entre quelques secondes et deux à trois minutes) : accueillir ses sensations, se projeter dans une situation par exemple.
- **Les pauses d'intégration :** des moments de silence de quelques secondes à quelques minutes, correspondant à des temps d'intégration de l'expérience qui vient de se vivre.
- **Les mots ou phrases en italique :** ils ne sont pas à prononcer mais servent d'indications.

Adoptez votre posture...

Le choix des postures dépend de la technique pratiquée : par exemple la relaxation dynamique du 3e degré va faire appel à la posture du même nom (posture du 3e degré !). L'essentiel est de conserver des conditions de pratique semblables au quotidien. La pratique privilégie ainsi la posture assise et debout (on est rarement allongé au travail !). Les postures à adopter pour chaque technique seront indiquées dans leur protocole respectif. Elles restent cependant adaptables.

LE SAVIEZ-VOUS ?

Les cinq principales postures utilisées au cours des séances de sophrologie :

- **La posture assise classique :** elle nécessite tout de même une certaine rigueur (on ne va pas s'avachir sur la chaise !), le dos bien droit, la plante des pieds contre le sol, les jambes pliées pour former un angle perpendiculaire et les mains posées sur les cuisses.
- **La posture verticale :** elle consiste tout simplement à se placer debout. Il est essentiel de bien ajuster cette posture afin de trouver son équilibre dans une juste tension : seuls les muscles de maintien sont mobilisés, on évite les tensions inutiles.
- **La posture dos droit :** elle est une variante de la posture assise classique et tend vers un niveau de conscience plus vigile (plus proche de l'éveil que du sommeil). Elle consiste à avancer son bassin de sorte que le dos, bien droit, ne touche plus le dossier de la chaise. Une posture largement privilégiée dans la pratique !

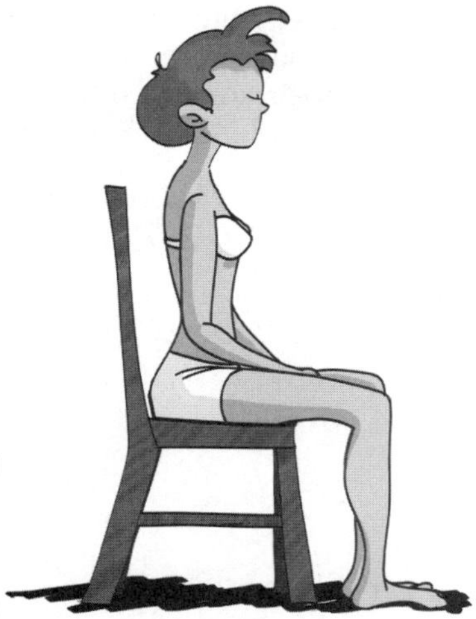

Figure 9-1 : La posture dos droit.

- **La posture du 3e degré :** elle se réalise sur un bord de chaise, le bassin basculé en avant et stable, le dos décollé du dossier et bien droit, les épaules en arrière, le menton légèrement rentré, les pieds sous la chaise, orteils pliés, de sorte que les genoux soient en écart (vers les extérieurs), placés plus bas que la ligne des hanches, et enfin les mains superposées l'une sur l'autre et placées au niveau du bas-ventre ou bien ajustées sur les cuisses.
- **La posture du 4e degré :** debout, les bras le long du corps, mains ouvertes ou, à l'inverse, poings serrés (au choix). Au moment de la manence – éveil des phénomènes – on remonte ses mains peu à peu au niveau de chaque système (les cinq systèmes) jusqu'à venir placer les bras en ouverture (en l'air, à la verticale). Lors de la rétro-manence, on redescend ses mains de système en système afin de réinscrire tous ces phénomènes en soi. Une posture que vous retrouverez donc dans le protocole de la sophro-manence et rétro-manence, chapitre 11, mais également lors de la relaxation dynamique du 4e degré, chapitre 12.

Votre carnet de pratique

N'OUBLIEZ PAS !

Pratique et ludique, ce carnet pourra vous suivre au quotidien ou tout du moins durant vos séances de sophrologie. Plus journal de bord que journal intime, c'est un moyen de noter le contenu des séances que vous réalisez par vous-même ou auprès d'un sophrologue. Vous pourrez par ailleurs y noter vos phénodescriptions, c'est-à-dire vos expériences durant la pratique. Cette mise en mots se réalise souvent juste après la relaxation avant même l'expression de son vécu à l'oral, dans le cadre de séances accompagnées. Un sophronisant pourrait par exemple écrire : « J'ai ressenti une sensation de lourdeur au niveau des bras et des fourmillements au niveau des mains, comme si toute cette zone était engourdie… » ou encore « Je me suis vu confiant dans cette situation… ». Une façon de prolonger l'intégration de la pratique dans sa conscience et de décrire plus amplement son ressenti.

Chapitre 10

Les sophronisations de base

Dans ce chapitre :

- Les sophronisations de base, objectifs et protocole
- Une technique à part entière mais aussi associée aux relaxations dynamiques et techniques spécifiques
- Des variantes aux terpnos logos plus ou moins succincts

En sophrologie, on parle de sophronisation de base pour désigner une technique à part entière mais aussi pour qualifier les techniques introductives à une relaxation dynamique ou une technique spécifique. Les sophronisations de base sont ainsi inhérentes à toute mise en pratique, elles sont donc à aborder en premier lieu. Globalement, elles consistent en un relâchement musculaire progressif, de système en système (les cinq systèmes), et permettent d'accéder au niveau sophroliminal. Elles se déclinent en différentes versions : abrégée, vivantielle et par systèmes. Des techniques indispensables à maîtriser avant de vous lancer dans les chapitres 11 et 12.

Démarrer en douceur

En réalité, plus qu'un moyen pour se relaxer, les sophronisations de base permettent de diminuer le niveau de vigilance pour parvenir au niveau sophroliminal, propice à l'entraînement sophrologique (voir le chapitre 3). Elles peuvent s'effectuer dans la posture assise classique, debout ou même allongée (bien que la posture assise soit privilégiée). La sophronisation de base, au singulier, est une technique à part entière (ne précédant pas de relaxation dynamique ou technique spécifique) généralement proposée lors d'une première séance de sophrologie, en guise d'initiation. Quant aux autres variantes, elles sont utilisées en début de protocole, avant la pratique des relaxations dynamiques et techniques spécifiques.

Objectifs et bénéfices

Cette phase préparatoire n'est pas à assimiler à de la relaxation puisque malgré la recherche d'une détente globale, son principal objectif est de parvenir à un niveau de vigilance plus proche de l'éveil que du sommeil – le niveau sophroliminal actualisé en « conscience vigile » (encore plus proche du niveau de veille). C'est le moyen utilisé par la sophrologie pour une meilleure « efficacité » et intégration des techniques. Les sophronisations de base représentent ainsi une méthode pour modifier volontairement le niveau de conscience.

Par ailleurs, elles tendent au relâchement musculaire, à la présence conscientisée de son corps et au développement de la concentration. Il s'agit également d'outils propices à l'exploration de son corps par l'écoute de ses sensations (chaleur/froid, lourdeur/légèreté, vide/plein, fourmillements, circulation sanguine, etc.).

Une dame d'un certain âge m'a un jour déclaré, lors de sa phénodescription : « Je me suis imaginée sur une plage aux côtés d'un bel homme ! »

Étape par étape, voici le protocole

Les sophronisations de base sont en général guidées du 1er système (visage et tête) au 5e (bassin et membres inférieurs), avant la totalisation (la concentration sur le corps dans son unité). Une sophronisation de base peut très bien durer cinq minutes (abrégée), dix (vivantielle par systèmes) comme trente (sophronisation de base), selon la variante mise en pratique et le terpnos logos utilisé par le sophrologue.

Les sophronisations de base consistent en un parcours corporel. De système en système, il s'agit de se concentrer sur son corps et ses sensations en étant accompagné par un terpnos logos pouvant évoquer des images de calme pour favoriser la détente. C'est un moment privilégié pour se recentrer pleinement et écouter son corps.

- La sophronisation de base est une technique à part entière.
- Les sophronisations de base accompagnent chaque relaxation dynamique ou technique spécifique, pouvant prendre différentes formes (de base, abrégée, vivantielle et par systèmes) : une sophronisation de base + une relaxation dynamique ou une technique spécifique + une désophronisation.

Passer à la pratique

Découvrez en détail la sophronisation de base, la sophronisation de base abrégée et la sophronisation de base vivantielle par systèmes. Il y en a pour tous les goûts ! En réalité, ces techniques ont un objectif commun : l'accès au niveau sophroliminal.

La sophronisation de base est la sophronisation par excellence (elle dure entre quinze et trente minutes), tandis que la sophronisation de base abrégée est, comme son nom l'indique, beaucoup plus brève (environ cinq minutes). Petit tour d'horizon de chacune d'entre elles…

Une technique à part entière

La sophronisation de base est idéale pour découvrir la sophrologie et comprendre quelques astuces de la pratique. Vous pourrez d'ailleurs l'expérimenter lors d'une première séance ! C'est une façon de vous familiariser avec le déroulement d'une technique spécifique et d'assimiler les cinq systèmes (régions corporelles).

Au cours de la sophronisation de base, vous aurez l'occasion de vous concentrer sur votre respiration. Elle est aussi utilisée comme un moyen de relaxation pour améliorer son équilibre général (récupérer, écouter son corps, se recentrer…).

N'OUBLIEZ PAS !

L'objectif est d'obtenir un relâchement musculaire, l'écoute des sensations corporelles, l'accès au niveau sophroliminal. Un moyen de vivre son corps sans tension.

Le protocole en bref :

- Installation (posture assise ou allongée) et entrée dans la sophronisation de base (une posture confortable, se recentrer, écouter sa respiration).
- Relâchement progressif du 1er au 5e système.
- Totalisation : vivre la présence du corps dans son unité.
- Évocation d'une image positive (un lieu de bien-être par exemple).
- Désophronisation.

TECHNIQUE SPÉCIFIQUE 1

Un terpnos logos simplifié, (sophronisation de base)

Nous nous installons dans une posture confortable, assis ou allongés, puis fermons nos yeux... Prenons le temps de faire le vide, de créer une bulle autour de nous pour pleinement nous recentrer...

La détente de la tête aux pieds

Et nous pouvons nous servir de notre respiration pour relâcher progressivement chaque zone de notre corps... Sur au moins quatre respirations (quatre fois une inspiration suivie d'une expiration) nous détendons tout d'abord notre tête et notre visage... Conscience de cette zone...

Puis, toujours le temps de quatre respirations, nous relâchons tous les muscles autour de notre cou, nos épaules et nos bras... Conscience de cette zone...

Sur quatre nouvelles respirations, nous détendons notre thorax et notre dos... Conscience de cette zone...

Puis nous relâchons nos régions abdominales et lombaires toujours le temps de quatre respirations... Conscience de cette zone...

Enfin, sur au moins quatre respirations, nous décontractons notre bassin, nos jambes et nos pieds... Conscience de cette zone...

Tout notre corps en train de se relâcher... Conscience de sa présence sans tension...

Nous nous mettons à l'écoute de notre respiration calme et régulière tout en accueillant les sensations qui s'expriment dans notre corps...

Un lieu de bien-être

Nous pouvons, à présent, nous relier à un lieu de bien-être... Un lieu dans lequel nous nous sentons bien, qui nous ressource... Nous prenons conscience de ses couleurs, de l'atmosphère qu'il dégage, comme si nous y étions... Nous restons concentrés sur ce lieu durant au moins une minute...

Et prenons bien le temps de nous extraire de cet endroit en nous reliant à notre respiration... Nous prenons conscience de notre inspiration, puis de notre expiration sur trois cycles...

Fin de la sophronisation de base

Nous nous resituons dans la pièce... Puis nous nous étirons, en cherchant à retrouver un tonus musculaire habituel... Lentement, nous rouvrons nos yeux.

TECHNIQUE SPÉCIFIQUE 2

Un terpnos logos (sophronisation de base)

Prenons bien le temps de nous installer, de fermer nos yeux... Tout notre corps dans une agréable posture... Nous pouvons peut-être prendre conscience de tous nos points d'appui... Bien à l'écoute de notre respiration, nous pouvons sentir l'air entrer dans nos narines et circuler dans tout notre corps... Et prenons plaisir à nous recentrer... À laisser passer les idées parasites sans leur accorder d'importance... Simple et agréable lâcher prise... Plaisir de prendre du temps pour soi... Apprécions ces moments d'entrée dans la sophronisation de base... **Et nous allons pouvoir amener la détente dans chacun de nos systèmes...**

1er système

Nous pouvons peut-être sentir notre tête en train de se relâcher... Nous détendons tout notre cuir chevelu... Notre front peut devenir plus lisse... Nous décontractons tous les petits muscles autour de nos yeux... Nos joues... Nos dents se desserrent... Notre langue trouve librement sa place... **Prenons bien conscience de tout ce premier système en train de se relâcher... Bien reliés à nos sensations, à la présence de cette zone...**

2e système

Et nous pouvons diffuser la détente le long de notre cou, de notre nuque... Toute cette zone en permanence sollicitée pour maintenir notre tête... Nous laissons aller nos épaules à leur propre poids... Toute cette détente peut s'écouler le long de la face externe de nos bras jusqu'au bout des doigts... **Plaisir de vivre tout ce 2e système en train de se relaxer... Prenons bien conscience de nos sensations, de la présence de cette zone...**

3e système

Et nous poursuivons notre parcours de détente... Nous pouvons peut-être sentir notre thorax en train de se libérer ainsi que tout le haut de notre dos... Prenons conscience de notre diaphragme en mouvement à chacune de nos respirations... À l'inspiration il descend, puis remonte à l'expiration... **Prenons conscience de la forme de tout ce 3e système en train de se détendre... Bien conscients de la présence de cette zone, à l'écoute des sensations qui peuvent s'y exprimer...**

4e système

Nous allons à présent pouvoir nous concentrer sur notre 4e système... Notre ventre, tout le bas de notre dos... Sentons notre respiration diaphragmatique *(ventrale)* qui mobilise nos régions abdominales et lombaires... Relâchons peu à peu toute cette zone... **Prenons bien conscience de tout ce 4e système en train de se relâcher... Accueillons sa présence...**

5e système

Et la détente vient finir son chemin dans tout le bas de notre corps... Au niveau de notre bassin... De nos jambes... Jusqu'au bout de nos pieds... Nous décontractons nos muscles fessiers... Nos cuisses... Nos mollets... Nos genoux et nos chevilles s'assouplissent... **Prenons bien conscience de tout ce 5e système en train de se détendre... Et accueillons sa présence, bien à l'écoute de nos sensations...**

Pause d'intégration

Conscience de tout notre corps en train de se relâcher… Agréablement présent…

Nous pouvons effectuer une pause d'intégration… Prenons bien le temps de nommer et de décrire en nous nos sensations…

Évocation positive

Et maintenant, nous pouvons nous imaginer dans un lieu de bien-être… Peut-être un lieu que nous connaissons ou que nous pouvons inventer… Prenons bien le temps de nous imprégner de cet endroit… Ses couleurs… Ses senteurs… Les sons qui en émergent… Nous pouvons nous imaginer en train de nous y promener peut-être avec un sentiment de liberté… Prenons plaisir à nous ressourcer dans notre lieu de bien-être, bien reliés à nos sensations…

Pause d'intégration…

Désophronisation

Nous allons pouvoir commencer notre phase de désophronisation… Nous garderons au-delà de la séance le vécu de cette sophronisation… L'exploration de notre corps par sa détente et ses sensations… L'harmonie du lieu de bien-être… Nous pouvons prendre quelques respirations plus profondes… Prenons bien le temps de nous resituer dans la pièce… De remobiliser peu à peu tout notre corps en nous étirant… Nous laissons s'évacuer des sensations peut-être d'engourdissement… **Nous retrouvons au niveau de chaque zone notre tonus musculaire habituel…** Nous pouvons bouger… Peut-être bâiller… **Et nous pouvons, tout doucement, rouvrir nos yeux.**

Plus de pratique

La phénodescription de la sophronisation de base, moment d'expression de son ressenti après la pratique, va principalement porter sur la perception des sensations. Vous pourrez par exemple noter les sensations qui ont pu émerger, leur intensité et les zones du corps dans lesquelles elles se sont manifestées (tel ou tel système).

Une technique condensée

Au cours de l'entraînement, la sophronisation de base peut devenir beaucoup plus succincte et servir, comme nous avons pu le préciser précédemment, de technique introductive à une relaxation dynamique ou à une technique spécifique et même à un exercice pratique (axé sur la respiration ventrale par exemple). La sophronisation de base abrégée ne conserve dans son terpnos logos que les phrases clés. Elle permet d'obtenir un niveau de vigilance plus proche de l'éveil et de se recentrer l'espace de quelques minutes.

N'OUBLIEZ PAS !

L'objectif est d'amener à un niveau sophroliminal peu profond.

Le protocole en bref :

- Installation (posture debout, assise ou allongée).
- Relâchement musculaire rapide du 1er au 5e système par des phrases clés.
- Totalisation : relâchement et présence du corps dans son unité.
- Relaxation dynamique ou technique spécifique.
- Désophronisation.

Pour découvrir son terpnos logos, référez-vous à celui de la sophronisation de base (2) et plus précisément aux phrases marquées en gras.

Une technique privilégiée dans la pratique

La sophronisation de base vivantielle implique un niveau de conscience plus vigile favorisant la perception des phénomènes et une bonne conscience de son ressenti. Celle-ci diffère des autres sophronisations par la tension douce qu'elle propose en fin de protocole pour susciter la présence du corps à la conscience. Ainsi, son terpnos logos se termine par un IRTER (Inspiration, Rétention-Tension douce du corps, Expiration-Relâchement). La sophronisation de base vivantielle par systèmes est la plus utilisée dans l'entraînement sophrologique. On parle également de sophronisation de base par systèmes : elle est fondée sur le même principe mais sans l'IRTER.

L'objectif est d'activer la vivance – la présence du corps à la conscience – et d'amener au niveau sophroliminal.

Le protocole en bref :

- Installation (posture assise ou debout) et entrée dans la sophronisation de base vivantielle par systèmes (une posture confortable, se recentrer, écouter sa respiration).
- Relâchement progressif du 1er au 5e système.
- Totalisation : relâchement et présence du corps dans son unité.
- IRTER sur tout le corps : inspiration, rétention-tension douce, expiration-relâchement.
- Relaxation dynamique ou technique spécifique.
- Désophronisation.

TECHNIQUE SPÉCIFIQUE 1

Un terpnos logos simplifié, (sophronisation de base vivantielle par systèmes)

Nous nous installons dans une posture confortable assis ou allongés puis fermons nos yeux... Prenons le temps de faire le vide, de créer une bulle autour de nous pour pleinement nous recentrer...

La détente et la présence de chaque zone du corps

Sur quatre respirations nous détendons notre tête et notre visage... Conscience de la forme et du volume de cette zone...

Puis sur quatre nouvelles respirations, nous décontractons notre cou, nos épaules et nos bras... Conscience de la forme et du volume de cette zone...

Et nous pouvons relâcher notre dos et notre thorax le temps d'au moins quatre respirations... Conscience de la forme et du volume de cette zone...

Nous détendons notre ceinture abdominale et notre région lombaire, à nouveau sur quatre respirations... Conscience de la forme et du volume de cette zone...

Enfin, à nouveau le temps de quatre respirations, relâchement musculaire au niveau de notre bassin, de nos jambes et de nos pieds... Conscience de la forme et du volume de cette zone...

Tout notre corps en train de se détendre... Conscience de sa forme et de son volume...

La mise en tension douce du corps

Maintenant, nous allons pouvoir stimuler la présence de notre corps par sa mise en tension douce... Pour cela, voici comment nous allons procéder... Nous commencerons par *(1)* inspirer profondément, puis *(2)* maintien de l'air *(rétention)*, *(3)* mise en tension douce de tout notre corps *(de la tête aux pieds)*, puis *(4)* expiration-relâchement *(nous soufflons tout en décontractant notre corps)*... Chaque zone doit être mise en tension douce : par exemple, au niveau des membres inférieurs, nous chercherons à contracter doucement nos cuisses et mollets ainsi qu'à étirer la pointe de nos pieds...

À présent, nous mettons en pratique cet exercice... Nous inspirons profondément, maintien de l'air *(poumons pleins)*, tension douce de tout notre corps, et nous expirons en le relâchant... Nous prenons une minute pour prendre conscience de notre corps après cette stimulation... Accueil des sensations...

Relaxation dynamique ou technique spécifique

Fin de la sophronisation de base vivantielle par systèmes

Nous nous resituons dans la pièce... Puis nous nous étirons, en cherchant à retrouver un tonus musculaire habituel... Lentement, nous rouvrons nos yeux.

TECHNIQUE SPÉCIFIQUE 2

Un terpnos logos (sophronisation de base vivantielle par systèmes)

Nous fermons nos yeux… Prenons bien conscience de notre posture, plutôt tonique… Conscience de tout notre corps… Bien reliés à notre respiration… **Et nous allons pouvoir relâcher notre corps tout en nous mettant au contact de nos sensations dans chaque système…**

1er système

Commençons par relâcher notre visage… Notre tête… Décontractons notre front… Les petits muscles autour de nos yeux… Nos joues… Notre mâchoire… **Accueillons les sensations au niveau de cette zone et prenons conscience de la forme et du volume de ce 1er système en train de se relâcher, bien présent…**

2e système

Nous détendons notre nuque, notre cou… Nos épaules… La face externe de nos bras jusqu'au bout des doigts… Accueillons les sensations au niveau de cette zone et **prenons conscience de la forme et du volume de ce 2e système en train de se relaxer, bien présent…**

3e système

Nous pouvons à présent diffuser la détente dans notre région thoracique… Le haut de notre dos… La face interne de nos bras… La paume de nos mains… Nos doigts… Accueillons les sensations au niveau de cette zone et **prenons conscience de la forme et du volume de ce 3e système en train de se relâcher, bien présent…**

4e système

La détente s'installe dans toute notre région abdominale… Ainsi que dans toute notre région lombaire… Accueillons les sensations au niveau de cette zone et **prenons conscience de la forme et du volume de ce 4e système en train de se libérer, bien présent…**

5e système

Nous nous concentrons sur le relâchement de notre bassin, nos jambes, nos pieds… Accueillons les sensations au niveau de cette zone et **prenons conscience de la forme et du volume de ce 5e système en train de se détendre, bien présent…**

Conscience de la forme et du volume de tout notre corps… Conscience des sensations de détente… Notre respiration calme et régulière…

Mise en tension douce du corps (IRTER)

Et nous pouvons décoller notre dos de la chaise, avancer notre bassin… **Posture dos droit… Nous effectuons une tension douce sur tout notre corps… Inspiration… Rétention - mise en tension douce de notre visage, nos épaules, nos bras, nos mains, notre ventre, nos jambes, nos pieds… Expiration-relâchement… Tout notre corps bien présent… Nous pouvons nous adosser… Pause d'intégration**

Relaxation dynamique ou technique spécifique

Désophronisation

Nous garderons au-delà de la séance les sentiments que nous avons pu éveiller… Nous pourrons nous y relier dans notre quotidien… Nous aurons peut-être aussi l'occasion d'écouter plus nos sensations corporelles… Et nous allons débuter la désophronisation… **En prenant tout notre temps pour revenir à un état d'éveil…** En respirant profondément… En nous étirant, peut-être en bâillant… **Pour, quand nous le souhaiterons, rouvrir lentement nos yeux.**

Plus de pratique

Parfois, sa version abrégée suffit à la pratique, soit parce que le sophronisant est bien entraîné, soit parce que la technique qui suit nécessite un niveau sophroliminal peu profond.

Une technique sans détour

Fondée sur les mêmes bases que la sophronisation de base vivantielle par systèmes, la version abrégée a pour seule différence la durée de son terpnos logos. Des phrases clés pour amener un relâchement rapide et accueillir la présence du corps.

N'OUBLIEZ PAS !

L'objectif est d'amener à un niveau sophroliminal peu profond, tout en activant la présence du corps à la conscience.

Le protocole en bref :

- Installation (posture assise ou debout).
- Relâchement rapide du 1er au 5e système par des phrases clés.
- Totalisation : relâchement et présence du corps dans son unité.
- Relaxation dynamique ou technique spécifique.
- Désophronisation.

Pour découvrir son terpnos logos, référez-vous à celui de la sophronisation de base vivantielle par systèmes (2) et plus précisément aux phrases marquées en gras.

Chapitre 11

À la découverte des techniques spécifiques !

Dans ce chapitre :

- Des techniques aux objectifs bien singuliers !
- Des conseils pour pratiquer en toute sérénité
- Des terpnos logos pour vous entraîner à la maison

Ce chapitre présente et définit les principales techniques spécifiques propres à la sophrologie. Avec les relaxations dynamiques elles constituent la matière première de l'entraînement. Elles se pratiquent au niveau sophroliminal (au-dessus plus précisément) et mobilisent le corps et le mental dans un objectif précis qui dépend de la technique expérimentée.

Elles privilégient des résultats à court terme : se détendre, développer sa concentration, mobiliser ses capacités, et autres. Les techniques spécifiques étendent le champ d'application de la sophrologie par leurs divers objectifs et leur caractère expressif et pragmatique.

Elles peuvent tout aussi bien être pratiquées de façon indépendante qu'être intégrées au sein d'un programme (voir la partie 4). Dans ce cas, elles sont ordonnées pour respecter la méthodologie appliquée en sophrologie : la phase de découverte, puis la phase de conquête, enfin la phase de transformation.

Par où commencer ?

Parmi les dix-huit techniques décrites, difficile de s'y retrouver ! Pour vous initier à la sophrologie, commencez par enregistrer les trois premières techniques exposées (pour faciliter votre enregistrement, rendez-vous au chapitre 27). Vous pouvez ainsi commencer votre entraînement par la sophronisation de base présentée au chapitre précédent, et le poursuivre par la sophronisation de base vivantielle par systèmes (également exposée dans le chapitre 10, p. 107), le sophro-déplacement du négatif et la sophro-présence du positif. Ce sont des techniques clés que vous retrouverez ensuite combinées à d'autres, par exemple : sophronisation de base vivantielle par systèmes + sophro-déplacement du négatif abrégé + sophro-mnésie libre + désophronisation.

Pour plus de facilité, vous trouverez au chapitre précédent la sophronisation de base et la sophronisation de base vivantielle par systèmes dans leur version simplifiée (hors jargon sophrologique). À titre indicatif, vous pouvez pratiquer chaque technique clé au moins trois fois, avant de passer aux techniques de prétérisation et de futurisation.

Ces techniques prendront plus de sens pour vous dans les parties 4 et 5, une fois insérées dans des programmes concrets (gestion du stress, confiance en soi, etc.). Une technique donne lieu à de multiples possibilités de travail. Ce chapitre est un support de pratique pour ceux qui connaissent bien la sophrologie et devient, pour ceux qui débutent, un moyen de découvrir le contenu de l'entraînement sophrologique avant de le débuter seul(e) ou accompagné d'un(e) sophrologue.

Précisons qu'il est préférable, pour débuter en sophrologie, d'être accompagné par un sophrologue (en séances individuelles ou en groupe). Il vous guidera par son discours dans la pratique (au cours des relaxations dynamiques et techniques spécifiques), vous proposera un contenu de séance adapté et vous donnera l'occasion d'énoncer à l'oral vos phénodescriptions, sources d'évolution personnelle.

Découvrez les sophronisations

À ne pas confondre avec les sophronisations de base ! Une sophronisation réunit en fait une sophronisation de base (une parmi ses différentes versions, voir le chapitre 10), une ou plusieurs techniques spécifiques (une complète, les autres dans leur version abrégée) et une désophronisation : elle désigne donc le protocole de pratique global d'une technique spécifique. Ainsi, au lieu de dire « j'ai pratiqué une technique spécifique », on peut dire, plus globalement, « j'ai pratiqué une sophronisation ».

Pratiquer une technique spécifique nécessite donc de passer par trois étapes : une sophronisation de base + une ou plusieurs techniques spécifiques + une désophronisation. L'ensemble de ces étapes représente une sophronisation.

Un terpnos logos à retenir

Chaque technique spécifique commence par une sophronisation de base vivantielle par systèmes qui permet de se relâcher, de prendre conscience de tout son corps et de parvenir au niveau sophroliminal (dans une « conscience vigile », A. Caycedo).

Afin de ne pas alourdir les terpnos logos à suivre, la sophronisation de base vivantielle par systèmes exposée dans le chapitre précédent (p. 107) n'est pas répétée : elle est à ajouter au début des terpnos logos de chaque technique présentée. Au fur et à mesure de l'entraînement, vous pourrez la pratiquer de façon abrégée en ne vous concentrant que sur les phrases en gras.

Les techniques du présent

Les sophronisations de base (la sophronisation de base, abrégée, vivantielle par systèmes) font partie des techniques du présent bien qu'elles aient été développées en amont (chapitre 10) pour une meilleure compréhension. Le sophro-déplacement du négatif, la sophro-présence du positif, la sophro-respiration synchronique en représentent d'autres.

Pourquoi parler de techniques « du présent » ? Essentiellement par rapport à la notion de vivance : le sophronisant vit la rencontre du corps et de l'esprit en sa conscience dans l'ici et maintenant, autrement dit lors d'une séance de sophrologie inscrite elle-même dans le présent.

Elles peuvent être considérées comme les plus accessibles – elles sont toujours privilégiées dans les premières séances – et se prêtent facilement à une pratique quotidienne et autonome. Ces différentes techniques pourront s'avérer intéressantes à mettre en place par exemple dans un programme pour apprendre à gérer son stress, à diminuer l'intensité d'une émotion ou encore pour se ressourcer. La sophrologie offre ainsi, par ces techniques spécifiques, la possibilité d'accompagner une démarche personnelle.

Soufflez... évacuez (Le sophro-déplacement du négatif)

Le négatif représente tout ce qui nuit à notre santé, notre vitalité et absorbe inutilement notre énergie. Il va principalement se traduire par des tensions inutiles accumulées dans le corps. Le sophro-déplacement du négatif apparaît alors comme un profond « nettoyage ».

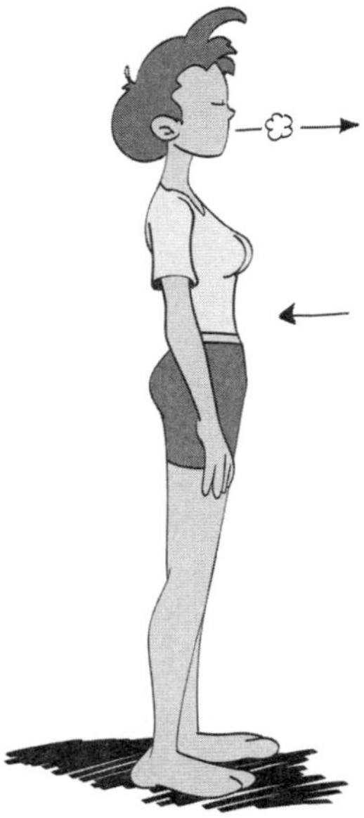

Figure 11-1 : Une posture représentant le sophro-déplacement du négatif.

Une technique pour évacuer

Il s'agit avant tout d'une technique d'écoute du corps, qui donne l'occasion de prendre conscience de ses tensions inutiles pour ensuite les évacuer. Le sophro-déplacement du négatif consiste, textuellement et de façon imagée, à déplacer vers l'extérieur tout le négatif présent dans le corps. Le terme « négatif » n'a rien de nébuleux, nous l'avons défini au préalable, il désigne :

- les tensions inutiles, autrement dit, des tensions musculaires qui ne servent pas pour un mouvement ou un maintien de posture (un tonus ordinaire restant nécessaire, que ce soit pour tenir sa tête ou se maintenir debout) et mobilisent ainsi inutilement certaines zones corporelles.
- des sensations corporelles d'inconfort (la tête lourde, des fourmillements désagréables dans les jambes, etc.) dont l'origine est identifiée.
- des idées parasites (de l'ordre du négatif, par opposition à des pensées parasites juste désagréables) qui encombreraient l'esprit.

Nous avons par exemple tendance à nous contracter lorsque nous vivons une situation stressante (comme si on avait la tête dans les épaules). Il s'agit alors de trouver un moyen d'alléger son corps, comme un randonneur qui, pour se sentir plus léger en fin d'ascension, viderait ses réserves d'eau, ses ressources, quitte à poser carrément son sac à dos. Le sophro-déplacement du négatif peut alors apparaître comme une réponse. Attention tout de même de ne pas chercher à vous débarrasser par exemple de douleurs dont vous ne connaîtriez pas l'origine.

Libérer son corps de tout le négatif, c'est gagner en énergie et en vitalité. C'est aussi un moyen d'en avoir une lecture plus claire et lucide, en ayant développé la conscience de ses sensations et de ses émotions, qui ne seront plus inhibées par des « tensions trompeuses » (des tensions inutiles). Une écoute du corps plus consciente et maîtrisée reliera tout un chacun à l'instant présent et aidera à retrouver une relation beaucoup plus naturelle au plaisir et déplaisir (émotions agréables et désagréables).

Comment se pratique-t-il ?

Le sophro-déplacement du négatif se pratique dans la posture dos droit (ou debout) et consiste dans un premier temps à effectuer une tension douce (autrement appelé IRTER : Inspiration, Rétention (bref maintien de l'air) - Tension douce, Expiration-relâchement) sur le 1er système pour activer sa présence. Ensuite, on reprend une respiration naturelle et lors de chaque expiration on imagine symboliquement tout le négatif s'évacuer de cette zone. De même pour les autres systèmes, l'exercice pouvant être prolongé sur plusieurs expirations. Tout dépend de la densité de tensions inutiles présente en chacun d'eux. Cette technique s'appuie donc sur l'expiration, phénomène libérateur conduisant à expulser l'air des poumons. Prenez le temps de vous familiariser avec vos expirations, de jouer sur leur durée, leur intensité pour faciliter et approfondir le « nettoyage » de chaque système (régulière et prolongée, brève et franche, naturelle). Des expirations pouvant être effectuées par le nez ou par la bouche (on souffle) !

Pour concrétiser le déplacement du négatif vers l'extérieur, vous pouvez choisir une image, un mot ou toute autre idée. Par exemple, imaginez que de la fumée s'échapperait de votre corps à chaque expiration plus profonde ou encore utilisez l'image de l'éponge (un essorage).

Quand on y pense, c'est un processus que l'on met en place naturellement dans notre quotidien. Lorsqu'on en a « ras le bol » (qu'il est temps de le renverser… le bol !), qu'on se sent oppressé, on a tendance à souffler pour essayer de s'apaiser. Le sophro-déplacement du négatif fonctionne sur le même principe mais se pratique au niveau sophroliminal (au début de l'entraînement en tout cas).

L'objectif est d'évacuer les tensions inutiles à chaque expiration.

Le protocole en bref :

- Posture assise / sophronisation de base vivantielle par systèmes.
- Posture dos droit / sophro-déplacement du négatif sur chaque système du 1er au 5e : IRTER (tension douce) + concentration sur les expirations pour évacuer tout le négatif présent dans le système.
- Posture dos droit / sophro-déplacement du négatif sur tout le corps (totalisation) : IRTER + concentration sur les expirations pour évacuer les dernières traces de négatif présentes dans le corps.
- Posture assise / désophronisation.

Vous retrouverez le sophro-déplacement du négatif dans sa version abrégée au cours des terpnos logos d'autres techniques !

TECHNIQUE SPÉCIFIQUE

Un terpnos logos (sophro-déplacement du négatif)

Une sophronisation de base vivantielle par systèmes (voir p. 107).

Sophro-déplacement du négatif sur chaque système :

1er système

Nous pouvons à présent adopter la posture dos droit… En prenant bien le temps d'ajuster notre bassin vers le milieu de la chaise… Le dos bien redressé… Mains posées sur les cuisses… Pieds en appui contre le sol… Et nous pouvons nous concentrer sur notre 1er système… Notre visage, notre tête… Nous allons pratiquer un IRTER pour rendre tout ce système plus présent à la conscience… Inspiration… Rétention-tension douce du visage… Expiration-relâchement… Et nous revenons à une respiration habituelle… Naturelle… Et à chaque expiration nous évacuons symboliquement tout le négatif de ce système… Peut-être comme de la fumée qui s'évacuerait de cette zone…

Nous pouvons nous adosser… Pause d'intégration…

2e système

Nous pouvons agir sur notre cou, notre nuque… Nos épaules… La face externe de nos bras jusqu'au bout des doigts… Pour cela, adoptons la posture dos droit… Nous pouvons effectuer une tension douce sur ce système… Inspiration… Rétention-tension douce de tout ce 2e système… Expiration-relâchement… Nous reprenons une respiration habituelle… Et nous pouvons pratiquer un sophro-déplacement du négatif sur toute cette zone… À chaque expiration plus profonde sentons nos cellules, nos muscles, notre peau se libérer un peu plus…

Nous pouvons nous adosser… Pause d'intégration…

3e système

Nous décollons à nouveau le dos de la chaise... Posture dos droit... Nous allons pouvoir nous relier à notre thorax... Notre dos... La face interne de nos bras jusqu'au bout des doigts... Inspiration... Rétention-tension douce de tout ce 3e système... Expiration-relâchement... Nous reprenons une respiration habituelle... Et à présent à chacune de nos expirations nous évacuons tout le négatif de ce système ... À chaque expiration plus profonde nous évacuons les tensions inutiles présentes au niveau de cette zone...

Nous pouvons nous adosser... Pause d'intégration...

4e système

Posture dos droit... Et nous pouvons agir sur notre ceinture abdominale ainsi que sur notre région lombaire... Rendons bien présent à la conscience tout ce 4e système par une tension douce... Inspiration... Rétention-tension douce de toute cette zone... Expiration-relâchement... Puis reprenons une respiration naturelle et imaginons symboliquement tout le négatif s'évacuer à chacune de nos expirations... Profond nettoyage...

Nous pouvons nous adosser... Pause d'intégration...

5e système

Nous terminons notre parcours corporel au niveau de la partie inférieure de notre corps... Posture dos droit... Nous nous concentrons sur notre bassin... Nos muscles fessiers... Nos cuisses et nos mollets... Nos pieds... Inspiration... Rétention-tension douce de tout ce 5e système... Expiration-relâchement... Nous reprenons une respiration habituelle... Et prenons plaisir à chacune de nos expirations à libérer cette zone des tensions inutiles...

Nous pouvons nous adosser... Pause d'intégration...

Totalisation

Et nous pouvons redresser notre dos pour effectuer un sophro-déplacement du négatif sur tout notre corps... Inspiration... Rétention-tension douce de tout notre corps ... Expiration-relâchement... Nous reprenons une respiration naturelle... Et nous évacuons le négatif à chaque expiration... Relâchement... Profond nettoyage de toutes les cellules... Les muscles... La peau... Les organes...

Et nous pouvons nous adosser en prenant bien le temps d'intégrer... Prenons plaisir à écouter notre corps sans tension...

Désophronisation

Nous pouvons commencer notre phase de désophronisation... Nous garderons au-delà de la séance le vécu de cette sophronisation... L'évacuation progressive du négatif, la conscience d'un corps sans tension... Nous pouvons prendre quelques respirations plus profondes... Prenons bien le temps de nous resituer dans la pièce... De remobiliser peu à peu tout notre corps en nous étirant... Nous laissons s'évacuer peut-être des sensations d'engourdissement... Nous retrouvons au niveau de chaque zone notre tonus musculaire... Nous pouvons bouger... Peut-être bâiller... Et, tout doucement, nous rouvrons nos yeux.

Plus de pratique

Cet exercice peut devenir très commode au quotidien. Avec l'entraînement, il n'est plus forcément nécessaire de le pratiquer au niveau sophroliminal. Ainsi, il est possible de l'effectuer en se concentrant uniquement sur une zone ou directement sur tout le corps selon votre besoin. Si vous sentez que votre nuque et vos épaules sont particulièrement tendues, vous pouvez procédez à un sophro-déplacement du négatif en vous concentrant pleinement sur cette zone.

Rechargez-vous… (La sophro-présence du positif)

À l'inverse du négatif, le positif représente tout ce qui nous mobilise, qui va dans le sens de notre santé et de notre vitalité. La technique détaillée ci-après se fonde, vous l'aurez compris par son intitulé, sur l'éveil du positif dans le corps. Une technique qui, par ailleurs, tend à nous faire prendre conscience des petits plaisirs du quotidien, sources de bien-être, et à les vivre plus intensément.

Cette technique, c'est de la dynamite !

Aussi appelée sophro-présence immédiate, cette technique a pour objectif de somatiser du positif, autrement dit d'activer la présence de positif (sensations, perceptions, émotions) dans le corps. Elle renforce ainsi l'ensemble des structures que sont le corps, le mental et les émotions en les stimulant positivement. La sophro-présence du positif est dynamisante.

C'est un moyen de renforcer notre confiance, notre bien-être, et d'éveiller un sourire intérieur. Cette technique n'est pas synonyme de « je positive, je vois tout en rose ». Ce n'est pas nier certaines difficultés de l'existence mais s'ouvrir au positif. C'est également un moyen de mieux se connaître en prenant conscience de ce qui nous apporte du positif et ainsi d'intensifier tout ce qui est lié à notre plaisir. Avoir un regard positif sur les autres et sur certaines difficultés de l'existence renforce la confiance en soi, développe un sentiment général de bien-être et permet sans doute d'aborder les choses avec plus de recul.

Comment se pratique-t-elle ?

On commence par effectuer une tension douce sur le 1er système pour le rendre plus présent à la conscience : une première phase optionnelle. Puis, tout en continuant de se concentrer sur ce système, il s'agit de se relier à une évocation positive – une image, une situation, un mot, un son, etc. – et d'associer le ressenti qu'elle éveille en soi à la respiration. Lors de chaque inspiration, on cherche à activer tout ce positif dans ce 1er système, pour le diffuser dans cette même zone à l'expiration. De même pour les autres systèmes, avant la globalité du corps. Cela consiste donc à accueillir les sensations, les perceptions, les sentiments, positifs émergeant de l'évocation choisie (entre autres). De la même façon, on se « charge » de la luminosité et de la chaleur du soleil lorsqu'on est assis, les yeux fermés, sur un banc orienté plein sud.

Autre exemple du quotidien : lorsque l'on repense à un souvenir plaisant – que ce soit un dîner en famille, une discussion avec un(e) ami(e), un moment passé en couple –, c'est comme si les émotions vécues lors de cette situation renaissaient en soi par des sensations (des fourmillements dans le ventre, de la chaleur au niveau des joues, etc.) et des perceptions positives.

L'objectif est de somatiser du positif, autrement dit activer sa présence dans tout le corps.

Le protocole en bref :

- Posture assise / sophronisation de base vivantielle par systèmes.
- Posture dos droit / sophro-présence du positif du 1er au 5e système : IRTER (tension douce) + se relier à une évocation agréable (image, situation, mot, etc.) et activer le positif sur plusieurs inspirations. Cela peut aller d'une inspiration à dix, il n'y a pas de limite pour intégrer du positif !
- Posture dos droit / sophro-présence du positif sur tout le corps (totalisation) : IRTER + se relier à une évocation agréable et activer le positif.
- Posture assise / désophronisation.

TECHNIQUE SPÉCIFIQUE

Un terpnos logos (sophro-présence du positif)

Sophronisation de base vivantielle par systèmes (voir p. 107)

Sophro-présence du positif sur chaque système :

1er système

Toujours en posture dos droit, nous pouvons commencer la sophro-présence du positif en nous concentrant sur notre 1er système… Notre visage, notre tête… Pour rendre cette zone plus présente à la conscience, nous pouvons effectuer un IRTER… Inspiration, rétention-tension douce de ce 1er système, expiration-relâchement… Notre respiration devient plus profonde, plus régulière… Et sur chaque inspiration nous accueillons symboliquement le positif, tout ce qui éveille notre vitalité, qui éclaire notre conscience… Peut-être par des images, des situations, des mots ou des sons… À chaque inspiration nous activons le positif dans tout ce 1er système… Et à l'expiration nous le diffusons pleinement dans cette zone… Accueillons pleinement ces instants de vivance…

Nous pouvons nous adosser en laissant du temps et de l'espace à toutes les sensations positives qui ont pu s'éveiller… Bien présentes à la conscience… Pause d'intégration…

2e système

Décollons à nouveau notre dos… Posture dos droit… Inspiration, rétention-tension douce de notre nuque, notre cou, nos épaules, la face externe de nos bras jusqu'au bout des doigts… Expiration-relâchement… Tout ce 2e système bien présent… Et nous pouvons nous relier à une évocation agréable… Sophro-présence du positif à chaque respiration plus profonde… Imprégnons nos cellules, nos muscles, notre peau de ces sensations de bien-être… Les inspirations permettent l'activation du positif et s'associent aux expirations pour le diffuser dans toute cette zone…

Quand nous le souhaiterons, nous pourrons nous adosser… Accueillons toutes les sensations qui ont pu émerger… Peut-être pouvons-nous les nommer, les décrire… Pause d'intégration…

3e système

Reprenons la posture dos droit… Et concentrons-nous sur notre 3e système… Notre thorax, notre dos, la face interne de nos bras jusqu'au bout des doigts… Inspiration, rétention-tension douce de cette région, expiration-relâchement… Relions-nous à une évocation positive… À chaque inspiration, nous accueillons symboliquement ce positif par toutes les sensations agréables qui émergent de cette image (ou d'autre chose)… Puis nous le diffusons dans tout ce 3e système à l'expiration…

Nous pouvons nous adosser… Bien reliés à nos sensations… Pause d'intégration…

4e système

Nous redressons à nouveau notre dos… Inspiration, rétention-tension douce de notre ceinture abdominale et de notre région lombaire… Expiration-relâchement… Et à chacune de nos inspirations, intégrons dans ce 4e système tout le positif issu d'une évocation agréable… Nous imprégnons toute cette région de ce positif… Nos muscles abdominaux et lombaires… Nos organes avec tout l'appareil digestif… Plaisir d'accueillir toutes ces sensations agréables au niveau de ce système et de les diffuser dans toute cette zone lors de nos expirations… Sophro-présence du positif à chaque respiration…

Et nous pouvons nous adosser le temps d'une pause d'intégration…

5e système

Nous pouvons remobiliser notre corps en adoptant la posture dos droit pour pleinement nous concentrer sur notre 5e système… Inspiration, rétention-tension douce de nos muscles fessiers, de nos jambes jusqu'au bout des pieds… Expiration-relâchement… Plaisir de nous relier à une évocation positive pour accueillir toutes les sensations qui en émergent… L'image de la mer peut par exemple éveiller en nous des sensations agréables… Peut-être aussi le fait de se relier à un parfum printanier… Ou tout autre élément positif… L'inspiration nous permet d'accueillir ces sensations dans tout notre 5e système, l'expiration de les diffuser dans cette zone… Sensations de vitalité… Peut-être des sensations liées à la capacité de mobilité de notre corps…

Et laissons se poser en nous toutes les sensations qui ont pu émerger… Comme des feuilles virevoltant au souffle du vent et se déposant sur le sol entre deux rafales… Pause d'intégration…

Totalisation

Redressons une dernière fois notre dos afin d'effectuer une sophro-présence du positif sur tout notre corps... Commençons par une tension douce... Inspiration, rétention-tension douce de tout le corps et expiration-relâchement... Et bien reliés à une évocation agréable, à l'inspiration nous amenons tout ce positif à notre corps pour le diffuser dans chaque système à l'expiration... Nous approfondissons nos inspirations pour imprégner un peu plus notre corps de tout ce positif... Accueillons les sensations que cette activation peut nous procurer... Tout notre corps bien présent... Poursuivons nos respirations actives...

Et prenons bien le temps d'intégrer...

Désophronisation

Nous pouvons commencer notre phase de désophronisation... Nous garderons au-delà de la séance le vécu de cette sophronisation... L'activation du positif dans tout notre corps... Nous pouvons prendre quelques respirations plus profondes, mobiliser peu à peu tout notre corps en nous étirant... Nous retrouvons au fur et à mesure un tonus musculaire habituel... Nous pouvons bouger... Peut-être bâiller... Pour, quand nous le souhaiterons, rouvrir nos yeux.

Plus de pratique

La sophro-présence du positif peut très bien s'associer au sophro-déplacement du négatif. Une fois le corps libéré du négatif, pourquoi ne pas le charger de positif comme un vase d'eau trouble qu'on déverserait pour ensuite le remplir d'eau propre. Deux protocoles qui peuvent donc se combiner : on se concentre sur un système, tension douce de celui-ci, et à chaque expiration nous évacuons tout le négatif de cette zone, puis, dans de profondes inspirations, on active le positif.

Réguler sa respiration

Elle désigne un procédé global utilisé dans d'autres techniques telles que le sophro-déplacement du négatif ou la sophro-présence du positif. Le principe : associer sa respiration ou un moment de sa respiration (par exemple l'expiration) à un mouvement (lever le bras ou autre), une évocation mentale (pensées, capacités, sentiments, etc.), une image ou encore une sensation.

Une technique qui inspire

La sophro-respiration synchronique représente tout d'abord un moyen d'être au contact de sa respiration, en approfondissant sa maîtrise. Elle devient alors un véritable outil pour se relier à la présence d'un phénomène et l'intensifier. Le principe de synchronisation de la respiration est souvent utilisé dans les techniques sophrologiques, notamment dans le sophro-déplacement du négatif, la sophro-présence du positif, la sophro-substitution sensorielle ou encore dans les relaxations dynamiques.

La sophro-respiration synchronique peut favoriser l'apaisement – avec le mot « détente » –, renforcer l'assurance – avec le mot « confiance » –, ou encore la cohérence de soi – avec le terme « harmonie ». Dans ce cas, nous pouvons chercher à prononcer mentalement le mot choisi à chacune de nos expirations, dans l'idée de diffuser ce qu'il nous évoque dans tout notre corps.

La respiration peut également être synchronisée avec une stimulation corporelle, notamment l'IRTER : Inspiration, Rétention-mise en Tension douce du bras (par exemple), Expiration-Relâchement.

Il est également possible d'associer sa respiration à une image, en référence à la sophro-présence du positif, ou à une sensation, en référence à la sophro-stimulation vitale ou encore à la sophro-substitution sensorielle.

Comment se pratique-t-elle ?

Si vous souhaitez vous relier à une formulation mentale, vous pouvez par exemple vous concentrer sur le mot « calme », ou « confiance », « harmonie », etc. Sur chaque expiration, vous prononcez mentalement ce terme : il en résulte un éveil progressif de ce sentiment en soi. Chaque cycle respiratoire (inspiration, expiration) est l'occasion de laisser s'éveiller en soi toutes les sensations induites par l'évocation de ce terme.

L'objectif est de synchroniser sa respiration avec une formulation mentale, un mouvement, une image ou encore une sensation.

Le protocole en bref :

- Posture assise / sophronisation de base vivantielle par systèmes.
- Posture assise / concentration sur la respiration : prendre conscience de sa respiration avant de la mettre en pratique dans un objectif précis.
- Posture dos droit / sophro-respiration synchronique : se relier à une formulation mentale, un mouvement, une image ou encore une sensation et associer cette évocation à la respiration.
- Posture assise / désophronisation.

TECHNIQUE SPÉCIFIQUE

Un terpnos logos (sophro-respiration synchronique)

Sophronisation de base vivantielle par systèmes (voir p. 107)

Concentration sur la respiration

Prenons plaisir à nous relier à notre respiration… Plus précisément à notre respiration abdominale… Sentons l'air entrer par nos narines et circuler dans tout notre corps… Nous pouvons peut-être repérer son rythme… Une respiration naturelle… Régulière…

Sophro-respiration synchronique

Et nous adoptons la posture dos droit pour réaliser la technique de sophro-respiration synchronique… Nous pouvons commencer par nous relier à un sentiment positif… Peut-être la confiance… La sérénité… Le calme… Nous associons cette formulation mentale à notre respiration… Peut-être en prononçant intérieurement *(mentalement)* ce sentiment à chacune de nos expirations… Nous accueillons les sensations qu'il peut éveiller dans tout notre corps… Peut-être des sensations de chaleur, de légèreté ou autres… Quelques instants de sophro-respiration synchronique… Chaque respiration renforce un peu plus les sensations, le ressenti qui émerge du terme évoqué… Vivance…

Désophronisation

Nous pouvons commencer notre phase de désophronisation… Nous garderons au-delà de la séance le vécu de cette sophronisation… Un nouveau regard sur notre respiration, source de bien-être, qui peut nous être utile pour renforcer la présence de certains sentiments… Nous pouvons prendre quelques respirations plus profondes… Prenons bien le temps de nous resituer dans la pièce… De remobiliser peu à peu tout notre corps en nous étirant… Nous retrouvons notre tonus musculaire habituel… Et nous allons pouvoir, tout doucement, rouvrir nos yeux…

Plus de pratique

Comme tout exercice de sophrologie, l'entraînement est de rigueur pour la sophro-respiration chronique, qui est à pratiquer au moins quatre fois et selon le « besoin ». Rappelons que la répétition des vivances tend à renforcer les bénéfices d'une technique.

Une introduction à la méditation (La sophro-concentration)

Une technique dont l'intitulé reflète clairement son objectif. Elle va permettre de développer et de renforcer la capacité de concentration, indispensable au quotidien. En sophrologie, lors de la pratique des relaxations dynamiques ou des techniques spécifiques, une bonne concentration favorise la vivance. Alors essayons de nous sophro-concentrer !

Une technique de convergence

Cette technique est un moyen de développer sa capacité de concentration en laissant de côté idées et bruits parasites. Sollicitée au quotidien, tant dans notre vie professionnelle que personnelle, nécessaire pour accomplir une tâche au travail, conduire, lire, ou tout simplement pour suivre une conversation, la concentration permet, une fois bien maîtrisée, de gagner du temps dans les actions de notre vie et peut-être également de mieux les réaliser.

Comment se pratique-t-elle ?

La sophro-concentration s'attache à nous relier à un phénomène précis. On parle par exemple de sophro-concentration sur la respiration ou encore sur les sensations. Dans le terpnos logos qui suit, l'exercice consiste à se relier à un objet neutre en s'intéressant à sa forme, sa couleur, sa texture, son histoire, sa fonction, voire son parfum, peut-être son goût, etc. C'est l'aborder en toute phénoménologie.

Il est ainsi important de choisir un objet neutre, c'est-à-dire ne renvoyant pas à des associations d'idées. Ce peut être une pomme, un brin de lavande, un stylo ou tout autre objet que l'on considère comme étant neutre pour soi. En réalité, l'objet importe peu, c'est la capacité de concentration qui compte.

N'OUBLIEZ PAS !

L'objectif est de développer sa capacité de concentration et de pouvoir la mobiliser sur un phénomène (par exemple sur la respiration).

Le protocole en bref :

- Posture assise / sophronisation de base vivantielle par systèmes.
- Posture dos droit / sophro-déplacement du négatif abrégé.
- Posture dos droit / sophro-concentation sur un objet neutre : choix d'un objet neutre + dynamique de concentration.
- Posture assise / désophronisation.

TECHNIQUE SPÉCIFIQUE

Un terpnos logos (sophro-concentration)

Sophronisation de base vivantielle par systèmes (voir p. 107)

Sophro-déplacement du négatif abrégé

Et nous pouvons redresser notre dos pour effectuer un sophro-déplacement du négatif dans sa version abrégée... Concentrons-nous sur tout notre corps... Inspiration... Rétention-tension douce de tous nos systèmes... Expiration-relâchement... Et nous reprenons une respiration habituelle... Nous évacuons tout le négatif sur quelques expirations... Relâchement... Profond nettoyage... Nous pouvons nous adosser... Pause d'intégration...

Sophro-concentration sur un objet neutre

Maintenant, nous pouvons nous relier à un objet neutre... Comme s'il était en face de nous sur la ligne d'horizon de notre regard, nos yeux toujours fermés... Nous le laissons s'intégrer à la conscience... Jouons sur la force de notre concentration pour conserver et intensifier sa présence, comme un variateur qui permettrait d'augmenter l'intensité de la lumière émise par une ampoule... Nous laissons du temps et de l'espace à cet objet... Il capte entièrement notre attention...

Et pour favoriser sa présence constante, intéressons-nous à cet objet... Quel est son aspect... Sa forme... Sa couleur... Sa texture... Il est pleinement présent dans notre champ de conscience... Nous le contemplons sans jugement, sans idée préconçue... Dès qu'il perd en intensité voire disparaît, nous pouvons nous imaginer tourner le variateur pour réactiver son image... Nous pouvons peut-être nous imaginer utiliser cet objet... Puis intéressons-nous à son histoire... Comment a-t-il été conçu... Comment est-il arrivé à nous... Quel est son environnement habituel... Nous conservons la présence de cet objet de concentration...

Et pour jouer d'autant plus avec notre capacité de concentration, pour la mettre à l'épreuve, nous pouvons porter notre attention sur un deuxième élément... Ainsi, tout en étant reliés à notre objet neutre, nous cherchons à nous concentrer sur notre respiration abdominale...

Désophronisation

Nous pouvons laisser notre objet de côté, nous pourrons le solliciter à nouveau quand nous le souhaiterons... Débutons notre désophronisation... Nous garderons au-delà de la séance le vécu de cette sophronisation... La concentration sur un objet neutre... Les phénomènes qui ont pu émerger et s'intégrer à la conscience durant l'exercice... Nous pouvons prendre quelques respirations plus profondes... Remobiliser peu à peu tout notre corps en nous étirant... Nous laissons s'évacuer des sensations peut-être d'engourdissement... Nous retrouvons au niveau de chaque zone notre tonus musculaire habituel... Et nous allons pouvoir, tout doucement, rouvrir nos yeux...

Plus de pratique

Au quotidien, n'hésitez pas à mettre en place cet exercice toujours dans le but de renforcer votre capacité de concentration. Prenez le temps de choisir un objet et essayez de vous concentrer sur sa forme, son volume, sa texture, etc., pendant une minute, sans vous laisser parasiter !

Votre biologie vous parle (La sophro-stimulation vitale)

Une technique qui cherche à renforcer notre biologie par sa conscience et sa dynamisation. Elle va ainsi s'appuyer sur une technique qui doit à présent vous être familière ! La visite de votre logis peut commencer…

Une technique centrée sur la biologie

Cette technique tend à consolider la structure biologique des organes en les rendant plus présents à la conscience. Un moyen de dynamiser son corps en profondeur. La sophro-stimulation vitale aide à préserver sa santé, à être mieux relié à son corps au quotidien et à enclencher une énergie positive (vitalité). Qui dit énergie positive dit bienfaits divers dans la vie quotidienne, du simple fait de se sentir en forme à une conscience élargie de l'existence, en passant par le développement de ses capacités (d'adaptation, de concentration, etc.).

Comment se pratique-t-elle ?

Elle consiste à se concentrer tout d'abord sur le 1er système en encourageant une douce augmentation de sa circulation et de sa température. Pour cela, la sophro-stimulation vitale s'appuie sur la sophro-respiration synchronique, qui va permettre d'évoquer, à chaque respiration, cette dynamisation corporelle. On procède de même pour chaque système. L'inspiration peut être considérée comme le moteur de l'exercice : à chaque inspiration on va accroître légèrement la circulation et la température. L'expiration, quant à elle, fait office de temps d'intégration : on laisse s'intégrer à la conscience les phénomènes activés par l'inspiration.

En bref, il s'agit de se concentrer sur un système et, par une respiration calme et régulière, de chercher à augmenter doucement sa circulation et sa température.

EN SAVOIR PLUS

Durant la sophronisation, le terpnos logos va s'intéresser aux organes présents dans les différents systèmes : le cerveau pour le 1er système, la thyroïde et les cordes vocales pour le 2e, les poumons, le cœur et le thymus pour le 3e, les reins, le foie, la rate, l'appareil digestif pour le 4e et enfin les gonades, la prostate, l'utérus pour le 5e système.

L'objectif est de renforcer la structure biologique.

Le protocole en bref :

- Posture assise / sophronisation de base vivantielle par systèmes.
- Posture dos droit / sophro-déplacement du négatif abrégé.
- Posture dos droit / sophro-stimulation vitale du 1er au 5e système : douce augmentation de la circulation et de la température de chaque système.
- Posture dos droit / sophro-stimulation vitale de tout le corps (totalisation) : douce augmentation de la circulation et de la température.
- Posture assise / désophronisation.

Un terpnos logos (sophro-stimulation vitale)

Sophronisation de base vivantielle par systèmes **(voir p. 107)**

Sophro-déplacement du négatif abrégé

Et nous pouvons redresser notre dos pour effectuer un sophro-déplacement du négatif dans sa version abrégée… Concentrons-nous sur tout notre corps… Inspiration… Rétention-tension douce de tous nos systèmes… Expiration-relâchement… Et nous reprenons une respiration habituelle… Nous évacuons tout le négatif sur quelques expirations… Relâchement… Profond nettoyage…

Nous pouvons nous adosser… Pause d'intégration…

Sophro-stimulation vitale sur chaque système :

1er système

Posture dos droit… Nous pouvons nous concentrer sur notre 1er système… Et en nous appuyant sur notre respiration, nous allons dynamiser progressivement l'énergie vitale de cette zone… À chaque respiration, c'est une douce augmentation de la circulation et de la température qui s'opère… Cette douce chaleur qui imprègne notre visage, notre tête… C'est aussi l'occasion de nous relier à notre cerveau, d'augmenter tout doucement la circulation cérébrale… Nous pouvons peut-être nous aider d'une image pour concrétiser ce qui se passe à l'intérieur… Chaque respiration associée à l'activation de la biologie de ce système peut amener un sentiment de bien-être, de confort, des sensations agréables… Tout ce 1er système en train d'éveiller sa vitalité, de stimuler sa biologie…

Nous pouvons nous adosser… Pause d'intégration…

2e système

Nous ajustons notre posture dos droit… Concentrons-nous sur notre 2e système… Nous allons renforcer ses structures par une douce augmentation de sa circulation et de sa température… Conscience de la présence de la thyroïde… À chaque respiration nous activons la vitalité… Peut-être pouvons-nous nous aider de mots ou d'images pour concrétiser cette dynamisation… À l'inspiration nous pouvons par exemple nous relier au terme « stimulation », de la biologie de notre 2e système… À l'expiration évoquons le mot « intégration », des phénomènes – issus de cette expérience – à la conscience… Tout ce 2e système en train de dynamiser sa biologie… bien-être…

Nous pouvons nous adosser… Pause d'intégration…

3e système

Adoptons la posture dos droit… Relions-nous à notre 3e système… Conscience des organes présents dans cette zone… Et nous cherchons à renforcer leur structure biologique… À chaque respiration, nous pouvons doucement augmenter la circulation et la température au niveau de toute cette zone et particulièrement au niveau de notre cœur, de nos poumons, de notre thymus… Dynamisation de cette région corporelle… Tout ce 3e système en train d'éveiller sa vitalité…

Nous nous adossons. Pause d'intégration…

4e système

Posture dos droit… Nous pouvons nous concentrer sur notre 4e système… Nous allons chercher à renforcer la structure biologique de notre foie, nos reins, notre pancréas, notre rate, notre appareil digestif… Pour cela, notre respiration devient le support d'une circulation et d'une température harmonieuse au niveau de cette zone… Douce augmentation de ces deux paramètres… Prenons bien conscience de l'activité biologique de ce 4e système en train d'éveiller sa vitalité…

Nous pouvons nous adosser… Pause d'intégration…

5e système

Adoptons la posture dos droit… Bien reliés à notre 5e système… Procédons à une douce augmentation de la circulation et de la température de toute cette zone à chaque respiration… Conscience de la présence des gonades et de la prostate pour les hommes, des gonades et de l'utérus pour les femmes… L'inspiration est active et dynamise la biologie de ce 5e système, tandis que l'expiration est plus passive comme constatant la vitalité éveillée dans cette zone… Prenons bien conscience de l'activité biologique ce 4e système… Nous pouvons nous adosser… Pause d'intégration…

Totalisation

Posture dos droit… Une phase de totalisation qui va nous permettre de faire le lien entre les expériences de tous les systèmes… Nous éveillons encore un peu plus notre énergie vitale… Nous stimulons la structure biologique de nos organes… Tout notre corps et nos organes bien présents à la conscience… Dynamisés, harmonieux, équilibrés… Emplis d'énergie positive… Nous pouvons effectuer quelques respirations synchronisées avec une douce augmentation de la circulation et de la température de tout notre corps…

Nous pouvons nous adosser… Pause d'intégration…

Désophronisation

Nous pouvons commencer notre phase de désophronisation… Nous garderons au-delà de la séance le vécu de cette sophronisation… L'activation de nos structures biologiques… Nous pouvons prendre quelques respirations plus profondes… Prenons bien le temps de remobiliser peu à peu tout notre corps en nous étirant… En bougeant doucement… Et nous allons pouvoir rouvrir nos yeux…

Plus de pratique

Une technique qui tend à dynamiser la biologie et par conséquent le corps. N'hésitez donc pas à la pratiquer les jours de fatigue pour vous remettre en forme !

Même pas mal ! (La sophro-substitution sensorielle)

Le principe de cette technique repose sur le remplacement de sensations désagréables voire négatives par des sensations plaisantes. Un moyen d'amener par exemple une douce chaleur au niveau d'une zone tendue. Une technique utile aussi bien pour des sensations d'inconfort du quotidien (mauvaise digestion, jambes lourdes, etc.) que pour la douleur.

Une technique centrée sur les sensations

La sophro-substitution sensorielle va être utile pour diminuer ou remplacer :

- une sensation désagréable. Cela concerne les sensations d'inconfort que l'on peut ressentir au cours d'une journée ou encore les sensations réveillées par une émotion désagréable. Je ressens un sentiment de culpabilité qui se traduit par des sensations d'oppression au niveau du thorax. Par la sophro-substitution sensorielle, je vais chercher à diminuer ou remplacer cette sensation désagréable par une sensation de légèreté ou une autre qui soit agréable.
- une sensation de douleur : maux de tête ou de ventre, douleurs chroniques qui ont fait l'objet d'une consultation médicale. Cette technique se présente comme un moyen de diminuer leur intensité voire de remplacer ces ressentis par des sensations agréables. Par exemple elle permettra de diffuser une sensation de fraîcheur.

C'est une technique à déposer dans son armoire à pharmacie. Cependant, la sophro-substitution sensorielle ne doit en aucun cas suppléer une consultation médicale. Les sensations désagréables sont des signaux qu'il faut écouter en tant que tels, c'est-à-dire vérifier ce qu'ils ont à nous dire. En fonction du diagnostic, cette technique pourra alors être mise en place.

Comment se pratique-t-elle ?

La sophro-substitution sensorielle consiste à se relier à tout ce qui peut évoquer la sensation agréable dont nous avons besoin pour diminuer ou remplacer une sensation désagréable : ce peut être une image, une couleur, un mot, un souvenir ou autre. Par exemple, si je recherche une sensation de froid, je vais peut-être pouvoir repenser à un moment de mes vacances au ski, ou encore prononcer en moi le mot « froid ».

Il s'agit ensuite d'allier concentration et respiration. Sur le principe de la sophro-respiration synchronique (que vous devez à présent bien connaître !), à chaque respiration on tend à diffuser la sensation choisie dans la zone au ressenti désagréable. À chaque respiration plus profonde, la sensation se diffuse et s'intensifie.

Il est également possible de chercher à la diffuser par la seule expiration, de sorte que sur plusieurs expirations, la sensation agréable devienne plus présente.

Autre façon de procéder : utiliser des sensations agréables déjà présentes dans son corps. Si vous ressentez des tensions au niveau de vos épaules, reliez-vous à une zone pleinement relâchée. Ensuite, à l'aide de votre respiration, vous cherchez à amener cette détente jusqu'à la zone de tension.

L'objectif est de diminuer ou remplacer une sensation désagréable par une autre (agréable !).

Le protocole en bref :

- Posture assise / sophronisation de base vivantielle par systèmes.
- Posture dos droit / sophro-déplacement du négatif abrégé.
- Posture dos droit / sophro-substitution sensorielle : concentration sur une sensation agréable + diffusion dans la zone au ressenti désagréable.
- Posture assise / désophronisation.

TECHNIQUE SPÉCIFIQUE

Un terpnos logos (sophro-substitution sensorielle)

Sophronisation de base vivantielle par systèmes (voir p. 107)

Sophro-déplacement du négatif abrégé

Et nous pouvons redresser notre dos pour effectuer un sophro-déplacement du négatif dans sa version abrégée… Concentrons-nous sur tout notre corps… Inspiration… Rétention-tension douce de tous nos systèmes… Expiration-relâchement… Et nous reprenons une respiration habituelle… Nous évacuons tout le négatif sur quelques expirations… Relâchement… Profond nettoyage…

Sophro-substitution sensorielle

Adoptons à nouveau la posture dos droit… Et maintenant nous pouvons nous concentrer sur la zone corporelle qui présente des sensations désagréables… Et prenons le temps de laisser émerger une sensation utile à cette zone, une sensation qui vienne en remplacement…

À présent, relions-nous pleinement à cette sensation agréable peut-être par des images, des souvenirs, un mot… Peut-être le terme « froid » ou bien l'image du sable mouillé pour symboliser une sensation de densité… Relions-nous à tout ce qui intensifie cette sensation, la rend plus palpable… Nous nous aidons de notre respiration régulière pour concrétiser la diffusion de cette sensation dans la région corporelle prédéfinie… Chaque respiration plus profonde nous donne l'occasion de diminuer ou de remplacer peu à peu la sensation de base… Toute cette zone en train d'évoluer dans son ressenti…

Et nous pouvons nous adosser et réaliser une pause d'intégration…

Désophronisation

Phase de désophronisation… Nous garderons au-delà de la séance le vécu de cette sophronisation… La diminution d'une sensation désagréable ou son remplacement par une sensation agréable… Nous pouvons prendre quelques respirations plus profondes… Prenons bien le temps de remobiliser peu à peu tout notre corps en nous étirant… Et nous pouvons rouvrir nos yeux…

Plus de pratique

Afin de choisir le meilleur moyen de vous relier à une sensation agréable, interrogez-vous sur le rapport que vous entretenez avec vos sens. Pour évoquer une sensation de froid, si vous êtes plutôt visuel, vous pourrez peut-être imaginer le blanc pur de la neige, ses flocons ou plus simplement penser à un glaçon : sa transparence, son aspect compact et le froid qu'il dégage. Si vous êtes plutôt tactile, vous allez pouvoir vous imaginer en train de former une boule de neige ou de prendre un glaçon dans vos mains.

Les techniques de prétérisation

Ce sont des techniques centrées sur le passé, plus particulièrement sur son aspect positif, et qui portent le nom de « sophro-mnésie ». Le passé est parfois traité comme un sujet tabou, fait de regrets ou de souvenirs douloureux. En réalité, nous avons parfois tendance à oublier les bons moments qui ont nourri cette période de vie et sont susceptibles d'enrichir notre présent. Ces techniques seront pratiquées par exemple dans un programme sur la confiance en soi : les sophro-mnésies feront prendre conscience de moments de confiance vécus dans l'enfance.

Il est essentiel de préciser que les techniques de base sont à intégrer avant de passer aux techniques de prétérisation : la sophronisation de base, le sophro-déplacement du négatif, la sophro-présence du positif.

Mon passé c'est mon allié (La sophro-mnésie libre)

Une sophro-mnésie libre est ouverte à tout souvenir positif. Un premier pas pour entrer dans les techniques centrées sur le passé. Un moyen de réveiller des vécus positifs et d'intégrer leurs bénéfices au présent. Certains moments passés peuvent ainsi réveiller des sentiments de confiance et de joie.

Une technique de retour aux sources

Une technique qui permet de retrouver une relation naturelle et positive avec son passé, tout en l'intégrant dans une démarche de développement personnel. Il s'agit de se relier à des souvenirs positifs et d'accueillir toutes les émotions, les sensations qu'ils nous évoquent. Au quotidien, il arrive souvent que nous repensions à un souvenir sans l'avoir recherché, comme s'il s'était imposé à nous. C'est sur ce principe que s'appuie cette technique, dans une visée positive, tout en cherchant à approfondir le processus au niveau sophroliminal.

Comment se pratique-t-elle ?

Elle consiste à laisser émerger phénoménologiquement des souvenirs positifs, c'est-à-dire à laisser libre cours au mental, sans s'imposer tel ou tel moment : on se relie à cette notion de souvenir positif et on accueille toutes les images, les situations, les couleurs, les senteurs qui en émergent. Lorsque le souvenir apparaît librement, il s'agit de renforcer sa présence et d'intégrer tout son potentiel positif à la conscience. Lors de premières mises en pratique, il est préférable de se relier à un souvenir positif récent.

L'objectif est de développer une relation naturelle au passé en se reliant à des souvenirs positifs.

Le protocole en bref :

- Posture assise / sophronisation de base vivantielle par systèmes.
- Posture dos droit / sophro-déplacement du négatif abrégé + sophro-présence du positif abrégée.
- Posture dos droit / sophro-mnésie libre : se relier à des souvenirs positifs et accueillir les sensations qui en émergent.
- Posture assise / désophronisation.

TECHNIQUE SPÉCIFIQUE

Un terpnos logos (sophro-mnésie libre)

Sophronisation de base vivantielle par systèmes (voir p. 107)

Sophro-déplacement du négatif abrégé et sophro-présence du positif abrégée

Et nous pouvons redresser notre dos pour effectuer un sophro-déplacement du négatif dans sa version abrégée… Concentrons-nous sur tout notre corps… Inspiration… Rétention-tension douce de tous nos systèmes… Expiration-relâchement… Et nous reprenons une respiration habituelle… Nous évacuons tout le négatif sur quelques expirations… Relâchement… Profond nettoyage…

Et à présent nous nous relions pleinement à une évocation positive, une situation, une image, un mot… Et à l'inspiration nous amenons tout ce positif à notre corps… À l'expiration nous le diffusons dans chaque zone… Plaisir de charger tout notre corps de positif… Un peu plus à chaque respiration… Bien à l'écoute des sensations éveillées… Pause d'intégration, nous pouvons nous adosser…

Sophro-mnésie libre

Posture dos droit… À présent, nous pouvons nous relier à un ou des moments positifs vécus au cours de notre passé… Prenons bien le temps de laisser émerger des souvenirs positifs, librement, en toute phénoménologie… Ils vont transiter dans notre champ de conscience et nous allons pouvoir les capter l'espace de quelques instants… Nous fixons ce ou ces souvenirs dans notre conscience, nous prenons le temps de nous y relier par la force de notre concentration… Et accueillons les sensations positives qui en émergent… Si un souvenir désagréable fait son apparition, nous avons à notre disposition le sophro-déplacement du négatif pour évacuer son ressenti… Plaisir de vivre dans le présent cette relation positive au passé… Pause d'intégration…

Désophronisation

Phase de désophronisation où nous revenons peu à peu à un état d'éveil… Nous garderons au-delà de la séance le vécu de cette sophronisation… L'évocation d'un ou plusieurs souvenirs positifs… Nous pouvons prendre quelques respirations plus profondes… Nous remobilisons peu à peu tout notre corps en nous étirant… Nous retrouvons notre tonus musculaire habituel… Et nous allons pouvoir rouvrir nos yeux…

Plus de pratique

C'est un moment pour revivre des souvenirs positifs tant dans le corps que dans l'esprit. L'occasion de se relier, lors de la pratique, aux perceptions et sensations positives qu'ils éveillent.

Sensations et perceptions se confondent (La sophro-mnésie senso-perceptive)

Une technique souvent utilisée dans l'entraînement sophrologique qui, au-delà de moments positifs du passé, va permettre d'évoquer des souvenirs centrés sur sa démarche personnelle : un travail sur la gestion du stress va par exemple conduire à se relier à un moment de stress bien géré que nous avons pu vivre. Préparez votre lampe torche, vous allez mettre en lumière vos souvenirs…

Une technique qui nous relie à nos sens

Cette technique va nous inciter à nous tourner vers le passé en passant par nos cinq sens et en nous reliant à la dimension affective de tel ou tel souvenir. Soyons plus clair : nous allons utiliser nos cinq sens pour revivre un souvenir positif en nous reliant aux détails visuels, auditifs, olfactifs, tactiles et peut-être gustatifs. Une façon d'accueillir les perceptions et sensations positives qui émergent de ce souvenir et de les intégrer à la conscience.

La sophro-mnésie senso-perceptive consiste à se concentrer sur des souvenirs précis. Par exemple dans le cadre d'un travail sur la confiance en soi, l'on va pouvoir se concentrer sur des moments de pleine confiance vécus par le passé : une situation dans laquelle nous avons su tirer profit de nos capacités, la première fois que nous avons réussi à faire du vélo, par exemple. C'est un moyen de prendre conscience, dans ce cas, de son capital confiance et de le renforcer peu à peu par d'autres techniques sophrologiques. Les moments auxquels on se relie peuvent tout aussi bien être des souvenirs d'enfance que des situations beaucoup plus récentes.

Comment se pratique-t-elle ?

Cette technique suit un fil conducteur particulier : évoquer un souvenir positif, le revivre et en avoir pleinement conscience. Il s'agit vraiment de vivre ce souvenir de l'intérieur, bien relié à ses sens, de laisser émerger en soi les sentiments du moment ou peut-être ceux qui s'éveillent dans l'instant présent à travers nos sensations. Un travail qui ne privilégie donc pas une seule modalité sensorielle mais un ensemble d'informations. Autrement dit, la sophro-mnésie senso-perceptive (et d'ailleurs toute autre technique propre à la sophrologie) n'est pas une visualisation, mais plus globalement un moyen de se relier à une situation en tous points, par un ressenti et une perception globale.

N'OUBLIEZ PAS !

L'objectif est de mobiliser la conscience dans une relation positive au passé en évoquant un souvenir positif et en le revivant tant dans sa perception que dans son ressenti.

Le protocole en bref :

- Posture assise / sophronisation de base vivantielle par systèmes.
- Posture dos droit / sophro-déplacement du négatif abrégé.
- Posture dos droit / sophro-mnésie senso-perceptive : revivre un souvenir positif.
- Posture assise / désophronisation.

TECHNIQUE SPÉCIFIQUE

Un terpnos logos (sophro-mnésie senso-perceptive)

Sophronisation de base vivantielle par systèmes (voir p. 107)

Sophro-déplacement du négatif abrégé

Et nous pouvons redresser notre dos pour effectuer un sophro-déplacement du négatif dans sa version abrégée... Concentrons-nous sur tout notre corps... Inspiration... Rétention-tension douce de tous nos systèmes... Expiration-relâchement... Et nous reprenons une respiration habituelle... Nous évacuons tout le négatif sur quelques expirations... Relâchement... Profond nettoyage...

Sophro-mnésie senso-perceptive

Posture dos droit... Par la force de notre concentration, relions-nous à un souvenir positif... Le lieu, les personnes en présence, les couleurs, les senteurs, les bruits, l'environnement, le contexte... Peut-être un moment de partage, un voyage, une rencontre, la pratique d'une activité sportive ou une autre expérience... Nous renforçons la présence de ce souvenir et les sensations du passé qu'il laisse émerger dans notre corps ici et maintenant... Pour cela, nous pouvons réaliser une sophro-présence du positif pour, à chaque respiration, somatiser tout le positif de cette scène... Chaque respiration est l'occasion de renforcer les sensations qui émergent... Les sensations physiques de chaleur ou de froid, de fourmillements ou toute autre sensation... Les sensations affectives, les émotions qui apparaissent... Nous revivons pleinement ce moment...

Et pause d'intégration, nous nous adossons... Laissons du temps à la vivance, tout ce vécu s'intègre à la conscience... Nous pouvons imaginer les sensations positives de ce moment passé se calquer sur nos sensations présentes... Unité de notre ressenti, de tout notre corps...

Désophronisation

Phase de désophronisation où nous allons revenir peu à peu à un état d'éveil... Nous garderons au-delà de la séance le vécu de cette sophronisation... Nous pourrons garder ce souvenir à portée de main... Et prenons quelques respirations plus profondes... Prenons bien le temps de remobiliser peu à peu tout notre corps en nous étirant... Nous retrouvons notre tonus musculaire habituel... Et nous allons pouvoir rouvrir nos yeux...

Plus de pratique

La sophro-mnésie senso-perceptive est une technique qui n'a pas de limite, dans le sens où l'on peut se relier à de multiples souvenirs positifs. Une sophro-mnésie d'un moment de confiance, de bonne gestion du stress, de pleine mobilisation de ses capacités, de plaisir, de joie... la liste est longue!

Une mise à distance (La sophro-mnésie dissociée)

Le principe est identique à celui de la sophro-mnésie senso-perceptive. Toutefois nous n'allons pas nous relier au ressenti d'un souvenir passé – celui-ci étant choisi parmi les moments désagréables – mais au contraire le revivre de l'extérieur en tant que spectateurs. Cette technique utilise une « mise en scène » de prise de recul pour éviter d'éveiller en soi des sensations désagréables. Il est essentiel de maîtriser les techniques précédentes pour la pratiquer. Il est également préférable d'être accompagné par un sophrologue professionnel. Dans le jargon sophrologique, on parle de sophro-substitution mnésique pour désigner cette technique centrée sur un souvenir désagréable abordé toujours selon un principe d'action positive.

Une technique qui nous place en spectateurs

La sophro-mnésie dissociée est un moyen de s'observer de l'extérieur, de laisser émerger d'une situation désagréable (mal gérée, qui nous a fait perdre nos moyens, etc.) des éléments qui nous seront utiles à l'avenir. L'objectif est donc de se relier à un souvenir mais en laissant de côté les sensations et les émotions du moment, juste en s'observant le vivre. Prenons l'exemple d'un travail sur la gestion du stress : pour prendre conscience de sa relation au stress, le sophrologue pourra proposer au sophronisant une sophro-mnésie dissociée sur des « petits » moments de stress. Autrement dit le sophronisant pourra se relier à des situations de stress qui lui ont échappé, qu'il n'a pas su gérer. Je précise bien « petits » pour écarter des souvenirs de mauvaise gestion du stress trop intenses qui réveilleraient sans doute des sensations désagréables. Dans ce cas, la sophro-mnésie dissociée pourra consister à évoquer deux ou trois moments de stress difficilement géré et à s'observer dans chacun d'eux. On réalise alors parfois à quel point notre visage était fermé, notre discours intérieur négatif, par exemple. Les éléments du passé deviennent ainsi utiles pour parvenir à une meilleure gestion du stress, de même pour la confiance en soi et autre champ d'application de la sophrologie.

Comment se pratique-t-elle ?

Elle consiste à se relier en tant que spectateur à un moment du passé au ressenti désagréable. Il est ainsi important de bien poser le cadre pour ne pas revivre les sensations du moment : on s'imagine comme au cinéma face à un large écran sur lequel va défiler ce souvenir, comme une scène de vie. Il s'agit alors de repérer le contexte, les personnes en présence, notre attitude, notre posture, l'expression de notre visage, notre discours intérieur ou tout autre détail. Pour illustrer cette technique, voici un terpnos logos qui pourrait être proposé pour prendre conscience de la façon dont se manifeste le manque de confiance en soi.

N'OUBLIEZ PAS !

L'objectif est de mobiliser la conscience dans une relation positive au passé en tant que spectateur d'un souvenir, et non dans son ressenti.

Le protocole en bref :

- Posture assise / sophronisation de base vivantielle par systèmes.
- Posture dos droit / sophro-déplacement du négatif abrégé.
- Posture dos droit / sophro-mnésie dissociée : se relier en tant que spectateur à un souvenir désagréable.
- Posture dos droit / sophro-présence du positif abrégée.
- Posture assise / désophronisation.

TECHNIQUE SPÉCIFIQUE

Un terpnos logos (sophro-mnésie dissociée)

Sophronisation de base vivantielle par systèmes (voir p. 107)

Sophro-déplacement du négatif abrégé

Et nous pouvons redresser notre dos pour effectuer un sophro-déplacement du négatif dans sa version abrégée… Concentrons-nous sur tout notre corps… Inspiration… Rétention-tension douce de tous nos systèmes… Expiration-relâchement… Et nous reprenons une respiration habituelle… Nous évacuons tout le négatif sur quelques expirations… Relâchement… Profond nettoyage…

Sophro-mnésie dissociée

Posture dos droit... À présent nous pouvons nous imaginer comme au cinéma face à un large écran sur lequel vont défiler deux moments de manque de confiance que nous avons pu vivre il y a longtemps ou plus récemment... Prenons bien le temps de trouver ces moments... Et en tant que spectateurs, nous laissons défiler le premier souvenir... Sans ressentir les sensations du moment, juste en nous observant de l'extérieur, en tant que spectateurs... Quelle était notre posture, plutôt droite ou plutôt courbée... Notre visage était-il ouvert ou fermé... Quel était le contexte, les personnes en présence... Comment nous sommes-nous exprimés dans ce moment, quel était notre ton, notre rythme d'élocution... Relions-nous à notre discours intérieur, qu'est-ce qu'on se disait à ce moment-là... Prenons bien le temps de nous observer... Si nous sentons des sensations désagréables pointer le bout de leur nez, utilisons les techniques à notre disposition comme le sophro-déplacement du négatif... Et nous pourrons nous observer de la même façon dans un second moment de manque de confiance que nous avons pu vivre par le passé... Nous pouvons nous adosser... Prenons bien le temps d'intégrer...

Sophro-présence du positif abrégée

Nous pouvons décoller notre dos de la chaise... Posture dos droit... Et à présent nous nous relions pleinement à une évocation positive, une situation, une image, un mot... Et à l'inspiration nous amenons tout ce positif à notre corps... À l'expiration nous le diffusons dans chaque zone... Plaisir de charger tout notre corps de positif... Un peu plus à chaque respiration... Bien à l'écoute des sensations éveillées... Pause d'intégration, nous pouvons nous adosser...

Désophronisation

Phase de désophronisation où nous revenons peu à peu à un état d'éveil... Nous garderons au-delà de la séance le vécu de cette sophronisation... La prise de recul par rapport à des situations du passé, les éléments positifs que nous avons pu en retirer... Nous pouvons prendre quelques respirations plus profondes... Prenons bien le temps de remobiliser peu à peu tout notre corps en nous étirant... Nous retrouvons notre tonus musculaire habituel... Et nous allons pouvoir rouvrir nos yeux...

Plus de pratique

Les sophro-mnésie dissociée et senso-perceptive sont souvent pratiquées lors d'une même sophronisation et permettent donc dans les phases de découverte et de conquête de prendre conscience du phénomène sur lequel on travaille et d'obtenir des éléments sur la façon de mieux le maîtriser. Lors de la pratique, on pourra ainsi se relier à la fois à des moments de confiance que nous avons pu vivre par le passé (sophro-mnésie senso-perceptive) et à des moments de manque de confiance (sophro-mnésie dissociée). Plus largement, ces techniques représentent un moyen de s'appuyer positivement sur le passé en intégrant ces expériences à la conscience. Une intégration qui pourra avoir des bénéfices notables au quotidien : par exemple prendre conscience de sa relation à la confiance en soi pourra conduire à aborder certaines situations sous un nouvel angle.

Les techniques de futurisation

Pour reprendre la méthodologie globale de la sophrologie – découverte, conquête et transformation –, les techniques spécifiques centrées sur le futur sont utilisées dans les phases de conquête et de transformation. Elles représentent un moyen de développer et d'intégrer au présent les ressources et capacités dont nous aurons besoin lors d'un moment futur. Trois principales techniques : la sophro-projection future, la sophro-correction sérielle et le geste signal. Elles vont permettre, respectivement, de se préparer à un événement futur, de se déconditionner de peurs passées pour affronter des moments à venir et enfin de pouvoir éveiller un sentiment utile en situation. Globalement, ce sont des techniques tendant à se projeter positivement dans le futur.

Il ne s'agit pas de se visualiser, mais bien de se projeter (dans une situation à venir). En effet, la simple visualisation est réductrice puisqu'elle ne fait appel qu'à une seule modalité (la vue). On cherche ainsi, lors de la pratique, à stimuler ses structures mentales, physiques et émotionnelles dans le respect du principe du schéma corporel comme réalité à vivre. Se projeter devient alors se relier à son « essence », à sa façon d'être (ou Être) dans une situation à venir plutôt qu'à sa façon d'agir. Passons à la pratique !

Se préparer à une situation à venir (La sophro-projection future)

Il ne s'agit pas de jouer les médiums en imaginant ce qu'il va vous arriver dans l'avenir mais de rester les pieds sur terre en optimisant votre potentiel, vos ressources, et en développant votre capacité d'adaptation. Un examen, un entretien d'embauche, un déménagement sont autant d'occasions de pratiquer la sophro-projection future. Une façon de se préparer positivement aux événements à venir.

Une technique de préparation

La sophro-projection future nous prépare à mieux vivre une situation future, en nous aidant à développer nos capacités, notre potentiel. Ainsi, parfois le manque de confiance ou encore un stress trop prégnant nous paralysent et nous empêchent d'agir comme on le souhaiterait dans certains moments (réussir un entretien, être pleinement présent, etc.). Voici les trois principales applications : se préparer à un moment précis (prise de parole en public, examen, compétition sportive, etc.), à un changement à venir (licenciement, déménagement, colocation, etc.), ou chercher à élargir ses capacités pour vivre intensément un projet (grossesse, voyage, entreprise, etc.).

La sophro-projection future s'appuie, au même titre que les autres techniques, sur la loi de la répétition vivantielle. Un moyen de renforcer et d'intégrer consciemment ses ressources, qui seront alors d'autant plus efficaces et disponibles à l'instant T. La sophro-projection future crée des réflexes, des actions et réactions spontanément plus maîtrisés. On est ainsi prêt à aborder positivement un moment à venir ou à le vivre plus intensément.

Comment se pratique-t-elle ?

C'est une technique qui demande de faire appel à sa concentration afin de s'imaginer vivre positivement la situation pour laquelle on souhaite se préparer. Tout comme un scénariste écrirait et détaillerait une scène en prévision du film qui va être tourné. Cela va consister par exemple à s'imaginer vivre un moment en pleine confiance : se voir s'affirmer lors d'une réunion ou encore être sûr de ses connaissances avant un examen.

Pour favoriser la pratique, il va être intéressant d'une part de s'appuyer sur des éléments précis, des repères – par exemple, le trajet connu avant de vivre la situation ou encore le lieu de sa réalisation – et d'autre part de ne pas faire de cette projection une vérité – imaginer l'heure exacte, le temps qu'il fera, etc. – sous peine d'être déstabilisé le jour J si un détail diffère de sa perception. Si lors des sophro-projections futures vous avez intégré le fait que vous serez face à une personne, lors de votre examen, et qu'en réalité ils sont trois, cela risque de vous perturber et de vous faire perdre vos moyens. Au contraire, cette technique est pratiquée pour les optimiser… vos moyens !

L'objectif est de se préparer à une situation future en s'imaginant la vivre positivement et en optimisant ses ressources et ses capacités.

Le protocole en bref :

- Posture assise / sophronisation de base vivantielle par systèmes.
- Posture dos droit / sophro-déplacement du négatif abrégé.
- Posture dos droit / sophro-projection future : s'imaginer vivre positivement une situation future en visualisant la scène tout en étant relié à son ressenti.
- Posture dos droit / sophro-présence du positif abrégée.
- Posture assise / désophronisation.

TECHNIQUE SPÉCIFIQUE

Un terpnos logos (sophro-projection future)

Sophronisation de base vivantielle par systèmes (voir p. 107)

Sophro-déplacement du négatif abrégé

Et nous pouvons redresser notre dos pour effectuer un sophro-déplacement du négatif dans sa version abrégée... Concentrons-nous sur tout notre corps... Inspiration... Rétention-tension douce de tous nos systèmes... Expiration-relâchement... Et nous reprenons une respiration habituelle... Nous évacuons tout le négatif sur quelques expirations... Relâchement... Profond nettoyage...

Sophro-projection future

Nous adoptons la posture dos droit... Et à présent, nous nous concentrons pleinement sur un moment futur... Une situation à venir pour laquelle nous souhaiterions nous préparer... Nous pouvons par exemple choisir un moment qui va mettre notre confiance à l'épreuve ou encore un moment de stress difficile à gérer et nous imaginer le vivre positivement... Par exemple, parler en public, avoir une grande discussion avec quelqu'un, demander une augmentation de salaire ou toute autre situation qui nous est propre... Nous nous projetons dans ce moment futur comme si nous étions en train de le vivre... Nous déroulons le fil conducteur, la façon dont il va se passer, l'environnement, les personnes présentes... Nous pouvons peut-être nous voir adopter une posture assurée... L'expression de notre visage peut véhiculer un sentiment d'harmonie... Nous imaginons cette situation telle que nous aimerions la vivre, en mobilisant tout notre potentiel, les capacités dont nous avons besoin à cet instant... Nous sommes à présent bien reliés à ce moment, comme si nous y étions, bien à l'écoute des sensations, des informations sensorielles, des émotions qui s'éveillent en nous... Peut-être un sentiment de confiance, de bien-être ou autre... Prenons bien le temps de nous imprégner de cette situation vécue dans des conditions optimales... Intégrons en conscience tous les aspects de ce moment à venir...

Pause d'intégration... Nous pouvons peut-être prendre le temps d'apprécier les sensations corporelles positives qui ont pu émerger et dynamiser notre corps... Pause d'intégration...

Sophro-présence du positif abrégée

Nous pouvons décoller notre dos de la chaise... Posture dos droit... Et à présent nous nous relions pleinement à une évocation positive, peut-être le moment que nous venons de nous imaginer vivre positivement ou une image, un mot... Et à l'inspiration nous amenons tout ce positif à notre corps... À l'expiration nous le diffusons dans chaque zone... Plaisir de charger tout notre corps de positif... Un peu plus à chaque respiration... Bien à l'écoute des sensations éveillées... Pause d'intégration, nous pouvons nous adosser...

Désophronisation

Phase de désophronisation où nous revenons peu à peu à un état d'éveil... Nous garderons au-delà de la séance le vécu de cette sophronisation... La mobilisation de notre conscience vers un moment futur, la mobilisation de nos ressources et de nos capacités... Nous pouvons prendre quelques respirations plus profondes... Prenons bien le temps de remobiliser peu à peu tout notre corps en nous étirant... Nous retrouvons notre tonus musculaire habituel... Et nous allons pouvoir rouvrir nos yeux...

Plus de pratique

Vous allez constater que la sophro-projection future a un objectif proche des deux techniques qui suivent : la sophro-acceptation progressive et la sophro-programmation future. Elles sont d'ailleurs combinées dans le cadre de l'entraînement sophrologique.

Intégrer les bénéfices à venir (La sophro-acceptation progressive)

Cette technique, comme la sophro-projection future va dans le sens d'une meilleure mobilisation des ressources et capacités lors d'une situation à venir, mais elle se relie à l'après-situation. Une façon de se projeter par exemple juste après un entretien d'embauche qui s'est bien passé ou encore juste après avoir bien géré une situation anxiogène. Les techniques de futurisation représentent un moyen de vivre dans l'instant présent – à travers le corps, le mental, l'émotionnel – une situation à venir. Précisons donc une nouvelle fois qu'il ne s'agit en aucun cas d'une simple visualisation positive. On parle de sophro-acception progressive parce que cette technique se fonde, textuellement, sur la répétition.

Une technique d'après-coup

La sophro-acceptation progressive va permettre de se préparer à une situation future, en s'imaginant vivre l'après-coup. Autrement dit, après avoir bien géré une situation, de se relier à tous ses bénéfices. Par exemple, il s'agira de se préparer à une représentation de théâtre en s'imaginant vivre la soirée qui suit ou le lendemain. Durant la sophro-acceptation progressive, nous allons chercher à nous relier à toutes les capacités et ressources que nous aurons su éveiller durant la représentation ainsi qu'à toutes les sensations positives qu'elle aura pu nous procurer. Ces sentiments positifs pourront peut-être émerger puisque nous aurons vécu cette situation avec confiance.

EN SAVOIR PLUS

« Sophro-acceptation » pourrait très bien se transformer en « sophro-intégration » puisqu'il s'agit d'intégrer consciemment les aspects d'une situation future (1er objectif). Ce terme d'acceptation est utilisé ici principalement pour le second objectif de cette technique :

- 1er objectif : intensifier le ressenti, le vécu d'une situation positive à venir en se situant juste après l'événement. Prenons l'exemple d'une future mariée qui souhaiterait renforcer le positif de cette journée. Elle va pouvoir se relier au lendemain de son mariage et se charger de tous les aspects positifs de cette journée (les sensations et les sentiments qu'elle aura pu lui procurer, les images qu'elle en conservera, etc.).

- 2e objectif : se préparer et accepter un moment délicat à venir en se situant juste après la réussite de l'événement en question. Prenons l'exemple d'une personne qui déciderait d'arrêter de fumer. La sophro-acceptation progressive deviendra dans ce cas un moyen d'ancrer dans le présent les sensations et les sentiments positifs qui naîtraient en elle juste après sa décision de fumer sa dernière cigarette.

Comment se pratique-t-elle ?

Il est essentiel de préciser que le mental n'est pas le seul à se projeter, le corps aussi. En conséquence, la sophro-acceptation progressive va conduire à vivre les phénomènes dans chaque système. Il s'agit ainsi de se relier à son corps et à son esprit pour renforcer ses ressources. Plus qu'une visualisation positive, cette technique est un moyen d'activer la vivance, d'intégrer à la conscience le ressenti, le vécu de ce moment futur (l'après-réussite).

Si une image et/ou un ressenti négatif apparaît – par exemple se voir abattu suite à un entretien d'embauche ou tout autre événement –, ce sera le moment de mettre à profit le sophro-déplacement du négatif.

L'objectif est de se préparer à vivre positivement une situation future en se reliant à son après.

Le protocole en bref :

- Posture assise / sophronisation de base vivantielle par systèmes.
- Posture dos droit / sophro-déplacement du négatif abrégé.
- Posture dos droit / sophro-acceptation progressive : se relier au moment qui suit la réussite d'un événement futur.
- Posture dos droit / sophro-présence du positif abrégée.
- Posture assise / désophronisation.

Un terpnos logos (sophro-acceptation progressive)

Sophronisation de base vivantielle par systèmes (voir p. 107)

Sophro-déplacement du négatif abrégé

Et nous pouvons redresser notre dos pour effectuer un sophro-déplacement du négatif dans sa version abrégée… Concentrons-nous sur tout notre corps… Inspiration… Rétention-tension douce de tous nos systèmes… Expiration-relâchement… Et nous reprenons une respiration habituelle… Nous évacuons tout le négatif sur quelques expirations… Relâchement… Profond nettoyage…

Sophro-acceptation progressive

Bassin avancé au milieu de la chaise, dos décollé... Nous adoptons la posture dos droit... Prenons le temps de nous relier à une situation à laquelle nous souhaitons nous préparer... Un moment personnel ou professionnel, un projet qui s'annonce délicat... Et nous pouvons nous imaginer vivre l'après-« événement », à la suite de sa réussite... Comme si la situation qui nous préoccupait s'était écoulée de façon positive... Relions-nous aux sensations d'après-coup, aux émotions qui vont pouvoir se réveiller en nous... Nous fixons cette situation en nous... Essayons d'imaginer comment nous nous sentirons après avoir vécu positivement ce moment... Quel sera notre discours intérieur... Est-ce qu'on en parlera autour de soi... Est-ce que le fait d'avoir su mobiliser nos capacités, nos ressources positivement nous conduira à voir les choses différemment, sous un nouveau jour, avec plus de confiance... Qu'est-ce qui sera ancré en nous en termes de sensations et de perceptions positives... Nous vivons les sensations que nous procure cette réussite dans chacun de nos systèmes... Notre corps est peut-être dynamisé, léger après avoir vécu cet événement... Conscience de nos sensations... Nous sommes pleinement mobilisés dans cet après-coup... Vivance...

Prenons le temps d'intégrer, de laisser se poser et s'intégrer en soi tout ce positif...

Sophro-présence du positif abrégée

Nous pouvons décoller notre dos de la chaise... Posture dos droit... Et à présent nous nous relions pleinement à une évocation positive, peut-être aux bénéfices que nous venons d'éveiller, inhérents à la réussite d'une situation, ou à une image, un mot... Et à l'inspiration nous amenons tout ce positif à notre corps... À l'expiration nous le diffusons dans chaque zone... Plaisir de charger tout notre corps de positif... Un peu plus à chaque respiration... Bien à l'écoute des sensations éveillées... Pause d'intégration, nous pouvons nous adosser...

Désophronisation

Phase de désophronisation où nous revenons peu à peu à un état d'éveil... Nous garderons au-delà de la séance le vécu de cette sophronisation... La préparation à une situation future en se reliant à la perception et au ressenti positif de la réussite d'un événement... Nous pouvons prendre quelques respirations plus profondes... Prenons bien le temps de remobiliser peu à peu tout notre corps en nous étirant... Nous retrouvons notre tonus musculaire habituel... Et nous allons pouvoir rouvrir nos yeux...

Plus de pratique

Pour vous projeter encore plus loin dans le futur, il ne vous reste plus qu'à découvrir la sophro-programmation future. La sophro-acceptation progressive est, vous l'avez compris, un moyen de s'imaginer juste après la situation pour laquelle on se prépare tandis que la sophro-programmation future consiste à se projeter quelques semaines, quelques mois voire quelques années – selon la situation – après le moment à venir.

Se projeter dans le lointain (La sophro-programmation future)

Voici la troisième et dernière des techniques spécifiques de futurisation : sophro-projection future, sophro-acceptation progressive, et sophro-programmation future. Se projeter quelque temps après la réussite d'un événement – l'avoir vécu positivement en ayant su mobiliser ses ressources –, tel est son principe. Elle permet de donner une unité à la pratique des deux techniques précédentes.

Une technique qui laisse passer le temps

Pour certains événements, il peut être intéressant de se projeter longtemps après leur déroulement afin notamment de conforter un choix ou encore de constater à quel point il pourra nous être utile et nous apporter du positif par la suite. Prenons l'exemple d'un déménagement : par la sophro-projection future, on va s'imaginer vivre la situation en tant que telle, par la sophro-acceptation progressive on va se projeter juste après le déménagement, enfin par la sophro-programmation future on pourra réaliser tout ce que va pouvoir apporter ce changement de domicile sur le long terme. Par exemple, des trajets plus courts pour se rendre au travail, plus d'espace pour toute la famille, un jardin, un bien-être intérieur.

EN SAVOIR PLUS

Même si cela ne saute pas aux yeux au premier abord, cette technique permet de développer notre créativité, une certaine « ouverture d'esprit » nécessaire pour se projeter positivement quelque temps après avoir vécu une situation comportant un changement à venir, un événement futur ou un moment délicat. Elle tend, par ce procédé, à renforcer l'intégration positive de cette situation et par conséquent nous aide à développer nos ressources et capacités le moment venu.

Comment se pratique-t-elle ?

Le terpnos logos de la sophro-programmation future se concentre sur les bénéfices d'un événement futur en proposant de se projeter quelques jours, quelques semaines, quelques mois voire même quelques années après l'avoir vécu. Cela dépend bien évidemment de la situation en question mais, au final, on peut imaginer ces bénéfices à plus ou moins long terme. Prenons l'exemple d'une mutation professionnelle (volontaire) : on pourrait tout aussi bien se voir quelques jours après celle-ci en imaginant son nouvel environnement, puis quelques semaines après en se reliant à son nouveau poste, aux tâches que l'on aura à accomplir, puis quelques mois après en se voyant bien s'adapter à cette « nouvelle vie », pour enfin imaginer les bénéfices positifs que pourrait engendrer ce changement quelques années après sa réalisation.

Précisons que certains mécanismes de défense nous empêchent de nous projeter (dévalorisation, intellectualisation, refoulement, etc.). Respectons nos protections, essayons d'identifier les éventuelles difficultés à pratiquer cet exercice, par soi-même ou peut-être avec l'aide d'un sophrologue, et poursuivons l'entraînement !

L'objectif est de se préparer à une situation future en se reliant aux bénéfices de sa réussite quelque temps après l'avoir vécue.

Le protocole en bref :

- Posture assise / sophronisation de base vivantielle par systèmes.
- Posture dos droit / sophro-déplacement du négatif abrégé.
- Posture dos droit / sophro-programmation future : s'imaginer quelque temps après avoir vécu positivement la situation future pour laquelle nous nous préparons.
- Posture dos droit / sophro-présence du positif abrégée.
- Posture assise / désophronisation.

TECHNIQUE SPÉCIFIQUE

Un terpnos logos (sophro-programmation future)

Sophronisation de base vivantielle par systèmes (voir p. 107)

Sophro-déplacement du négatif abrégé

Et nous pouvons redresser notre dos pour effectuer un sophro-déplacement du négatif dans sa version abrégée... Concentrons-nous sur tout notre corps... Inspiration... Rétention-tension douce de tous nos systèmes... Expiration-relâchement... Et nous reprenons une respiration habituelle... Nous évacuons tout le négatif sur quelques expirations... Relâchement... Profond nettoyage...

Sophro-programmation future

Posture dos droit... Et à présent, nous pouvons nous imaginer quelques semaines, quelques mois voire quelques années après la situation que nous nous préparons à vivre... Nous pouvons peut-être concevoir la façon dont elle a changé notre vie ou plus modestement ce qu'elle nous a apporté... Constater la façon dont elle pourrait nous faire évoluer... Par exemple si nous nous préparons à une situation dans laquelle nous aurons besoin de confiance, imaginons que nous avons vécu ce moment pleinement confiants, que nous avons réussi à éveiller toutes les ressources nécessaires et concentrons-nous sur les bénéfices de cette réussite à long terme, que ce soit sur notre personnalité ou notre quotidien, relions-nous à tout le positif que pourrait nous apporter cette situation à venir... Nous pouvons peut-être nous voir resplendissants quelques mois après ce moment… Nous aurons su dépasser nos difficultés, développer une meilleure connaissance de nous et de nos capacités… Peut-être pouvons-nous nous imaginer en train de parler avec des proches de la bonne gestion de cette situation qui nous a révélé à nous-mêmes, ou autre chose… Vivons ces bienfaits à travers notre corps et notre esprit, bien à l'écoute de nos sensations… Vivance…

Nous pouvons nous adosser… Et prenons bien le temps d'intégrer…

Sophro-présence du positif abrégée

Nous pouvons décoller notre dos de la chaise… Posture dos droit… Et à présent nous nous relions pleinement à une évocation positive, peut-être aux bénéfices que nous venons d'éveiller, inhérents à la réussite d'une situation, ou à une image, un mot… Et à l'inspiration nous amenons tout ce positif à notre corps… À l'expiration nous le diffusons dans chaque zone… Plaisir de charger tout notre corps de positif… Un peu plus à chaque respiration… Bien à l'écoute des sensations éveillées… Pause d'intégration, nous pouvons nous adosser…

Désophronisation

Phase de désophronisation où nous allons revenir peu à peu à un état d'éveil… Nous garderons au-delà de la séance le vécu de cette sophronisation… Les bénéfices qui vont pouvoir découler de la situation que nous allons prochainement vivre et pour laquelle nous nous préparons… Cette expérience future que nous avons intégrée à la conscience dans le présent, ici et maintenant… Nous pouvons prendre quelques respirations plus profondes… Prenons bien le temps de remobiliser peu à peu tout notre corps en nous étirant… Nous retrouvons notre tonus musculaire habituel… Et nous allons pouvoir rouvrir nos yeux…

Plus de pratique

Au quotidien et tout naturellement, lorsque nous nous préparons à vivre une situation particulière, nous avons tendance à nous projeter, à nous imaginer comment elle pourrait se passer, ce qu'elle nous apporterait, et ce principe instinctif nous permet spontanément d'anticiper ce moment. Cette sophro-programmation future est construite sur le même principe, mais le travail effectué en sophrologie, ne l'oublions pas, se réalise dans le niveau sophroliminal qui favorise la vivance (le corps et l'esprit sont mobilisés) et s'oriente vers le positif (principe d'action positive). Les phénomènes sont ainsi mieux intégrés à la conscience dans le but de vivre pleinement ou plus sereinement ce moment.

Un déconditionnement progressif (La sophro-correction sérielle)

Autre technique centrée sur le futur, mais qui tend vers un nouvel objectif : se déconditionner de situations anxiogènes. Qui dit déconditionnement dit démarche progressive. Cette technique est utilisée au cours de l'entraînement sophrologique, une fois que l'on maîtrise les techniques de base, dont font partie le sophro-déplacement du négatif ou encore la sophro-présence du positif. La sophro-correction sérielle est à pratiquer accompagné d'un(e) sophrologue.

Une technique qui déprogramme

Vous avez peur de parler en public parce que vous avez vécu une situation désagréable lorsque vous étiez plus jeune en passant au tableau ? Vous appréhendez les dimanches soir en pensant à la reprise proche du travail ? Dès que vous montez dans votre voiture pour vous rendre au bureau, vous êtes angoissé ? Des situations parmi tant d'autres pour lesquelles la sophro-correction sérielle sera intégrée au programme de votre entraînement sophrologique. Il est important de préciser qu'elle s'inscrit dans une véritable démarche et ne consiste pas simplement à pallier des angoisses. Par exemple, celle de se rendre à son travail nécessite de s'attarder sur le fond du problème, et non pas de le résoudre en cherchant à s'imaginer en train d'aller au bureau en chantant. L'entraînement sophrologique pourra ainsi suggérer un travail préalable sur la confiance en soi, la capacité d'adaptation et les émotions. C'est donc une démarche globale qui va conduire à la sophro-correction sérielle pour mieux maîtriser une situation en particulier.

Comment se pratique-t-elle ?

Le terpnos logos va accompagner un entraînement par séries sur une même situation :

- Avant la pratique le sophrologue va vous proposer de choisir une première situation anxiogène de faible intensité (si l'on peut dire). Au fur et à mesure de l'entraînement vous pourrez choisir des situations de plus en plus redoutées.
- Puis au cours de la sophro-correction sérielle, vous allez pouvoir vous relier mentalement à cette situation.
- Dès que cette évocation devient désagréable, vous effectuez un signe, préalablement convenu, afin d'en informer le sophrologue.
- Ce dernier va alors, par son terpnos logos, vous proposer de remplacer les sensations désagréables qui se manifestent par des sensations plaisantes. Il pourra notamment utiliser la technique de sophro-substitution sensorielle.
- À nouveau vous allez pouvoir vous relier mentalement (toujours au niveau sophroliminal) à cette situation, effectuer un signe pour indiquer l'éveil d'un ressenti désagréable, et remplacer ces sensations par des sensations agréables. Il s'agit ainsi de se relier à plusieurs reprises à la même situation au cours d'une sophro-correction sérielle.

Cette technique est répétée sur plusieurs séances, puis en entraînement personnel quotidien, pour enfin, lorsque l'évocation de cette situation ne génère plus de sensations désagréables, se concrétiser progressivement dans la réalité.

Il est essentiel de préciser que le sophrologue n'est pas habilité à traiter les phobies – seuls les thérapeutes le sont –, même s'il peut accompagner en parallèle un traitement.

L'objectif est de se déconditionner d'une situation anxiogène.

Le protocole en bref :

- Posture assise / sophronisation de base vivantielle par systèmes.
- Posture dos droit / sophro-déplacement du négatif abrégé.
- Posture dos droit / sophro-correction sérielle : se relier à une situation anxiogène, puis remplacer les sensations désagréables qui en émergent par des sensations plaisantes.
- Posture dos droit / sophro-présence du positif abrégée.
- Posture assise / désophronisation.

Un terpnos logos (sophro-correction sérielle)

Sophronisation de base vivantielle par systèmes **(voir p. 107)**

Sophro-déplacement du négatif abrégé

Et nous pouvons redresser notre dos pour effectuer un sophro-déplacement du négatif dans sa version abrégée... Concentrons-nous sur tout notre corps... Inspiration... Rétention-tension douce de tous nos systèmes... Expiration-relâchement... Et nous reprenons une respiration habituelle... Nous évacuons tout le négatif sur quelques expirations... Relâchement... Profond nettoyage...

Sophro-correction sérielle

Posture dos droit... Vous allez pouvoir vous relier mentalement à une situation anxiogène que vous vivez depuis quelque temps et qu'il vous serait utile de savoir mieux gérer pour plus de sérénité au quotidien... Prenez bien le temps de vous concentrer sur ce moment... Dès qu'un ressenti désagréable apparaît, vous effectuez le signe choisi au préalable pour m'en informer... Vous pouvez à présent remplacer ces sensations désagréables par des sensations plaisantes... Vous vous appuyez sur votre respiration pour éveiller des sensations peut-être de détente, de calme... Peut-être des sentiments de confiance et de sérénité...

À nouveau, vous pouvez vous relier mentalement à cette situation… Vous effectuez le signe convenu, lorsqu'un ressenti désagréable se manifeste…

Et vous substituez à ce contenu désagréable des sensations agréables… Par votre respiration, vous pouvez par exemple diffuser dans tout votre corps une sensation de douce chaleur ou autre… Les sensations et perceptions positives que vous réveillez à présent viennent s'intégrer à la conscience…

Vous pouvez à nouveau vous relier à cette situation anxiogène… Dès que des sensations désagréables émergent, vous pouvez effectuez le signe convenu…

Et en vous appuyant sur votre respiration, vous vous imprégnez de sensations positives… À chaque respiration vous amplifiez la présence de ces sensations…

Tout votre corps intègre cette expérience positive… Et prenez bien le temps d'intégrer… De laisser se poser en vous ces contenus positifs… Pause d'intégration, vous pouvez vous adosser…

Sophro-présence du positif abrégée

Nous pouvons décoller notre dos de la chaise… Posture dos droit… Et à présent nous nous relions pleinement à une évocation positive, peut-être une image, un mot… Et à l'inspiration nous amenons tout ce positif à notre corps… À l'expiration nous le diffusons dans chaque zone… Plaisir de charger tout notre corps de positif… Un peu plus à chaque respiration… Bien à l'écoute des sensations éveillées… Pause d'intégration, nous pouvons nous adosser…

Désophronisation

Phase de désophronisation où nous revenons peu à peu à un état d'éveil… Nous garderons au-delà de la séance le vécu de cette sophronisation… Le déconditionnement progressif d'une situation anxiogène par l'éveil de contenus positifs… Nous pouvons prendre quelques respirations plus profondes… Prenons bien le temps de remobiliser peu à peu tout notre corps en nous étirant… Nous retrouvons notre tonus musculaire habituel… Et nous allons pouvoir rouvrir nos yeux…

Plus de pratique

La sophro-correction sérielle porte bien son nom puisqu'elle fonctionne par séries, comme un ensemble de séquences qu'on travaillerait et apprivoiserait indépendamment, pour faire en sorte que le montage du film soit harmonieux.

Un outil à portée de main (Le geste signal)

Vous arrive-t-il de serrer votre poing lors d'un moment de stress ou encore de passer votre main dans vos cheveux lorsque vous manquez de confiance en vous ? Vous possédez peut-être instinctivement un geste signal, qu'il ne reste plus qu'à conditionner positivement ! Mais de quoi parle-t-on exactement ? Le geste signal ou geste ancrage est un moyen de pouvoir réveiller un sentiment utile dans une situation. Éveiller un sentiment de sérénité, de confiance ou encore d'espoir peut être utile au quotidien notamment lorsqu'on se prépare à vivre une situation délicate.

Une technique qui associe un geste à un sentiment positif

Il nous arrive parfois dans certains contextes, par exemple lors d'un moment de stress, d'avoir besoin de réveiller un sentiment de bien-être, de sérénité, de confiance ou autre, notamment pour nous apaiser ou encore prendre de l'assurance. C'est tout l'intérêt du geste signal. Cette technique est souvent utilisée dans le domaine sportif : un footballeur qui marque un but ou un tennisman qui remporte un set ont tendance à faire des gestes expressifs, notamment celui de serrer dynamiquement leur poing, comme pour intégrer tout le positif procuré par cet instant-là. L'objectif de cette technique est donc de pouvoir éveiller un sentiment qui nous serait utile pour gérer une situation.

Comment se pratique-t-il ?

Tout d'abord, il va falloir choisir votre geste ! Pas si simple puisqu'il doit répondre à un principal critère : la discrétion. Cela paraîtrait bizarre et un peu loufoque, pour éveiller un sentiment de confiance par exemple, d'agiter ses bras en l'air en pleine réunion professionnelle comme si l'on avait gagné la Coupe Davis ! Le geste signal peut consister à serrer son poing, poser la main sur son ventre, caresser son oreille ou réaliser tout autre mouvement discret. Quoi qu'il en soit, il s'agit d'une association conditionnée : tel geste = éveil de tel sentiment.

Ensuite, il s'agit donc de choisir un sentiment qui pourrait vous être utile dans votre quotidien : peut-être la confiance, le calme, la détente, l'harmonie, la vitalité ou tout autre sentiment qui pourrait favoriser votre bien-être. Par exemple, un joueur de hand-ball va chercher, durant la sophronisation, un geste offensif qu'il fait sur le terrain pour tirer dans les buts. Il le mettra en pratique au niveau sophroliminal peut-être en y associant le terme « plaisir ». Une façon de s'approprier un geste consciemment, d'en faire un geste juste.

Troisième étape : durant la sophronisation, une sophro-mnésie senso-perceptive vous est proposée afin que vous retrouviez dans le passé des situations positives. Si vous souhaitez associer votre geste à un sentiment de confiance, vous pourrez alors vous tourner vers des moments de confiance en vous vécus par le passé.

Il s'agit alors de revivre ces moments afin de réveiller en soi toutes les sensations positives – peut-être des fourmillements, de la chaleur ou toute autre manifestation – qu'ils ont suscitées. Une fois tout ce positif bien présent en soi, on peut alors effectuer à plusieurs reprises son geste signal pour commencer à le conditionner (situation agréable = sentiment positif = geste signal).

Toute la semaine qui suit la séance, il va falloir continuer à charger ce geste. Pour cela, dès que vous vivez un moment de confiance (dans l'exemple retenu), vous aurez l'occasion d'effectuer votre geste signal. Une fois bien conditionné, il pourra fonctionner à l'inverse : situation délicate = geste signal = éveil d'un sentiment positif. Il s'agit alors de pratiquer notre geste lorsque nous en ressentons le besoin – lors d'un moment de manque de confiance – pour éveiller un sentiment positif, c'est-à-dire laisser émerger toutes les sensations agréables que nous aurons pu associer au préalable à notre geste.

EN SAVOIR PLUS

Chaque sentiment, même si certains sont proches, réveille en soi des sensations bien particulières : les sensations liées à un sentiment de joie (par exemple, une chaleur intense, des fourmillements) seront différentes de celles qui accompagnent un sentiment de sérénité (par exemple, une douce chaleur, une légèreté de tout le corps) tant dans leur nature que dans leur mode d'expression (leur intensité, les zones d'où elles émergent, etc.). Le geste signal est donc conditionné par des sensations positives propres à un sentiment. Outre les sensations agréables, on peut également associer le nom du sentiment choisi à son geste : au moment de faire le geste, se dire mentalement « calme » ou « confiance » par exemple.

Une sophronisante m'a déclaré : « Je ne trouve pas de geste signal. » Finalement, celui-ci a émergé pendant la sophronisation. D'où l'importance de ne pas trop intellectualiser…

EN BREF

Je m'aperçois que le sentiment de confiance pourrait vraiment m'être utile au quotidien. Lors de ma séance de sophrologie je trouve mon geste, j'effectue une sophro-mnésie senso-perceptive en revivant des moments de confiance du passé ; une fois toutes les sensations propres à ce sentiment bien présentes dans mon corps, j'effectue mon geste signal tout en y associant le mot « confiance ». Je répète à plusieurs reprises cette technique afin de bien conditionner mon geste. Puis dans les jours qui s'écoulent entre les sophronisations, dès que je vis un moment de confiance, j'effectue mon geste pour le charger un peu plus de ces sensations. Enfin, si je rencontre une situation lors de laquelle je manque de confiance en moi, je mets mon geste en pratique pour réveiller ce sentiment de confiance (réveiller les sensations et perceptions qui y sont liées et ont été précédemment associées au geste).

N'OUBLIEZ PAS !

L'objectif est d'éveiller un sentiment utile par un geste ancrage.

Le protocole en bref :

- Posture assise / sophronisation de base vivantielle par systèmes.
- Posture dos droit / sophro-déplacement du négatif abrégé.
- Posture dos droit / le geste signal : chercher son geste signal + sophro-mnésie senso-perceptive en se reliant à des moments positifs du passé + mise en pratique du geste.
- Posture assise / désophronisation.

TECHNIQUE SPÉCIFIQUE

Un terpnos logos (geste signal)

Sophronisation de base vivantielle par systèmes (voir p. 107)

Sophro-déplacement du négatif abrégé

Et nous pouvons redresser notre dos pour effectuer un sophro-déplacement du négatif dans sa version abrégée… Concentrons-nous sur tout notre corps… Inspiration… Rétention-tension douce de tous nos systèmes… Expiration-relâchement… Et nous reprenons une respiration habituelle… Nous évacuons tout le négatif sur quelques expirations… Relâchement… Profond nettoyage…

Geste signal

Nous décollons le dos de la chaise pour ajuster notre posture habituelle de pratique, dos droit… Et prenons bien le temps de trouver notre geste signal… Effectuons des essais en serrant le poing, en croisant les doigts, ou autrement… Plaisir de chercher un geste qui nous corresponde, qui soit discret… Peut-être un mouvement doux ou au contraire tonique… Peut-être un geste que nous avons l'habitude de faire…

Une fois notre geste trouvé, nous pouvons commencer à le conditionner… Nous avons préalablement choisi le sentiment que nous souhaitions lui associer… Peut-être un sentiment de joie, de plaisir, de force, de confiance… Nous pouvons alors effectuer une sophro-mnésie senso-perceptive en nous reliant pleinement à un ou des moments vécus qui seraient associés à ce sentiment… Par exemple, la première fois où nous nous sommes rendus seuls quelque part pour réveiller en nous un sentiment de confiance… Si c'est un sentiment de calme que nous avons choisi, nous pouvons peut-être nous relier à un moment de vie où nous étions particulièrement sereins, par exemple un moment où nous nous trouvions face à la mer… Prenons bien le temps de revivre ces situations afin d'éveiller en nous les sensations agréables qu'elles nous procurent… Bien à l'écoute de notre corps… Nous nous imprégnons de ces instants… Et lorsque ce sentiment positif est pleinement présent en nous, qu'il se manifeste par l'évocation de ces différents moments, nous effectuons notre geste… Bien reliés à ces situations, nous le répétons à plusieurs reprises pour commencer à le conditionner, à le charger…

Et nous pouvons faire une pause d'intégration, en laissant s'intégrer en nous cette expérience… Pour cela, nous pouvons nous adosser, posture assise classique…

Sophro-présence du positif abrégée

Nous décollons notre dos de la chaise… Posture dos droit… Et à présent nous nous relions pleinement à une évocation positive, peut-être une image, un mot… Et à l'inspiration nous amenons tout ce positif à notre corps… À l'expiration nous le diffusons dans chaque zone…

Plaisir de charger tout notre corps de positif… Un peu plus à chaque respiration… Bien à l'écoute des sensations éveillées… Pause d'intégration, nous pouvons nous adosser…

Désophronisation

Phase de désophronisation où nous revenons peu à peu à un état d'éveil… Nous garderons au-delà de la séance le vécu de cette sophronisation… Le vécu positif de moments passés qui nous a permis de conditionner notre geste signal, de lui associer un sentiment positif et les sensations qui vont avec… Nous pouvons prendre quelques respirations plus profondes… Prenons bien le temps de remobiliser peu à peu tout notre corps en nous étirant… Nous retrouvons notre tonus musculaire habituel… Et nous allons pouvoir rouvrir nos yeux…

Plus de pratique

Le geste signal peut également être chargé à partir d'un mot, une image ou encore un son, même si le fait de se relier à des situations positives du passé facilite souvent l'éveil du sentiment choisi. Encore une fois, seule la répétition vivantielle de cette technique pourra conduire à une association conditionnée entre le geste et le sentiment positif. Ce geste doit être rechargé régulièrement au quotidien pour être utile, lorsqu'il est bien conditionné, dans des moments où on en a besoin.

Schématiquement, voici une façon de mettre en pratique les techniques spécifiques de futurisation, sachant qu'elles sont associées aux techniques du présent et du passé dans le cadre d'un réel programme.

Supposons qu'un sportif ait vécu une chute lors de sa dernière compétition : l'entraînement sophrologique pourra s'appuyer sur la sophro-correction sérielle pour le déconditionner de ce ressenti négatif qui apparaît dès qu'il pense à la compétition, sur la sophro-projection future pour mobiliser au mieux ses ressources et capacités, et enfin mettre en pratique le geste signal afin d'ancrer en lui un sentiment de confiance.

En réalité, les programmes d'entraînement sont adaptés à l'objet de la démarche du sophronisant et à son évolution personnelle au cours de l'entraînement sophrologique.

Ces techniques spécifiques d'entraînement s'inscrivent dans une véritable démarche personnelle.

Des techniques en parallèle

Les techniques spécifiques de sophro-manence et rétro-manence, de sophro-présence et de sophro-stimulation vous sont exposées ci-après. Tout comme les précédentes, elles font partie intégrante de l'entraînement sophrologique, mais elles répondent à de nouveaux objectifs.

Éveiller, renforcer et intégrer (La sophro-manence et rétro-manence)

C'est une technique qui part de notre biologie – comme la sophro-stimulation vitale – et qui va chercher à éveiller, tel un feu d'artifice, les phénomènes que sont les capacités et les valeurs.

La manence consiste à partir de la source, de notre biologie profonde, des informations inscrites dans nos cellules et à les laisser émerger à la conscience.

La rétro-manence, à l'inverse, va réinscrire en soi tous ces phénomènes, une fois la conscience élargie de les avoir expérimentés. Pour y voir plus clair, passez à la suite!

Figure 11-2 : Une posture de manence.

Une technique qui ressource

Cette technique est réalisée pour stimuler nos capacités (sophro-manence et rétro-manence des capacités) ou nos valeurs (sophro-manence et rétro-manence des valeurs). Prenons l'image du réveil et du sommeil pour la symboliser : la sophro-manence représente le moment de l'éveil, lorsque nous ouvrons nos yeux et que tout notre potentiel sort de son repos, nos ressources se dynamisent peu à peu pour, formidable expérience que l'on a tendance à banaliser, poser nos pieds au sol et nous redresser. N'est-ce pas merveilleux cette mobilité, ces capacités qui nous permettent ensuite de marcher, de nous plier, etc. ? La rétro-manence est, quant à elle, synonyme de sommeil : toutes les ressources éveillées et développées retournent alors enrichies à leur source et viennent inscrire leur nouveau code dans nos cellules. La biologie est renforcée par une conscience élargie de ces phénomènes. Une façon de vivre pleinement ses capacités et ses valeurs en s'y reliant phénoménologiquement, sans jugement, simplement en les accueillant. Cette technique tend également à laisser émerger des capacités ou valeurs endormies ou insoupçonnées.

Elle est donc intéressante à pratiquer lorsqu'on cherche à se dynamiser, à se relier à ses ressources profondes et à les renforcer. C'est en ce sens un moyen de développer une meilleure conscience et mobilisation de nos valeurs et/ou de nos capacités au quotidien.

> **Qu'est-ce qu'une capacité et une valeur ?**
>
> Ce sont en tout cas de vastes phénomènes ! Les capacités représentent par exemple le mouvement, le schéma corporel, la mémoire, la concentration, la perception, la pensée, etc. Lors de la sophro-manence et rétro-manence des capacités, si l'on se concentre sur le 5e système, c'est la capacité de marcher ou de danser qui peut éventuellement émerger. Le 1er système pourra entre autres éveiller la capacité de faire des choix, d'imaginer, de percevoir. Le 2e système peut révéler la capacité de prendre dans les bras, de porter un enfant, etc. Et la liste est longue ! Les valeurs vont représenter ce qui est fondamental pour soi : la famille, la liberté, le travail, le plaisir, la santé et bien d'autres. Nous aurons l'occasion de développer la notion de valeur au cours de la quatrième partie portant sur les champs d'application de la sophrologie.

Comment se pratique-t-elle ?

Cette technique vise à réveiller les capacités ou valeurs du 5e au 1er système, puis à les réinscrire en soi du 1er au 5e système. La première partie de la sophronisation (la manence) va ainsi consister à accueillir, à laisser émerger des capacités ou des valeurs au niveau du 5e système, de s'en imprégner, de leur laisser du temps et de l'espace. Pour stimuler ces phénomènes, on effectue une tension douce au niveau de cette zone. Puis l'on remonte au niveau du 4e système, de nouveau tension douce et accueil des capacités ou des valeurs. Et ainsi de suite jusqu'au 1er système. Une fois tous ces phénomènes réveillés du 5e au 1er système, on prend le temps de les laisser s'intégrer à la conscience, en goûtant le plaisir d'être au contact de ses ressources profondes, de les mobiliser et de les renforcer.

La seconde partie de la sophronisation consistera à réintégrer progressivement dans son corps (sa biologie) tous les phénomènes qui ont pu émerger lors de la manence. Il s'agit de débuter par le 1er système en les laissant revenir à leur source, en les inscrivant dans notre mémoire corporelle et de poursuivre par le 2e, 3e, 4e et 5e système.

Pour concrétiser cet éveil et cette intégration au plus profond de soi, on associe un mouvement à cette technique : la posture du 4e degré. Lors de la manence, nous pouvons placer nos bras le long du corps et simplement tourner nos mains vers le ciel. C'est un geste d'ouverture, d'accueil qui commence donc au niveau du 5e système. Puis nous pouvons remonter nos mains au niveau de chaque système mobilisé pour, une fois arrivés au 1er système, avoir les bras en l'air comme si nous imitions un arbre. Il est également possible d'adopter la posture de base tout au long de la manence sans remonter les bras, juste en laissant les mains ouvertes au niveau du 5e système. Lors de la rétro-manence, nous retournons nos mains vers le sol, les descendons peu à peu au niveau de chaque système comme si nous tassions nos capacités ou nos valeurs dans tout notre corps. Pour plus de clarté lors de la pratique, le terpnos logos qui suit est concentré essentiellement sur les capacités (le protocole étant le même pour les valeurs).

L'objectif est de vivre consciemment ses valeurs ou ses capacités, les stimuler pour les mobiliser pleinement dans son existence.

Le protocole en bref :

- Posture assise / sophronisation de base vivantielle par systèmes.
- Posture dos droit / sophro-déplacement du négatif abrégé.
- Posture debout / sophro-manence et rétro-manence : éveil des capacités du 5e au 1er système (de bas en haut), puis intégration de celles-ci dans le corps du 1er au 5e système (de haut en bas).
- Posture assise / désophronisation.

TECHNIQUE SPÉCIFIQUE

Un terpnos logos (sophro-manence et rétro-manence)

Sophronisation de base vivantielle par systèmes (voir p. 107)

Sophro-déplacement du négatif abrégé

Et nous pouvons redresser notre dos pour effectuer un sophro-déplacement du négatif dans sa version abrégée… Concentrons-nous sur tout notre corps… Inspiration… Rétention-tension douce de tous nos systèmes… Expiration-relâchement… Et nous reprenons une respiration habituelle… Nous évacuons tout le négatif sur quelques expirations… Relâchement… Profond nettoyage…

Sophro-manence et rétro-manence des capacités

Manence

Et maintenant nous pouvons nous mettre debout, pieds écartés de la largeur des épaules… Nous ajustons notre posture pour trouver notre stabilité… Et nous allons pouvoir commencer la manence, cette phase d'éveil des capacités profondes… Nos bras le long du corps, nous pouvons ouvrir nos mains au niveau du 5e système… Posture d'accueil… Effectuons une tension douce pour stimuler cette zone et son contenu, inspiration, rétention-tension douce, expiration-relâchement… Concentrons-nous pleinement sur ce système… Relions-nous à sa biologie et laissons émerger des capacités au niveau de cette zone… Comme si elles jaillissaient de nos cellules… Laissons-les monter à la conscience… Plaisir d'accueillir des capacités profondes…

Nous remontons nos mains au niveau de notre 4e système… Tension douce pour stimuler cette zone et ses capacités profondes, inspiration, rétention-tension douce, expiration-relâchement… Et prenons plaisir à accueillir, en toute phénoménologie, des capacités au niveau de cette zone… Peut-être des capacités de perception, de respiration ou autre… Laissons-leur du temps et de l'espace… Nous sommes bien reliés à toutes les sensations qui peuvent émerger du fait de se relier à toutes ces capacités extraordinaires…

Et nos mains remontent au niveau de notre 3e système… Effectuons une tension douce pour stimuler cette zone et son contenu, inspiration, rétention-tension douce, expiration-relâchement… Et poursuivons l'accueil de capacités au niveau de ce système… Comme de petites bulles de champagne qui pétilleraient en remontant petit à petit de notre 5e au 1er système… Laissons émerger nos capacités profondes, peut-être la capacité à ressentir des émotions ou autre… Vivance…

Nous plaçons nos mains au niveau de notre 2e système… Effectuons une tension douce pour mobiliser cette zone et son contenu, inspiration, rétention-tension douce, expiration-relâchement… Laissons émerger des capacités au niveau de cette zone… Peut-être des capacités de mouvement ou autre…

Enfin nous remontons nos mains au niveau de notre 1er système… Tension douce pour stimuler cette zone et son contenu, inspiration, rétention-tension douce, expiration-relâchement…

Laissons émerger des capacités au niveau de cette zone... Peut-être des capacités de mouvement ou autre...

Enfin nous remontons nos mains au niveau de notre 1er système... Tension douce pour stimuler cette zone et son contenu, inspiration, rétention-tension douce, expiration-relâchement... Accueillons toutes les capacités au niveau de ce système... Peut-être l'imagination, la communication, l'apprentissage... Comme si les petites bulles de champagne parties depuis notre 5e système arrivaient au sommet de notre corps... Tout ce 1er système dynamisé...

Nous pouvons, symboliquement, remonter encore nos mains au-dessus de notre 1er système... Et nous laissons du temps et de l'espace à toutes les capacités qui ont pu émerger, comme si nos bulles de champagne pétillaient intensément et éclataient à la conscience...

Rétro-manence
Et nous pouvons réinscrire en nous, au plus profond de notre biologie, toutes les capacités qui ont pu s'éveiller, ces phénomènes qui ont pu enrichir notre conscience... Nous tournons nos mains paumes vers le sol pour commencer à les réintégrer au niveau de notre 1er système... Toute cette zone renforcée...

Nos mains descendent au niveau de notre 2e système, puis de notre 3e système.. Ces zones bien dynamisées...

Nous continuons à descendre nos mains pour ancrer toutes nos capacités au niveau de notre 4e puis 5e système... Tout notre corps renforcé de l'intérieur, du plus profond de nos cellules...

Et nous pouvons nous asseoir, pause d'intégration... Calme et confiance... Plaisir d'avoir stimulé et renforcé nos capacités...

Sophro-présence du positif abrégée

Nous pouvons décoller notre dos de la chaise... Posture dos droit... Et à présent nous nous relions pleinement à une évocation positive, peut-être tout simplement aux capacités que nous venons d'éveiller ou à une image, un mot... Et à l'inspiration nous amenons tout ce positif à notre corps... À l'expiration nous le diffusons dans chaque zone... Plaisir de charger tout notre corps de positif... Un peu plus à chaque respiration... Bien à l'écoute des sensations éveillées... Pause d'intégration, nous pouvons nous adosser...

Désophronisation

Phase de désophronisation où nous revenons peu à peu à un état d'éveil... Nous garderons au-delà de la séance le vécu de cette sophronisation... L'éveil de nos capacités et leur retour à la source, symbole de la manence et rétro-manence... Vivre et mobiliser plus consciemment nos capacités... Nous pouvons prendre quelques respirations plus profondes... Prenons bien le temps de remobiliser peu à peu tout notre corps en nous étirant... Nous retrouvons notre tonus musculaire habituel... Et nous allons pouvoir rouvrir nos yeux...

Plus de pratique

La sophro-manence et rétro-manence est une technique très intéressante pour se relier à ses ressources, réveiller des capacités ensommeillées et se dynamiser. Elle peut faire émerger des sentiments de bien-être et de confiance à l'idée de prendre conscience de ses capacités.

Un phénomène au singulier (La sophro-présence)

Ce sont des techniques qui permettent de se relier à des phénomènes précis et d'enrichir notre conscience de leur expérience : la sophro-présence des valeurs, la sophro-présence à la respiration, la sophro-présence aux capacités, la sophro-présence aux sensations sont parmi les plus pratiquées. Nous avons déjà développé la sophro-présence du positif qui fait partie de cette même famille.

Une technique de découverte d'un phénomène

Les sophro-présences permettent de développer l'intégration de certains phénomènes – valeurs, respiration, sensation, etc. – dans la conscience. Plus simplement, elles tendent à vivre et à mobiliser plus consciemment un phénomène. La sophro-présence à la respiration va, par exemple, conduire à développer la conscience que l'on a de ce phénomène. Un premier pas pour ensuite en renforcer la maîtrise. En l'occurrence, une respiration plus consciente va pouvoir être mieux maîtrisée et dévoiler ainsi ses bienfaits (s'apaiser, diminuer l'intensité d'une émotion désagréable, évacuer des tensions inutiles, etc.). Vous pourrez constater par cet exemple qu'un phénomène développé et intégré à la conscience va être mobilisé dans tout son potentiel au quotidien. C'est un moyen de mieux le connaître, de le renforcer et de le rendre plus présent dans son existence.

Comment se pratique-t-elle ?

Il existe donc différentes sophro-présences (sensations, valeurs, etc.). Pour plus de clarté dans la pratique, le terpnos logos qui suit sera axé sur la sophro-présence des valeurs. Cependant, n'oublions pas que tout phénomène peut être expérimenté par cette technique.

EN SAVOIR PLUS

En pratique, il s'agit de se relier à un phénomène en s'appuyant entre autres sur des images, des mots ou des situations. Ce phénomène est vécu phénoménologiquement, sans interprétation, juste tel qu'il apparaît à la conscience (une redécouverte). Les images, les mots ou encore les situations ne sont que des supports de départ pour favoriser notre concentration. Par exemple, en pratiquant une sophro-présence aux sensations, on pourrait peut-être évoquer le mot chaleur tout simplement ou encore une situation de bonheur qui a éveillé en soi une myriade de sensations agréables. S'appuyer sur des éléments concrets est donc un moyen de pleinement se relier à un phénomène, lui laisser du temps et de l'espace, tout en se détachant progressivement du mental et en l'accueillant tel quel, sans représentations ni jugements. Lors d'une sophro-présence des valeurs, on aura peut-être l'occasion de se relier à la valeur amour en laissant apparaître tout ce qu'elle évoque pour soi. La sophro-respiration synchronique peut être utilisée durant la sophro-présence pour renforcer la concentration.

N'OUBLIEZ PAS !

L'objectif est de mobiliser et vivre consciemment un phénomène.

Le protocole en bref :

- Posture assise / sophronisation de base vivantielle par systèmes.
- Posture dos droit / sophro-déplacement du négatif abrégé.
- Posture dos droit / sophro-présence des valeurs : se relier phénoménologiquement aux valeurs de vie universelles, puis aux valeurs de vie qui nous sont propres.
- Posture dos droit / sophro-présence du positif abrégé.
- Posture assise / désophronisation.

TECHNIQUE SPÉCIFIQUE

Un terpnos logos (sophro-présence des valeurs)

Sophronisation de base vivantielle par systèmes (voir p. 107)

Sophro-déplacement du négatif abrégé

Et nous pouvons redresser notre dos pour effectuer un sophro-déplacement du négatif dans sa version abrégée… Concentrons-nous sur tout notre corps… Inspiration… Rétention-tension douce de tous nos systèmes… Expiration-relâchement… Et nous reprenons une respiration habituelle… Nous évacuons tout le négatif sur quelques expirations… Relâchement… Profond nettoyage…

Sophro-présence des valeurs

Nous adoptons la posture dos droit… Et à présent nous pouvons nous relier au phénomène que sont les valeurs… Nous pouvons commencer par nous concentrer sur des valeurs universelles… Peut-être la liberté, la famille, l'humanité, ou une autre… Relions-nous pleinement à l'une d'entre elles en nous appuyant sur tout ce qu'elle nous évoque… Des images, peut-être des situations ou autre chose… Laissons-lui du temps et de l'espace en évoquant peut-être simplement un mot qui l'illustre, « liberté », « famille », ou un autre selon notre choix… Cette valeur s'éveille peu à peu à nous, à notre conscience… Laissons-la se manifester dans nos structures mentales, physiques et émotionnelles… Se relier à cette valeur amène peut-être des sensations particulières, des perceptions diverses… Nous pouvons utiliser la sophro-respiration synchronique pour maintenir et peut-être intensifier la présence de ce phénomène…

Pause d'intégration...

À présent, choisissons une valeur qui nous est propre, qui fait partie de ce qui est important pour nous... Peut-être une valeur liée à l'existence, la groupéité, l'universalité... Peut-être une valeur liée à notre quotidien, l'amour, le plaisir, la santé... Nous nous relions pleinement à cette valeur à l'aide d'images, de mots, de situations ou plus symboliquement... Et accueillons tout ce qu'elle nous évoque, ce qu'elle implique pour nous... Plaisir de lui laisser du temps et de l'espace, de l'aborder phénoménologiquement...

Et prenons bien le temps d'intégrer...

Sophro-présence du positif abrégée

Nous pouvons décoller notre dos de la chaise... Posture dos droit... Et à présent nous nous relions pleinement à une évocation positive, peut-être aux valeurs qui viennent d'émerger ou à une image, un mot... Et à l'inspiration nous amenons tout ce positif à notre corps... À l'expiration nous le diffusons dans chaque zone... Plaisir de charger tout notre corps de positif... Un peu plus à chaque respiration... Bien à l'écoute des sensations éveillées... Pause d'intégration, nous pouvons nous adosser...

Désophronisation

Phase de désophronisation où nous revenons peu à peu à un état d'éveil... Nous garderons au-delà de la séance le vécu de cette sophronisation... Vivre consciemment nos valeurs... Nous pouvons prendre quelques respirations plus profondes... Prenons bien le temps de remobiliser peu à peu tout notre corps en nous étirant... Nous retrouvons notre tonus musculaire habituel... Et nous allons pouvoir rouvrir nos yeux...

Plus de pratique

Cette sophronisation peut être pratiquée à volonté, pour d'autres valeurs (voir chapitre 17), toujours dans le but de vivre et de mobiliser plus consciemment ce phénomène.

De multiples variantes (La sophro-stimulation)

Comme son nom l'indique, c'est une technique qui s'emploie à activer divers phénomènes : sophro-stimulation imaginative, sophro-stimulation corporelle, sophro-stimulation musicale, sophro-stimulation de la concentration, etc. La sophro-stimulation de la respiration peut, par exemple, consister à prolonger ses cycles respiratoires (inspirer et expirer profondément) ou encore à mobiliser la respiration diaphragmatique. Découvrez en détail une sophro-stimulation de la créativité.

La sophro-stimulation de la créativité

La Sophrologie ludique® est une autre forme d'entraînement principalement mise en pratique lors de séances en groupe. Pas seulement utilisée pour les enfants, elle est aussi très intéressante pour les adultes. La technique proposée n'en donne qu'un bref aperçu puisqu'il existe des propositions bien plus approfondies, souvent axées sur la dynamique de groupe.

Le terme ludique évoque tout ce qui a trait au jeu. En ce sens, les jeux peuvent être multiples et variés et n'ont pour seule limite que la créativité du sophrologue. Du jeu, certes, mais toujours relié à l'objectif de la sophrologie : développer sa qualité de conscience dans le respect des principes sophrologiques (voir le chapitre 4). La sophrologie ludique ne consiste donc pas à jouer aux cartes ou encore à jouer à la marelle. Elle va, d'une part, développer des exercices pratiques (en éveil) – des postures particulières, une manière ludique d'apprendre à respirer, etc. – et, d'autre part, être insérée dans les sophronisations.

La technique qui vous est présentée, la sophro-stimulation de la créativité, s'attache à faire vivre plus consciemment et à développer la créativité. Celle-ci est foisonnante chez les enfants et il est temps de s'y reconnecter une fois adulte. Pourquoi ? Tout simplement, parce que c'est une capacité souvent sous-estimée qui peut nous apporter un grand secours ou un grand plaisir au quotidien. Par exemple, dans une situation embarrassante, faire preuve de créativité peut conduire à trouver des solutions pour s'en sortir. C'est également une façon de garder son âme d'enfant et d'apprécier les plaisirs simples de la vie, de pouvoir s'extasier de petits riens, de poser un nouveau regard sur les choses : cette chaise s'appelle ainsi parce que c'est inscrit dans le langage commun, mais si je la regardais différemment, qu'est-ce qu'elle pourrait être d'autre ?

Comment se pratique-t-elle ?

Comme nous l'avons constaté au cours du protocole précédent, lors de la sophro-stimulation, la posture dos droit est de mise. Dynamiser sa créativité peut passer par différents exercices. Je vous en propose un dans le terpnos logos suivant : il consiste à se relier à un objet de notre appartement ou maison et à imaginer toutes les utilisations que nous pourrions en faire, en dehors de son usage commun.

L'objectif est de vivre consciemment et développer sa créativité.

Le protocole en bref :

- Posture assise / sophronisation de base vivantielle par systèmes.
- Posture dos droit / sophro-déplacement du négatif abrégé.
- Posture dos droit / sophro-stimulation de la créativité : choisir un objet de notre intérieur et le détourner de son usage habituel.

- Posture dos droit / sophro-présence du positif abrégée.
- Posture assise / désophronisation.

TECHNIQUE SPÉCIFIQUE

Un terpnos logos (sophro-stimulation)

Sophronisation de base vivantielle par systèmes (voir p. 107)

Sophro-déplacement du négatif abrégé

Et nous pouvons redresser notre dos pour effectuer un sophro-déplacement du négatif dans sa version abrégée... Concentrons-nous sur tout notre corps... Inspiration... Rétention-tension douce de tous nos systèmes... Expiration-relâchement... Et nous reprenons une respiration habituelle... Nous évacuons tout le négatif sur quelques expirations... Relâchement... Profond nettoyage...

Sophro-stimulation de la créativité

Réajustons notre posture... Dos droit... Et prenons bien le temps de nous relier à notre intérieur, notre maison ou notre appartement... Nous pouvons nous imaginer circuler dans chaque pièce pour dans un premier temps choisir un objet précis... Un vase, un pot de brosse à dents, un cadre, une lampe, une décoration quelconque... Une fois cet objet bien présent à nous, prenons plaisir à l'observer comme pour la première fois... Sa forme... Sa couleur... Sa texture... À présent, nous pouvons, tout naturellement, faire appel à notre créativité en détournant cet objet de son usage habituel... Pour nous y aider, nous pouvons nous imaginer le placer dans différentes pièces de notre intérieur en essayant de voir en quoi il pourrait être utile... Par exemple si nous choisissons un vase dans la cuisine, imaginons son usage dans la salle de bain, peut-être rempli de sel pour le bain... Son utilisation dans le salon, peut-être comme aquarium pour un poisson rouge et ainsi de suite... Prenons plaisir à jouer avec cet objet, peut-être à le modifier en lui-même, à le déformer... Il n'y a pas de limite, notre créativité est vaste... Pas de barrière à notre liberté... Plaisir du jeu... Utilisons toute la force de notre concentration pour nous relier pleinement à cet objet...

Pause d'intégration... Prenons bien le temps de laisser s'intégrer à la conscience cette expérience, le développement de notre créativité... Plaisir de nous être pleinement reliés à cette capacité... De l'avoir stimulée et renforcée... De pouvoir la mobiliser plus consciemment dans notre quotidien...

Sophro-présence du positif abrégée

Nous pouvons décoller notre dos de la chaise... Posture dos droit... Et à présent nous nous relions pleinement à une évocation positive, peut-être une image, un mot... Et à l'inspiration nous amenons tout ce positif à notre corps... À l'expiration nous le diffusons dans chaque zone... Plaisir de charger tout notre corps de positif... Un peu plus à chaque respiration... Bien à l'écoute des sensations éveillées... Pause d'intégration, nous pouvons nous adosser...

Désophronisation

Phase de désophronisation où nous revenons peu à peu à un état d'éveil… Nous garderons au-delà de la séance le vécu de cette sophronisation… Toutes les idées qui ont pu apparaître autour de cet objet et surtout le fait de nous être connectés à notre créativité… Nous pouvons prendre quelques respirations plus profondes… Prenons bien le temps de remobiliser peu à peu tout notre corps en nous étirant… Nous retrouvons notre tonus musculaire habituel… Et nous allons pouvoir rouvrir nos yeux…

Plus de pratique

La créativité n'a pas de limite : j'observe un nuage, qu'est-ce qu'il pourrait représenter ? Un animal, un objet, une image symbolique… Il est vraiment très intéressant au quotidien de jouer avec cette capacité-là. Elle contribue souvent à faire tomber des murs face auxquels nous pouvons nous sentir parfois bloqués, à nous faire rebondir ou plus simplement à garder l'esprit ouvert.

EN BREF

Les techniques spécifiques ne représentent qu'une part de l'entraînement sophrologique qui, pour être complet, les conjugue aux relaxations dynamiques. Ces dernières vous sont définies dans le chapitre suivant !

Chapitre 12

En route pour les relaxations dynamiques

Dans ce chapitre :

- La relaxation dynamique : une méthode qui s'articule autour de douze degrés
- Le cycle réductif, fondamental dans l'entraînement sophrologique
- Des terpnos logos pour pratiquer

La relaxation dynamique et les douze degrés qui la composent représentent la colonne vertébrale de la sophrologie. Autrement dit, c'est l'axe de travail premier de l'entraînement sophrologique avec lequel vont se conjuguer les techniques dites spécifiques (voir chapitre 11). Certains programmes de sophrologie sont uniquement consacrés à la relaxation dynamique et à l'exploration de ses différents degrés.

Cette méthode est souvent approfondie dans les cours en groupe qui se déroulent sur le long terme (plusieurs mois) et pratiquée plus succinctement en individuel dans le cadre de programmes de quelques séances.
La relaxation dynamique s'effectue dans les conditions les plus ordinaires possible et favorise une vigilance encore plus proche de l'éveil que les techniques spécifiques par la posture debout, la posture du 3e degré et même parfois la marche.

- Précisons qu'il est préférable, pour commencer la pratique des relaxations dynamiques, d'être accompagné par un sophrologue (en séances individuelles ou en groupe).
- Les protocoles et terpnos logos des relaxations dynamiques du 1er, 2e, 3e et 4e degré sont proposés à titre d'exemples, puisque celles-ci sont actualisées, et adaptées dans la pratique (en fonction notamment du temps de séance imparti) par les sophrologues. On parle ainsi de l'actualisation « ViPhi » (Vivance phronique Isocay) suggérée par A. Caycedo : elle consiste à prononcer mentalement, durant les pauses d'intégration, les mots « vivance phronique » sur l'inspiration et « bonheur vital » sur l'expiration. Pour plus de simplicité, les protocoles des quatre premiers degrés sont détaillés ci-après sans la ViPhi.

La relaxation dynamique se pratique, tout comme les techniques spécifiques, au niveau sophroliminal (en réalité au-dessus : en « conscience vigile », selon A. Caycedo) et se divise en douze degrés, eux-mêmes répartis en trois cycles :

- Cycle réductif : relaxations dynamiques du 1er, 2e, 3e et 4e degré.
- Cycle radical : relaxations dynamiques du 5e, 6e, 7e et 8e degré.
- Cycle existentiel : relaxations dynamiques du 9e, 10e, 11e et 12e degré.

En réalité, les quatre premiers degrés qui constituent le cycle réductif représentent l'entraînement fondamental. Pour plus de précision, sachez qu'ils étaient les seuls existants pendant plus de trente ans.

Le cycle réductif, quatre degrés fondamentaux

Nous développerons essentiellement dans ce chapitre le premier cycle de la relaxation dynamique, le cycle réductif, qui représente, comme il a été dit précédemment, l'assise de la méthode. Commençons par prendre connaissance des objectifs de ces quatre premiers degrés…

Le cycle réductif, c'est…

La relaxation dynamique du 1er degré (RD1) : centrée sur le corps (et les sensations). Elle tend à développer la réalité vécue de notre schéma corporel et à nous faire conscientiser nos sensations intéroceptives. Elle s'attache à entraîner notre concentration.

La relaxation dynamique du 2e degré (RD2) : centrée sur l'esprit (et la perception). Il s'agit d'apprendre à contempler son schéma corporel par une perception interne et externe, pour développer une nouvelle conscience de soi dans le monde.

La relaxation dynamique du 3e degré (RD3) : centrée sur la rencontre du corps et de l'esprit.

La relaxation dynamique du 4e degré (RD4) : centrée sur les valeurs de l'existence.

Pourquoi qualifier ce cycle de « réductif » ? Pour faire référence à la « réduction phénoménologique » de Husserl, qui rassemble les idées de retour à la chose elle-même, de suspension du jugement et de la mise entre parenthèses : une des définitions de la phénoménologie moderne sur laquelle s'appuie la sophrologie dans ses différentes techniques.

Objectifs et bénéfices

Les bénéfices qui peuvent émerger par l'entraînement ne sont en aucun cas à prendre comme une liste de résultats probants. Adopter un tel point de vue consisterait par exemple à se dire : « Si je pratique la relaxation dynamique du 1er degré, j'aurai un meilleur sommeil. » Or, l'entraînement sophrologique est une démarche beaucoup plus globale de développement de la conscience et d'évolution personnelle, qui ne propose pas telle ou telle technique pour remédier à tels ou tels maux, comme une ordonnance. Prenons un exemple : telle personne pratiquant la relaxation dynamique va peut-être en retirer une meilleure écoute de son corps, mais telle autre, une meilleure gestion de ses émotions. Chaque individu a son histoire, vit et intègre les exercices différemment.

Après cette mise au point sur la manière de concevoir les bénéfices de la sophrologie, précisons que la pratique des quatre premiers degrés de la relaxation dynamique peut entre autres aider à se familiariser avec son corps (l'apprivoiser), à améliorer son sommeil, sa concentration, sa capacité d'adaptation aux événements ou à son environnement, à porter un regard différent sur les êtres et les objets, à entretenir une relation plus naturelle avec ses émotions.

La relaxation dynamique du 1er degré

Elle tend à développer la conscience de notre schéma corporel par l'écoute de nos sensations intéroceptives et entraîne la concentration. Plus simplement, on va chercher à se concentrer sur son corps et à le ressentir par les sensations qui s'y expriment. Il s'agit d'ailleurs de laisser apparaître ces sensations, de leur donner du temps et de l'espace et d'apprendre à les nommer : sensations de présence au monde, de douleur physique, ou encore sensations émotionnelles qui expriment la qualité de notre relation à des situations existentielles. La relaxation dynamique est un moyen de vivre son corps et d'en avoir une approche phénoménologique (sans jugements, sans idées préconçues) afin de conscientiser et de développer son schéma corporel.

Une technique centrée sur le corps

Son objectif repose sur une mise entre parenthèses du corps que l'on connaît pour l'aborder comme si c'était la première fois, hors de nos schémas, sans nos repères. La relaxation dynamique du 1er degré développe ainsi la capacité d'écoute du corps mais également de concentration. Prendre conscience, mieux maîtriser et intégrer les bénéfices de cette capacité d'écoute du corps, c'est appréhender les situations du quotidien dans une plus grande qualité de conscience. L'entraînement sophrologique nous invite à redécouvrir et à reconquérir notre corps. Grâce à la qualité de conscience de son espace corporel, on peut renforcer sa vitalité, développer une meilleure qualité de présence, prendre conscience de ses émotions.

EN SAVOIR PLUS

La pratique de la relaxation dynamique du 1er degré, par une meilleure conscience de notre corps, contribue ainsi à préserver notre santé : en nous rendant plus conscients de nos sensations physiques, de nos émotions (agréables ou désagréables) qui ne sont plus inhibées, elle établit une véritable dynamique de vie où nous sommes plus présents à nous-mêmes. Au quotidien, cela va se traduire par une plus grande écoute de ses sensations par exemple en conduisant, en faisant la cuisine, en étant au bureau. C'est aussi apprendre à mieux écouter les sensations de plaisir ou de déplaisir qui peuvent se manifester dans certaines situations, mais également les sensations de présence au monde, le fait de se sentir vivant. Tout est sensation : notamment nos émotions qui se manifestent par des sensations. Notre corps est notre maison, le lieu où s'exprime notre relation à l'existence et aux autres, alors autant lui accorder notre attention.

EN SAVOIR PLUS

C'est quoi une sensation ?

Les sensations se regroupent essentiellement en trois catégories : les sensations de présence au monde (se sentir exister et vivre physiquement), de douleurs physiques (signal) et émotionnelles (plaisir ou déplaisir). Parmi ces trois types de sensations, on distingue notamment des sensations liées à la température (chaleur/froid), au poids (lourdeur/légèreté), à la densité (plein/vide), au tonus musculaire (tension/relâchement), au volume (long/court/grand/gros/petit), au mouvement (circulation/gestuelle/rythme), à la pression (contact/appui) et à la douleur (parfois en tant que telle ou associée à une ou plusieurs sensations citées, par exemple une tension). Chaque sensation, hormis la dernière (la douleur), peut être perçue comme agréable ou désagréable. Par exemple, la chaleur peut être plaisante mais à partir de et jusqu'à une certaine intensité, et selon les zones dans laquelle elle se manifeste. On parle également de sensations proprioceptives, liées à l'équilibre ou encore de sensations liées à l'attraction terrestre.

Lors de la relaxation dynamique du 1er degré, il est important de ne pas confondre sensations intéroceptives et extéroceptives. En l'occurrence, l'objectif est de se concentrer pleinement sur le ressenti interne de notre corps, c'est-à-dire sur les sensations intéroceptives. Celles-ci représentent toutes les sensations qui ne résultent pas de perceptions liées à nos cinq sens : par exemple une sensation de chaleur qui apparaîtrait au niveau d'une zone au moment de la toucher. Les sensations intéroceptives sont des sensations internes qui, pour être conscientisées, n'ont nul besoin de l'intervention du mental. On les accueille en toute phénoménologie avec tout le positif qui en émerge.

RD1 et techniques spécifiques

En parallèle des techniques spécifiques, la relaxation dynamique du 1er degré participe à l'intégration progressive du phénomène d'écoute du corps et d'intégration du schéma corporel. C'est donc un travail axé sur la vivance du corps : prendre conscience de sa capacité d'écoute du corps, en développer la maîtrise et intégrer au quotidien les bénéfices d'une meilleure conscience et maîtrise de ce phénomène. La relaxation dynamique du 1er degré est liée aux techniques spécifiques du présent : sophronisation de base, sophro-déplacement du négatif, sophro-présence du positif, etc.

Comment se pratique-t-elle ?

Concrètement, la relaxation dynamique du 1er degré va entraîner notre conscience à vivre la présence de chacun de nos systèmes – en interaction dans la globalité du corps – essentiellement en captant les sensations qui s'y expriment en dedans. Il s'agit d'être relié à toute la variété et la finesse des sensations qui peuvent émerger dans le corps et plus précisément aux sensations intéroceptives.

Figure 12-1 : Découvrir son corps comme pour la première fois.

EN SAVOIR PLUS

Elle débute par une sophronisation de base vivantielle par systèmes en posture debout (ou assise si vous êtes sujet aux pertes d'équilibre). Puis, dans un premier temps le 1er système est vécu au repos : il s'agit alors de le découvrir comme pour la première fois à travers le toucher, de prendre le temps de sentir ses limites, sa forme, tout en étant bien à l'écoute des sensations qui peuvent apparaître à ce moment-là. Ensuite, ce même système est vécu en mouvement : il s'agit alors de mobiliser la zone en question toujours comme pour la première fois bien à l'écoute de nos sensations, de ce que ce mouvement peut éveiller au niveau du système. Il est essentiel de préciser que de multiples variantes de la relaxation dynamique du 1er degré existent. Des différences entre terpnos logos apparaissent notamment dans des mouvements divergents. Pour mobiliser le 3e système par exemple (thorax, dos, face interne des bras jusqu'au bout des doigts), on peut réaliser un mouvement rotatif du bras ou plus simplement une extension de celui-ci.

Après avoir expérimenté un système immobile puis en mouvement, on adopte la posture dos droit (assis) et on réalise un sophro-déplacement du négatif en pratiquant une tension douce (IRTER), puis en se concentrant sur ses expirations pour évacuer les dernières tensions inutiles de cette zone. Même principe pour les quatre autres systèmes. Puis vient la phase de totalisation où on se concentre sur tout son corps immobile puis en mouvement et on pratique une sophro-présence du positif. Enfin, il s'agit de se concentrer sur un objet neutre pour se préparer à vivre la relaxation dynamique du 2e degré. Vous l'aurez compris par la richesse de son protocole, la relaxation dynamique du 1er degré peut dépasser l'heure de pratique !

Un terpnos logos à retenir

Les relaxations dynamiques des quatre premiers degrés commencent par une sophronisation de base vivantielle par systèmes. Afin d'éviter les répétitions par la suite, nous la présentons ci-après : elle est à ajouter au début de chaque exemple de terpnos logos.

Une sophronisation de base abrégée par systèmes (debout)

Nous sommes debout juste devant notre chaise pour nous préparer à nous asseoir au cours de la pratique… Prenons bien le temps d'ajuster notre posture, pieds écartés de la largeur des épaules… Nous pouvons fermer nos yeux… Pour renforcer notre stabilité, nous pouvons imaginer un fil s'étirant au-dessus de notre tête comme pour redresser notre dos… Et des racines naître de nos pieds et se fixer dans le sol afin de renforcer notre stabilité… Tout notre corps dans une agréable verticalité… Prenons bien conscience de notre posture… Conscience de tout notre corps… Bien reliés à notre respiration… Et nous allons pouvoir nous mettre au contact de chacun de nos systèmes… Prenons conscience de la présence de notre 1er système en train de se relâcher… Conscience de notre 2e système en train de se relaxer tout en gardant une juste tension essentielle au maintien de notre tête… Conscience de notre 3e système en train de se détendre, nos épaules se laissent aller à leur propre poids… Conscience de notre 4e système en train de se libérer, seuls les muscles nécessaires au maintien de notre posture sont mobilisés… Et prenons bien conscience de notre 5e système en train de se relâcher, toute cette zone en eutonie dans une juste tension… Conscience de tout notre corps en train de se relaxer…

Les pauses d'intégration indiquées dans le terpnos logos qui suit et dans les trois autres à venir sont fondamentales : rappelons qu'il s'agit de moments d'intégration profonde des phénomènes expérimentés.

L'objectif est de développer la réalité vécue de son schéma corporel, conscientiser ses sensations intéroceptives.

Le protocole en bref :

- Posture debout / sophronisation de base abrégée par systèmes.
- Relaxation dynamique du 1er degré :
    - Posture debout / concentration sur chaque système immobile puis en mouvement.
    - Posture dos droit / sophro-déplacement du négatif.
    - Posture debout / totalisation (tout le corps).
    - Posture dos droit / sophro-présence du positif.
    - Posture assise / concentration sur un objet neutre.
- Posture assise / évocation de sentiments positifs.
- Posture assise / Désophronisation.

Un terpnos logos (relaxation dynamique du 1er degré)

Une sophronisation de base abrégée par systèmes **(voir p. 170)**

Relaxation dynamique du 1er degré :

1er système

Toujours debout, nous pouvons nous concentrer sur notre 1er système... Pour mieux percevoir les limites de cette zone nous pouvons la toucher... Prenons le temps d'amener nos mains à notre visage, notre crâne... Prenons conscience de leur forme... Comme si nous découvrions cette zone pour la première fois... Et accueillons toutes les sensations que ce nouveau regard éveille au niveau de ce système... Laissons-leur du temps et de l'espace...

Et nous relâchons nos bras le long du corps... Nous allons pouvoir vivre ce système en mouvement, comme si nous le mobilisions pour la première fois... Nous effectuons des mouvements de tête d'avant en arrière comme pour dire oui... Puis sur les côtés comme pour dire non... Pourquoi ne pas effectuer également de lentes rotations... Plaisir d'accueillir les sensations dans ce 1er système lors du mouvement puis au repos...

Nous pouvons nous asseoir, plaisir d'être bien reliés à ce système… Présence de toute cette zone dans la conscience…

Et adoptons la posture dos droit pour pratiquer un sophro-déplacement du négatif sur ce système pour le libérer un peu plus des dernières tensions inutiles… Inspiration, rétention-tension douce et expiration-relâchement… Nous reprenons une respiration tout à fait naturelle et à chacune de nos expirations nous évacuons symboliquement toutes les tensions inutiles… Tout ce 1er système agréablement présent…

Pause d'intégration…

2e système

Nous pouvons nous relever… Nous ajustons notre posture… Nous percevons la forme de notre 2e système à travers le toucher… Notre cou, notre nuque, nos épaules, la face externe de nos bras jusqu'au bout des doigts… Prenons plaisir à découvrir la finesse des sensations présentes au niveau de cette zone… Nous découvrons la forme de ce système comme pour la première fois avec des yeux d'enfant… Nous pouvons peut-être nommer et décrire les sensations perçues…

Et prenons bien conscience de toute cette zone en mouvement… Pour cela, nous allons mobiliser nos épaules… Nous effectuons des haussements d'épaules plus ou moins rapides, peut-être des rotations… Nous pouvons associer ce mouvement à notre respiration, inspiration, nous haussons les épaules, puis rétention, elles restent en hauteur et à l'expiration nous les redescendons… Comme si nous mettions ce système en mouvement pour la première fois… Plaisir d'accueillir les sensations qui peuvent émerger dans cette zone lors du mouvement puis au repos…

Nous pouvons nous asseoir, plaisir d'être bien reliés à ce système… Nous vivons sa présence dans la conscience…

Et nous pouvons adoptons la posture dos droit et pratiquer un sophro-déplacement du négatif sur ce système… Inspiration, rétention-tension douce et expiration-relâchement… Et nous reprenons une respiration tout à fait naturelle et à chacune de nos expirations nous évacuons symboliquement tout le négatif… Tout ce 2e système agréablement présent… Pause d'intégration…

3e système

Nous revenons en posture debout… Et concentrons-nous sur notre 3e système… Nous pouvons prendre conscience de sa forme par le toucher… Comme le sculpteur qui découvre sa pièce pour la première fois… Notre thorax, notre dos, la face interne de nos bras jusqu'au bout des doigts… Accueillons toutes les sensations intéroceptives au niveau de cette zone…

Et nous allons pouvoir vivre notre 3e système en mouvement, comme pour la première fois… Nous commençons par réaliser une rotation d'avant en arrière avec notre bras droit… Puis nous associons la respiration à ce mouvement… Inspiration, rétention-rotation du bras, et à l'expiration nous le tendons vers l'avant en serrant le poing, comme pour le projeter… Et nous pouvons laisser aller notre bras le long du corps… De même avec le bras gauche… Nous commençons par une simple rotation, puis associée à la respiration une autre rotation et projection avec le poing… Conscience des sensations lors du mouvement puis de la mise au repos…

Nous pouvons nous asseoir, plaisir d'être bien reliés à ce système… Nous vivons sa présence dans la conscience…

En posture dos droit, nous pouvons pratiquer un sophro-déplacement du négatif… Inspiration, rétention-tension douce de ce système et expiration-relâchement… Et nous reprenons une respiration tout à fait naturelle et à chacune de nos expirations nous évacuons symboliquement toutes les tensions inutiles… Tout ce 3e système agréablement présent… Pause d'intégration…

4e système

Nous nous remettons debout… Et nous redécouvrons la forme de tout notre 4e système en amenant nos mains au niveau de notre ventre, de notre région lombaire… Notre toucher qui dessine peu à peu toute cette zone… Accueillons toutes les sensations qui peuvent s'y réveiller, donnons-leur du temps et de l'espace, sans chercher à les interpréter…

Nous pouvons laisser nos bras se relâcher le long de notre corps… Et vivons tout ce 4e système dans sa mobilité… Nous pouvons ainsi jouer sur notre respiration diaphragmatique… Découvrons notre capacité à la ralentir ou au contraire à l'accélérer, à l'amplifier… Plaisir de vivre toute cette zone en mouvement… Puis au repos…

Nous pouvons nous asseoir, plaisir d'être bien reliés à ce système… Nous vivons sa présence dans la conscience…

Nous pratiquons à présent un sophro-déplacement du négatif, posture dos droit… Inspiration, rétention-tension douce de ce système et expiration relâchement… Et nous reprenons une respiration tout à fait naturelle et à chacune de nos expirations nous évacuons symboliquement tout le négatif… Tout ce 4e système agréablement présent… Pause d'intégration…

5e système

Posture debout… Et prenons bien conscience de la forme de notre 5e système à travers le sens du toucher… Notre bassin, nos jambes, nos pieds… Accueillons les sensations présentes dans cette zone… Laissons-les émerger à la conscience…

Après cette exploration, nous réajustons notre posture en nous redressant, bras le long du corps… Et vivons tout ce 5e système en mouvement… Comme si nous réalisions une marche immobile… Nous piétinons sur place lentement, puis de façon un peu plus rapide… Plaisir de mobiliser toute cette zone comme pour la première fois… bien à l'écoute de nos sensations…

Nous pouvons nous asseoir, plaisir d'être bien reliés à ce système… Nous vivons sa présence dans la conscience…

Et en posture dos droit, nous pratiquons un sophro-déplacement du négatif pour le libérer un peu plus ce système des dernières tensions inutiles… Inspiration, rétention-tension douce et expiration relâchement… Et nous reprenons une respiration tout à fait naturelle et à chacune de nos expirations nous évacuons symboliquement tout le négatif… Tout ce 5e système agréablement présent… Pause d'intégration…

Totalisation

Nous retrouvons notre posture verticale, debout… Et nous allons nous concentrer sur notre corps dans toute son unité… Prenons plaisir à sentir sa forme par le toucher sans plus nous limiter au système mais en l'abordant dans sa globalité… Nous accueillons toutes les sensations qui peuvent émerger dans tout notre corps… Laissons-leur du temps et de l'espace, nous pouvons prendre le temps de les nommer, de les décrire… Peut-être des sensations de présence au monde… Des sensations physiques et/ou émotionnelles… Présence de tout notre corps dans la conscience…

Et nous pouvons vivre notre corps en mouvement… Pour le mobiliser, nous effectuons des sautillements en laissant tout notre buste relâché, comme si nous jouions les polichinelles, comme une marionnette… Toujours bien reliés aux sensations présentes ou en train d'émerger durant ce mouvement, comme si nous mobilisions notre corps pour la première fois…

Et prenons bien le temps de nous asseoir, de laisser s'intégrer à la conscience l'expérience de cette relaxation dynamique du 1er degré, toutes les sensations qui ont pu s'éveiller… Nous vivons la présence de tout notre corps dans la conscience…

Sophro-présence du positif abrégée

Posture dos droit, et nous allons réaliser une sophro-présence du positif… Nous nous relions à une évocation agréable… À chacune de nos inspirations nous stimulons la présence de cette évocation… Et lors de nos expirations nous diffusons toutes les sensations qu'elle peut nous procurer… Présence agréable de tout notre corps qui s'inscrit dans la conscience…

Concentration sur un objet neutre

À présent, nous pouvons focaliser notre attention sur un objet neutre… Entraînons notre capacité de concentration… Nous prenons le temps de choisir cet objet… Et imaginons-le face à nous (toujours les yeux bien fermés)… Nous pouvons distinguer sa forme, son volume, sa couleur… Nous nous concentrons pleinement sur cet objet en laissant de côté toutes les pensées parasites… Nous pouvons peut-être nous imaginer l'utiliser… Vivons sa présence… Nous nous préparons ainsi à la relaxation dynamique du 2e degré…

Évocation de sentiments positifs

Nous pouvons terminer cette relaxation dynamique du 1er degré en éveillant des sentiments positifs… Relions-nous à des sentiments de confiance, d'harmonie, d'espoir ou tout autre sentiment qui émergerait en nous… À chacune de nos respirations, évoquons ces sentiments et accueillons leur présence… Vivons ces instants de bien-être… Pause d'intégration…

Désophronisation

Nous pouvons commencer notre phase de désophronisation… Nous garderons au-delà de la séance le vécu de cette relaxation dynamique… L'exploration de notre corps à travers ses sensations… La concentration sur un objet neutre… Nous pouvons prendre quelques respirations plus profondes… Nous laissons s'évacuer les sensations peut-être d'engourdissement, retrouvons au niveau de chaque zone notre tonus musculaire habituel… Nous pouvons bouger… Peut-être bâiller… Et, tout doucement, nous rouvrons nos yeux.

Plus de pratique

Précisons que la relaxation dynamique peut se pratiquer de façon plus succincte surtout au début de l'entraînement sophrologique : une première approche de cette méthode peut consister à la pratiquer uniquement sur le 1er, le 3e et le 5e système. Il est également possible de la pratiquer sur deux systèmes au choix.

Il est essentiel de bien s'entraîner à la relaxation dynamique du 1er degré avant de passer à la relaxation dynamique du 2e degré, qui fait appel à la contemplation. A. Caycedo proposait un entraînement quotidien et personnel étalé sur deux mois.

La relaxation dynamique du 2e degré

La relaxation dynamique du 2e degré participe à l'enrichissement de la conscience d'un soi présent au monde. Elle consiste en une observation externe – en réalité c'est plus une contemplation interne et externe –, par ce que l'on va appeler notre conscience contemplative, de notre schéma corporel. C'est d'ailleurs sur ce principe que s'est construite cette relaxation dynamique : un corps physique limité et une conscience illimitée, faisant preuve de souplesse, s'étirant, s'allongeant…

Une technique centrée sur l'esprit

La relaxation dynamique du 2e degré repose ainsi sur la contemplation de notre schéma corporel. Cette fameuse contemplation est une façon de développer une meilleure qualité de conscience de notre présence au monde, un moyen de conscientiser un corps qui vit et évolue dans un espace mais également dans le temps. Il ne s'agit en aucun cas de s'imaginer sortir de son corps mais de le vivre de l'extérieur, comme si nous mettions en place un nouveau regard : nous nous observons sous un nouvel angle. Un mécanisme que nous mettons en place naturellement au quotidien : par exemple lorsque nous devons nous rendre à un endroit précis, nous avons tendance à nous imaginer passer par telle rue, traverser tel passage piéton, comme si nous observions à distance avec un zoom. La visualisation n'est qu'un moyen réducteur et non le but de cette relaxation dynamique qui va, au même titre que l'ensemble des méthodes et techniques de sophrologie, dans le sens de la réduction phénoménologique (voir le chapitre 2).

C'est un moyen de se relier aux phénomènes émergeant de notre esprit, après ceux qui se manifestent dans notre corps et que l'on a pu expérimenter par la relaxation dynamique du 1er degré. Les objectifs de la relaxation dynamique du 2e degré sont divers : c'est un nouvel entraînement de la conscience qui conduit à une nouvelle perception de soi-même et de sa présence au monde. Concrètement, elle nous permet en particulier de nous percevoir dans notre tridimensionnalité (notre présence dans le temps et dans l'espace), de nous faire prendre du recul, de nous ouvrir à un nouveau regard.

EN SAVOIR PLUS

Ainsi, la pratique de la relaxation dynamique du 2e degré peut entraîner, entre autres, une certaine prise de recul qui pourra être précieuse en situation. Développer cette capacité à se voir de l'extérieur permet souvent de relativiser les choses ou tout du moins de les voir sous un nouvel angle, d'avoir du recul par rapport à la situation pour, peut-être, la gérer comme on le souhaite vraiment, en pleine conscience. Autrement dit d'être en accord avec soi-même.

RD2 et techniques spécifiques

La relaxation dynamique du 2e degré est associée à toutes les techniques spécifiques centrées sur le futur : sophro-projection future, sophro-programmation future, etc. C'est également un très bon outil pour renforcer la concentration, bien qu'à l'inverse de cette capacité la contemplation soit passive : de même, lorsque l'on contemple une œuvre, l'effet qu'elle nous procure est indépendant de toute action de notre part, mais il nous captive.

Elle utilise également le sophro-déplacement du négatif mais sous une forme différente que celle présentée au cours du chapitre sur les techniques spécifiques. Le protocole consiste à placer ses mains entrecroisées en miroir face à chaque système pour contempler l'évacuation des tensions inutiles.

La sophro-présence du positif fait aussi partie intégrante de la relaxation dynamique du 2e degré. Elle est pratiquée après la contemplation de chacun des systèmes et va permettre de se relier consciemment à un corps qui ressent des sensations agréables. C'est une façon d'entraîner la conscience à se relier à une image de soi plaisante, imprégnée de plaisir. C'est contempler de l'extérieur les sensations qui s'expriment dans le corps.

Comment se pratique-t-elle ?

La relaxation dynamique du 2e degré procède à une contemplation du schéma corporel au repos et en mouvement, contrairement à la relaxation dynamique du 1er degré qui privilégie l'accueil des sensations intéroceptives : schématiquement l'une est axée sur la perception, l'autre sur les sensations. Pour vous aider à comprendre l'exercice, vous pouvez par exemple imaginer la conscience contemplative comme une caméra qui tournerait tout autour de votre corps sous des angles divers. C'est réellement un exercice de gymnastique de la conscience. Nous ne sommes plus dans l'écoute et l'accueil de nos sensations mais bien dans la contemplation de notre corps dans l'instant présent.

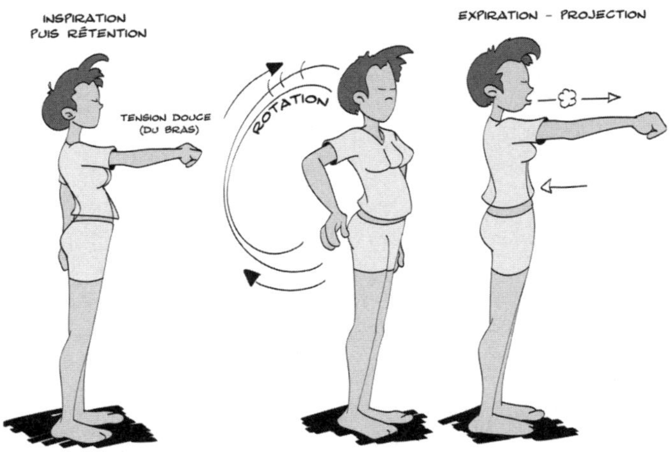

Figure 12-2 : Une relaxation dynamique du 1er degré sur le 3e système.

Après une sophronisation de base vivantielle par systèmes, nous pratiquons un sophro-déplacement du négatif. Puis, pour entraîner notre conscience contemplative, nous commençons par nous concentrer sur un objet neutre. Ensuite chaque système est perçu immobile, par le toucher, et en mouvement, avant une sophro-présence du positif sur chacun d'entre eux. Il en va de même pour la phase de totalisation (le corps dans sa globalité).

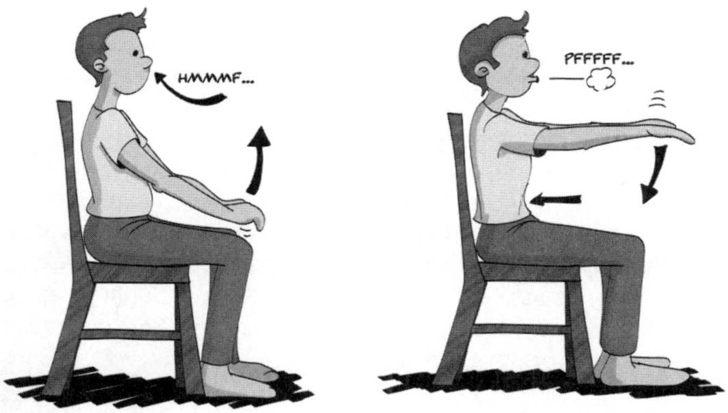

Figure 12-3 : Une relaxation dynamique du 2e degré sur le 3e système.

N'OUBLIEZ PAS !

L'objectif est d'entraîner la conscience à nous percevoir de l'extérieur, à intégrer notre présence au monde dans l'espace et dans le temps.

Le protocole en bref :

- Posture debout / sophronisation de base abrégée par systèmes.
- Posture debout / sophro-déplacement du négatif avec les mains en miroir (propre à la relaxation dynamique).
- Posture dos droit / concentration sur un objet neutre, la conscience contemplative prend sa place.
- Relaxation dynamique du 2e degré :
  - Posture dos droit / contemplation de chaque système immobile puis en mouvement.
  - Posture assise / sophro-présence du positif.
  - Posture dos droit / totalisation.
  - Posture assise / sophro-présence du positif.
- Posture assise / désophronisation.

RELAXATION DYNAMIQUE

Un terpnos logos (relaxation dynamique du 2e degré)

Sophronisation de base abrégée par systèmes (voir p. 170)

Sophro-déplacement du négatif

Et nous pouvons réaliser un sophro-déplacement du négatif propre à la relaxation dynamique… Pour cela, nous pouvons réaliser une tension douce de tout notre corps… Inspiration, rétention-tension douce et expiration-relâchement… À présent, nous allons entrecroiser nos doigts, étirer nos bras au-dessus de notre tête, paumes vers le ciel pour ensuite ramener nos mains toujours entrecroisées, paumes face à notre 1er système *(notre visage)*, comme si elles servaient de miroir… À chaque expiration nous déplaçons tout le négatif de cette zone vers l'extérieur, toutes les tensions inutiles… Nous percevons cette évacuation par notre miroir… Puis nous descendons progressivement nos mains de système en système… Sophro-déplacement du négatif du 2e, 3e, 4e puis 5e système… Nous pouvons nous asseoir… Pause d'intégration…

Concentration sur un objet neutre

Nous adoptons la posture dos droit… Et à présent, nous allons nous relier à un objet neutre… Prenons bien le temps de le choisir… Et nous mobilisons pleinement notre capacité de concentration pour renforcer la présence de cet objet…

Et peu à peu nous pouvons laisser de côté notre objet de concentration… Notre conscience va pouvoir prendre la place de cet objet afin de nous contempler… Elle nous perçoit par son extériorisation sous tous les angles, en haut, en bas, sur les côtés… Notre conscience contemplative n'a pas de limite…

Nous pouvons nous adosser… Pause d'intégration…

Relaxation dynamique du 2e degré

1er système

Adoptons la posture dos droit… Et nous pouvons contempler notre 1er système… Nous touchons cette zone pour percevoir sa forme et son volume… C'est une exploration des organes sensoriels comme si nous découvrions pour la première fois nos yeux… Nos oreilles… Notre bouche… Notre nez… La texture de notre peau à travers le toucher… Notre conscience contemple toute cette zone, la découvre sous un nouvel angle… Présence au monde de ce 1er système…

Et nous contemplons notre 1er système en mouvement… Nous amenons notre tête en arrière, puis en avant… Toute la mobilité de cette zone, l'espace qu'elle occupe, intégrée à la conscience… Pause d'intégration…

Nous nous adossons… Tout ce 1er système bien présent… Et nous pouvons nous relier à une évocation agréable… Sophro-présence du positif à chaque inspiration plus profonde… Imprégnons nos cellules, nos muscles, notre peau de ces sensations de bien-être… Lors de l'expiration nous le diffusons positif dans tout cet espace… Notre conscience contemple cette zone vivre des sensations agréables…

Pause d'intégration…

2e système

Nous pouvons redresser notre dos... Plaisir de contempler tout notre 2e système... Pour mieux percevoir la forme et le volume de cette zone nous pouvons la toucher... Nous percevons notre nuque, notre cou... Nos épaules... La face externe de nos bras jusqu'au bout des doigts... Amusons-nous avec cette conscience contemplative en l'axant sur tout ce système de face, puis de profil, en prenant de la hauteur, dans sa globalité... Présence au monde de ce 2e système...

Et contemplons cette zone en mouvement... Nous pouvons effectuer des rotations au niveau des épaules, des haussements qui peuvent être associés à notre respiration, inspiration, rétention, expiration... Notre conscience contemplative intègre tout ce 2e système présent au monde dans sa mobilité...

Pause d'intégration...

Adossons-nous... Et nous pouvons nous relier à une évocation agréable... Sophro-présence du positif à chaque inspiration plus profonde... Imprégnons nos cellules, nos muscles, notre peau de ces sensations de bien-être... Lors de l'expiration nous le diffusons dans tout ce 2e système... Notre conscience contemple cette zone vivre des sensations agréables...

Pause d'intégration...

3e système

Posture dos droit... Et nous pouvons contempler notre 3e système, par le toucher nous découvrons la forme et le volume de notre thorax, notre dos, la face interne de nos bras jusqu'au bout des doigts, comme pour la première fois... Présence au monde de ce 3e système...

Notre conscience contemplative vagabonde autour de cette zone et va pouvoir vivre ce système en mouvement... Nous contemplons ainsi ce système dans la montée à l'horizontale de notre bras droit à l'inspiration, puis rétention, notre bras reste à l'horizontale *(tension douce)* et dans sa redescente nous expirons jusqu'au moment de poser notre main sur notre cuisse... Puis montée à l'horizontale et redescente de notre bras gauche... Pour finir, les deux bras en même temps remontent dans une horizontalité, puis nous reposons nos mains sur nos cuisses... La présence au monde de ce 3e système en activité intégré dans la conscience...

Pause d'intégration...

Adossons-nous... Tout ce 3e système bien présent... Nous pouvons peut-être activer un sentiment de bien-être... Sophro-présence du positif à chaque inspiration plus profonde... Nous renforçons la présence de ces sensations agréables... Lors de l'expiration nous les diffusons dans tout ce 3e système... Notre conscience contemple cette zone vivre ces sensations...

Pause d'intégration...

4e système

Nous redressons notre dos... Et nous pouvons contempler notre 4e système, notre ventre, notre région lombaire... Nous pouvons le toucher... Et prenons bien conscience par ce nouveau regard, cette prise de recul, de la forme et du volume de toute cette zone... Présence au monde de ce 4e système en train d'être perçu à travers le toucher...

Et nous pouvons contempler ce système en mouvement... Nous accentuons notre respiration abdominale, en sortant grandement le ventre à l'inspiration, pour bien le rentrer à l'expiration...

Notre conscience contemplative pleinement orientée vers cette zone... Tout ce 4e système en mouvement bien présent dans la conscience...

Nous reprenons notre respiration habituelle et pause d'intégration...

Adossons-nous... Et nous pouvons nous relier à une évocation agréable... Sophro-présence du positif à chaque inspiration plus profonde... Imprégnons nos cellules, nos organes, nos muscles, notre peau de ces sensations de bien-être... Lors de l'expiration nous le diffusons dans tout ce 4e système... Notre conscience contemple cette zone vivre des sensations agréables...

Pause d'intégration...

5e système

Posture dos droit... Et notre conscience contemplative va porter son attention sur notre 5e système... Notre bassin, nos jambes, nos pieds... Pour mieux dessiner les contours de cette zone nous pouvons la toucher... Nous contemplons le tracé qui délimite la forme de ce système ... Présence au monde de ce 5e système...

Et vivons ce système en mouvement... Des mouvements simples de piétinements... Peut-être également une mise en tension douce de cette zone pour bien la mobiliser... Contemplons-le dans son amplitude, dans son occupation de l'espace... La perception de tout ce 5e système en mouvement, sa présence dans le temps et dans l'espace, en train de s'intégrer à la conscience...

Pause d'intégration...

Adossons-nous... Et nous pouvons nous relier à une évocation agréable... Sophro-présence du positif à chaque inspiration plus profonde... Imprégnons nos cellules, nos muscles, notre peau de ces sensations de bien-être... Lors de l'expiration nous le diffusons dans tout ce 5e système... Notre conscience contemple cette zone vivre des sensations agréables...

Pause d'intégration...

Totalisation

C'est le moment de la totalisation... Nous allons pouvoir contempler tout notre corps dans son unité... Nous prenons le temps de toucher chaque zone pour dessiner peu à peu la forme et le volume de notre corps... Notre conscience contemplative intègre cette perception, vue de l'extérieur... Présence au monde de notre corps dans l'espace et dans le temps...

Nous allons pouvoir vivre notre corps en mouvement... Pour cela, nous pouvons effectuer une tension douce vers l'arrière... Notre dos prend appui sur le dossier de la chaise... Nous inspirons puis tendons nos bras en arrière doigts étirés vers le sol... Nous étirons également nos jambes, la pointe de nos pieds... Posture oblique de notre corps, ni assis ni allongé... Et expiration, nous relâchons chaque zone... Plaisir de contempler tout notre corps en activité... Pause d'intégration...

Sophro-présence du positif

Adossons-nous... Tout notre corps bien présent... Et nous pouvons nous relier à une évocation agréable... Sophro-présence du positif à chaque inspiration plus profonde... Imprégnons nos cellules, nos muscles, notre peau de ces sensations de bien-être... Lors de l'expiration nous le diffusons dans tout notre corps... Notre conscience le contemple vivre ces sensations agréables... Pause d'intégration...

Désophronisation

Phase de désophronisation où nous revenons peu à peu à un état d'éveil… Nous garderons au-delà de la séance le vécu de cette relaxation dynamique… La contemplation de notre schéma corporel… Et prenons quelques respirations plus profondes… Nous retrouvons peu à peu notre tonus musculaire habituel en remobilisant notre corps… Et nous allons pouvoir rouvrir nos yeux…

Plus de pratique

Au même titre que la relaxation dynamique du 1er degré, ce terpnos logos accompagnant la relaxation dynamique du 2e degré n'est qu'un exemple. Selon les versions, vous pourrez noter des différences dans les mouvements proposés pour activer la mobilité de chaque système ainsi qu'une diminution de l'accompagnement (un terpnos logos plus succinct) au fil des séances pour gagner en autonomie. Il est bien évidemment possible de réaliser cette relaxation dynamique sur un système en particulier ou bien de choisir deux systèmes sur lesquels on souhaite travailler, entre autres adaptations.

La relaxation dynamique du 3e degré

C'est tout d'abord une posture spécifique : la posture du 3e degré. Une posture tonique d'ouverture. Une technique qui va essentiellement consister à stimuler et à renforcer l'unité corps-esprit. La relaxation dynamique du 3e degré, c'est aussi l'expérience d'une marche phénoménologique associée à la respiration.

Une technique centrée sur la rencontre du corps et de l'esprit

La relaxation dynamique du 3e degré, c'est la rencontre du corps et de l'esprit, ils ne font plus qu'un : on parle alors d'équilibre ou d'unité corps-esprit. Elle consiste à la fois à se relier à son corps, pleinement à l'écoute de ses sensations, et également à se percevoir de l'extérieur (contemplation interne et externe). La RD3 a pour objectif général le développement et l'intégration d'une conscience tridimensionnelle : vivre notre présence dans le temps et dans l'espace en renforçant nos capacités, sources de positif dans notre existence.

EN SAVOIR PLUS

Cette relaxation dynamique réunit en fait les relaxations dynamiques du 1er et du 2e degré : la rencontre en conscience du corps (plus justement du schéma corporel) et de l'esprit. Elle est liée aux techniques de prétérisation sophro-mnésie libre, sophro-mnésie senso-perceptive, etc. La pratique de la relaxation dynamique du 3e degré va développer la conscience d'être un individu présent à soi (relié au corps, au mental, aux émotions) et au monde (d'ailleurs la marche symbolise la vie et l'existence). Plus précisément, elle va permettre de rattacher la conscience de notre corps, de notre monde intérieur, à celle du monde extérieur. Par exemple, lorsque je fais mes courses, je suis consciente de ressentir à la fois que j'ai mal au ventre, que je suis tendue à l'idée d'avoir dépassé mon budget, que je suis, ici et maintenant, dans un supermarché, situé dans telle ville située dans tel pays, et que je fais partie d'un monde et d'une communauté. C'est un travail de déploiement de la conscience dans toute sa tridimensionnalité.

La posture du 3e degré et la marche phénoménologique

Figure 12-4 : Une posture du 3e degré.

La posture du 3e degré mise en pratique dans cette relaxation dynamique est une posture d'ouverture. Elle symbolise l'intériorité et l'extériorité, c'est-à-dire que nous sommes comme placés entre notre monde intérieur et le monde extérieur. C'est un équilibre qui est recherché dans cette posture. Il s'agit de glisser très lentement au bord de la chaise, le dos bien droit, épaules et coudes tirés vers l'arrière, sans tension inutile, le sommet de la tête comme étiré vers le haut. On rentre un peu le menton et on incline légèrement le bassin. Les genoux sont pliés et orientés vers les extérieurs (jambes en écart) et on prend appui sur les avant-pieds (donc en partie sur les orteils) placés juste sous la chaise (si possible !), de sorte que la ligne tracée par les genoux se situe au-dessous de la ligne du bassin. Ça y est, vous y êtes, c'est la posture du 3e degré ! D'ordinaire, les techniques se pratiquent les yeux fermés, mais lorsqu'on adopte cette posture, on entrouvre, voire ouvre complètement, les yeux.

La marche phénoménologique se pratique les yeux semi-ouverts, comme si nous redécouvrions l'action de marcher. C'est un moment d'expression de la tridimensionnalité de la conscience : je me souviens de mes premiers pas (passé), je me relie à l'instant présent de mes pas synchronisés avec la respiration, j'imagine l'usage futur de cette mobilité ainsi que l'occupation de l'espace dans ce mouvement, lors de cette marche. Celle-ci se concentre sur l'équilibre et sur les différents pas réalisés et synchronisés avec la respiration : j'avance mon pied droit dans une inspiration, je referme mon pas avec le pied gauche dans une expiration, et je fais de même en repartant du pied gauche. Autre possibilité qui se réalise en sophro-respiration synchronique : les pieds serrés (sur la même ligne), inspiration, rétention (sans mouvement), puis avancée du pied, expiration, le pied resté en arrière vient rejoindre celui qui vient d'avancer, relâchement (les pieds sur la même ligne). On effectue trois, quatre pas, puis de même au retour pour revenir jusqu'à la chaise. Il est également possible, et c'est souvent préférable, de faire durer la marche environ dix minutes, le temps de faire un tour complet pour revenir à sa chaise (on évite le demi-tour).

Comment se pratique-t-elle ?

Son protocole : une sophronisation de base vivantielle suivie d'un sophro-déplacement du négatif avec les mains placées en miroir, ainsi que d'une sophro-présence du positif. Puis pour chaque système, on va pratiquer une sophro-respiration synchronique, afin d'activer une douce chaleur dans chacun d'eux, puis une sophro-manence des capacités (appelée ainsi par facilité mais qui ne correspond pas, notamment dans la posture, à la sophro-manence présentée dans les techniques spécifiques) associée à une sophro-présence du positif. Enfin, on effectue la marche phénoménologique et la totalisation conclut cette relaxation dynamique. La posture du 3e degré est adoptée lors de la sophro-respiration synchronique. Petite originalité supplémentaire dans la pratique de la relaxation dynamique du 3e degré : on commence par le 5e système pour remonter peu à peu jusqu'au 1er, une façon de symboliser la manence des capacités.

N'OUBLIEZ PAS !

L'objectif est d'entraîner la conscience à nous percevoir dans notre unité interne (corps-esprit), et dans notre rapport au monde.

Le protocole en bref :

- Posture debout / sophronisation de base abrégée par systèmes.
- Posture debout / sophro-déplacement du négatif avec les mains en miroir (SDN propre à la RD).
- Posture dos droit / sophro-présence du positif dans tout le corps.
- Relaxation dynamique du 3e degré :
    - Posture du 3e degré / concentration sur le 5e système + IRTER + sophro-respiration synchronique en activant la température.
    - Posture dos droit / sophro-manence des capacités + sophro-présence du positif. De même pour les 4e, 3e, 2e et 1er systèmes.
- Marche phénoménologique.
- Totalisation :
    - Posture du 3e degré / concentration sur le corps + IRTER + sophro-respiration synchronique en activant la température.
    - Posture dos droit / sophro-manence des capacités émergeant de tout notre corps + sophro-présence du positif.
- Posture assise / désophronisation.

RELAXATION DYNAMIQUE

Un terpnos logos (relaxation dynamique du 3e degré)

Sophronisation de base abrégée par systèmes (voir p. 170)

Sophro-déplacement du négatif

Et nous pouvons réaliser un sophro-déplacement du négatif propre à la relaxation dynamique... Pour cela, nous pouvons réaliser une tension douce de tout notre corps... Inspiration, rétention-tension douce et expiration-relâchement... À présent, nous entrecroisons nos doigts, étirons nos bras au-dessus de notre tête, paumes vers le ciel pour ensuite ramener nos mains toujours entrecroisées paumes face à notre 1er système *(notre visage)*, comme si elles servaient de miroir... À chaque expiration nous déplaçons tout le négatif de cette zone vers l'extérieur, toutes les tensions inutiles... Nous percevons cette évacuation par notre miroir... Puis nous descendons progressivement nos mains de système en système... Sophro-déplacement du négatif du 2e, 3e, 4e puis 5e système...

Nous pouvons nous asseoir... Pause d'intégration...

Sophro-présence du positif

Dos droit... Nous pouvons effectuer une sophro-présence du positif sur tout notre corps... Commençons par une tension douce... Inspiration, rétention-tension douce de tout le corps et expiration-relâchement... Nous nous relions à une évocation agréable, à l'inspiration nous amenons tout ce positif à notre corps pour le diffuser dans chaque système à l'expiration... À chaque respiration nous activons un peu plus la présence de sensations agréables dans tous nos systèmes... Nous approfondissons nos inspirations pour imprégner un peu plus notre corps de tout ce positif... Plaisir d'accueillir toutes les sensations que cette activation éveille en nous... Tout notre corps bien présent...

Et prenons bien le temps d'intégrer...

Relaxation dynamique du 3e degré

5e système

À présent, nous pouvons adopter la posture du 3e degré... Prenons bien le temps de nous familiariser avec elle... Nous décollons notre dos de la chaise... Nous venons nous asseoir au bord de celle-ci... Dos bien droit... Nos orteils prennent appui sur le sol juste sous la chaise de sorte que nos genoux écartés et dirigés vers le bas soient placés au-dessous de la ligne du bassin... Notre tête bien droite, le menton un peu rentré... Et nous pouvons placer nos mains sur notre bas-ventre... Une main poing fermé, l'autre posée par-dessus, ou plaçons nos mains sur nos cuisses... Plaisir de bien ajuster cette posture... Son équilibre... Son ouverture...

Nous pouvons effectuer une tension douce sur notre 5e système... Inspiration, rétention-tension douce, expiration-relâchement... Et expérimentons un regard intermittent, tantôt les yeux fermés, entrouverts, grands ouverts... Nous expérimentons cette posture... Notre présence au monde...

Et nous activons la température dans tout ce 5e système... Conscience de sa forme... Nous pouvons nous aider de notre respiration... Sophro-respiration synchronique... À chaque respiration nous éveillons une douce chaleur dans nos cellules, nos organes, nos muscles, notre peau... Toute cette zone en train d'élever légèrement sa température... Nous renforçons notre vitalité... Nous ressentons et percevons tout ce système dans notre posture du 3e degré...

Nous nous adossons... Pause d'intégration...

Posture dos droit... Et prenons plaisir à laisser émerger nos capacités dans ce 5e système... Leur présence s'intègre peu à peu dans la conscience...

Et une fois que nous y sommes bien reliés, nous pouvons pratiquer une sophro-présence du positif... Nous activons toutes les sensations éveillées par nos capacités, peut-être un sentiment d'harmonie... Nous pouvons également nous relier à une situation passée où nos capacités étaient particulièrement présentes... Lors de nos inspirations nous activons ces sensations agréables dans tout notre 5e système pour les diffuser dans cette zone à chacune de nos expirations...

Pause d'intégration, nous pouvons nous adosser... Plaisir de vivre la présence au monde de notre 5e système dans un rapport positif...

4e système

Nous pouvons reprendre la posture du 3e degré... Nous recherchons sa forme la plus confortable... Prenons bien le temps... Nous pouvons effectuer un IRTER... Inspiration, rétention-tension douce de notre 4e système, expiration-relâchement... Nous mettons en place un regard intermittent... Prenons conscience de sa forme et de son volume... Et nous pouvons procéder à une douce augmentation de la température dans toute cette zone... Légère chaleur qui vient l'imprégner à chacune de nos respirations... Sophro-respiration synchronique...

Nous nous adossons... Pause d'intégration...

Nous pouvons passer en posture dos droit... Et laissons émerger de notre biologie nos multiples capacités... Conscience de nos ressources... À l'écoute des sensations qu'elles réveillent, peut-être en nous reliant à des moments particuliers où elles se sont manifestées...

Et sophro-présence du positif bien reliés à nos capacités... À l'inspiration nous activons les sensations de plaisir issues de leur présence... À l'expiration nous les diffusons dans tout notre 4e système... Poursuivons cette sophro-présence du positif sur plusieurs respirations...

Pause d'intégration, nous pouvons nous adosser... Plaisir de vivre la présence au monde de notre 4e système dans un rapport positif...

3e système

Posture du 3e degré... Nous pouvons effectuer une tension douce sur notre 3e système... Inspiration, rétention-tension douce, expiration-relâchement...Nous entrouvrons nos yeux... Conscience de la forme de cette zone dans cette posture... Et activation d'une douce chaleur par respiration synchronique...

Nous nous adossons... Pause d'intégration...

Posture dos droit... Et nous accueillons des capacités au niveau de ce système, en toute phénoménologie... Nous les laissons monter à la conscience...

Bien reliés à nos capacités, nous pouvons réaliser une sophro-présence du positif… Peut-être pouvons-nous nous relier à une situation passée où nos capacités étaient particulièrement présentes… À l'inspiration nous activons ces sensations agréables pour les diffuser dans tout notre 3e système à l'expiration…

Pause d'intégration, nous pouvons nous adosser… Plaisir de vivre la présence au monde de notre 3e système dans un rapport positif…

2e système

Nous prenons le temps d'ajuster notre posture du 3e degré… Nous pouvons effectuer un IRTER… Inspiration, rétention-tension douce de notre 2e système, expiration-relâchement… Nous mettons en place un regard intermittent… Et prenons plaisir à stimuler la température de cette zone en activant une douce chaleur à chaque respiration…

Nous nous adossons… Pause d'intégration…

Nous pouvons retrouver la posture dos droit… Et accueillons des capacités au niveau de ce 2e système… Laissons-les émerger à la conscience…

Pleinement reliés à nos capacités en tant qu'être présents au monde, nous pouvons effectuer une sophro-présence du positif… À l'inspiration nous activons des sensations agréables dans cette zone, à l'expiration nous les diffusons…

Nous pouvons nous adosser et faire une pause d'intégration… Plaisir de vivre la présence au monde de notre 2e système dans un rapport positif…

1er système

Posture du 3e degré… Nous pouvons effectuer un IRTER… Inspiration, rétention-tension douce de notre 1er système, expiration-relâchement… Nous mettons en place un regard intermittent… Et sophro-respiration synchronique en activant une légère chaleur dans cette zone… Conscience de ce système dans toute sa tridimensionnalité…

Nous nous adossons… Pause d'intégration…

Posture dos droit… Prenons le temps de bien l'ajuster… Et relions-nous aux capacités inhérentes à ce 1er système… Laissons-leur du temps et de l'espace… Elles viennent s'intégrer à la conscience… Sophro-présence du positif, reliés en conscience à nos capacités… Nous activons des sensations de plaisir et à l'expiration nous les diffusons dans cette zone…

Pause d'intégration, nous pouvons nous adosser… Plaisir de vivre la présence au monde de notre 1er système dans un rapport positif…

Marche phénoménologique

Nous pouvons nous lever… Nous favorisons notre stabilité… Tout notre corps dans une agréable verticalité… Et nous réalisons une marche phénoménologique, symbole d'une nouvelle conscience, d'une conscience tridimensionnelle… Nous sommes pleinement reliés à notre présence spatio-temporelle… Nous pouvons entrouvrir nos yeux et décider de les laisser semi-ouverts ou de jouer sur un regard intermittent… Nous débutons notre marche dans une direction qui laisse suffisamment d'espace pour effectuer quelques pas… Préparons-nous à en vivre un premier comme si c'était notre tout premier pas… À l'inspiration nous avançons notre jambe droite…

À l'expiration nous amenons notre jambe gauche pour fermer le pas... Prenons bien conscience de cette mise en mouvement, de l'équilibre à trouver pour maintenir notre stabilité... Conscience de l'enjeu de ce premier pas, de ce que cela implique et symbolise...

Et nous pouvons vivre notre second pas... Inspiration et nous avançons notre jambe gauche... Expiration au moment de ramener la jambe droite... Un nouveau pas qui nous fait avancer... Conscience de ce phénomène qu'est la marche...

À notre rythme nous pouvons poursuivre notre marche par deux autres pas... Nous débuterons le prochain pas par notre jambe droite puis ramènerons notre jambe gauche... Et inversement pour le prochain pas... Toujours dans l'inspiration puis dans une expiration lorsque nous rassemblons nos pieds... Prenons conscience au gré de nos pas de la présence de notre corps dans cette mobilité, sa présence au monde... Nous prenons nos marques, nos pas sont de plus en plus assurés... Nos pieds bien ancrés dans le sol... Conscience de notre équilibre... Après ces quelques pas, nous revenons, de la même façon, jusqu'à notre chaise... Inspiration, nous ouvrons notre pas, expiration, nous le refermons...

Et nous pourrons nous rasseoir et faire une pause d'intégration... Conscience de notre marche dans toute sa globalité... Nous nous relions au parcours que nous venons de réaliser...

Totalisation

Nous adoptons notre posture du 3e degré... Bien avancés au bord de la chaise... Nous mettons en place un regard intermittent... Nous pouvons effectuer un IRTER... Inspiration, rétention-tension douce de notre corps, expiration-relâchement... À présent aidons-nous de notre respiration pour activer une douce chaleur dans tous nos systèmes... Sophro-respiration synchronique dans cette phase de totalisation... Nous prenons conscience de la forme de tout notre corps...

Nous nous adossons... Pause d'intégration...

Et nous pouvons adopter la posture dos droit... Nous laissons émerger de notre biologie nos capacités... Plaisir de les accueillir en toute phénoménologie... Elles vivent dans leur tridimensionnalité...

Sophro-présence du positif de tout notre corps... Nous nous relions pleinement au plaisir de vivre ces capacités, à l'inspiration nous activons des sensations agréables dans notre corps pour les diffuser dans chaque zone à l'expiration... Nous chargeons tout notre corps de positif...

Pause d'intégration, nous pouvons nous adosser... Plaisir de vivre la présence au monde de notre corps dans un rapport positif...

Désophronisation

Phase de désophronisation où nous revenons peu à peu à un état d'éveil... Nous garderons au-delà de la séance le vécu de cette relaxation dynamique... Notre présence au monde dans toute notre tridimensionnalité... Et prenons quelques respirations plus profondes... Prenons bien le temps de remobiliser peu à peu tout notre corps en nous étirant... Nous retrouvons notre tonus musculaire habituel... Et nous allons pouvoir rouvrir nos yeux...

Plus de pratique

Se vivre de l'intérieur et de l'extérieur dans une nouvelle conscience de soi, du monde et de son rapport au monde, tel est l'objet de la relaxation dynamique du 3e degré. Avec la relaxation dynamique qui suit, celle du 4e degré, nous allons aborder le phénomène des valeurs.

La relaxation dynamique du 4e degré

À travers cette relaxation dynamique, c'est le phénomène des valeurs existentielles de l'être humain qui est expérimenté. Notre conscience prend encore une nouvelle dimension, chargée d'ores et déjà des expériences inhérentes aux trois précédents degrés. Prendre conscience de nos propres valeurs, comme la liberté, l'humanité, c'est un moyen d'aborder notre existence sous un nouveau jour. Pour se lancer dans la pratique de la relaxation dynamique du 4e degré, il est préférable d'avoir préalablement abordé le thème des valeurs de vie (chapitre 17).

Une technique centrée sur les valeurs de l'existence

La relaxation dynamique du 4e degré nous relie pleinement à toutes nos valeurs d'être humain. Si nous sommes mieux reliés à nos valeurs de vie et donc savons ce qui est fondamental pour nous, il nous sera certainement plus facile d'être en accord avec nous-mêmes, de faire des choix qui nous correspondent. Par exemple, un ami vous appelle pour prendre un café. Vous avez le choix soit d'y aller, soit de refuser son invitation. Vous décidez de vous y rendre parce que c'est important pour vous de passer du temps avec lui et d'avoir une relation privilégiée. Votre valeur « amitié » est essentielle et vous êtes totalement en accord avec vous-même en acceptant son invitation.

EN SAVOIR PLUS

Vous l'aurez compris, les objectifs de la relaxation dynamique du 4e degré sont :

- mobiliser sa conscience vers ses valeurs ;
- prendre conscience que son existence est guidée par ces mêmes valeurs ;
- développer sa capacité à agir en cohérence avec soi-même, c'est-à-dire en accord avec ses valeurs.

Cette relaxation dynamique va donner d'autant plus de sens à tout ce qui a pu être intégré dans les relaxations dynamiques précédentes. Elle contribue également à renforcer l'intégration du moment présent. Bien relié à mes valeurs, je suis bien présent à ce que je fais et à ce que je vis, mes actions prennent sens dans l'instant. Par exemple, en allant faire mon jogging, je serai plus présent à moi-même en ayant conscience que ce que je suis en train de faire est guidé par la relation que j'entretiens avec mes valeurs. Je cours parce que ce qui est important pour moi c'est la santé et donc je prends soin de mon corps, ou bien je cours parce que cela me procure un sentiment de liberté indispensable à mon bien-être.

Comment se pratique-t-elle ?

Au début du protocole, vous aurez affaire à une nouvelle version du sophro-déplacement du négatif qui consiste à activer chaque système en touchant leur point d'intégration (proposé dès la relaxation dynamique du 1er degré dans une version actualisée). La relaxation dynamique du 4e degré commence tout d'abord par la vivance d'une valeur existentielle (en posture du 3e degré), c'est-à-dire le fait de se relier à une valeur au choix, en toute phénoménologie, en accueillant tout ce qu'elle nous évoque. La pratique se poursuit par la sophro-manence (dans une posture d'accueil avec les mains tournées vers le ciel) et rétro-manence de cette même valeur. Les valeurs existentielles qui ont été définies à l'origine de la sophrologie sont entre autres la liberté, la groupéité, l'humanité ou encore l'universalité Il est donc possible de choisir une de ces valeurs ou bien de se relier à des valeurs plus évocatrices pour soi telles que l'amour, la nature, le travail. Une valeur se définissant comme ce qui est important pour soi, qui donne du sens à son quotidien ou plus largement à son existence. Cette relaxation dynamique est donc un moyen de révéler ses propres valeurs.

Puis vient la sophro-présence du positif reliée à la valeur choisie, qui permet d'activer et de renforcer la présence de sensations agréables dans le corps, en l'occurrence peut-être des sensations qui émergent du plaisir de conscientiser des valeurs qui donnent du sens à son existence. Arrive alors la marche phénoménologique reliée aux valeurs évoquées (on les confronte au monde extérieur) : A. Caycedo la nomme « marche (phronique) du nouveau regard ». La marche symbolise la vie, l'existence et laisse émerger la question : « En quoi ce phénomène que sont les valeurs peut-il influer sur ma vie ? » Elle se réalise en extérieur (dans la rue, la nature, tout dépend de l'environnement dans lequel vous pratiquez cette relaxation dynamique) et peut durer vingt minutes. Elle se termine par une sophro-présence du positif pour renforcer la présence de toutes les sensations agréables qui ont pu émerger durant la marche.

L'objectif est de se relier consciemment aux valeurs existentielles.

Le protocole en bref :

- Posture debout / sophronisation de base abrégée par systèmes.
- Posture debout / sophro-déplacement du négatif par points d'intégration.
- Posture dos droit / sophro-présence du positif.
- Relaxation dynamique du 4e degré :
    - Posture du 3e degré / vivance d'une valeur.

- Posture debout / sophro-manence et rétro-manence (du 5e au 1er système puis inversement).
- Posture assise / sophro-présence du positif bien relié à cette valeur.

- Marche phénoménologique du nouveau regard.
- Posture dos droit /sophro-présence du positif.
- Posture assise / désophronisation.

RELAXATION DYNAMIQUE

Un terpnos logos (relaxation dynamique du 4e degré)

Sophronisation de base abrégée par systèmes (voir p. 170)

Sophro-déplacement du négatif par points d'intégration

Nous pouvons effectuer un sophro-déplacement du négatif en utilisant les points d'intégration propres à chaque système... Nous pouvons nous concentrer sur notre 1er système et venir toucher le point front... À chaque expiration, nous évacuons symboliquement tout le négatif de cette zone... Puis concentration sur notre 2e système... Nous posons un ou nos doigts sur le point thyroïde... Et à chaque expiration sophro-déplacement du négatif...

Au niveau de notre 3e système, nous touchons le point sternum et évacuons vers l'extérieur tout le négatif de cette zone...

Au niveau de notre 4e système, nous touchons le point ombilic et évacuons vers l'extérieur tout le négatif, toutes les tensions inutiles de cette zone...

Au niveau de notre 5e système, nous touchons le point bas-ventre et évacuons vers l'extérieur tout le négatif de cette zone...

Puis nous laissons nos bras aller le long du corps, et sophro-déplacement du négatif global de nos cinq systèmes en même temps...

Sophro-présence du positif

Nous pouvons nous asseoir... Posture dos droit... Nous pouvons effectuer une sophro-présence du positif sur tout notre corps... Commençons par une tension douce... Inspiration, rétention-tension douce de tout le corps et expiration-relâchement... Nous nous relions à une évocation agréable, à l'inspiration nous amenons tout ce positif à notre corps pour le diffuser dans chaque système à l'expiration... À chaque respiration nous activons un peu plus la présence de sensations agréables dans tous nos systèmes... Nous approfondissons nos inspirations pour imprégner un peu plus notre corps de tout ce positif... Plaisir d'accueillir toutes les sensations que cette activation éveille en nous... Tout notre corps bien présent...

Et prenons bien le temps d'intégrer...

Relaxation dynamique du 4e degré

Vivance d'une valeur

Prenons bien le temps d'ajuster notre posture du 3e degré… En bord de chaise… Genoux abaissés sous la ligne du bassin… Tête droite… Menton légèrement rentré… Et nous allons pouvoir choisir ou laisser venir à nous une valeur existentielle… Peut-être la valeur liberté. . société… humanité, ou autre… Nous accueillons la présence de cette valeur dans notre posture d'ouverture du 3e degré… Nous vivons sa présence dans chacun de nos systèmes… Nous pouvons l'aborder avec un nouveau regard… Laissons-lui du temps et de l'espace… Accueillons tout ce qu'elle nous évoque, ce qu'elle implique pour nous en toute phénoménologie…

Sophro-manence et rétro-manence de la valeur

Et nous pouvons nous lever… Nos pieds bien ancrés dans le sol écartés de la largeur des épaules… Tout notre corps dans une juste tension… Nous pouvons entrouvrir ou même ouvrir nos yeux… Nous allons réaliser une manence de cette valeur, activer sa présence dans chacun de nos systèmes pour enfin la laisser émerger dans la conscience… Nous plaçons nos mains en ouverture, paumes vers le ciel, au niveau de notre 5e système… Inspiration, rétention-tension douce, expiration-relâchement de cette zone… La présence de cette valeur s'éveille par cette mise en tension douce dans notre 5e système, nous pouvons renforcer sa présence peu à peu dans chaque système par notre respiration *(sophro-respiration synchronique)*… Et nous remontons nos mains au niveau du 4e système… Inspiration, rétention-tension douce, expiration-relâchement de cette zone… Chaque mise en tension douce est l'occasion de stimuler la présence de cette valeur qui remonte peu à peu d'un système à l'autre… Et de la même façon nos mains viennent au niveau de notre 3e système… Inspiration, rétention-tension douce, expiration-relâchement de cette zone… Conscience de la présence de cette valeur dans ce système… Puis au niveau du 2e système… Inspiration, rétention-tension douce, expiration-relâchement de cette zone… La valeur choisit monte peu à peu à la conscience à travers tout notre corps… Enfin nos mains montent au niveau de notre 1er système… Inspiration, rétention-tension douce, expiration-relâchement de cette zone… Et nous pouvons enfin monter nos bras à la verticale au-dessus de notre tête… Posture d'ouverture et d'accueil… Nous vivons la présence de cette valeur dans chacun de nos systèmes, dans l'unité de notre corps et dans la conscience…

Et nous allons pouvoir procéder à la rétro-manence… Pour cela, nous allons redescendre peu à peu nos bras, paumes vers le sol, du 1er au 5e système en inscrivant dans chacun d'eux tout ce qui a pu émerger de ce phénomène, de cette valeur… Cette expérience s'ancre dans notre biologie au niveau du 1er système… Puis nous plaçons nos mains au niveau du 2e système… Notre valeur revient à sa source… Nos bras descendent au niveau de notre 3e, 4e puis 5e système…

Et nous pouvons nous asseoir le temps d'une pause d'intégration… Conscience de notre relation à nous-mêmes et au monde à travers cette valeur… Conscience de notre relation aux valeurs en général…

Sophro-présence du positif

Nous décollons notre dos de la chaise… Posture dos droit… Et nous pouvons effectuer une sophro-présence du positif… Vivons cette valeur dans toute sa tridimensionnalité… Peut-être en nous reliant à des situations agréables passées ou à venir qui ont été ou seront guidées par cette valeur ou plus simplement, des moments de notre passé, présent, futur où elle a pu ou pourrait s'exprimer… Nous pouvons également nous relier à sa simple présence en nous, à tout ce qu'elle implique de positif pour nous, peut-être en nous aidant d'une image, d'un mot ou d'un son... À chaque inspiration nous activons les sensations agréables présentes dans tout notre corps et à l'expiration nous les diffusons dans chaque zone... Nous somatisons le positif issu de cette valeur, nous nous chargeons de tout le plaisir qu'elle nous évoque... Sophro-présence du positif à chaque respiration...

Et pause d'intégration...

Toute cette première phase de la relaxation dynamique peut être réitérée deux ou trois fois avec de nouvelles valeurs.

Marche phénoménologique du nouveau regard :

À présent nous pouvons nous lever et nous préparer à vivre notre marche... Une marche pleinement reliée à la valeur choisie et à l'ouverture d'un nouveau regard sur le monde par cette conscience de nos valeurs... Nous pouvons prendre quelques respirations profondes... Et nous partons pour une marche à l'extérieur d'une quinzaine de minutes... Nous reviendrons nous asseoir à notre place au bout de ces quelques instants... Prenons plaisir à découvrir le monde sous un nouveau jour comme si nous posions nos yeux dessus pour la première fois par cette conscience nouvelle que nous avons développée... À notre guise, selon que nous sommes en train de marcher ou à l'arrêt l'espace de quelques secondes, nous pouvons jouer sur notre regard... Nous adoptons tantôt un regard intermittent, tantôt nous ouvrons ou entrouvrons nos yeux, tantôt nous les fermons... Nous nous relions au monde dans ce nouveau rapport à nous-mêmes dans ce monde en train de marcher, et à nos valeurs, leur présence dans notre corps... Chaque pas est une exploration, une avancée nouvelle... Cette relation consciente à nos valeurs nous permet de donner du sens à nos pas et plus largement à notre existence...

Nous revenons peu à peu à notre place toujours dans la conscience du sens de chacun de nos pas... Nous pouvons nous asseoir et faire une pause d'intégration...

Sophro-présence du positif

Enfin, nous adoptons la posture dos droit et pouvons réaliser une sophro-présence du positif en étant pleinement reliés à notre rapport à l'existence et conscients de nos valeurs... Nous inspirons et activons dans tout notre corps toutes les sensations de plaisir inhérentes à cette conscience des valeurs qui guident notre quotidien... Nous expirons et les diffusons dans chaque zone... Nous poursuivons cet exercice sur plusieurs respirations... Plaisir d'activer et de renforcer des sensations agréables...

Pause d'intégration, nous pouvons nous adosser...

Désophronisation

Phase de désophronisation où nous revenons peu à peu à un état d'éveil... Nous garderons au-delà de la séance le vécu de cette relaxation dynamique... La vivance d'une ou plusieurs valeurs, le sens qu'elle prend dans notre existence, notre marche extérieure... Et prenons quelques respirations plus profondes... Nous pouvons remobiliser peu à peu tout notre corps en nous étirant... Nous retrouvons notre tonus musculaire habituel... Et nous allons pouvoir rouvrir nos yeux...

Plus de pratique

La relaxation dynamique du 4e degré sonne la fin du cycle réductif qui, rappelons-le, représente à lui seul le principal entraînement à la méthode de relaxation dynamique. Une technique qui expérimente un nouveau phénomène que sont les valeurs et qui poursuit l'enrichissement de la conscience.

Poursuivre l'entraînement par les autres cycles

La méthode de relaxation dynamique conçue par le professeur Caycedo comporte deux autres cycles appelés cycle radical et cycle existentiel, apparus plus tardivement (2001). Une façon de poursuivre l'entraînement sophrologique. Voici en quelques mots la manière dont s'articulent ces cycles.

Un cycle radical

Le cycle radical se compose des relaxations dynamiques du 5e, 6e, 7e et 8e degré. Tel est, sommairement, leur mode de pratique respectif :

- La relaxation dynamique du 5e degré : elle utilise la production de sons en invitant à prononcer des syllabes particulières (ce n'est que le moyen utilisé, non le but poursuivi !).
- La relaxation dynamique du 6e degré : sur le même principe que la relaxation dynamique précédente, elle utilise les sons, mais cette fois-ci ils ne seront pas émis. Les syllabes sont ainsi formulées mentalement.
- La relaxation dynamique du 7e degré : elle est fondée sur l'accueil des phénomènes émanant des origines, de la mémoire, de notre biologie.
- La relaxation dynamique du 8e degré : c'est un retour aux sources, une conscience orientée vers notre histoire qui favorisera le processus de projection (futur).

Un cycle centré sur les valeurs

Le cycle existentiel se compose des relaxations dynamiques du 9e, 10e, 11e et 12e degré. Chacune d'entre elles est axée sur le phénomène des valeurs. Le cycle existentiel tend, en partie, à nous faire découvrir, conquérir puis intégrer nos valeurs existentielles – notre liberté au cours de la relaxation dynamique du 9e degré – en nous reliant notamment à leur dimension passée, présente, future. Un moyen de percevoir nos propres valeurs et de les confronter à celles des autres et au monde. C'est autour de ces objectifs que se pratiquent les quatre derniers degrés de la relaxation dynamique.

Chapitre 13

Des contes thématiques

Dans ce chapitre :

- Une autre façon de lire les contes
- Des contes centrés sur la confiance en soi, le lâcher prise et les valeurs de vie

Les contes sont régulièrement utilisés en sophrologie, non pas dans le but de mettre en lumière une morale (aspect inductif), mais dans l'idée de sensibiliser le ou les sophronisants au thème développé au cours d'une ou plusieurs séances. Ils sont à associer aux techniques spécifiques. Pour approfondir la thématique de la confiance en soi, par exemple, il serait intéressant d'intégrer le conte « L'allégorie de la grenouille » (un des contes à suivre) au sein d'une sophronisation. Découvrez une sélection de contes à expérimenter au niveau sophroliminal, histoire de se relier à la réalité vécue d'un phénomène et pas à la représentation que nous en avons…

Autour de la confiance en soi

La confiance en soi fait partie des champs d'application de la sophrologie que vous retrouverez dans la quatrième partie de l'ouvrage. D'ores et déjà voici un conte à ajouter à son entraînement sophrologique dans le cadre d'un travail pour prendre conscience, développer et renforcer sa confiance. Intégrer un conte dans une sophronisation, c'est l'insérer dans son protocole par exemple de la façon suivante : sophronisation de base vivantielle par systèmes + sophro-déplacement du négatif abrégé + conte + sophro-mnésie senso-perceptive de moments de confiance + désophronisation. Vous pouvez, plus simplement, centrer votre sophronisation uniquement sur le conte en supprimant la sophro-mnésie senso-perceptive.

L'allégorie de la grenouille

Il était une fois une course… de grenouilles.
L'objectif était d'arriver en haut d'une grande tour.
Beaucoup de gens se rassemblèrent pour les voir et les soutenir.
Et la course commença.
En fait, les gens croyaient qu'il était impossible que les grenouilles atteignent la cime, et tous les commentaires que l'on entendit furent de ce genre : « Quelle peine ! », « Elles n'y arriveront jamais ! »
Et les grenouilles commencèrent à se résigner, sauf une qui gardait la même ardeur.
Les gens continuaient : « Quelle peine ! Elles n'y arriveront jamais ! »
Et les unes après les autres, les grenouilles s'avouaient vaincues, sauf une, toujours la même qui insistait.
À la fin, toutes se désistèrent, sauf cette grenouille qui, seule, avec un énorme effort, rejoignit la cime.
Les autres voulurent savoir comment elle avait fait.
L'une d'entre elles s'approcha pour lui demander comment elle avait pu terminer l'épreuve. L'autre la regarda sans la comprendre… Elle était sourde !

Auteur inconnu

L'homme et le trou

Un homme nous résume sa vie en cinq chapitres :

1er chapitre

Je marchais dans une rue.
Il y avait un grand trou dans le trottoir.
Je suis tombé dedans.
J'étais désespéré, tout était foutu.
Mais ce n'était pas de ma faute.
Ça m'a pris une éternité pour trouver comment sortir.

2e chapitre

Je marchais dans la même rue.
Il y avait un grand trou dans le trottoir.
J'ai fait comme si je ne le voyais pas.
Je suis tombé dedans à nouveau.
C'était incroyable de me retrouver là.
Mais ce n'était pas de ma faute.
Ça m'a encore pris un sacré temps pour m'en sortir.

3e chapitre

Je marchais dans la même rue.
Il y avait un grand trou dans le trottoir.
J'ai vu qu'il était là.
Je suis tombé dedans.
C'était une habitude.
Mais mes yeux étaient ouverts. Je savais où j'étais.
C'était de ma faute.
Je suis sorti immédiatement.

4e chapitre

Je marchais dans la même rue.
Il y avait un grand trou dans le trottoir.
Je l'ai contourné.

5e chapitre

J'ai pris une autre rue.

Auteur inconnu

Une forme de lâcher prise

L'expression « lâcher prise » est un bonheur ne serait-ce qu'à prononcer… On imagine ses bienfaits lorsqu'elle est concrétisée ! Le conte qui suit pourra être intéressant dans le cadre d'un travail pour développer votre capacité à accepter ce que vous ne pouvez pas changer. Vous trouverez plus de détails sur le lâcher prise au cours du chapitre 15 (La gestion du stress). Ce conte pourrait s'insérer par exemple dans le protocole suivant : sophronisation de base vivantielle par systèmes + sophro-déplacement du négatif abrégé + conte + sophro-présence du positif abrégée + désophronisation.

Le vieil homme et son fils

Un vieil homme et son fils vivaient sur les hauteurs d'une montagne, en Chine.

C'était une magnifique montagne entourée de forêts et d'arbres centenaires. L'horizon offrait un spectacle merveilleux et un profond sentiment d'harmonie émanait de ce lieu.

Au bas de cette montagne se tenait un village, mais le vieil homme et son fils préféraient rester sur les hauteurs de la montagne. Ils vivaient pauvrement et n'avaient pour seuls biens qu'un petit lopin de terre et un cheval pour le cultiver.

Un jour, leur cheval s'enfuit. Quand ils l'apprirent, les habitants du village montèrent les voir pour leur dire : « Quelle malchance, comment allez-vous pouvoir cultiver votre terre, qu'allez-vous manger, quelle catastrophe ! »

Après les avoir tranquillement écoutés, le vieil homme leur répondit : « Nous verrons... »

Puis il les remercia de leur visite, et retourna à ses occupations.

Quelques jours plus tard leur cheval revint à la ferme, accompagné d'une dizaine de chevaux sauvages.

Les habitants du village remontèrent les voir cette fois-ci pour leur dire : « Quelle chance, vous aller pouvoir manger à votre faim et même améliorer votre quotidien ! », et chacun ajouta ce que ces chevaux providentiels pourraient leur apporter.

Après les avoir tranquillement écoutés, le vieil homme leur répondit : « Nous verrons... »

Puis il les remercia de leur visite, et retourna à ses occupations.

Deux semaines plus tard, le fils du vieil homme, en voulant dresser l'un des chevaux sauvages, se brisa une jambe.

Les habitants du village allèrent à nouveau à leur rencontre s'écriant : « Quel malheur, que va-t-il devenir, le pauvre ! » et chacun lui prédit les pires difficultés.

Après les avoir tranquillement écoutés, le vieil homme leur répondit : « Nous verrons... »

Puis il les remercia de leur visite, et retourna à ses occupations.

L'année suivante, une guerre éclata dans le pays, et tous les jeunes gens furent mobilisés, mais le fils du vieil homme toujours blessé put rester avec son père.

Les habitants du village retournèrent les voir pour leur dire toute la chance qu'ils avaient de rester ensemble en imaginant tout ce à quoi ils allaient échapper.

Après les avoir tranquillement écoutés, le vieil homme leur répondit : « Nous verrons... »

Puis il les remercia de leur visite, et retourna à ses occupations.

Ainsi vivaient le vieil homme et son fils, sur les hauteurs d'une montagne, en Chine.

Auteur inconnu

À propos des valeurs de vie

Pour en savoir plus sur les valeurs de vie, rendez-vous au chapitre 17 ! Les deux contes qui suivent participeront à votre entraînement, toujours dans le but de se relier en toute phénoménologie à une notion particulière, en l'occurrence « les valeurs de vie ». Il est par exemple possible d'insérer un de ces contes (un conte par sophronisation) dans le protocole suivant : sophronisation de base vivantielle par systèmes + sophro-déplacement du négatif abrégé + sophro-projection future de l'évolution possible de nos valeurs + sophro-présence du positif abrégée + conte + désophronisation. Vous pouvez aussi réaliser une sophronisation plus succincte centrée uniquement sur le conte, en supprimant donc la sophro-projection future.

Le pêcheur mexicain

Au bord de l'eau dans un petit village côtier mexicain, un bateau rentre au port, ramenant plusieurs thons. L'Américain complimente le pêcheur mexicain sur la qualité de ses poissons et lui demande combien de temps il lui a fallu pour les capturer :

« Pas très longtemps », répond le Mexicain.
« Mais alors, pourquoi n'êtes-vous pas resté en mer plus longtemps pour en attraper plus ? » demande l'Américain. Le Mexicain répond que ces quelques poissons suffiront à subvenir aux besoins de sa famille.

L'Américain demande alors : « Mais que faites-vous le reste du temps ? »
« Je fais la grasse matinée, je pêche un peu, je joue avec mes enfants, fais la sieste avec ma femme. Le soir, je vais au village voir mes amis. Nous buvons du vin et jouons de la guitare. J'ai une vie bien remplie. »

L'Américain l'interrompt : « J'ai un diplôme de l'université de Harvard et je peux vous aider. Vous devriez commencer par pêcher plus longtemps. Avec les bénéfices dégagés, vous pourriez acheter un plus gros bateau. Avec l'argent que vous rapporterait ce bateau, vous pourriez en acheter un deuxième et ainsi de suite jusqu'à ce que vous possédiez une flotte de chalutiers. Au lieu de vendre vos poissons à un intermédiaire, vous pourriez négocier directement avec l'usine et même ouvrir votre propre usine. Vous pourriez alors quitter votre petit village pour Mexico City, Los Angeles, puis peut-être New York, d'où vous dirigeriez toutes vos affaires. »

Le Mexicain demande alors : « Combien de temps cela prendrait-il ? »
« Quinze à vingt ans », répond le banquier américain.
« Et après ? »
« Après, c'est là que ça devient intéressant », répond l'Américain en riant. « Quand le moment sera venu, vous pourrez introduire votre société en Bourse et vous gagnerez des millions. »

« Des millions ? Mais après ? »
« Après, vous pourrez prendre votre retraite, habiter dans un petit village côtier, faire la grasse matinée, jouer avec vos petits-enfants, pêcher un peu, faire la sieste avec votre femme et passer vos soirées à boire et à jouer de la guitare avec vos amis. »

Auteur inconnu

Les gros cailloux de la vie

Un jour, un vieux professeur de l'École nationale d'administration (ENA) fut engagé pour donner une formation sur la planification efficace de son temps à un groupe d'une quinzaine de dirigeants de grosses compagnies nord-américaines. Ce cours constituait l'un des cinq ateliers de leur journée de formation. Le vieux prof n'avait donc qu'une heure pour « passer sa matière »...

Debout, devant ce groupe d'élite (qui était prêt à noter tout ce que l'expert allait enseigner), le vieux prof les regarda un par un, lentement, puis leur dit : « Nous allons réaliser une expérience. »

De sous la table qui le séparait de ses élèves, le vieux prof sortit un immense pot d'un gallon (pot de verre de plus de 4 litres) qu'il posa délicatement en face de lui. Ensuite, il sortit environ une douzaine de cailloux à peu près gros comme des balles de tennis et les plaça délicatement, un par un, dans le grand pot.
Lorsque le pot fut rempli jusqu'au bord et qu'il fut impossible d'y ajouter un caillou de plus, il leva lentement les yeux vers ses élèves et leur demanda : « Est-ce que ce pot est plein ? »
Tous répondirent : « Oui. »
Il attendit quelques secondes et ajouta : « Vraiment ? »

Alors, il se pencha de nouveau et sortit de sous la table un récipient rempli de gravier. Avec minutie, il versa ce gravier sur les gros cailloux puis brassa légèrement le pot. Les morceaux de gravier s'infiltrèrent entre les cailloux... jusqu'au fond du pot.

Le vieux prof leva à nouveau les yeux vers son auditoire et redemanda : « Est-ce que ce pot est plein ? »
Cette fois, ses brillants élèves commençaient à comprendre son manège.

L'un d'eux répondit :
« Probablement pas ! »
« Bien ! » répondit le vieux prof.

Il se pencha de nouveau et, cette fois, sortit de sous la table un sac de sable. Avec attention, il versa le sable dans le pot. Le sable alla remplir les espaces entre les gros cailloux et le gravier.

Encore une fois, il demanda :
« Est-ce que ce pot est plein ? »
Cette fois, sans hésiter et en chœur, les brillants élèves répondirent :
« Non ! »
« Bien ! » répondit le vieux prof.

Et comme s'y attendaient ses prestigieux élèves, il prit le pichet d'eau qui était sur la table et remplit le pot jusqu'à ras bord. Le vieux prof leva alors les yeux vers son groupe et demanda :
« Quelle grande vérité nous démontre cette expérience ? »

Pas fou, le plus audacieux des élèves, songeant au sujet de ce cours, répondit :

« Cela démontre que même lorsque l'on croit que notre agenda est complètement rempli, si on le veut vraiment, on peut y ajouter plus de rendez-vous, plus de choses à faire. »
« Non, répondit le vieux prof, ce n'est pas cela. La grande vérité que nous démontre cette expérience est la suivante : si on ne met pas les gros cailloux en premier dans le pot, on ne pourra jamais les faire entrer tous ensuite. »
Il y eut un profond silence, chacun prenant conscience de l'évidence de ces propos.

Le vieux prof leur dit alors : « Quels sont les gros cailloux dans votre vie ?
Votre santé ?
Votre famille ?
Vos ami(e)s ?
Réaliser vos rêves ?
Faire ce que vous aimez ?
Apprendre ?
Défendre une cause ?
Relaxer ?
Prendre le temps… ?
Ou… toute autre chose ?

Ce qu'il faut retenir, c'est l'importance de mettre ses GROS CAILLOUX en premier dans sa vie, sinon on risque de ne pas réussir… sa vie. Si on donne priorité aux peccadilles (le gravier, le sable), on remplira sa vie de peccadilles et on n'aura plus suffisamment de temps précieux à consacrer aux éléments importants de sa vie.

Alors, n'oubliez pas de vous poser à vous-mêmes la question :

Quels sont les GROS CAILLOUX dans ma vie ?
Ensuite, mettez-les en premier dans votre pot (vie). »

D'un geste amical de la main, le vieux professeur salua son auditoire et, lentement, quitta la salle.

Auteur inconnu

Quatrième partie

Les principaux champs d'application

Dans cette partie...

L'organisation de cette quatrième partie est inspirée des travaux de Norbert Cassini, directeur d'école, qui a développé une démarche s'intitulant « approche sophrologique factorielle » fondée sur des approches méthodologiques classiques. Mais de quoi s'agit-il exactement ? Elle consiste à développer la conscience, la maîtrise et l'intégration de facteurs qui influent sur la qualité de notre relation à une thématique particulière. Les facteurs « respiration », « capacité de détente », « écoute du corps » ou encore « relation aux émotions désagréables » vont, par exemple, être abordés dans le cadre d'une démarche pour apprendre à gérer son stress.

Chaque chapitre est donc présenté sous la forme d'un programme de sophrologie (non exhaustif) composé de techniques spécifiques, que pourrait proposer un sophrologue en séance. Précisons que ce ne sont que des exemples et que chacun doit y trouver sa liberté de pratique. L'ordre des techniques proposées renseigne sur l'évolution possible des séances. Vous retrouverez en détail, au cours des chapitres 10 et 11, les terpnos logos développés des techniques spécifiques proposées dans cette partie.

Chapitre 14

L'équilibre général

Dans ce chapitre :

- La respiration, base de tout travail sur soi
- Apprendre à écouter son corps
- La capacité de détente

Avant de se lancer dans la lecture des facteurs susceptibles d'influencer notre relation à l'équilibre général, arrêtons-nous un instant sur cette notion et tentons de la définir. L'équilibre général fait appel à l'équilibre tant physique que psychologique et détermine globalement un bon rapport à soi-même : avoir la forme, un moral au beau fixe, une vitalité réveillée, une relation naturelle au plaisir… Cela suppose de favoriser son sommeil, son alimentation, son écoute de soi. Ainsi renouer une relation naturelle à son corps peut aider à retrouver un bon équilibre général.

Dans le cadre de la recherche d'un meilleur équilibre général, il peut être intéressant d'approfondir et d'optimiser les facteurs suivants :

- la respiration ;
- l'écoute du corps ;
- la capacité de détente.

Ces facteurs ne sont qu'un aperçu de ce que l'on peut travailler.
Le sophrologue est là pour suggérer des possibilités, proposer une orientation de travail, mais c'est le sophronisant qui se constitue son propre entraînement au fil des séances. Outre les techniques spécifiques proposées, la relaxation dynamique du 1er degré apparaît comme axe de travail premier dans le cadre de ce programme.

ATTENTION

Ce programme n'est pas exhaustif mais propose, à titre d'exemple, des suggestions d'entraînement. Chaque facteur doit ainsi être développé de façon plus approfondie. Il s'agit cependant d'un moyen d'amorcer une démarche personnelle.

N'OUBLIEZ PAS !

Les relaxations dynamiques représentent l'axe de travail fondamental de la sophrologie et sont à pratiquer en parallèle de chaque programme. Rappelons que relaxations dynamiques et techniques spécifiques sont complémentaires.

Maîtriser sa respiration

La respiration est un phénomène naturel, spontané qui, a priori, ne requiert pas notre intervention. Pourtant, on ne compte plus les bienfaits d'une bonne respiration (mais qu'est-ce qu'une bonne respiration ?) et donc les raisons pour chercher à mieux la maîtriser : dénouer des tensions musculaires, renforcer sa vitalité, diminuer l'intensité d'une émotion, et la liste est longue ! La mécanique respiratoire – inspiration/rétention/expiration/rétention – mobilise entre autres le thorax et le diaphragme et produit environ quinze cycles par minute. Savez-vous comment vous respirez ? Ci-après, vous trouverez des exercices progressifs qui vous aideront à prendre conscience de votre respiration ventrale (ou abdominale ou diaphragmatique) et à mieux la maîtriser pour intégrer ses bénéfices au quotidien.

Prendre conscience de sa respiration

Une étape pour découvrir la façon dont on respire, les zones qui sont mobilisées lors de notre respiration, si elle est plutôt ample ou restreinte, etc. Nous n'écoutons que rarement ce phénomène dans la vie courante ; c'est donc l'occasion de mieux le connaître, de lui accorder du temps.

TECHNIQUE SPÉCIFIQUE

Objectif : Prendre conscience des zones mobilisées par la respiration.

Déroulement de l'exercice :

- **Sophronisation de base abrégée.**
- **Sophro-déplacement du négatif abrégé.**
- **Sophro-présence à la respiration :**

  Nous sommes assis, et posons une main sur notre ventre et l'autre sur le thorax en prenant quelques minutes pour écouter notre respiration... Son rythme... Son amplitude... Les zones qu'elles mobilisent... Nous réalisons cet exercice debout puis assis... Essayons de repérer s'il y a des différences en fonction de notre posture, notamment si c'est plutôt notre thorax ou notre ventre qui bouge... Prenons bien le temps...

  Pause d'intégration...
- **Sophro-présence du positif abrégée.**
- **Désophronisation.**

Indications	La respiration dite ventrale (car dans l'absolu on ne respire pas avec le ventre) est la respiration naturelle (innée), qu'il est intéressant de maîtriser puisqu'elle permet de mieux oxygéner le corps et donc, entre autres, de le libérer de certaines tensions inutiles. Cette respiration apaisante est très utile au quotidien notamment pour gérer des situations anxiogènes.

Apprendre à maîtriser sa respiration

Après avoir vécu le phénomène comme pour la première fois dans l'étape de découverte, on peut alors établir des constats : se rendre compte que son ventre ne bouge pas du tout lorsqu'on respire ou encore que l'on a du mal à prolonger ses expirations. Vous allez pouvoir essayer de pratiquer la respiration abdominale en cherchant à mobiliser progressivement votre diaphragme.

TECHNIQUE SPÉCIFIQUE

Objectif	Conscientiser et mobiliser la respiration abdominale.
Déroulement de l'exercice	• **Sophronisation de base abrégée.** • **Sophro-déplacement du négatif abrégé.** • **Sophro-stimulation de la respiration abdominale (assis puis debout) :** Prenons le temps de poser nos mains sur notre ventre… Nous pouvons fermer nos yeux pour bien nous recentrer… Et nous cherchons à stimuler notre respiration diaphragmatique… À l'inspiration nous essayons de sortir notre ventre au maximum… À l'expiration nous pouvons appuyer légèrement nos mains pour rentrer notre ventre… À notre rythme, nous pouvons réaliser ainsi quelques respirations… Pause d'intégration… • **Désophronisation.**
Indications	Précisons que lors de l'inspiration le diaphragme descend, tandis qu'il remonte à l'expiration, un moyen de comprendre ce qu'il se passe à l'intérieur !

TECHNIQUE SPÉCIFIQUE

Objectif Mobiliser la respiration abdominale.

Déroulement de l'exercice

- **Sophronisation de base abrégée.**
- **Sophro-présence à la respiration carrée :**

  Debout ou assis... Nous inspirons sur quatre temps tout en gonflant le ventre progressivement, 1, 2, 3, 4... Nous retenons l'air *(ventre sorti)*, rétention d'air sur quatre temps, 1, 2, 3, 4... Nous expirons sur quatre nouveaux temps tout en rentrant peu à peu le ventre, 1, 2, 3, 4... Enfin nous bloquons poumons vides *(ventre rentré)*, 1, 2, 3, 4... Et nous reprenons un rythme respiratoire ordinaire... Nous pouvons répéter cet exercice à plusieurs reprises en nous concentrant bien sur le mouvement de notre ventre dans l'inspiration et l'expiration...

  Pause d'intégration...
- **Désophronisation.**

Indications Un exercice pratique à insérer dans son quotidien, et qui peut être expérimenté sans sophronisation de base abrégée ni désophronisation.

Intégrer les bénéfices d'une respiration consciente et maîtrisée

Une respiration ventrale plus consciente et maîtrisée est un moyen de préserver sa santé et sa vitalité. En effet, un organisme mieux oxygéné va éliminer plus facilement les toxines, dénouer ses tensions musculaires, renforcer son système digestif et apporter d'autres bénéfices. Bien familiarisé avec votre respiration, vous allez pouvoir la mettre à profit notamment par l'exercice qui suit.

TECHNIQUE SPÉCIFIQUE

Objectif Diminuer l'intensité d'une émotion désagréable.

Déroulement de l'exercice

- **Sophronisation de base vivantielle par systèmes abrégée.**
- **Sophro-respiration synchronique :**

  Nous sommes assis... Posture dos droit... Et nous pouvons effectuer une sophro-respiration synchronique en nous reliant à une image, un son ou encore un mot qui évoque pour nous un sentiment de sérénité, d'harmonie, de paix... À chacune de nos respirations ce sentiment imprègne un peu plus notre corps et notre esprit... Chaque respiration

Déroulement de l'exercice	régulière et calme nous donne l'occasion de nous relier pleinement à ce sentiment positif… Plaisir de nous apaiser peu à peu… Pause d'intégration… • **Désophronisation.**
Indications	Il est essentiel de se relier à un sentiment utile en situation. Un sentiment de calme sera par exemple intéressant à éveiller pour chercher à apaiser une colère.

EN SAVOIR PLUS

D'autres exercices sur la respiration vous sont proposés dans le chapitre 11, ainsi qu'en partie 4.

L'écoute du corps, tendre l'oreille ?

Écouter son corps, qu'est-ce que cela signifie ? Faut-il tendre l'oreille ? En réalité, cela implique d'écouter ses sensations tant intéroceptives qu'extéroceptives. Les sensations se traduisent parfois par de la chaleur, de la lourdeur ou encore des tensions. Apprendre à écouter son corps, c'est apprendre à le préserver en repérant certains signaux : par exemple prendre conscience de l'apparition de légères tensions avant qu'elles s'amplifient. Savoir écouter son corps, c'est aussi prendre conscience de certaines douleurs, repérer les moments où l'on somatise, où une émotion pointe le bout de son nez (d'où l'intérêt de travailler au préalable sur la gestion des émotions désagréables – voir le chapitre 15), c'est donc en partie agir en prévention. Découvrez des exercices pour développer l'intégration de ce facteur qui influe sur l'équilibre général.

Être conscient que l'on peut écouter son corps

Une étape pour répondre aux questions suivantes : quelles sont les différentes sensations ? Comment les repérer ? Est-ce que je ressens de la chaleur, une sensation de poids, de la lourdeur ? L'objectif de cette étape est de conscientiser ses sensations, de se mettre à l'écoute de son corps par leur contact. L'occasion de découvrir ou de redécouvrir ce phénomène mais également de faire apparaître des difficultés particulières (difficultés à se relier à ses sensations, à identifier un ressenti, etc.) qui pourront être travaillées dans l'étape suivante (« Apprendre à écouter son corps »).

TECHNIQUE SPÉCIFIQUE

Objectif	Prendre conscience de sa capacité d'écoute.
Déroulement de l'exercice	• **Sophronisation de base vivantielle par systèmes abrégée.** • **Sophro-déplacement du négatif abrégé.** • **Sophro-concentration sur les sensations :** Posture dos droit… Et nous pouvons nous mettre à l'écoute de nos sensations… Nous les accueillons dans chaque zone de notre corps… Laissons-les émerger… Au niveau de notre 1er système, de notre visage… Du 2e, de nos épaules et nos bras… Du 3e système au niveau de notre thorax, du 4e, notre ventre et notre dos, et jusqu'au 5e système, notre bassin, nos jambes… Soyons bien présents à nos sensations dans chaque zone… Est-ce facile de les nommer… Peut-être des sensations de température, de poids, de mouvement, de volume, de densité, de contact… Plaisir d'écouter notre corps à travers ses sensations… Pause d'intégration… • **Désophronisation.**
Indications	Cette première étape de découverte consiste toujours à se relier au phénomène comme si c'était la première fois, en toute phénoménologie, tel qu'il se présente à soi.

TECHNIQUE SPÉCIFIQUE

Objectif	Prendre conscience de sa capacité d'écoute en se concentrant sur la respiration.
Déroulement de l'exercice	• **Sophronisation de base vivantielle par systèmes abrégée.** • **Sophro-mnésie senso-perceptive :** Posture dos droit… Soyons bien présents à notre respiration dans l'instant, son rythme, son amplitude… À présent, relions-nous à une journée type de notre quotidien en repérant tous les moments propices pour écouter notre corps, et plus précisément notre respiration… Peut-être le matin au réveil… À la pause déjeuner avant de manger, puis en mangeant… Lors de l'exécution d'un tâche délicate au travail… Le soir, en entrant chez soi, ou à d'autres moments… Pause d'intégration… • **Désophronisation.**
Indications	La respiration comme moyen d'écoute du corps.

Apprendre à écouter son corps

C'est découvrir les zones de notre corps dans lesquelles s'exprime telle ou telle sensation. Les laisser apparaître naturellement et prolonger les pauses d'intégration afin de prendre le temps de les nommer, les décrire, savoir où elles se manifestent et de quelle manière : c'est tout l'objet de cette étape.

TECHNIQUE SPÉCIFIQUE

Objectif	Évacuer les tensions inutiles (plus largement le négatif), filtre de notre ressenti.
Déroulement de l'exercice	• **Sophronisation de base vivantielle par systèmes.** • **Sophro-déplacement du négatif :** En posture assise, dos droit... Nous procédons à un IRTER sur notre 1er système... Inspiration, rétention-tension douce, expiration-relâchement... Et dans une respiration tout à fait naturelle à chacune de nos expirations nous évacuons tout le négatif de cette zone, toutes les tensions inutiles... De même pour le 2e, 3e, 4e et 5e système... Sentons notre corps se libérer peu à peu... Pause d'intégration... • **Désophronisation.**
Indications	Vous trouverez l'intégralité du terpnos logos du sophro-déplacement du négatif au chapitre 11 (p. 114).

TECHNIQUE SPÉCIFIQUE

Objectif	Développer sa capacité d'écoute du corps en remplaçant une sensation par une autre.
Déroulement de l'exercice	• **Sophronisation de base vivantielle par systèmes.** • **Sophro-déplacement du négatif abrégé.** • **Sophro-mnésie substitution sensorielle :** Posture dos droit... Et prenons le temps de nous concentrer sur une zone de notre corps un peu désagréable en termes de ressenti... Par exemple une zone encore un peu tendue... À présent, nous pouvons chercher à remplacer cette tension inutile par une sensation agréable, peut-être une sensation de détente, de chaleur, de légèreté ou autre... Nous nous relions à tout ce qui peut rendre plus présente et intense cette sensation, peut-être des images, des mots, et

Déroulement de l'exercice	par notre respiration régulière nous diffusons cette sensation agréable au niveau de la zone tendue… Un peu plus à chaque respiration… • **Sophro-présence aux sensations :** Vivons en conscience les sensations présentes… Relions-nous au phénomène que sont les sensations… À tout ce qu'il nous évoque… Pause d'intégration… L'expérience de cette sophronisation intégrée à la conscience… • **Désophronisation.**
Indications	On débute par des sensations simples, avant d'en aborder de plus complexes (liées à l'émotionnel notamment). Plutôt que de se référer à des images (entre autres) pour éveiller une sensation agréable, il est possible de la trouver dans son corps : par exemple une sensation de détente présente au niveau du bras gauche. Il ne reste plus qu'à la diffuser jusqu'à la zone plus tendue !

Intégrer les bénéfices d'une bonne d'écoute du corps

Intégrer progressivement cette nouvelle relation à son corps pour tendre vers une meilleure qualité de présence, une meilleure écoute de soi mais aussi le plaisir de vivre plus pleinement ses sensations, de les vivre en conscience.

TECHNIQUE SPÉCIFIQUE

Objectif	Intégrer les bénéfices d'une nouvelle relation à son corps.
Déroulement de l'exercice	• **Sophronisation de base vivantielle par systèmes abrégée.** • **Sophro-déplacement du négatif abrégé.** • **Sophro-projection future :** En posture dos droit… Nous allons pouvoir nous relier à un moment fort à venir… Peut-être un événement particulier, des vacances, une activité sportive hors norme *(saut en parapente, etc.)* ou toute autre situation… Imaginons-nous vivre ce moment pleinement à l'écoute de toutes les sensations, les émotions agréables qui pourraient émerger, comme si elles pétillaient dans tout notre corps telles de petites bulles de champagne…

Déroulement de l'exercice	Pause d'intégration… • **Sophro-présence du positif abrégée.** • **Désophronisation.**
Indications	Rappelons qu'écouter son corps c'est aussi agir en prévention en repérant des sensations désagréables de tensions ou de douleurs qui sont des signaux (difficulté d'adaptation, anomalie, etc.).

Savoir se détendre

Se détendre après une journée de travail ou un week-end animé, c'est souvent un souhait que l'on a du mal à réaliser. Pourtant, c'est essentiel pour préserver son équilibre général, et vous serez content d'apprendre que cela s'apprend ! Un apprentissage autonome ou accompagné par un sophrologue, qui vous permettra de tirer profit chaque jour d'une capacité de détente acquise.

Prendre conscience de sa capacité à se détendre

Une étape pour découvrir ce qui favorise ou empêche votre détente, si vous avez des facilités ou des difficultés à dénouer votre corps, à vous recentrer. La capacité de détente est nécessaire à acquérir pour favoriser son équilibre général, alors que nous avons tendance à la négliger sous prétexte que nous n'avons pas le temps…

TECHNIQUE SPÉCIFIQUE

Objectif	Prendre conscience de sa capacité de détente.
Déroulement de l'exercice	• **Sophronisation de base vivantielle par systèmes.** • **Sophro-déplacement du négatif abrégé.** • **Sophro-mnésie senso-perceptive de moments de sérénité :** Posture dos droit… Et nous allons pouvoir nous relier à des moments de calme et de sérénité que nous avons pu vivre par le passé… Des instants où nous avons pu nous recentrer, prendre du temps pour nous,

Déroulement de l'exercice	relâcher notre corps... Par exemple au moment d'aller se coucher, en contemplant un paysage ou toute autre situation... Nous revivons chacun de ces moments... Plaisir de prendre conscience d'instants de détente bien à nous... Présence de cette capacité dans la conscience... Pause d'intégration... • **Désophronisation.**
Indications	La capacité de détente s'impose parfois à nous spontanément, ou alors nous cherchons des moyens de la réveiller (s'asseoir dans un fauteuil confortable, rester au calme, etc.). Cet exercice est là pour repérer ces moments et faire le point sur notre aptitude à nous détendre par nous-mêmes.

EXERCICE PRATIQUE

Objectif	Prendre conscience de sa capacité de détente.
Déroulement de l'exercice	• **Sophronisation de base vivantielle par systèmes abrégée (très rapide).** • **Exercice du polichinelle :** Nous nous tenons debout, les bras le long du corps... Prenons bien le temps d'ajuster notre posture, nos pieds dans un juste écart... Nos pieds et nos jambes restent immobiles et nous allons réaliser des rotations de gauche à droite de notre buste... Comme un pantin désarticulé... Nos épaules ou nos bras entraînent notre mouvement... Au fur et à mesure de ce mouvement de balancier, repérons si nous sentons notre tête se relâcher ainsi que les membres supérieurs... Nous nous laissons aller progressivement... Pause d'intégration... • **Désophronisation.**
Indications	Un exercice pratique qu'il peut être intéressant d'insérer dans l'entraînement sophrologique et qui peut se réaliser sans sophronisation ni désophronisation. Essayez de repérer si ce sont plutôt vos épaules qui accompagnent le mouvement ou vos bras. Une mise en mouvement parfois utilisée lors des relaxations dynamiques du 1er et 2e degré.

Apprendre à se détendre en toute autonomie

C'est apprendre à mobiliser cette capacité quand bon nous semble, que ce soit pour une pause détente de quelques secondes ou pour une vraie relaxation. Au quotidien il est plus facile d'insérer dans sa journée par exemple un exercice de respiration.

TECHNIQUE SPÉCIFIQUE

Objectif	Développer une qualité de présence, favoriser le relâchement musculaire, rendre notre mental plus disponible.
Déroulement de l'exercice	• **Sophronisation de base :** Nous pouvons nous allonger… Et prenons bien le temps de nous détacher de nos idées parasites… Plaisir de nous recentrer… Nous pouvons relâcher notre 1er système… Puis peu à peu nous amenons la détente dans les autres systèmes… Bien à l'écoute de nos sensations… De notre respiration… Et nous allons pouvoir nous imaginer dans un lieu de bien-être… Nous nous relions à ses couleurs, ses senteurs, les sons qui en émergent… Plaisir de nous évader… Pause d'intégration… • **Désophronisation.**
Indications	La version intégrale du terpnos logos de la sophronisation de base se trouve dans la page 103 du chapitre 10. Précisons qu'il s'agit de la technique initiale à pratiquer en sophrologie et qu'elle est le reflet de méthodes de relaxation.

Se rendre compte des bénéfices d'une bonne capacité de détente

Savoir se détendre, c'est avant tout savoir s'écouter et se préserver. Cette capacité de détente passe par le lâcher prise mental mais aussi physique. L'occasion est donnée dans cette étape de profiter de ses bienfaits tous les jours en la vivant consciemment.

TECHNIQUE SPÉCIFIQUE

Objectif : Concrétiser la détente dans un moment du quotidien.

Déroulement de l'exercice :

- **Sophronisation de base vivantielle par systèmes abrégée.**
- **Sophro-déplacement du négatif abrégé.**
- **Sophro-projection future d'un moment de détente :**

  Nous ajustons notre posture dos droit… Et nous allons pouvoir nous relier dans une journée de travail à venir, en nous imaginant y insérer des instants de détente… Le matin en arrivant au travail, nous pouvons nous imaginer en train de prendre quelques respirations plus profondes… Peut-être écouter notre corps au moment de la digestion… Lâcher prise sur des difficultés rencontrées au cours de la journée… Nous recentrer dans l'après-midi en nous détachant d'idées parasites… Laissons venir à nous toutes les possibilités de détente… Plaisir de conscientiser les bénéfices d'une capacité de détente maîtrisée…

  Pause d'intégration…
- **Sophro-présence du positif abrégée.**
- **Désophronisation.**

Indications : Multipliez au quotidien des moments de détente qui ne peuvent prendre que quelques secondes, le temps de respirer profondément par exemple.

EN SAVOIR PLUS

Petits trucs pour favoriser un bon équilibre général

Respecter vos heures de sommeil.

Prenez plaisir à manger.

Profitez de la nature.

Pensez à bien respirer.

Bougez votre corps grâce à la marche, la danse,…

Octroyez-vous le droit à la sieste.

Souriez ou riez aux éclats.

Communiquez !

Chapitre 15

La gestion du stress

Dans ce chapitre :

- Une méthodologie organisée en quatre étapes
- Analyser ses émotions pour mieux les gérer
- Trouver des solutions en apprenant à se connaître

Le stress c'est quoi ? Ce serait l'ensemble des réactions – physiologiques, cognitives comportementales et émotionnelles – qui se manifestent chez un individu lors d'un processus d'adaptation. Ces réactions peuvent aller crescendo selon trois phases d'évolution.

- **La phase d'alerte :** les premiers signes liés au stress apparaissent (augmentation de la fréquence cardiaque, des tensions musculaires, etc.) ainsi qu'une vigilance accrue. Si elle ne perdure pas, elle peut être synonyme de bon stress.
- **La phase de résistance :** elle se produit lorsque le stress se prolonge. Le corps s'adapte en mettant en place des actions pour se protéger (sécrétion de glucocorticoïdes pour fournir une énergie suffisante).
- **La phase d'épuisement :** le corps dit stop à force d'être trop sollicité.

Lorsque ces réactions freinent voire bloquent le processus d'adaptation, on parle de mauvaise qualité de stress tandis que lorsque ces réactions vont le favoriser, on parle de bonne qualité de stress. Précisons en ce sens qu'il existe un stress positif (mobilisateur) et un stress négatif (infructueux, fragilisant la santé). Le premier nous stimule dans certaines situations du quotidien – certaines personnes ont par exemple besoin de savoir que beaucoup de dossiers les attendent pour enclencher une dynamique de travail – tandis que le second nous empêche d'avancer, de rebondir, ou encore se prolonge trop – un stress qui empêche de se concentrer, de progresser dans ses tâches, etc. – et épuise nos ressources.

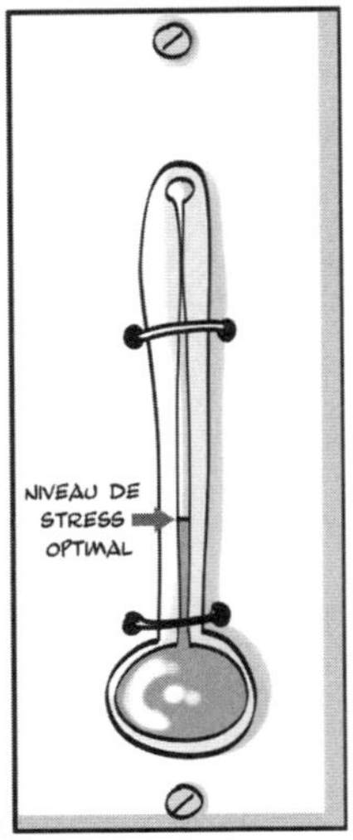

Figure 15-1 : Le thermomètre du stress.

Gérer son stress se résumerait donc en partie à développer, renforcer et intégrer notre capacité d'adaptation. Par ailleurs, certains facteurs liés à notre équilibre général peuvent jouer un rôle dans notre relation au stress : la qualité du sommeil ainsi que ceux développés au chapitre précédent – la respiration, l'écoute du corps, la capacité de détente – définissent l'état initial de la personne susceptible de s'adaptater. Pour résumer, une personne qui n'aurait dormi que deux heures se trouvera sans doute dans un état qui pourrait favoriser ou déclencher un mauvais stress. N'hésitez donc pas à approfondir par la pratique le chapitre précédent avant de vous lancer dans l'entraînement proposé ci-après. Ce chapitre vise ainsi à renforcer la capacité d'adaptation et s'appuie sur la méthodologie de gestion du stress présentée dans l'encadré qui suit. Celle-ci se compose de quatre étapes à suivre pour mieux gérer son stress en situation, autrement dit pour mieux s'adapter à un moment anxiogène.

En fonction de cette méthodologie, les différents facteurs que nous chercherons à optimiser dans les pages à venir seront :

- la capacité de détente ;
- la concentration ;
- la relation aux émotions désagréables ;
- la relation au lâcher prise ;
- la connaissance de soi ;
- la confiance en soi.

Ce programme n'est pas exhaustif mais propose, à titre d'exemple, des suggestions d'entraînement. Chaque facteur doit ainsi être développé de façon plus approfondie. Il s'agit cependant d'un moyen d'amorcer une démarche personnelle.

Les relaxations dynamiques représentent l'axe de travail fondamental de la sophrologie et sont à pratiquer en parallèle de chaque programme. Rappelons que relaxations dynamiques et techniques spécifiques sont complémentaires.

Une méthodologie de gestion du stress

Partons d'un exemple simple : vous venez de faire des courses et arrivez à votre voiture. Au moment de l'ouvrir (vous l'avez bel et bien fermée), vous vous apercevez que vous avez oublié vos clés à l'intérieur (il s'agit d'un ancien modèle !). Il vous est donc impossible de pénétrer dans votre véhicule. Vous vivez une situation d'adaptation. Peut-être en ressentez-vous les premières réactions dans votre corps. Ce sont les symptômes du stress, sur lesquels nous allons travailler en essayant de les vivre en pleine conscience et de les optimiser. Découvrez une méthodologie pour favoriser et renforcer sa capacité d'adaptation, autrement dit mieux gérer son stress.

1 - Garder une bonne maîtrise de soi

Une étape essentielle pour prendre du recul par rapport à la situation (éviter d'avoir « la tête dans le guidon ») tout en gérant les émotions qui s'éveillent. C'est un moyen de rester cohérent et de savoir accueillir et utiliser son ou ses émotions. En l'occurrence dans la situation énoncée une émotion de culpabilité, de colère ou de peur peut apparaître. Le processus d'adaptation va d'abord consister à prendre du recul par rapport à la situation et diminuer, si nécessaire, l'intensité d'une émotion.

2 - Accepter ce qu'on ne peut pas changer

C'est parvenir à lâcher prise, c'est-à-dire à ne pas perdre de temps et d'énergie pour des éléments qui ne changeront pas. Dans l'exemple, c'est se dire « mes clés sont dans la voiture, c'est ainsi… » et pouvoir avancer plutôt que de ressasser, d'avoir un discours intérieur négatif.

3 - Qu'est-ce que je veux ?

C'est raisonner en termes de solutions et s'apporter des réponses qui nous correspondent. Dans notre exemple plusieurs solutions se dessinent. En fonction du contexte mais aussi de sa personnalité, de ce qui est important pour soi, on peut envisager d'appeler son mari ou sa femme, un(e) ami(e) ou encore un taxi pour aller chercher le double des clés chez soi. Une étape intimement liée à la connaissance de soi.

4 - Agir

C'est le moment de mettre la solution en pratique. Une fois celle-ci trouvée (« Qu'est-ce que je veux ? » étape 3), il n'est pas toujours évident de s'y tenir et d'aller jusqu'au bout de son choix, souvent par manque de confiance en soi.

L'entraînement sophrologique va consister au fil des séances à optimiser chacune de ses étapes en travaillant sur différents facteurs. Par exemple, pour avoir une bonne maîtrise de soi (étape 1) il est essentiel de travailler sur la respiration et les émotions désagréables. Précisons d'autre part que développer sa capacité d'adaptation ne signifie pas s'accommoder, parce qu'il le faut, d'une situation mais au contraire déployer les moyens qui nous permettront de bien gérer et vivre ce moment. On s'adapte toujours dans un principe d'action positive, c'est-à-dire dans le sens de notre vitalité, de notre évolution personnelle.

Le stress et moi

Avant d'aborder les exercices propres à chaque facteur pour tendre vers une bonne gestion du stress, vous pourrez commencer votre entraînement par la technique qui suit et qui permet de s'approcher au plus près de la façon dont vous vivez ce stress au quotidien.

TECHNIQUE SPÉCIFIQUE

Objectif	Prendre conscience de la qualité de sa relation au stress.
Déroulement de l'exercice	• **Sophronisation de base vivantielle par systèmes.** • **Sophro-déplacement du négatif abrégé.** • **Sophro-mnésie dissociée de moments de bonne et mauvaise gestion du stress :** Posture dos droit... À présent nous pouvons nous imaginer face à un large écran sur lequel va défiler un moment de mauvaise gestion du stress... Prenons tout d'abord le temps de le choisir... Et nous allons pouvoir nous observer en tant que spectateurs, donc sans le revivre... Une situation où nous avons eu des difficultés à nous adapter défile peu à peu face à nous... Prenons bien le temps d'établir le contexte... D'observer nos postures, notre attitude, l'expression de notre visage... Essayons de nous rappeler notre discours intérieur, ce qu'on se disait à ce moment-là... Quel était notre équilibre général, étions-nous fatigués, nerveux... Plaisir de prendre conscience des facteurs qui entrent en jeu dans une mauvaise qualité de stress... Pause d'intégration... Et maintenant nous pouvons choisir et nous relier pleinement à une situation de bonne gestion du stress, un moment lors duquel nous nous sommes bien adaptés... Prenons plaisir à nous observer, à prendre conscience de nos comportements, de notre discours intérieur, peut-être de ce qui a fait qu'à un moment donné notre stress est devenu positif... Prenons bien le temps de nous imprégner de ces situations, de les comparer... Pause d'intégration... • **Évocation de sentiments positifs.** • **Désophronisation.**
Indications	Au quotidien, lorsque vous vivez des moments de stress, essayez de faire un travail d'après-coup. Après avoir vécu un bon ou mauvais stress, demandez-vous ce qui a bloqué ou enclenché votre adaptation (votre discours intérieur était-il positif : « Je prends le temps de souffler », ou négatif : « Je n'y arriverai jamais », etc.).

Garder une bonne maîtrise de soi

Les facteurs qui entrent en jeu dans la maîtrise de soi sont principalement la capacité de détente, la concentration et la gestion des émotions désagréables. La respiration (facteur 1) ayant été développée au chapitre précédent – en ce sens, il est préférable d'approfondir le chapitre sur l'équilibre général avant d'aborder celui-ci –, nous ne développerons qu'un exercice pour permettre de bien se l'approprier et d'en faire un outil appréciable dans la gestion d'une émotion. La concentration (facteur 2) est également essentielle pour se recentrer, rassembler ses esprits comme il est courant de dire. Par ailleurs, vous découvrirez des exercices détaillés pour prendre conscience, maîtriser et intégrer une relation plus naturelle aux émotions désagréables (facteur 3).

J'apprends à me relaxer

La respiration est un des moyens de se détendre. Elle sera donc précieuse dans cette première étape de la méthodologie de gestion du stress, d'une part pour diminuer l'intensité d'une émotion désagréable – comme la colère ou la frustration qui pourrait apparaître dans un moment d'adaptation – et plus largement pour dénouer son corps, le détendre et prendre du recul par rapport à la situation qui se présente à soi. L'exercice inséré dans votre entraînement sophrologique pourra vous être utile notamment pour amener un sentiment de détente dans un moment de stress.

TECHNIQUE SPÉCIFIQUE

Objectif	Amener un sentiment de détente.
Déroulement de l'exercice	• **Sphronisation de base vivantielle par systèmes abrégée.** • **Sophro-respiration synchronique :** En posture dos droit… Nous prenons le temps de mettre en place notre respiration naturelle, la respiration abdominale… Nous accentuons le mouvement… Notre ventre se gonfle à l'inspiration par le nez, pour rentrer à l'expiration par la bouche… Et maintenant relions-nous pleinement au sentiment de détente… Nous laissons notre respiration devenir plus posée, régulière… Notre respiration est plus profonde, plus ample… Chaque respiration est une occasion de nous imprégner de ce sentiment positif… Nous inspirons et à l'expiration nous pouvons prononcer mentalement le mot « détente »… Relâchement de tout notre corps, notre esprit également au repos… La détente se diffuse un peu plus à chaque respiration… Pause d'intégration… • **Désophronisation.**

Indications	Savoir se détendre est la base de tout apprentissage en sophrologie. La respiration en représente, à elle seule, le principal outil.

J'optimise ma concentration

La capacité de concentration permet de ne pas gaspiller ses ressources dans une situation, de pouvoir se canaliser et de prendre le temps de s'écouter. Se recentrer paraît essentiel pour trouver des solutions cohérentes avec soi-même dans un moment précis. Chercher à développer sa concentration, c'est se demander quels moyens j'ai à ma disposition pour la renforcer. La technique de sophro-concentration qui suit peut en représenter un !

TECHNIQUE SPÉCIFIQUE

Objectif	Développer sa concentration.
Déroulement de l'exercice	• **Sophronisation de base vivantielle par systèmes.** • **Sophro-déplacement du négatif abrégé.** • **Sophro-concentration sur un objet neutre :** Nous pouvons imaginer un objet neutre face à nous... Nous lui accordons toute notre attention... Pour favoriser notre concentration, attardons-nous sur sa forme, sa couleur, sa texture... Prenons bien le temps... Pause d'intégration... • **Désophronisation.**
Indications	Référez-vous au chapitre 11 (p. 123) pour un terpnos logos plus développé de la sophro-concentration.

Je gère mes émotions

Lorsqu'on parle d'émotions désagréables, la première réaction est souvent « courage, fuyons ! » dans le sens où nous cherchons à les éviter, les contourner ou nous en débarrasser au plus vite lorsqu'elles font leur apparition. Or, c'est bien connu, plus on cherche à fuir une difficulté, plus elle revient au galop. Les émotions désagréables représentent de formidables outils de connaissance de soi et sont considérées en sophrologie comme des signaux indiquant une difficulté d'adaptation. Chaque émotion a son propre langage et nous allons voir comment les utiliser à notre avantage en mettant en place des comportements adaptés.

Les émotions désagréables sont essentiellement : la colère, la culpabilité, la peur, la tristesse, la frustration et la déception. Les techniques à suivre vont dans le sens de l'intégration d'une relation naturelle aux émotions désagréables et seront centrées sur l'émotion de la frustration. Outre la pratique, la théorie donne en référence une méthodologie de gestion des émotions qui prend la forme suivante :

1 - Diminuer l'intensité de l'émotion si nécessaire.

2 - Identifier son contexte, la définir.

3 - Identifier les comportements « logiques » pour gérer l'émotion.

4 - Agir en mettant en pratique les comportements les plus adaptés.

Les émotions passées au crible

Pour résumer schématiquement, les deux étapes essentielles pour gérer une émotion sont : l'identification du contexte (2e étape) et des comportements adaptés (3e étape).

– Identifier le contexte :

Il est nécessaire de définir le contexte propre à chaque émotion pour la comprendre et pouvoir prendre du recul.

La colère : autrui n'a pas respecté une de mes valeurs.

La culpabilité : je n'ai pas respecté une de mes valeurs.

La peur : je ne suis pas bien préparé à gérer cette situation.

La tristesse : j'ai des difficultés à vivre la perte.

La frustration : attente que j'ai du mal à satisfaire.

La déception : attente que je ne pourrai satisfaire comme je l'imaginais.

– **Des comportements adaptés** à la frustration puis à la colère :

Les comportements adaptés vont consister à améliorer les moyens que l'on emploie pour atteindre un objectif.

• **La frustration :**

- Chercher de l'information (feuilleter des magazines, faire des recherches sur internet).
- Trouver un modèle (se tourner vers une personne qui a déjà vécu cette expérience).
- Amorcer une dynamique (ne pas rester passif).
- Ouvrir le champ des possibles (envisager les différentes possibilités, chercher de nouvelles solutions).
- Si cela ne fonctionne pas, redéfinir l'objectif (non pas renoncer, mais prendre conscience de ses capacités pour viser l'objectif le plus juste).

• La colère :

- Communiquer sa valeur par le pronom « je » (au lieu d'utiliser le pronom « tu » qui tend à agresser l'autre), en précisant que c'est un comportement qui a déplu et non la personne (Je suis en colère parce que je ne supporte pas ce type de comportement).
- Écouter la valeur de l'autre (l'autre aussi a des choses à nous dire).
- S'assurer qu'on ne déforme pas la réalité (parfois nous avons tendance à grossir le trait ou à nous imaginer que certains faits sont contre nous).
- Agir (est-ce que cela vaut la peine de me mettre en colère ou est-ce que je garde mon énergie pour autre chose ?).

Prendre conscience de sa relation aux émotions désagréables

Pour préciser les terpnos logos, nous allons partir d'un travail centré sur l'émotion de la frustration. En réalité, les exercices qui suivent pourraient faire référence à toute autre émotion. Prendre conscience de sa relation aux émotions désagréables, c'est réaliser comment elles se manifestent et notre façon de les considérer ou de les nier. L'intérêt de cette étape est de mettre en lumière les moyens que nous utilisons pour les gérer.

TECHNIQUE SPÉCIFIQUE

Objectif	Prendre conscience de sa relation à l'émotion de la frustration.
Déroulement de l'exercice	• **Sophronisation de base vivantielle par systèmes.** • **Sophro-déplacement du négatif abrégé.** • **Sophro-mnésie dissociée de moments de frustration :** Posture dos droit… À présent nous pouvons nous imaginer comme au cinéma… Un large écran se déroule face à nous, sur lequel vont défiler deux ou trois moments de frustration que nous avons pu vivre… Pour cela, tournons-nous vers nos expériences passées sources de positif dans notre présent… Prenons bien le temps de retrouver des moments où nous nous sommes sentis frustrés, autrement dit où nous avions l'impression de ne pas parvenir à nos objectifs, de ne pas les satisfaire… Et nous nous observons dans ces situations en tant que spectateurs sans le ressenti, juste en prenant conscience de nos postures, nos comportements, le contexte dans lequel cette émotion s'est manifestée, ce que nous avons mis en place ou pas pour la gérer… Conscience de la façon dont nous avons abordé cette émotion… Prenons tout le temps nécessaire pour nous observer avec cette prise de recul dans ces moments passés de frustration… Pause d'intégration…

Déroulement de l'exercice	• **Sophro-présence du positif abrégée.** • **Désophronisation.**
Indications	Parfois lors des sophro-mnésie dissociées, malgré les précautions (la prise de recul, la simple observation), certaines sensations désagréables du passé renaissent en soi. Aussi n'hésitez pas à pratiquer un sophro-déplacement pendant ou juste après la sophro-mnésie pour ne garder que le positif de cette expérience.

PORTRAIT

Être cohérent avec ses idées

« Ma fille revient d'un an d'étude au Japon et est exécrable avec moi. Agressive et désagréable au possible. La dernière fois, je me suis dit que vu la façon dont elle m'avait parlé, je ne l'emmènerais pas à son rendez-vous et qu'elle se débrouillerait avec les transports en commun. Or, le moment venu je n'ai pas su lui dire non. Du coup je m'interroge et me dis que je n'arrive pas à être stricte et surtout à respecter ce que je pense. »

Valérie, 46 ans

Dans cette situation, effectivement la difficulté à dire non pourrait être liée à un manque de confiance en soi. Mais peut-être que le verrou se trouve ailleurs. Ainsi, peut-être que si cette mère ne parvient pas à dire non, c'est parce qu'elle n'est pas cohérente avec elle-même, qu'elle n'a pas trouvé la bonne solution pour s'adapter à la situation. La frustration de ne pas arriver à dire non s'est prolongée jusqu'à ce qu'elle trouve l'objectif répondant à ses besoins.

En effet, elle me dira plus tard qu'elle trouvait que dire non dans ce moment, c'était comme infliger une punition, et que sa fille avait passé l'âge. Ainsi, elle se rendit compte qu'elle n'avait pas trouvé le bon objectif pour régler cette situation. Il ne correspondait pas à ce qu'elle souhaitait vraiment transmettre à sa fille. Après réflexion, elle trouva un objectif cohérent avec ses attentes et sa personnalité : discuter calmement avec sa fille de ce problème de communication.

Développer la gestion de ses émotions désagréables

Tendre vers une meilleure gestion de ses émotions désagréables, c'est apprendre à les vivre en pleine conscience. Par exemple, au lieu d'une colère impulsive qui nous submergerait, nous essaierons de parvenir à une colère vécue consciemment, en cohérence avec soi-même. Le but de cette étape est d'aborder ses émotions sous un nouvel angle et de mettre en place des comportements adaptés pour améliorer leur gestion en les considérant comme un tremplin propice au déploiement de nos capacités, de notre personnalité.

TECHNIQUE SPÉCIFIQUE

Objectif	Tendre vers une meilleure gestion de l'émotion de la frustration.
Déroulement de l'exercice	• **Sophronisation de base vivantielle par systèmes.** • **Sophro-déplacement du négatif abrégé.** • **Sophro-projection future avec gestion de la frustration :** Et maintenant, nous pouvons nous imaginer bien gérer une situation de frustration qui s'est présentée à nous par le passé et que l'on pourrait revivre prochainement… Par exemple, un moment où nous avons des difficultés à respecter nos engagements, un planning de travail, ou encore à demander une augmentation à notre patron, à nous faire écouter par nos enfants, ou toute autre situation… Prenons bien le temps de nous relier à ce moment… Et nous allons pouvoir nous projeter dans un futur proche en nous imaginant le vivre en passant par les étapes méthodologiques d'une bonne gestion de la frustration… Nous pouvons peut-être nous voir bien respirer pour diminuer l'intensité de l'émotion… Nous recentrer… Identifier le contexte dans lequel s'éveille l'émotion en nous demandant quelle attente a du mal à être satisfaite dans cette situation… Nous essayons de percevoir si cet objectif, cette attente est réellement réalisable, à notre portée… Puis nous pouvons nous imaginer chercher de l'information… Demander conseil à une personne qui a déjà vécu ce type de situation… Ouvrir le champ des possibles *(trouver de nouveaux moyens pour avancer dans la situation)* en développant notre créativité pour enfin agir… Nous pouvons nous imaginer atteindre notre objectif par tous les moyens que nous aurons mis en place… Pause d'intégration… • **Sophro-présence du positif abrégée.** • **Désophronisation.**
Indications	Rappelons qu'une émotion est un signal à ne pas négliger. Apprendre à la gérer, c'est en apprendre plus sur soi et développer ses propres ressources.

Intégrer les bénéfices d'une relation naturelle aux émotions désagréables

Retrouver une bonne relation à ses émotions désagréables, c'est être plus naturel, spontané, délivré d'une certaine pudeur des sentiments. C'est un moyen de se découvrir soi-même en apprenant ce qui nous met en colère ou nous rend triste, ce qui nous fait culpabiliser ou nous frustre. Un moyen de s'écouter pour tendre vers une cohérence de soi et donc vers un mieux-être.

TECHNIQUE SPÉCIFIQUE

Objectif	Prendre conscience des bénéfices sur le long terme d'une relation plus naturelle aux émotions désagréables.
Déroulement de l'exercice	• **Sophronisation de base vivantielle par systèmes.** • **Sophro-déplacement du négatif abrégé.** • **Sophro-programmation future après une bonne gestion de la frustration :** Nous pouvons reprendre le moment de bonne gestion de l'émotion de la frustration développé dans le précédent exercice… Et cette fois-ci prenons plaisir à nous imaginer quelques mois après l'avoir vécue, après avoir atteint notre objectif et pallié notre frustration… Nous pouvons nous relier aux bénéfices résultant de la bonne gestion de cette situation… En quoi cela nous aura enrichis… Qu'est-ce que cela aura pu nous apporter… Nous pouvons peut-être nous voir parler de cette expérience à notre entourage… Prenons bien le temps de nous projeter quelque temps après ce moment… Pause d'intégration… • **Sophro-présence du positif abrégée.** • **Désophronisation.**
Dialogue post-sophronique	Un moyen d'imaginer tout le positif que la bonne gestion de cette émotion pourrait nous apporter dans le futur.

Accepter ce qu'on ne peut pas changer

Le lâcher prise peut être considéré comme un facteur à part entière bien que la relation que l'on entretient avec lui puisse être influencée par le degré de confiance en soi (par exemple, on ne veut pas lâcher une affaire par peur de le vivre comme un échec) et de connaissance de soi (on n'est pas certain de parvenir à rebondir après avoir lâché prise, à trouver de nouvelles solutions, etc.). C'est mettre un point final, ne plus avoir la possibilité d'agir dans la direction que l'on a choisie. Ce sentiment d'impuissance rend d'ailleurs difficile l'intégration du lâcher prise. Accepter ce qu'on ne peut pas changer ne signifie pourtant pas se plier à une situation ou encore abandonner, mais consiste à élargir sa vision des choses, à donner du sens, à travailler sur tout ce qui implique une meilleure relation au lâcher prise. En réalité, dans une situation précise si on est impuissant dans un sens, on peut avoir du pouvoir dans l'autre. Dans l'exemple de départ (encadré « Une méthodologie de gestion du stress ») : mes clés sont bloquées dans la voiture, c'est ainsi, en revanche j'ai la possibilité de prendre du recul par rapport à la situation et d'être efficace en trouvant des solutions.

Il est essentiel de ne pas confondre ce qu'on ne peut pas changer et ce sur quoi il est difficile d'agir. On ne peut changer la météo, les faits qui ne dépendent pas de notre seule volonté, mais peut-être que l'on peut agir pour changer une situation professionnelle, faire un choix délicat, etc. La 2e étape de la méthodologie de la gestion du stress est décisive – puisqu'elle permet de déployer tout de suite son énergie pour passer rapidement à la recherche de solutions (4e étape : qu'est-ce que je veux ?).

« Quand je n'ai pas de bleu, je mets du rouge. »

Pablo Picasso.

Le lâcher prise et moi

Petite expérience sur le lâcher prise : prenez un stylo et serrez-le très fort en fermant votre poing, restez quelques secondes voire plus dans cette tension jusqu'à ce que cela devienne légèrement douloureux. À ce moment-là rouvrez progressivement votre main jusqu'à laisser tomber le stylo. Un geste symbolique du lâcher prise : on s'accroche fortement à un fait, une illusion, et à un moment donné on s'aperçoit qu'on n'y peut plus rien. On commence alors à prendre du recul, mais cette action est douloureuse, tout comme celle d'ouvrir sa main après l'avoir mise fortement en tension. Enfin, nous pouvons admettre que la situation ne changera pas si nous restons figés sur notre action initiale, et changer d'attitude, telle la main qui libère le stylo en se décrispant.

Objectif	Prendre conscience de sa capacité à accepter ce qu'on ne peut pas changer.
Déroulement de l'exercice	• **Sophronisation de base vivantielle par systèmes.** • **Sophro-déplacement du négatif abrégé.** • **Sophro-présence au phénomène du lâcher prise :** À présent dans notre posture dos droit, nous pouvons nous relier pleinement à ce phénomène qu'est le lâcher prise... Nous pouvons peut-être nous relier à l'expression en tant que telle... À ce que le lâcher prise implique pour nous... Peut-être à des situations où il a été facile ou difficile à mettre en application... Peut-être un moment où nous avons perçu qu'insister dans une direction ne mènerait à rien et

Déroulement de l'exercice

que nous y avons pourtant investi du temps et de l'énergie... Prenons bien le temps de nous relier en conscience au lâcher prise, en toute liberté, juste en accueillant ce qu'il évoque pour nous...

Pause d'intégration...

- **Sophro-présence du positif abrégée.**
- **Désophronisation.**

Indications

Se relier à ce phénomène par la sophro-présence est un moyen de l'aborder tel qu'il est, en toute simplicité, sans les représentations que l'on peut en avoir. Vous pouvez associer le conte « Le vieil homme et son fils » (chapitre 13) à cette sophronisation.

Savoir lâcher prise

Apprendre à lâcher prise peut débuter par une mise en pratique au cours de « petites » situations : s'apercevoir qu'on ne peut rien au fait que notre stylo n'ait plus d'encre – au lieu de s'acharner à le secouer –, que les petits imprévus du quotidien ne se nomment pas ainsi pour rien, que dans les bouchons notre voiture ne peut voler... Amusez-vous à repérer le lâcher prise dans des situations de votre quotidien et essayez de repérer en quoi c'est difficile de l'effectuer selon le contexte.

TECHNIQUE SPÉCIFIQUE

Objectif

Développer sa capacité à porter un nouveau regard sur une situation.

Déroulement de l'exercice

- **Sophronisation de base vivantielle par systèmes.**
- **Sophro-déplacement du négatif abrégé.**
- **Sophro-stimulation imaginative sur le lâcher prise :**

Nous pouvons nous tourner vers un moment passé au cours duquel nous avons eu des difficultés à lâcher prise... Peut-être concernant un fait ou une personne...

Et une fois cette situation bien présente, nous utilisons toute la force de notre concentration pour imaginer la façon dont trois personnes neutres auraient pu la vivre... Peut-être en posant un regard différent... En ayant des attentes, un comportement, un discours autre que le nôtre... Prenons bien le temps d'aborder cette situation en toute objectivité en imaginant toutes les attitudes qu'il serait possible d'adopter en étant confrontés à cette situation...

Déroulement de l'exercice	Pause d'intégration… • **Désophronisation.**
Indications	La difficulté à lâcher prise est souvent liée à la difficulté de prendre du recul, d'aborder une situation sous un nouvel angle.

PORTRAIT

Réussir à lâcher prise

« Médecin à la retraite, je m'imposais une discipline de fer dans ma vie personnelle. Il fallait que tout soit parfait et fait au plus vite. Lorsque je recevais des amis, je me mettais une pression folle pour que tout soit prêt en temps et en heure, pour réaliser le meilleur des gâteaux et la meilleure décoration de table. En bref, je voulais être irréprochable. »

Claudie, 63 ans

Dès les premières séances, elle prit conscience qu'elle dépensait beaucoup trop d'énergie dans un mode de fonctionnement qui ne l'épanouissait pas. Parfois emprisonnés dans nos responsabilités, notre éducation et dans des obligations que nous nous imposons et qui, à la longue, deviennent des habitudes, nous avons tendance à perdre notre légèreté. Il est essentiel de se demander ce qui est réellement bon pour soi et ne pas hésiter à changer sa façon de vivre les choses, de lâcher prise sur certaines « règles ». Au lieu de prendre son café avant ses biscottes, pourquoi ne pas le prendre après. Un exemple tout simple qui prouve à quel point faire preuve de souplesse est possible dans de petits gestes quotidiens. Sortez du cadre !

Intégrer les bénéfices du lâcher prise

C'est s'offrir plus de liberté, gagner du temps et de l'énergie, avoir un esprit plus ouvert, s'autoriser le fait de ne pas pouvoir tout maîtriser. Des bénéfices non négligeables pour un quotidien plus léger. Par exemple, lâcher prise en reconnaissant qu'on ne peut pas changer les autres, ou encore que nous avons tous une façon différente de vivre, de gérer des situations, peut aider à sortir d'un état d'introversion et de repli sur soi-même.

TECHNIQUE SPÉCIFIQUE

Objectif	Intégrer dans le quotidien une capacité à lâcher prise consciente et maîtrisée.
Déroulement de l'exercice	• **Sophronisation de base vivantielle par systèmes.** • **Sophro-déplacement du négatif abrégé.** • **Sophro-projection future sur un moment de lâcher prise intégré :** En posture dos droit… Nous pouvons effectuer un IRTER, symbole du lâcher prise de notre corps… Nous inspirons, rétention-tension douce de chaque petit muscle et expiration-relâchement en évoquant le mot « lâcher prise »… Plaisir de vivre notre corps dans ce relâchement… Et à présent nous allons nous relier à une situation qui va faire appel à notre capacité à lâcher prise… Peut-être un moment au travail, en famille ou seul… Et nous pouvons nous imaginer favoriser cette capacité à accepter ce qu'on ne peut pas changer par différents moyens… Peut-être en développant un discours intérieur positif qui nous mobilise dans une dynamique d'action… Peut-être en faisant appel à notre créativité pour dessiner des solutions qui nous permettent de facilité notre acceptation, peut-être en prenant du recul, en éveillant un sentiment de confiance… Prenons bien le temps de dessiner des moyens favorisant le lâcher prise… Pause d'intégration… • **Sophro-présence du positif abrégée.** • **Désophronisation.**
Indications	L'essentiel dans cet exercice est de se relier à une situation précise (par exemple, vous vous obstinez à répéter le discours inefficace que vous tenez à vos enfants pour leur faire ranger leur chambre, au lieu de lâcher prise) et de trouver d'autres solutions pour régler le problème.

À MÉDITER

Lâcher prise, c'est vivre une forme de liberté

Sortir de la douche, en fin de journée, et se rendre à la mer. Soudain avoir envie de se baigner en n'ayant rien prévu, ni maillot ni serviette. Si l'on commence à penser à ses kilos en trop, au fait que l'eau est un peu froide, qu'en sortant on n'aura rien pour s'essuyer et qu'ensuite il va falloir se relaver les cheveux,... on n'ira jamais à l'eau ! Pourtant quel bon moment on peut passer en retrouvant son insouciance et en ne s'inquiétant pas des conséquences – qui ne sont d'ailleurs pas si graves – de façon à juste se faire plaisir, se laisser aller, laisser le mental de côté pour répondre à un désir un peu fou. Quel bonheur cela peut devenir de retrouver sa légèreté et de lâcher prise !

Trouver des solutions

C'est se demander : Qu'est-ce que je veux dans cette situation (de stress) ? En l'occurrence, trouver des solutions en cohérence avec soi-même va passer par une meilleure connaissance de soi. C'est explorer son potentiel et raisonner en termes de solutions et non de problèmes. C'est prendre conscience de ce qui est bon pour soi pour être en accord avec soi-même dans les choix que l'on fait. Être cohérent avec soi-même requiert une bonne connaissance de soi. Se relier à ses valeurs de vie est un moyen de développer cette connaissance : il s'agit non seulement d'un facteur influant sur notre capacité d'adaptation (dans cette 3e étape), mais également d'une thématique à part entière développée dans le chapitre 17. Les techniques qui suivent aident à développer une meilleure connaissance de soi mais ne sont en aucun cas suffisantes. Un entraînement sophrologique plus complet est nécessaire. La mise en pratique des programmes proposés dans cette partie pourra y contribuer.

Être conscient de ses valeurs

C'est découvrir progressivement son système de valeurs, ce qui est important pour soi, ce qui donne du sens à son existence. Dès le plus jeune âge il est intéressant de stimuler la personnalité de l'enfant : s'il vous demande comment vous trouvez son dessin, retournez-lui la question pour savoir ce qu'il en pense lui-même. Une première étape dans la prise de conscience des valeurs qui définissent une partie de notre personnalité.

TECHNIQUE SPÉCIFIQUE

Objectif	Prendre conscience de certaines de ses valeurs.
Déroulement de l'exercice	• **Sophronisation de base vivantielle par systèmes.** • **Sophro-déplacement du négatif abrégé.** • **Sophro-mnésie senso-perceptive d'une journée en se reliant à nos valeurs :** Posture dos droit… À présent nous pouvons nous relier à une journée « type » de notre quotidien, peut-être la journée d'hier… Et nous allons prendre le temps de la décrypter, de détailler chacune de nos actions… Ainsi, pour chacun de nos gestes, chacun de nos actes, nous nous demandons ce qui est important pour nous… Qu'est-ce qui est important pour nous dans le fait de prendre tel ou tel déjeuner… Est-ce lié à notre valeur santé, plaisir… Qu'est-ce qui est important pour nous dans le fait de prendre la voiture plutôt qu'un autre moyen de transport… Est-ce lié à notre valeur liberté, organisation… Nous relions chacune de nos actions à une valeur précise… Prenons plaisir à les rassembler peu à peu au fil de cette journée… Pause d'intégration… • **Sophro-présence du positif abrégée.** • **Désophronisation.**
Indications	N'hésitez pas à noter les valeurs qui ont pu émerger lors de la sophronisation dans votre carnet de pratique. Cet exercice est un moyen de découvrir une partie infime de sa personnalité, mais en réalité toutes les techniques de sophrologie tendent vers une meilleure connaissance de soi.

Mieux se connaître

Mieux se connaître, c'est se demander ce qui est important pour soi, ce qui donne du sens à ses actes, à ses choix, et les difficultés pour y parvenir sont souvent liées au fait de ne pas s'écouter, de se couper de ses émotions, donc de son ressenti (on évite de dire « non » par peur de se confronter à la culpabilité, etc.). Il est temps de se reconnecter avec soi-même, de façon à dévoiler une partie de sa personnalité.

TECHNIQUE SPÉCIFIQUE

Objectif Développer sa capacité à s'écouter.

Déroulement de l'exercice

- **Sophronisation de base vivantielle par systèmes.**
- **Sophro-déplacement du négatif abrégé.**
- **Sophro-stimulation de la spontanéité :**

  Nous sommes en posture dos droit et pouvons chercher à déconnecter notre mental, à nous laisser aller... Agréable lâcher prise...

  Commençons par un exercice qui consiste à prendre conscience du premier mot, son, couleur ou image qui nous apparaît à l'évocation d'un terme... Nous débutons par le terme positif... Mettez-vous au contact du premier élément qui vient à votre esprit... De même pour le mot ciel... émotion... Puis chemin...

  Nous poursuivons ce travail de spontanéité en laissant apparaître tout ce qui vient à l'évocation d'une valeur... Si nous évoquons la famille, quels sont les mots, les images, les idées qui apparaissent... Puis la liberté... l'humanité... l'amour... Plaisir de nous relier à la façon dont nous vivons ces valeurs, dont elles définissent notre personnalité...

  Et prenons bien le temps d'intégrer, d'ancrer en nous l'expérience de cette sophronisation...

- **Désophronisation.**

Indications Stimuler sa spontanéité et, au-delà, son instinct, son intuition, c'est développer cette écoute « timide » (l'intuition est rarement bruyante) de soi, avoir l'occasion au quotidien de se tourner plus facilement et spontanément vers des choix qui nous correspondent. Un moyen de mieux se connaître est de se relier au quotidien à son discours intérieur : qu'est-ce que je me dis lorsque je vois une personne se faire doubler à la caisse d'un supermarché, lorsque j'entends parler de tel sujet de société, etc.

Une bonne connaissance de soi, ça change la vie !

Conscients de nos valeurs et des moyens mis en place pour les satisfaire, nous sommes plus cohérents avec nous-mêmes, dans nos choix, nos envies, nos besoins, nos attentes. Se déploie alors une facilité à se tourner vers ce qui est bon pour soi, à rebondir sur des difficultés. Mieux se connaître est par conséquent un des moyens de favoriser son épanouissement personnel.

TECHNIQUE SPÉCIFIQUE

Objectif	Intégrer le plaisir d'être pleinement relié à ses valeurs.
Déroulement de l'exercice	• **Sophronisation de base vivantielle par systèmes.** • **Sophro-déplacement du négatif abrégé.** • **Sophro-projection future d'une journée où nous sommes pleinement reliés à nos valeurs :** Et maintenant nous pouvons nous imaginer vivre une journée en étant bien conscients de nos valeurs, de ce qui est important pour nous… Bien reliés à nos valeurs, autrement dit à ce qui définit notre personnalité, nous avons plus de facilité à faire des choix, entre autres… Notre journée se déroule dans la sérénité, nous sommes tout simplement en cohérence avec nous-mêmes dans nos pensées, notre ressenti, nos actions… Peut-être en nous voyant prendre un petit déjeuner qui nous correspond parfaitement, en agissant au plus près de nos souhaits, en partageant des discussions avec des collègues de travail… En organisant notre journée de façon à respecter nos valeurs fondamentales que sont peut-être la liberté, la famille, ou toute autre valeur… Prenons bien le temps de laisser se dérouler le fil de cette journée d'unité de soi… Pause d'intégration… • **Sophro-présence du positif abrégée.** • **Désophronisation.**
Indications	Une meilleure connaissance de soi facilite le quotidien et provoque une relation plus naturelle au plaisir : pourquoi s'embarquer dans un dîner chic alors que l'on préfère passer la soirée en famille.

Agir consciemment

Agir, c'est enclencher une dynamique. Pour agir, il est souvent nécessaire d'avoir confiance en soi… On va passer à l'action pour rebondir sur une situation, pour avancer, pour changer les choses ou peut-être pour modifier notre façon de les vivre. Et ce dernier point est essentiel. C'est sortir d'un mode de pensée et de fonctionnement qui ne porte pas ses fruits pour aborder la situation sous un nouvel angle. Par exemple, quelqu'un n'est pas épanoui au travail parce que sa collègue de bureau l'excède. Il va pouvoir essayer de vivre cette situation autrement, peut-être en rétablissant le dialogue, en essayant de mettre en avant les qualités de cette personne ou encore en lui disant ouvertement ce qu'il a sur le cœur.

En savoir plus

Cette étape d'action peut parfois devenir de l'inaction. Par exemple, si je me tords la cheville lors d'un footing : « Qu'est-ce que je veux ? » (étape 3), c'est faire du sport, mais quand je décide d'« agir » (étape 4), je mets ma cheville au repos ! Les difficultés relatives à cette étape vont être travaillées dans les exercices qui suivent dans le but d'améliorer notre efficacité dans une situation, renforcer notre confiance, notre créativité pour développer une souplesse d'adaptation.

Un manque de confiance ?

La confiance en soi construit ses fondements lors de l'enfance et l'adolescence. Se relier à sa confiance en soi signifie donc passer par cette période, se tourner vers son passé toujours dans un principe d'action positive. Cette thématique est développée dans le chapitre suivant. Pourquoi l'aborder dans le cadre de la gestion du stress ? Notamment parce que l'on s'aperçoit parfois que l'on a trouvé une solution pour agir dans une situation, mais que, par manque de confiance, on a des difficultés à la mettre en pratique.

Technique spécifique

Objectif	Prendre conscience de sa confiance en soi.
Déroulement de l'exercice	• **Sophronisation de base vivantielle par systèmes abrégée.** • **Sophro-déplacement du négatif abrégé.** • **Sophro-mnésie senso-perceptive de moments de confiance :** Posture dos droit… Prenons bien le temps de nous relier à des moments de confiance du plus loin qu'on se souvienne… Nous pouvons par exemple revivre la fois où nous avons réussi à faire seuls du vélo… La fois où nous avons réalisé seuls un gâteau ou encore sommes allés seuls quelque part… Prenons plaisir à réveiller en nous ce sentiment de confiance et tout ce qu'il peut nous apporter de positif… Des sensations, un discours intérieur positif, une dynamique, l'éveil de notre vitalité… Pause d'intégration… • **Désophronisation.**
Indications	Cet exercice tend à éveiller tout un ressenti positif inhérent à des moments de confiance vécus.

Travailler sa confiance en soi

Cela implique d'éveiller et de renforcer ses capacités. Précisons que l'exercice seul ne suffit pas à développer sa confiance en soi mais représente un exemple y contribuant. Affermir sa confiance, c'est donc en partie prendre conscience de ses ressources…

TECHNIQUE SPÉCIFIQUE

Objectif	Conscientiser ses capacités et pouvoir les mobiliser pleinement dans son existence.
Déroulement de l'exercice	• **Sophronisation de base vivantielle par systèmes abrégée.** • **Sophro-déplacement du négatif abrégé.** • **Sophro-manence et rétro-manence des capacités :** Nous prenons le temps d'ajuster notre posture… Debout bien stabilisés… Et nous pouvons ouvrir nos mains au niveau de notre 5e système… Nous pouvons effectuer un IRTER (tension douce) et laissons émerger des capacités au niveau de cette zone… Nous leur laissons du temps et de l'espace, les nommons… Nous remontons nos mains de même au niveau de notre 4e, 3e, 2e et 1er système… Plaisir d'éveiller peu à peu nos capacités dans tout notre corps… Comme s'il était dans une douce effervescence… Et rétro-manence des capacités, nos mains redescendent du 1er au 5e système… Nos capacités se réinscrivent en nous, bien renforcées… Tout notre corps chargé de tout son potentiel… Pause d'intégration… • **Désophronisation.**
Indications	N'hésitez pas à noter les capacités qui ont pu émerger dans votre carnet de pratique. Vous remarquerez ainsi que la répétition de cette technique peut conduire à se relier de façon récurrente à certaines capacités ou en laisser apparaître de nouvelles. Retrouvez un terpnos logos complet au chapitre 11 (p. 156).

Une confiance en soi redorée

Renforcer sa confiance en soi va permettre de se lancer dans l'action.
En effet, une fois que l'on a trouvé une solution, que l'on sait ce que l'on veut (3e étape), il faut souvent une dose de confiance pour la mettre en pratique et agir.

TECHNIQUE SPÉCIFIQUE

Objectif	Intégrer les bénéfices d'une confiance en soi renforcée.
Déroulement de l'exercice	• **Sophronisation de base vivantielle par systèmes.** • **Sophro-déplacement du négatif abrégé.** • **Sophro-projection future d'un moment de confiance :** Nous pouvons nous imaginer vivre dans l'avenir une situation où, d'ordinaire, nous aurions manqué de confiance... Par exemple, exprimer une opinion, effectuer telle tâche quotidienne ou professionnelle... Et à l'inverse prenons plaisir à nous imaginer la vivre en pleine confiance... En prenant le temps de bien respirer, de gérer nos émotions, en ayant un discours intérieur positif, bien conscients de nos capacités, en nous affirmant... C'est avoir le sentiment de se trouver à sa place... D'être au clair avec ce que l'on ressent, dit et fait... Bien à l'écoute de notre corps et des sensations que peut éveiller cette situation de confiance... Pause d'intégration... • **Sophro-présence du positif abrégée.** • **Désophronisation.**
Indications	Pour en savoir plus sur les moyens d'éveiller sa confiance en soi, rendez-vous chapitre 16.

Gérer son stress au quotidien

Cet exercice est réservé à la fin de votre entraînement sur le thème de la gestion du stress. Il consiste à faire un bilan de toutes les expériences qui ont pu être intégrées au cours des précédentes techniques, en se projetant dans une situation anxiogène bien gérée.

TECHNIQUE SPÉCIFIQUE

Objectif

Intégrer les bénéfices d'une capacité d'adaptation développée.

Déroulement de l'exercice

- **Sophronisation de base vivantielle par systèmes abrégée.**
- **Sophro-déplacement du négatif abrégé.**
- **Sophro-projection future d'un moment de bonne gestion du stress :**

  Posture dos droit… Et maintenant nous pouvons nous imaginer bien vivre un moment de stress dans le futur, autrement dit bien nous adapter à une situation anxiogène… Nous avons peut-être un exemple en tête, un examen que nous allons passer, une situation stressante au travail, ou autre chose… Prenons bien le temps de nous projeter dans ce moment, de nous imaginer le vivre à l'avenir en passant par les quatre étapes de gestion du stress… La première qui consiste à garder une bonne maîtrise de soi… Nous pouvons nous imaginer bien respirer, gérer nos émotions…

  Puis la seconde étape, nous pouvons nous imaginer lâcher prise…

  Pour ensuite nous demander ce que nous voulons… Trouver des solutions en cohérence avec nous-même, notre personnalité…

  Enfin nous nous projetons dans la quatrième étape en nous voyant agir en pleine confiance…

  Plaisir d'optimiser notre capacité d'adaptation, de bien gérer notre stress dans cette situation…
- **Sophro-présence du positif abrégée.**
- **Désophronisation.**

Indications

Un exercice à répéter pour bien ancrer en soi cette expérience positive et la concrétiser dans son quotidien. Il est intéressant de le pratiquer en changeant de situation.

EN BREF

La capacité d'adaptation est partout ! La renforcer est ainsi bénéfique dans la vie quotidienne, mais aussi pour se préparer à la retraite en toute sérénité, à un examen ou encore à un voyage hors des sentiers battus.

Chapitre 16

La confiance en soi

Dans ce chapitre :

- Bien se connaître et se comprendre
- Écouter ses émotions
- S'affirmer pour oser être soi
- Se délivrer de certains conditionnements affectifs

Une définition de la confiance en soi pourrait commencer par le terme « oser ». Oser s'exprimer, oser entreprendre, aller de l'avant se libérer de l'emprise du regard des autres, être pleinement soi. Que ce mot est libérateur ! Oser, c'est retrouver de la légèreté en apprenant à gérer ses peurs. C'est donc ainsi que l'on peut définir la confiance en soi : savoir s'affirmer, croire en soi, surmonter les difficultés – comme un enfant qui apprend à marcher, il tombe puis se relève –, rebondir sur des échecs, frustrations, déceptions. Pour schématiser, je suis pleinement moi-même lorsque j'ai confiance en moi.

La construction de son capital confiance

L'enfance est le moment de construction de la confiance en soi mais aussi une période de vie dans laquelle on peut venir puiser des souvenirs lorsqu'on cherche à renforcer sa confiance, plus tard à l'âge adulte. C'est à travers le cadre familial et social que va s'étoffer ou s'étioler la confiance : le rôle des parents, l'expérience scolaire, les relations sociales et sentimentales sont déterminants. De l'enfance à l'âge adulte, les expériences que nous rencontrons vont ainsi renforcer ou desservir notre confiance. La période scolaire en est une bonne illustration selon qu'on est premier de la classe ou que ses notes ne dépassent pas la moyenne. C'est une construction de soi qui s'opère : la confiance en soi, c'est aller vers l'autonomie.

La cohérence de soi

Il est essentiel de garder à l'esprit que la confiance en soi n'est pas synonyme d'orgueil. Elle fluctue en fonction des périodes de la vie, mais il est nécessaire d'en consolider le socle. Elle est aussi signe de liberté et d'autonomie, notamment quand on a conscience d'être capable de… Renforcer sa confiance en soi, c'est développer une meilleure connaissance de soi, c'est-à-dire être conscient de ses forces et de ses faiblesses, de ses ressentis, de ses pensées, de ses valeurs. Une meilleure connaissance de soi va permettre d'acquérir une plus grande unité de soi. Par « unité de soi » on entend absence de conflit intérieur, c'est-à-dire être en accord avec ce que nous ressentons, pensons et faisons. Par exemple, éviter de se torturer entre une part de soi qui, instinctivement, voudrait dire non et une autre qui voudrait dire oui pour faire plaisir. L'estime de soi en découle : apprendre à se respecter, s'aimer, construire et asseoir sa personnalité, faire des choix en accord avec soi-même tout en restant ouvert aux remarques des autres.

Avoir confiance en soi, c'est aussi développer une relation plus naturelle avec ses émotions désagréables, sources d'évolution personnelle. Un exemple tout simple en témoigne : celui d'une personne qui, par peur de l'échec – et donc pour se protéger d'émotions désagréables comme la déception ou encore la tristesse –, n'oserait pas passer un examen. Se familiariser et apprendre à gérer ses émotions désagréables est ainsi essentiel pour oser réaliser ses désirs, concrétiser ses choix de vie. Enfin la confiance en l'avenir – croire en sa bonne étoile – est également un moyen de renforcer sa confiance en diminuant ses peurs, en éveillant un sentiment d'espoir.

Les facteurs influant sur la confiance en soi et que vous allez pouvoir chercher à optimiser sont principalement les suivants :

- la gestion des émotions désagréables ;
- l'affirmation de soi (en réalité elle réunit plusieurs facteurs dont les conditionnements affectifs qui sont présentés plus loin) ;
- les conditionnements affectifs.

De la première à la dernière page de ce chapitre, les exercices sont à explorer et à pratiquer peu à peu, étape après étape, tel un parcours de (re)construction ou de renforcement de la confiance en soi, même si les techniques proposées ne sont pas exhaustives.

Déroulement de l'exercice

Commencez votre entraînement en répondant à ces quelques questions sur votre carnet de pratique :

– Quel premier mot vous vient à l'esprit à l'évocation du mot « confiance » ?

– Comment définiriez-vous le manque de confiance en soi ?

– Depuis quand ressentez-vous un manque de confiance en vous ?

– Dans quels contextes ce manque de confiance se manifeste-t-il ?

Déroulement de l'exercice	Ensuite, essayez de commencer à lister des comportements parasités, c'est-à-dire des moments de manque de confiance en vous, sur lesquels vous pourrez axer vos sophronisations. Pour mettre en lumière vos comportements parasités, reliez-vous à des moments où, par exemple, vous avez fait quelque chose à contrecœur (dire oui alors qu'on souhaitait dire non, etc.) ou à l'inverse vous souhaitiez faire quelque chose et n'avez pas agi (s'inscrire à des cours de piano, rappeler un vieil ami, etc.). En bref, ce sont des comportements qui ne sont pas adaptés à nos réels désirs.

ATTENTION

Ce programme n'est pas exhaustif mais propose, à titre d'exemple, des suggestions d'entraînement. Chaque facteur doit ainsi être développé de façon plus approfondie. Il s'agit cependant d'un moyen d'amorcer une démarche personnelle.

N'OUBLIEZ PAS !

Les relaxations dynamiques représentent l'axe de travail fondamental de la sophrologie et sont à pratiquer en parallèle de chaque programme. Rappelons que relaxations dynamiques et techniques spécifiques sont complémentaires.

Confiance et manque de confiance

Il s'agit de se relier par exemple à des moments de sa scolarité lors desquels nous avons eu de bonnes ou de mauvaises notes. Ou encore à des moments d'échecs ou de réussites professionnels. Une étape intéressante pour se demander comment l'on vit le manque de confiance en soi ou à l'inverse comment l'on se sent dans des moments de pleine confiance. Prenez le temps de bien approfondir cette technique afin de dessiner des réponses autour des questions suivantes : Ai-je globalement confiance en moi ? Existe-t-il des contextes particuliers lors desquels je ressens un manque de confiance ?...

TECHNIQUE SPÉCIFIQUE

Objectif	Conscientiser son manque de confiance en soi, le concrétiser.
Déroulement de l'exercice	• **Sophronisation de base vivantielle par systèmes.** • **Sophro-déplacement du négatif abrégé.** • **Sophro-mnésie dissociée d'un moment de confiance et de manque de confiance :** Adoptons la posture dos droit... Et prenons plaisir à nous relier à la notion de confiance en choisissant d'une part un moment de manque

Déroulement de l'exercice	de confiance en nous et d'autre part un moment de pleine confiance que nous avons pu vivre... Nous prenons le temps de nous observer dans ces moments comme si nous les laissions défiler sur un écran de cinéma... Nous mettons en lumière le contexte, nos comportements, notre attitude, notre discours intérieur... Et essayons de repérer ce qui est différent dans notre ressenti, notre comportement, notre discours intérieur d'une situation à l'autre... En bref, comment vivons-nous la confiance et le manque de confiance en nous... Pause d'intégration... • **Sophro-présence du positif abrégée.** • **Désophronisation.**
Indications	Pour commencer l'entraînement, nous essayons de percevoir notre rapport à la confiance et au manque de confiance en soi.

Un manque de confiance en soi peut se manifester par différents complexes :

- **Le complexe d'infériorité :** on se dévalorise, on a le sentiment de ne pas être à la hauteur, d'être « inférieur » aux autres.
- **Le complexe de supériorité :** à l'inverse, il va signifier un excès d'assurance comme un masque, un jeu de rôle qui cache en réalité un manque de confiance.
- **Le complexe d'échec :** on se dit « je n'y arriverai jamais », on imagine des obstacles insurmontables et on se décourage facilement.
- **Le complexe d'exclusion :** lié à un sentiment d'abandon, il donne l'impression d'être en marge, rejeté.
- **Le complexe de culpabilité :** il consiste à se sentir en faute, à avoir le sentiment de ne pas avoir le droit de dire, de faire, de penser, d'exister.

TECHNIQUE SPÉCIFIQUE

Objectif	Conscientiser son manque de confiance en soi, le concrétiser.
Déroulement de l'exercice	• **Sophronisation de base vivantielle par systèmes.** • **Sophro-déplacement du négatif abrégé.** • **Sophro-mnésie dissociée de moments de manque de confiance et s'attachant aux complexes :** Nous pouvons à présent nous relier à des situations de manque de confiance en soi que nous avons pu vivre… Toujours sur notre écran de cinéma, simplement en nous observant sans revivre ces situations… Peut-être des moments où nous avons eu peur, où nous n'avons pas osé nous exprimer, où nous avons dit oui alors que nous souhaitions dire non ou toute autre situation… Et prenons bien le temps de repérer le complexe auquel est reliée telle ou telle situation… Peut-être un complexe d'infériorité… De supériorité… D'exclusion… D'échec… De culpabilité… Nous repérons les complexes qui se manifestent en nous dans un moment de manque de confiance… Pause d'intégration… • **Sophro-présence du positif abrégée.** • **Désophronisation.**
Indications	Au quotidien, lorsque vous vivez des moments de manque de confiance, prenez le temps de noter leur type et leur intensité (sur une échelle de 0 à 10). À l'inverse du protocole de cette technique (retrouver des moments de manque de confiance et identifier les complexes), vous pouvez très bien vous demander « quand est-ce que je me sens inférieur, supérieur, en échec, exclu ou coupable » afin d'identifier plus facilement les moments de manque de confiance.

Y voir plus clair !

Découvrez dix questions intéressantes à se poser dans une situation de manque de confiance, pour la clarifier, prendre conscience de ses objectifs et définir ce qu'on veut vraiment :

1. Quel est mon objectif ?
2. En quoi est-ce important pour moi ?
3. Qu'est-ce qui m'empêche d'atteindre ce que je désire ?
4. Comment saurai-je que j'ai atteint mon but ?
5. De quelles ressources je dispose actuellement pour le dépasser ?
6. De quelle(s) autres(s) ressource(s) ai-je besoin ?
7. Qu'est-ce que je risque de perdre en l'atteignant ?
8. Qu'est-ce que je gagne à l'atteindre ?
9. Qu'est-ce qui est le plus important pour moi ?
10. Quand est-ce que je souhaite l'obtenir ?

Le parcours de la confiance

Le niveau de confiance en soi acquis à l'âge adulte est celui qui s'est construit tout au long de notre enfance jusqu'à notre entrée dans la maturité. Se relier aux différentes étapes propres à cette période et faire le lien avec le présent est un bon moyen de faire un bilan de son capital confiance et par là même de mieux se connaître. Précisons que bien d'autres exercices et techniques sont susceptibles de favoriser une meilleure connaissance de soi. Dans le cadre de la confiance en soi, développer une idée plus fine de « qui nous sommes » implique de prendre conscience de notre rapport à la confiance.

Vous allez pouvoir vous relier dans l'exercice qui suit au mot « non » prononcé pour la première fois vers l'âge d'un an et demi, en vous imaginant dire ce « non » dans des situations à venir. Il s'agit de faire un point sur votre relation à l'expression de ce terme en effectuant divers arrêts sur image. C'est l'occasion de mettre en lumière les difficultés rencontrées lorsqu'on manque de confiance en soi mais aussi de repérer les éléments qui, à l'inverse, dopent cette même confiance.

TECHNIQUE SPÉCIFIQUE

Objectif	Prendre conscience des étapes inhérentes à la construction de notre capital confiance.
Déroulement de l'exercice	• **Sophronisation de base vivantielle par systèmes.** • **Sophro-déplacement du négatif abrégé.** • **Les étapes de construction du moi :** Posture dos droit... Maintenant, intéressons-nous à la construction de notre personnalité en nous reliant à des étapes clés... Commençons par le mot « non » que nous avons prononcé pour la première fois autour d'un an et demi... Un terme synonyme de respect de soi qui ne représente pas un affront mais un moyen de communiquer son ressenti, de s'exprimer librement sans interdits... Quel plaisir de vivre une forme de liberté à travers ce simple mot... À présent, relions-nous à des situations où nous allons exprimer ce « non »... Peut-être dans un cadre serein en le justifiant ou peut-être un « non » plus ferme et bref sans nulle explication... Nous nous adossons... Pause d'intégration... Posture dos droit... Et nous portons notre attention sur un autre terme tout aussi important... Le pronom « je » que l'on a intégré à notre langage vers l'âge de deux ans et demi... Un simple mot qui signe notre identité, qui nous impose en tant qu'individu à part entière... Nous nous relions pleinement à ce pronom en imaginant des situations dans lesquelles nous exprimons nos pensées, notre ressenti, nos opinions.. Est-ce que nous l'utilisons souvent et le privilégions par rapport au « on »... Est-ce que ce pronom est difficile à faire entrer dans notre langage... Nous nous adossons... Pause d'intégration... Posture dos droit... Puis vers l'âge de 3 ans... Nous avons pris conscience de notre identité sexuelle, du fait d'être une fille ou un garçon et nous nous sommes essayés au plaisir de la séduction... Prenons bien le temps de nous relier au présent, plaisir de vivre en tant que femme ou homme... Et relions-nous à des situations du quotidien associées à ce plaisir de plaire ou d'être séduits... Pas seulement dans le sens de la séduction en tant que telle mais dans le sens de séduire une assemblée par exemple par l'exposé d'un projet... Vouloir plaire, avoir une personnalité qui séduit le plus grand nombre... Nous nous adossons... Pause d'intégration... Posture dos droit... Nous allons maintenant éveiller un plaisir d'un autre ordre, le plaisir exprimé vers 6-7 ans dans notre désir d'autonomie... Le besoin de faire seuls nos propres expériences, de confronter notre personnalité au monde extérieur... Comme la première fois où nous sommes allés seuls dans un commerce... où nous avons réussi à faire seuls du vélo... Relions-nous à des situations actuelles où nous vivons

Déroulement de l'exercice	ce plaisir d'agir seuls... Prendre une décision, se rendre quelque part, se reposer... Nous nous adossons... Pause d'intégration... Posture dos droit... Et nous avançons peu à peu dans l'âge et arrivons à l'adolescence... Le besoin de liberté qui a pu s'exprimer, le désir de faire ce que nous voulions et comme nous le voulions... De nous détacher du schéma parental, de rencontrer de nouvelles personnes, de vivre nos premières expériences sentimentales... Prenons plaisir à imaginer des situations dans lesquelles nous vivons pleinement cette liberté avec tout ce qu'elle peut réveiller en nous... Nous nous adossons... Pause d'intégration... Posture dos droit... Enfin, l'adolescence passée, nous sommes devenus des adultes... L'âge adulte nous a permis de construire notre propre vie, d'être autonomes... Nous pouvons peut-être nous relier aux choix de vie que nous avons faits ou que nous pourrions faire... Nous relier au fait de pouvoir décider de notre vie en tant qu'adultes libres et responsables... Nous nous adossons... Prenons bien le temps d'intégrer cette expérience, son rapport avec la confiance en soi... • **Désophronisation.**
Indications	Le terpnos logos de cet exercice conduit à se poser les questions suivantes en faisant le lien avec sa vie actuelle : Est-ce facile pour moi de dire non ou encore d'employer le pronom je ? Est-ce que je suis capable de recevoir des compliments en restant moi-même, et d'en faire ? Est-ce que c'est difficile pour moi de faire des choses seul (aller au cinéma, etc.) ? Est-ce qu'aujourd'hui, comme à mon adolescence, je suis capable de remettre en cause un système (familial, professionnel, etc.) ? Comment je vis ma liberté, le fait de pouvoir construire ma vie comme je l'entends ? Renforcer sa confiance en soi, c'est se relier au plaisir d'être pleinement soi-même.

Manque de confiance en soi et émotions désagréables

Avant d'aborder ce facteur, il est essentiel de travailler sur l'écoute du corps (voir le chapitre 14) – comment détecter ses émotions si l'on n'est pas à l'écoute de son corps ? – ainsi que de s'approprier les premières techniques de sophrologie – sophro-respiration synchronique, sophro-déplacement du négatif, sophro-présence du positif –, outils pratiques pour diminuer l'intensité d'une émotion désagréable.

Nous mettons souvent en place des mécanismes de défense (activisme, fuite, refoulement, etc.) pour nous protéger de nos émotions désagréables. Or, en les laissant s'exprimer et en apprenant à les gérer, nous nous donnons l'occasion de mieux nous connaître. Retrouver une relation naturelle à ses émotions désagréables (voir le chapitre 15), c'est aussi renforcer sa capacité de résistance à la déception et la frustration qui conduisent souvent au manque de confiance.

EN SAVOIR PLUS

L'émotion du manque de confiance

La peur est la principale émotion liée au manque de confiance (par exemple, la peur de l'échec l'emporte sur le plaisir d'expérimenter). On parle de peur par manque de maîtrise (d'expérience, de savoir-faire) lorsqu'on ne parvient pas à trouver les ressources nécessaires pour affronter une situation (la peur nous confronte à nos limites) ou de peur par déformation de la réalité (par exemple, on amplifie un fait). Il est essentiel de prendre en considération ses peurs, de ne pas les nier, mais aussi d'apprendre à les utiliser positivement, par exemple en nous attardant sur les ressources qu'elles peuvent nous aider à mobiliser (en développant nos capacités, notre créativité, entre autres). Selon la méthodologie de gestion des émotions présentée au chapitre 15, voici un résumé d'étapes permettant de bien gérer la peur :

1. Diminuer l'intensité de l'émotion si nécessaire.
2. Identifier le contexte : je ne suis pas bien préparé à gérer cette situation.
3. Identifier l'émotion : la peur par manque de maîtrise ou la peur par déformation de la réalité ?
4. Mettre en place des comportements adaptés :

- Soit ne pas affronter ce que l'on n'est pas prêt à maîtriser, soit se donner les moyens d'y parvenir.
- Concernant la peur par manque de maîtrise : elle implique nécessairement de développer la maîtrise de la situation par différents moyens, peut-être en demandant à une personne qui a de l'expérience en la matière. Par exemple, l'étudiant qui aurait peur de passer son examen pourrait en référer à son professeur.
- Concernant la peur par déformation de la réalité : trouver l'information qui ramène à la réalité. Par exemple une personne qui n'oserait pas s'exprimer dans un groupe par peur d'être mal jugée pourrait se raisonner en se disant qu'elle ne lit pas dans les pensées et que les seuls propos qu'elle souhaite tenir ne vont nullement définir à jamais sa personnalité.

Distinguer si l'on ressent tel ou tel type de peur permet d'économiser son énergie pour la rediriger vers ce que l'on veut vraiment (trouver des moyens cohérents). Nos émotions sont parfois parasitées. Les vivre consciemment va donc obliger à enlever certains « filtres » qui nous empêchent de les percevoir nettement.

Qu'est-ce que je ressens ?

Voici une étape axée sur l'émotion de la peur, à laquelle est principalement lié le manque de confiance en soi. Dans un moment de manque de confiance en soi, c'est en effet l'émotion première : avoir peur de s'affirmer, peur de passer un examen, peur d'être pleinement soi-même au milieu de personnes que l'on connaît peu, peur de dire non et de ne plus être apprécié, peur de décevoir, etc.

TECHNIQUE SPÉCIFIQUE

Objectif	Prendre conscience de sa relation à l'émotion de la peur.
Déroulement de l'exercice	• **Sophronisation de base vivantielle par systèmes.** • **Sophro-déplacement du négatif abrégé.** • **Sophro-mnésie dissociée de moments de manque de confiance en soi souvent liés à l'émotion de la peur :** Posture dos droit… Nous allons pouvoir nous observer dans des situations où nous avons manqué de confiance en nous, en essayant de repérer l'émotion de la peur… Nous laissons défiler ces moments sur notre écran de cinéma en nous plaçant en spectateurs… Est-ce que lors de ces situations nous ressentions fortement ou légèrement cette peur… Est-ce qu'elle se lit sur notre visage, notre comportement, dans notre discours intérieur (« je n'y arriverai jamais », ou toute phrase négative)… Nous pouvons également nous attarder sur le type de peur ressentie, est-ce une peur par manque de maîtrise ou par déformation de la réalité… Prenons bien le temps d'approfondir cette émotion dans ces différents moments en identifiant et détaillant le contexte (je ne suis pas bien préparé à gérer cette situation)… Si des sensations négatives se réveillent, nous pouvons pratiquer un sophro-déplacement du négatif… Pause d'intégration… • **Sophro-présence du positif abrégée.** • **Désophronisation.**
Indications	Repérer au quotidien le type de peur qui apparaît – par manque de maîtrise ou par déformation de la réalité – lors de moments de manque de confiance en vous est un moyen de progresser dans votre démarche personnelle.

La peur ou l'émotion du manque de confiance

Un exercice intéressant pour se déconditionner de certaines peurs qui nous paralysent. Il ne s'agit pas de les nier ou de les mettre de côté mais de développer notre capacité à les écouter, les comprendre pour les gérer par la suite. Gérer une émotion, c'est développer des moyens pour l'utiliser et rester dans une dynamique plutôt que de dépenser de l'énergie pour chercher à la contourner. La peur est un frein à respecter mais peut dans nombre de contextes devenir un moteur pour faire aboutir certains choix. Par exemple, vouloir absolument déménager tout en ayant peur de ne pas trouver de logement adéquat : si je m'en tiens à cette peur, je vais retarder mes recherches, me demander si c'est vraiment utile ; en revanche en gérant ma peur, je vais prendre en compte tous les paramètres (l'utilité d'un déménagement, les lieux de recherche, etc.) et décupler ma motivation.
Le terpnos logos de la technique suivante décrit une situation de peur de l'échec. À vous de l'adapter en fonction de votre besoin : peur d'échouer à un examen, lors d'une présentation à l'oral, lors d'un choix, ou toute autre peur n'ayant nul rapport avec l'échec (peur de dire non, par exemple)

TECHNIQUE SPÉCIFIQUE

Objectif	Développer une relation plus naturelle avec l'émotion de la peur.
Déroulement de l'exercice	• **Sophronisation de base vivantielle par systèmes abrégée.** • **Sophro-déplacement du négatif abrégé.** • **Sophro-correction sérielle sur une situation de peur par manque de maîtrise ou déformation de la réalité :** Prenez bien le temps de vous concentrer sur la situation que vous redoutez... Peut-être le passage d'un examen ou tout autre événement... Dès que vous vivez le contenu de ce moment de façon désagréable, vous effectuez le geste convenu pour me *(le sophrologue)* le signaler... À présent, en sophro-respiration synchronique sur chacune de vos respirations, vous éveillez des sensations agréables qui vont venir remplacer les sensations émergeant de la situation anxiogène... Vous pouvez également évoquer un terme synonyme de confiance et de sérénité... À chaque expiration vous prononcez mentalement ce mot... Chaque respiration devient alors l'occasion d'amplifier les sensations positives induites par ce terme... Pause d'intégration... *(Même protocole à répéter au moins trois fois dans la même sophronisation)*

Déroulement de l'exercice	• **Sophro-présence du positif abrégée.** • **Désophronisation.**
Indications	Une technique à réaliser accompagné par un sophrologue. Pour plus d'informations sur la sophro-correction sérielle, rendez-vous chapitre 11.

Renforcer sa confiance en soi par un nouveau rapport à ses émotions

Gérer une émotion, c'est enclencher une véritable dynamique. Ainsi, gérer notre peur va avoir une influence directe sur notre façon d'aborder et de vivre une situation et renforcer notre confiance en nous. La sophronisation à venir consiste à s'imaginer vivre une situation de manque de confiance dans le futur en mettant en place les comportements adaptés (voir l'encadré : « L'émotion du manque de confiance ») à une bonne gestion de la peur.

TECHNIQUE SPÉCIFIQUE

Objectif	Intégrer les bénéfices d'une bonne gestion de la peur.
Déroulement de l'exercice	• **Sophronisation de base vivantielle par systèmes.** • **Sophro-déplacement du négatif abrégé.** • **Sophro-projection future d'une bonne gestion de l'émotion de la peur (liée à un manque de maîtrise ou à la déformation de la réalité) :** Une fois notre corps bien présent et relâché par la sophronisation de base *(vivantielle par systèmes)* et le sophro-déplacement du négatif abrégé, nous pouvons adopter la posture dos droit… Nous allons nous projeter dans une situation de manque de confiance en nous et nous concentrer sur la bonne gestion de notre émotion de la peur… Relions-nous par exemple à une situation lors de laquelle la peur risque d'émerger… Peur de passer un examen, de faire une requête à son patron… Et nous allons nous imaginer vivre cette situation prochainement en passant, au préalable, par les étapes servant de supports à une bonne gestion de la peur… Nous pouvons peut-être nous voir en train d'identifier l'émotion en question et le contexte qui l'a déclenchée : « Je ne suis pas bien préparé à gérer cette situation »… Et imaginons-nous en train de diminuer l'intensité de cette émotion en respirant profondément, en mettant en place le sophro-déplacement du négatif… Est-ce une peur par manque de maîtrise ou par déformation de la réalité… Dans le premier cas nous pouvons nous relier aux différents

Déroulement de l'exercice	moyens qui vont nous permettre de mieux maîtriser notre sujet, peut-être en peaufinant ses connaissances, en demandant conseil... Dans le second cas, relions-nous à l'information qui nous ramène à la réalité, en prenant du recul par rapport à la situation, peut-être en écoutant notre corps, en respirant, en ayant un discours intérieur positif .. Prenons bien le temps de passer par chacune de ces étapes en nous imaginant nous préparer à la situation jusqu'au moment de la vivre... Pause d'intégration... • **Sophro-présence du positif abrégée.** • **Désophronisation.**
Indications	Au quotidien, il est intéressant de garder à l'esprit les étapes d'une bonne gestion des émotions. C'est un fil conducteur qui peut nous guider dans une situation où l'on perd pied.

Développer la confiance par l'affirmation de soi

La confiance n'est pas forcément synonyme de maîtrise mais peut signifier développement de ses capacités à dépasser les difficultés, à s'affirmer, à être à son écoute tout en étant ouvert au monde. L'affirmation de soi est essentielle à renforcer et consiste, au cours de son exploration, à se demander notamment : Pourquoi j'ai dit oui alors que je souhaitais dire non ? Bien souvent la raison en est la recherche du moins de déplaisir possible associée au besoin de véhiculer une bonne image de soi : dire non m'aurait occasionné plus de déplaisir que dire oui. On s'aperçoit que quelle que soit l'action (le oui ou le non dans cet exemple) que l'on entreprend, on est à la fois gagnant et perdant. Faites le bilan des gains et des pertes dans vos comportements parasités (des moments de manque de confiance) grâce au tableau ci-après.

Prendre conscience de ses ressources

Cette étape est une exploration de son potentiel, une mise en lumière de ses multiples capacités, afin de se rappeler que l'on ne manque pas de ressources ! Il peut être intéressant, outre l'exercice qui suit, de pratiquer une autre sophronisation en s'appuyant sur le conte « L'allégorie de la grenouille » (chapitre 13).

TECHNIQUE SPÉCIFIQUE

Objectif	Conscientiser nos capacités.
Déroulement de l'exercice	• **Sophronisation de base vivantielle par systèmes.** • **Sophro-déplacement du négatif abrégé.** • **Sophro-présence aux capacités :** Nous adoptons la posture dos droit et pouvons débuter en nous reliant pleinement à une capacité… Peut-être la capacité d'imagination, la capacité à mémoriser, à marcher ou toute autre capacité… Et nous la laissons émerger, nous lui laissons du temps et de l'espace… Nous pouvons peut-être nous relier à ce qu'elle nous évoque, si nous l'utilisons au quotidien ou la négligeons… Pause d'intégration… À présent, sur le même principe, nous pouvons nous relier pleinement à des capacités qu'il nous semble utile de posséder pour développer sa confiance en soi… Ressentir, se projeter, décider, renoncer, choisir, apprendre… Nous les accueillons… Prenons bien le temps d'intégrer… • **Sophro-présence du positif abrégé.** • **Désophronisation.**
Indications	Amusez-vous à repérer les capacités que vous utilisez au quotidien et celles un peu plus enfouies en vous. En prendre conscience est un premier pas vers la découverte et/ou le développement de certaines d'entre elles.

Mon tableau gains/pertes

En fonction des situations de manque de confiance que vous avez pu noter dès le début du chapitre (voir l'introduction) ou que vous avez mises en lumière au fil des sophronisations précédentes, remplissez le tableau gains/pertes suivant. Il s'agit de commencer par lister vos comportements parasités (de manque de confiance) dans la première colonne, puis d'évaluer ce que vous y gagnez et ce que vous y perdez à agir ainsi dans telle ou telle situation.

SITUATIONS DE MANQUE DE CONFIANCE ***(Comportements parasités)***	***GAINS*** ***(Qu'est-ce que je gagne à dire oui, dans cet exemple ?)***	***PERTES*** ***(Qu'est-ce que je perds à dire oui, dans cet exemple ?)***
Je dis oui à ma fille (pour une sortie, un achat ou quoi que ce soit), alors que je veux lui dire non.	– La tranquillité (l'absence de litiges). – Le fait de ne pas me confronter à mes émotions désagréables. – Une image de la bonne mère.	– Ma place en tant que mère. – Mon bien-être.

Ce tableau donne la possibilité de s'interroger sur ce qu'on veut vraiment dans une situation et sur l'« option » qui va apporter le plus de satisfaction. Écouter son corps, se relier à son ressenti profond, son intuition, est un moyen de percevoir le comportement que nous souhaitons adopter selon le contexte.

EN SAVOIR PLUS

Les gains sont parfois plus nombreux que les pertes, ou inversement. Ce qui compte vraiment, c'est l'importance accordée à chaque point noté : dans l'exemple ci-dessus, les gains sont plus nombreux que les pertes mais peut-être que le fait de préserver « sa place en tant que mère » noté dans la dernière colonne va primer sur tout le reste. Prendre conscience des gains et des pertes, c'est amorcer une dynamique et clarifier une situation.

Apprendre à s'affirmer

S'affirmer ne signifie pas pour autant taper du poing sur la table, bien que ce soit parfois le cas. Au quotidien, s'affirmer implique de mieux se connaître et consiste à asseoir sa personnalité, à se respecter soi-même et à se faire respecter par autrui. S'affirmer, c'est aussi défendre ses opinions, oser dire et faire tout en restant ouvert aux autres.

TECHNIQUE SPÉCIFIQUE

Objectif	Pouvoir réveiller un sentiment de confiance dans un moment utile.
Déroulement de l'exercice	• **Sophronisation de base vivantielle par systèmes.** • **Sophro-déplacement du négatif abrégé.** • **Le geste signal :** Posture dos droit… Commençons par prendre le temps de trouver notre geste… Un geste discret qui nous corresponde… Et relions-nous pleinement à des moments de confiance que nous avons pu vivre… Des moments reliés au plaisir d'être pleinement soi-même, d'avoir surmonté une difficulté, de s'être affirmé… Nous revivons toutes ces situations… Une fois que toutes les sensations agréables émergeant du fait de revivre ces moments sont bien présentes en nous, nous pouvons effectuer à plusieurs reprises notre geste signal pour commencer à le charger… Nous pouvons également prononcer *(en soi)* le mot confiance au moment de le pratiquer… Pause d'intégration… • **Désophronisation.**
Indications	Le geste signal devra ensuite être chargé régulièrement dans les jours qui suivent (une semaine à quinze jours, tout en étant rechargé régulièrement par la suite), dès lors que vous vivrez un moment de confiance, pour continuer d'associer les sensations inhérentes à ce sentiment à votre geste. Une fois bien chargé, il vous sera utile à l'inverse : dans un moment de manque de confiance le simple fait de l'activer pourra réveiller en vous le sentiment, les sensations, le mot que vous lui aurez associé.

Intégrer les bénéfices de l'affirmation de soi

Les bénéfices liés à l'affirmation de soi se révèlent notamment dans la capacité de faire des choix, d'exprimer ses idées, d'oser être soi… L'exercice qui vous attend porte sur le plaisir de dire « non », « je », en bref d'affirmer sa personnalité.

TECHNIQUE SPÉCIFIQUE

Objectif	Intégrer les bénéfices de l'expression de sa personnalité.
Déroulement de l'exercice	• **Sophronisation de base vivantielle par systèmes.** • **Sophro-déplacement du négatif abrégé.** • **Sophro-projection future de moments de vie où l'on est bien relié au plaisir de s'exprimer librement :** Nous pouvons à présent nous relier à des situations à venir, des situations associées au plaisir de dire « non »... D'exprimer ce que l'on pense, ressent, désire par le pronom « je »... Prenons plaisir à nous imaginer employer ces deux termes à l'avenir... Nous pouvons également nous imaginer affirmer notre personnalité en pratiquant seuls des activités... En épanouissant notre liberté... Prenons plaisir à nous imaginer nous affirmer... • **Sophro-présence du positif abrégée.** • **Désophronisation.**
Indications	Eh oui, dire non, entre autres, peut devenir un plaisir, plaisir de se respecter et d'accroître l'estime de soi.

À MÉDITER

Sur la route : la file de gauche

Il est aisé de se dire que la file de gauche est réservée aux rapides, aux impulsifs, aux énervés, et l'on préfère parfois rester sur la file de droite quitte à rester bloqué un quart d'heure derrière un conducteur roulant largement en dessous de la limite autorisée. Il est temps de s'affirmer : la file de gauche appartient à tout le monde! Sortir de son conditionnement (je veux passer sur cette file, mais je ne le fais pas) pour oser se placer sur la voie de gauche (si nécessaire, pour doubler par exemple) est une façon de s'essayer à une conduite libre tout en respectant le Code de la route!

Oser affronter ses conditionnements affectifs

Un conditionnement affectif se construit dans une idée de récompense. Je fais ou dis quelque chose pour avoir une récompense, autrement dit pour ressentir du plaisir. Prenons l'exemple d'un enfant qui rentre chez lui en ramenant une bonne note et reçoit de l'affection, des félicitations.

Le lendemain, il revient avec une mauvaise note et est puni. Si ce mode de réponse des parents se répète, l'enfant va assimiler « bonne note = plaisir », « mauvaise note = pas d'affection, déplaisir ». Il va peut-être ainsi développer la peur de l'échec, échec qui engendrerait, en fonction de ce qu'on lui a inculqué, un fort moment de déplaisir. À l'âge adulte, ce conditionnement pourra prendre un nouveau sens dans le monde du travail : « Réussis, et tu auras de l'affection » pourra se transformer alors en « Sois un salarié irréprochable, et tu recevras de la reconnaissance » (ce qui n'est pas forcément le cas et peut créer une grande frustration).

Un conditionnement affectif, c'est...

Pour résumer, un conditionnement affectif se construit lorsqu'un besoin fondamental est lié à des conditions : dans l'exemple donné, l'affection reçue dépend de l'obtention de bonnes notes. L'objectif d'un travail en sophrologie sur les conditionnements affectifs est de retrouver une relation naturelle entre le fait de bien travailler et celui d'en ressentir du plaisir par soi-même sans passer par un lien affectif.

Les conditionnements affectifs sont essentiellement dictés par ce que l'on va appeler des injonctions : sois parfait, ne grandis pas, ne ressens pas, ne décide pas, n'échoue pas, n'agis pas (ne fais pas tes propres expériences), ne sois pas toi-même, n'existe pas, n'aie pas d'attaches (le lien étant perçu comme dangereux), etc.

Une sophronisante m'a dit un jour : « Je me suis aperçue que mes parents m'ont inculqué un certain militantisme porté par une envie de changer le monde et nourrissant le conditionnement affectif "sois combative", "ne dépend de personne". Certes ce sont de belles valeurs, elles représentent des traits de ma personnalité, mais parfois trop influencée par ces conditionnements, j'ai tendance à vouloir toujours être irréprochable, à m'épuiser dans certains "combats", et cela me crée une réelle fatigue physique et nerveuse. »

Plaisir premier et plaisir adulte

Ces conditionnements affectifs vont renforcer la recherche d'un plaisir premier relié à l'enfance, chacun de nos actes tendant vers la recherche de plaisir ou, en tout cas, du moins de déplaisir possible. En ce sens, nous avons la possibilité d'aborder différemment une même situation selon que nous recherchons l'un ou l'autre de ces deux plaisirs bien distincts :

- **Le premier est relié à l'enfance :** il concerne la satisfaction des besoins fondamentaux que sont manger, dormir, se sentir en sécurité, recevoir de l'affection, etc. Le plaisir découle donc d'une réponse à ses besoins, de leur contentement. C'est un plaisir premier, immédiat. Son côté enfant n'est en aucun cas celui de l'émerveillement, du jeu, mais bien celui de la dépendance (affective). Un exemple illustrant ce plaisir pourrait être celui d'une personne qui, dans le seul objectif d'être appréciée, rend des services multiples.

- **Le second est relié à l'adulte :** il est associé à une maturité émotionnelle, à la possibilité de vivre en toute autonomie, au plaisir d'agir seul, à la cohérence de soi. Pour reprendre l'exemple précédent, le plaisir lié à l'adulte va être éprouvé par une personne qui rend service parce que l'entraide et la solidarité sont des valeurs essentielles pour elle.

En résumant schématiquement, nous pourrions dire que la recherche du plaisir lié à l'enfance serait consolidée par nos conditionnements affectifs tandis que la recherche du plaisir de l'adulte reflèterait un comportement déconditionné, empreint d'autonomie et de liberté. Plus schématiquement encore : quand je suis dans la dépendance (d'affection, de reconnaissance, bref de retour), ma satisfaction vient d'un plaisir lié à l'enfance, un plaisir immédiat, le soulagement d'une tension interne; quand je vis une situation en toute autonomie (qui ne signifie pas négligence des autres ni orgueil), elle vient d'un plaisir lié à l'adulte qui tend à une évolution personnelle, une expression plus naturelle de sa personnalité.

Une sophronisante a réalisé qu'elle avait mis longtemps avant de passer son permis moto parce qu'elle répondait au conditionnement « sois prudente » poussé à l'excès par sa famille.

La recherche de deux plaisirs distincts

Le plaisir lié à l'enfance est donc un plaisir premier, qui ne perdure pas puisqu'il est simplement lié au soulagement d'une tension interne : c'est boire un café par addiction. En revanche le plaisir de l'adulte est lié au plaisir d'être au contact de ses sensations : c'est prendre du temps pour boire un café, l'apprécier. Le premier correspond à une frustration qui doit vite disparaître : on se rue sur une part de gâteau ou on achète la dernière paire de chaussures à la mode. Le second est synonyme d'autonomie, de liberté : on prend plaisir à savourer lentement une part de gâteau ou à acheter une paire de chaussures en toute connaissance de cause. Il est bon de préciser qu'il n'y a pas de bon ou de mauvais plaisir. Selon le type de plaisir recherché, les moyens de satisfaction vont être divers. L'essentiel est d'être cohérent avec soi-même : choisir consciemment de manger sa part de gâteau, quel que soit le plaisir procuré par cette action. Ainsi, certaines personnes disent « je n'ai pas le choix » (plaisir 1, enfance) parce qu'elles n'ont pas pris conscience du fait que nous avons tous le choix (plaisir 2, adulte).

Selon l'ordre des choses, plus on avance dans l'âge, plus la recherche d'un plaisir premier (plaisir 1, enfance) devrait se réduire tandis que celui lié à l'adulte devrait s'accroître. Or, les conditionnements affectifs vont freiner cette maturité émotionnelle en parasitant nos comportements au lieu de nous permettre d'évoluer, d'être autonomes, de nous construire naturellement.

EN SAVOIR PLUS

Les conditionnements affectifs au quotidien

Il est intéressant et constructif de se demander, au cours d'une journée, dans les différentes situations que l'on peut rencontrer, si l'on recherche le plaisir lié à l'enfant ou à l'adulte, sachant qu'une même situation peut être vécue selon l'un ou l'autre. Ainsi, un homme, à la fin de la présentation de son projet en réunion, pourrait demander à ses collègues : « Alors comment vous m'avez trouvé, est-ce que j'étais bien ? » ou bien « Que pensez-vous du projet, avez-vous des idées pour compléter le dossier ? » La première attitude renvoie au plaisir de l'enfant et la seconde à celui de l'adulte.

Nous pouvons réagir différemment face à un conditionnement affectif : l'assimiler, agir à l'opposé ou bien tracer son propre chemin. Prenons l'exemple de l'injonction (le conditionnement affectif) « sois une femme exemplaire » qui serait associée au fait de tenir sa maison propre : une femme va s'imposer une heure de ménage chaque jour, une autre va être complètement désordonnée, une dernière, pour se sentir bien dans sa maison, va prendre un chiffon lorsqu'elle le juge nécessaire. Le côté adulte nous incite à prendre nos responsabilités (dans le sens de renforcer son autonomie), à affronter nos faiblesses pour les transformer en forces bien que ce passage puisse réveiller une souffrance (la culpabilité ou d'autres émotions désagréables). Dans ce travail sur soi-même, n'oublions pas de prendre en considération le fait que certains de nos conditionnements affectifs sont ceux de nos parents et qu'eux-mêmes ont dû en emprunter à leurs propres parents. Une histoire de famille !

EXERCICE PRATIQUE

Objectif	Un regard neuf
Déroulement de l'exercice	Cet exercice permet de prendre conscience de certaines habitudes qui ne nous correspondent plus et ouvre également les yeux sur les principes et les préjugés que nous pouvons avoir. C'est un moyen de décoller les étiquettes imprégnées de « il faut » (pour être une bonne mère, il faut que…), « je dois » (pour être un bon mari, je dois…), bref de pensées conditionnées qui nous limitent dans nos comportements. Par exemple, « il faut que je sois irréprochable », « je dois faire le ménage », ou encore les projections qu'on peut faire sur les autres : « Elle ne m'a pas adressé la parole, ça veut dire qu'elle ne doit pas m'apprécier. » Il conviendrait de chercher à voir les choses sous un nouvel angle : « Elle ne m'a pas adressé la parole, car nous n'avons pas eu l'occasion d'aller l'une vers l'autre. » Au quotidien, essayez d'avoir un nouveau regard sur ce que vous vivez tant dans votre travail que dans vos relations. Il est parfois bon de remettre ses croyances et ses jugements en question pour ne plus être limité à une et une seule façon de penser.

Repérer des conditionnements affectifs

Repérer un conditionnement affectif, c'est s'arrêter sur des situations parasitées (sous influence d'un conditionnement affectif) dans lesquelles nous ne sommes pas au clair avec nous-mêmes (qu'est-ce que je fais là ?). C'est développer une certaine lucidité en prenant notamment conscience des conditionnements que nous avons calqués sur nos parents et qui ne nous correspondent pas. Certains conditionnements affectifs sont si prégnants et vécus depuis tant d'années qu'ils se masquent sous des habitudes.

Or, changer ses habitudes va requérir de sortir d'un mode de pensée binaire et d'ouvrir le champ des possibles. Quel regard portons-nous sur des personnes qui échouent ou réussissent ? La peur de l'échec est conditionnée (échouer est associé à une image de soi négative, à une sorte d'exclusion, etc.). L'échec pourrait pourtant se vivre comme une expérience utile à un processus d'évolution. Un nouveau regard intéressant à développer consiste à ne pas faire une fixation sur le résultat mais plutôt à prendre conscience de la démarche, celle qui a été suivie jusqu'à l'échec et celle qui sera adoptée pour rebondir.

Par nature, nous sommes voués à rechercher le moins de déplaisir possible. Au quotidien, nous avons tendance à ne pas nous risquer à un inconfort plus grand encore que celui que nous vivons : je ne suis pas épanoui dans mon travail, mais je risque de l'être encore moins dans un autre poste. Nous restons parfois bloqués dans une situation à cause de nos conditionnements affectifs. Ainsi un salarié (en CDI) qui n'oserait pas monter sa boîte parce que l'injonction « n'agis pas » – autrement dit, il n'y a rien de mieux que la sécurité de l'emploi, n'écoute pas tes intuitions – dirige sa vie. Or, peut-être que cette personne pourrait trouver son épanouissement dans ce nouveau projet.

Un déconditionnement provoquera sans doute des émotions désagréables telles que la culpabilité (le sentiment d'être fautif en ne répondant pas à son conditionnement). D'où l'importance de retrouver une relation naturelle à ses émotions (voir le début de ce chapitre mais aussi le chapitre 15) pour oser se libérer de certains conditionnements affectifs. Oser se confronter, essayer des choses, enrichit et permet de mieux se connaître, de se découvrir de nouveaux centres d'intérêt, de développer ses capacités,...

TECHNIQUE SPÉCIFIQUE

Objectif

Prendre conscience des moments où l'on recherche un plaisir premier (lié à enfance) ou au contraire un plaisir d'adulte.

Déroulement de l'exercice

- **Sophronisation de base vivantielle par systèmes.**
- **Sophro-déplacement du négatif abrégé.**
- **Sophro-mnésie dissociée de nombreuses situations du quotidien en repérant le type de plaisir recherché :**

  Prenons le temps de nous relier à une multitude de situations que nous avons pu vivre récemment... Des moments du quotidien dans le milieu du travail, en famille, entre amis, seuls... Par exemple un moment de discussion avec ses enfants, d'échanges avec son patron, de partage en couple... Des situations de la vie quotidienne, aller acheter du pain, demander l'heure dans la rue ou la direction pour se rendre à tel endroit... Et pour chaque instant auquel nous allons nous relier, demandons-nous si nous étions dans la recherche d'un plaisir lié à l'enfance ou à l'adulte...
- **Sophro-présence du positif abrégée.**
- **Désophronisation.**

Indications

Cet exercice permet d'observer si nous sommes plus du côté adulte ou enfant et de repérer dans quel contexte l'un ou l'autre se manifeste. Rappelons que les conditionnements affectifs viennent renforcer le plaisir lié à l'enfance et que ce sont donc, schématiquement, les moments où l'on repère ce plaisir premier qui sont conditionnés. N'hésitez pas à noter ces différentes situations sur votre carnet de pratique pour les approfondir par les sophronisations qui suivent.

En apprendre plus sur le sujet

Se déconditionner va signifier se confronter à des émotions désagréables et, dans certains contextes, faire un travail sur soi progressif. Prenons l'exemple d'un homme qui appelle sa mère trois fois par jour. Cet homme pourra prendre conscience que ces appels représentent une contrainte pour lui. Il va peut-être réaliser qu'il appelle sa mère trois fois par jour pour répondre au conditionnement « sois un bon fils » (« sois parfait », « ne grandis pas », ou autre) et voudra s'en débarrasser. Il va peut-être commencer par n'appeler plus que deux fois, puis plus qu'une fois. Ce changement peut être source de culpabilité et le déstabiliser. Cependant, trois mois après avoir adopté ce rythme, cet homme n'en ressentira peut-être que du plaisir (adulte, à la différence de celui qui était recherché précédemment). En bref, il ne suffit pas de prendre conscience de ses conditionnements affectifs mais de passer à l'action en osant modifier certains comportements, en éveillant notre côté adulte. Se déconditionner, c'est opérer un véritable travail sur soi. Avant de se lancer, il est donc essentiel de se demander si on a l'énergie nécessaire pour passer à l'action… Les techniques sophrologiques centrées sur le passé vont permettre, d'ores et déjà, d'identifier des conditionnements affectifs. Celle qui suit n'en est qu'un exemple. Vous pouvez insérer le conte « L'homme et le trou » (chapitre 13) dans cette sophronisation.

TECHNIQUE SPÉCIFIQUE

Objectif

Prendre conscience des injonctions guidant la recherche d'un plaisir lié à l'enfance.

Déroulement de l'exercice

- **Sophronisation de base vivantielle par systèmes abrégée.**
- **Sophro-déplacement du négatif abrégé.**
- **Sophro-mnésie dissociée de comportements parasités (guidés par un conditionnement affectif) :**

  Posture dos droit… Et relions-nous aux moments du quotidien qui ont pu émerger dans la sophronisation précédente, uniquement les moments associés à la recherche du plaisir lié à l'enfance… Essayons de nommer *(en nous)* l'injonction, autrement dit le(s) conditionnement(s) affectif(s) dont nous dépendons et qui dirige(nt) notre comportement dans telle ou telle situation… Par exemple s'apercevoir que le conditionnement caché derrière le fait de ne pas oser demander l'heure à un inconnu est « ne communique pas » ou tout autre conditionnement affectif (« ne grandis pas », « sois prudent », « sois parfait », « sois gentil », « sois comme… ton père, ta mère », etc.) selon les moments qui apparaissent… Prenons bien le temps…

  Pause d'intégration…

- **Sophro-présence du positif abrégée.**
- **Désophronisation.**

Indications

Au quotidien, il est intéressant d'essayer de repérer, dans les moments qui se rattachent à la recherche d'un plaisir lié à l'enfance, quel(s) conditionnement(s) affectif(s) se cachent derrière ce comportement et s'il vous correspond ou si vous souhaiteriez vous en déconditionner. Trouver un conditionnement affectif nécessite de se plonger dans le passé afin de retrouver la ou les personnes qui nous l'ont inculqué et les différentes situations qui ont fait que nous l'avons intégré. Cela peut laisser émerger des souvenirs douloureux, c'est pourquoi il est essentiel de réaliser cet exercice sur de petites situations du quotidien (et non de grands blocages). Pour approfondir ce travail, référez-vous à un sophrologue professionnel ou bien consultez un psychothérapeute.

Intégrer les bénéfices du déconditionnement

C'est une étape essentielle pour se prouver à soi-même que personne n'est figé, qu'une évolution personnelle est possible, et ce, à n'importe quel âge. Certains éléments peuvent favoriser cette « transformation », que ce soit au niveau social (de nouvelles rencontres, par exemple) qu'à d'autres échelles. Se libérer d'un conditionnement va consister à changer son comportement : au lieu de rester en retrait lors de discussions pour répondre à l'injonction « ne communiques pas » (ne dis pas ce que tu penses, ne t'ouvre pas aux autres, etc.), on va prendre la parole. C'est simplement décider d'élargir son cadre, de sortir de ses références. Pour adopter un nouveau comportement, on va pouvoir éveiller pleinement le plaisir adulte, celui de l'autonomie, de la cohérence de soi (sorti de l'accablant regard des autres, des idées préconçues, etc.) et mettre en place ses propres « astuces » selon le contexte (prise de parole en public, repas en famille, etc.).

TECHNIQUE SPÉCIFIQUE

Objectif Prendre conscience des bénéfices d'un plaisir lié à l'adulte.

Déroulement de l'exercice

- **Sophronisation de base vivantielle par systèmes.**
- **Sophro-déplacement du négatif abrégé.**
- **Sophro-projection future sur un moment lié au côté adulte :**

  Nous pouvons nous tourner vers le futur en nous imaginant vivre une situation déconditionnée... Prenons tout d'abord le temps de choisir un moment se rattachant à la recherche d'un plaisir lié à l'enfance dont nous souhaiterions nous déconditionner... Peut-être une situation liée à l'injonction « sois parfait », « soit le meilleur », « sois comme ton père », « sois une bonne mère » *(poussé à l'excès)*...

  Une fois cette situation bien présente à nous, nous allons essayer de nous imaginer la vivre avec un comportement différent de celui adopté habituellement... Un comportement différent peut-être dans nos gestes, notre attitude, notre verbe, l'expression de notre visage... Essayons de prendre conscience de tout ce que l'on pourrait mettre en place pour tendre vers la recherche d'un plaisir lié à l'adulte dans cette situation, c'est-à-dire pour sortir d'un conditionnement affectif en modifiant un comportement...

  Nous continuons à nous imaginer vivre cette situation pour laquelle nous nous préparons, peut-être en nous voyant écouter notre corps, bien respirer pour nous apaiser... Peut-être également en ayant un discours intérieur positif, en donnant à notre posture une juste verticalité synonyme d'équilibre et de confiance... Peut-être en préparant un discours bien défini *(selon la situation en question)*... Prenons bien le temps de nous imaginer dans cette situation en trouvant divers moyens pour éveiller pleinement notre côté adulte, celui de l'autonomie, de la confiance en soi...

Déroulement de l'exercice	Prenons bien le temps d'intégrer… • **Sophro-présence du positif abrégée.** • **Désophronisation.**
Indications	Un plaisir lié à l'adulte est certes plus difficile à susciter, mais procure une satisfaction durable et nous amène à accomplir une évolution personnelle en dépassant certaines difficultés. Se déconditionner implique ainsi d'éveiller son côté adulte, c'est-à-dire d'agir en toute autonomie, en cohérence avec soi-même, en confiance.

Sortir de ses conditionnements affectifs, vous l'aurez compris, c'est faire évoluer certains de nos comportements, peut-être même les transformer et acquérir un nouveau regard par le développement du plaisir lié à l'adulte. C'est conquérir une forme de liberté de l'esprit qui pourra conduire à de nouveaux rapports avec autrui. À ce propos, nous avons tendance par notre éducation, notre personnalité (et d'autres facteurs) à nous couper de certaines personnes ou tout du moins à ne pas oser les approcher ou discuter avec elles. Par exemple, dans une soirée où l'on ne connaît personne, si nous écoutons notre discours intérieur au moment d'observer tous ces gens, qu'est-ce que nous nous disons ? Qu'est-ce que telle ou telle personne nous renvoie en termes d'image ou de caractère ? Quel peut être selon nous son métier ? On s'aperçoit ainsi que l'on a des idées préconçues et que l'on n'ose plus entamer une conversation avec telle ou telle personne. S'amuser à côtoyer des êtres qui, a priori, « ne nous correspondent pas » et s'ouvrir peut-être ainsi à des rencontres surprenantes est au contraire source d'enrichissement personnel.

Une confiance en soi renforcée

Le dernier exercice proposé dans ce chapitre condense le travail effectué sur tous les facteurs abordés précédemment. Il s'agit de se projeter dans un moment précis en mettant tous les moyens en place pour éveiller sa confiance en soi : gérer ses émotions, s'affirmer, renforcer son côté adulte.

TECHNIQUE SPÉCIFIQUE

Objectif

Mobiliser naturellement sa confiance en soi.

Déroulement de l'exercice

- **Sophronisation de base vivantielle par systèmes.**
- **Sophro-déplacement du négatif abrégé.**
- **Sophro-projection future d'un moment de confiance en soi :**

  En posture dos droit, projetons-nous dans une situation à venir en nous imaginant la vivre en pleine confiance... Une situation à laquelle nous souhaitons nous préparer, un entretien, un repas en famille, un projet... Prenons plaisir à nous relier à ce moment, son contexte, l'environnement... Et nous allons pouvoir éveiller pleinement notre confiance, peut-être en nous imaginant gérer nos émotions, notamment la peur, pour prendre du recul et rester dans une dynamique d'action... En effectuant notre geste signal pour éveiller toutes les sensations liées au sentiment de confiance... En nous affirmant, bien au contact de notre personnalité, de ce que nous voulons dans cette situation... Nous éveillons pleinement notre côté adulte en ayant un discours intérieur mobilisateur, en mettant en place un nouveau comportement... Plaisir d'agir en étant à l'écoute de soi, de ses convictions, en restant ouvert aux autres mais pas sous leur influence, pleine autonomie, liberté de vivre ce moment en accord avec soi-même... Prenons bien le temps de nous imaginer passer par chacune de ses étapes, de vivre ce moment en confiance...

  Pause d'intégration...
- **Sophro-présence du positif abrégée.**
- **Désophronisation.**

Indications

Dialogue post-sophronique.

Avoir confiance en soi

« Il y a trois ans de cela, j'ai entrepris un DU (diplôme universitaire) pour devenir directrice de maison de retraite. Aujourd'hui, j'occupe ce poste le temps d'un remplacement et ai déjà des pistes de travail pour la suite. Depuis déjà quelques années, je ne trouvais plus de plaisir dans mon travail de commerciale. Se mettre au service des personnes âgées s'est imposé à moi en raison de mon histoire et de mon désir d'aider, d'accompagner. »

Virginie, 54 ans

Pendant deux ans (la durée du DU) elle n'a parlé de son projet qu'à son conjoint et sa famille. Une façon de se préserver, de ne pas trop se « mouiller ». À force d'investissement et de confiance, son mémoire a été validé, et il y a peu, elle a annoncé sa démission à son supérieur. Elle a informé également son entourage de ses ambitions. Cette démarche a surpris nombre de personnes, ce qui la rend encore plus confiante dans l'avenir.

Une jeune femme était venue à la sophrologie pour retrouver du plaisir dans ce qu'elle faisait et réveiller sa vitalité. Vers la fin des séances elle apprend que son compagnon l'a trompée. Contrairement à ce qu'on pourrait imaginer, cela a été un soulagement. Cette révélation lui a fait prendre conscience que cette relation était bien finie depuis déjà un moment sans qu'elle s'en rende compte. Elle ne ressentait plus que du déplaisir, de la frustration et avait même perdu confiance en elle. Elle a retrouvé presque instantanément vitalité et joie de vivre, comme libérée, le sourire aux lèvres, et constaté avec surprise que le chiffre d'affaires du mois de son salon de coiffure avait doublé !

- Tendre vers une meilleure connaissance de soi ;
- Développer une relation plus naturelle avec ses émotions désagréables ;
- S'affirmer ;
- Rechercher l'autonomie.

Chapitre 17

Les valeurs de vie

Dans ce chapitre :

- Découvrir vos valeurs de vie
- Mieux les satisfaire par des moyens efficaces
- S'ouvrir à de nouvelles valeurs
- Intégrer les bénéfices d'une vie en cohérence avec ses valeurs

Les valeurs de vie représentent tout ce qui est fondamental pour soi, donne du sens à son quotidien et plus largement à son existence. Elles guident nos actes et définissent nos aspirations : la liberté, la bonté, la simplicité, l'honnêteté… La satisfaction de ses valeurs est une source essentielle de plaisir et de bonheur. Des exemples qui illustrent nos valeurs :

- Je rends service à des personnes âgées (partage, solidarité).
- Je consacre le plus de temps possible à mes enfants (famille, amour).
- J'ai choisi de ne travailler qu'à mi-temps (liberté, organisation).
- Quand je pars en vacances, j'opte pour des séjours organisés (sécurité, sérénité).

Un travail en sophrologie sur les valeurs de vie consiste à prendre conscience de ses valeurs, les hiérarchiser, peut-être en découvrir de nouvelles, les satisfaire au mieux. Le tout pour intégrer dans son quotidien tout le bénéfice d'être en cohérence avec ses valeurs, et plus particulièrement vivre en toute sérénité dans et avec son milieu. En ce sens, parvenir à une bonne conscience et intégration de nos valeurs de vie – prendre conscience des valeurs qui ne nous correspondent plus, vivre selon nos valeurs profondes, etc. – va être l'objectif de l'entraînement sophrologique.

Deux visions d'approche des valeurs

La pyramide de Maslow hiérarchise nos différents besoins, reflets des valeurs existentielles :

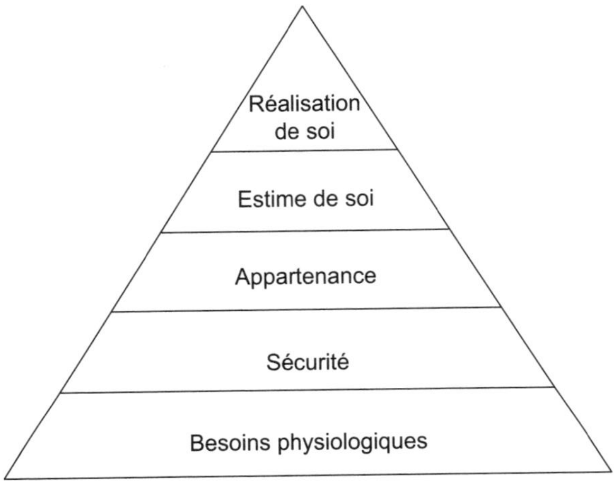

Figure 17-1 : La pyramide de Maslow.

- **Les besoins physiologiques :** ce sont nos besoins fondamentaux liés à notre survie (respirer, boire, manger, dormir, etc.). Ils sont prioritaires sur les autres besoins.
- **Le besoin de sécurité :** il consiste à se protéger des dangers tant physiques que psychologiques. Il intervient notamment dans le choix d'un logement (besoin de se sentir en sécurité chez soi).
- **Le besoin d'appartenance :** pouvoir partager, se savoir aimé, appartenir à un groupe (une société), être estimé, etc.
- **Le besoin d'estime de soi :** être reconnu et apprécié tout en restant autonome et détaché vis-à-vis de cette reconnaissance. Ce besoin représente la confiance en soi, la liberté.
- **Le besoin de réalisation de soi :** le sommet de la pyramide équivaut en grande partie à la pleine maîtrise de la capacité d'adaptation. L'individu évolue dans son milieu, a un regard juste sur lui-même, est épanoui et vit pleinement conscient.

Par ailleurs, penchons-nous un instant sur une autre vision des valeurs, celle du fondateur de la sophrologie, Alfonso Caycedo, qui définit la discipline comme « une science de la conscience et des valeurs de l'existence ». Les principales valeurs sont pour lui : l'individualité (liberté), la groupéité (famille, amis, proches), la société, l'humanité, l'universalité, l'éternité, la spiritualité. Dans la pratique, ses valeurs vont servir de base mais d'autres valeurs (personnelles) émergeront sans doute lors des sophronisations.

La démarche sophrologique

Vous n'en êtes peut-être pas conscient, mais les valeurs s'expriment en permanence. Pourquoi une personne choisit-elle des œufs bio, tandis qu'une autre achète des œufs classiques ? Je choisis ce produit parce qu'il est bon pour ma santé ou tel autre parce qu'il est bon pour mon budget (donc pour mon organisation financière, donc pour ma famille).

Figure 17-2 : Être conscient de ses valeurs de vie.

Mieux satisfaire ses valeurs de vie est le principal objectif d'un travail en sophrologie sur le sujet. En effet, on s'aperçoit que lorsque l'on ressent un mal-être, une insatisfaction ou une baisse de moral, cela vient souvent du fait qu'une ou plusieurs de nos valeurs ne sont pas satisfaites. Par exemple, on peut être triste de ne pas savourer suffisamment sa liberté, être frustré de ne pas s'épanouir dans son travail… Dans cette démarche, il est essentiel de distinguer les notions de moyens et de valeurs. Nous avons tous des valeurs communes mais mettons des moyens différents en place pour les satisfaire. Prenons l'exemple de la valeur famille : pour satisfaire cette valeur, certains vont organiser des repas dominicaux, organiser des vacances ensemble, tandis que d'autres appelleront leurs proches une fois par mois. Ce programme propose d'approfondir les axes suivants (et non les facteurs, puisque les valeurs de vie représentent un facteur à part entière) :

- Prendre conscience et définir ses valeurs de vie ;
- Mieux satisfaire ses valeurs de vie ;
- Hiérarchiser et développer son système de valeur ;
- Intégrer les bénéfices d'une vie en cohérence avec ses valeurs.

Au début d'un travail en sophrologie sur les valeurs de vie, une réflexion s'impose. On identifie ses valeurs, on se demande si elles correspondent à soi et si elles sont bien satisfaites, mais par la suite ce phénomène s'intègre naturellement à la conscience. Les moyens pour mieux les satisfaire pourront apparaître instinctivement si l'on entretient une relation privilégiée avec ses valeurs.

Ce programme n'est pas exhaustif mais propose, à titre d'exemple, des suggestions d'entraînement. Chaque facteur doit ainsi être développé de façon plus approfondie. Il s'agit cependant d'un moyen d'amorcer une démarche personnelle.

Les relaxations dynamiques représentent l'axe de travail fondamental de la sophrologie et sont à pratiquer en parallèle de chaque programme. Rappelons que relaxations dynamiques et techniques spécifiques sont complémentaires.

Définir ses valeurs de vie

C'est garder à l'esprit cette phrase : en quoi c'est important pour moi de... ? Autrement dit, à quelle valeur tel acte est-il relié ? Par exemple, prendre son petit déjeuner seul : en quoi est-ce important pour soi ? Peut-être pour préserver sa tranquillité, son plaisir.

On reconnaît souvent ses valeurs aux moyens que l'on emploie pour les satisfaire : pourquoi prendre tel petit déjeuner ? Pourquoi manger rapidement ou lentement ? Pourquoi dans telle pièce ? Chacune de ces circonstances est l'occasion d'identifier une de ses valeurs : je prends tel petit déjeuner pour ma santé ; je le prends près de la fenêtre pour m'ouvrir au monde (l'appartenance) ; etc.

S'interroger sur ses actes est donc une façon de mettre en lumière ses valeurs de vie. On peut aussi effectuer cet exercice en se concentrant sur ses pensées : En quoi est-ce important pour moi de me poser cette question (à quelle valeur est-ce relié) ? De penser à ça ? D'imaginer telle situation ?... Il s'agit d'une étape pour identifier les valeurs sous-jacentes à nos actes et pensées.

TECHNIQUE SPÉCIFIQUE

Objectif	Conscientiser ses valeurs de vie actuelles.
Déroulement de l'exercice	• **Sophronisation de base vivantielle par systèmes.** • **Sophro-déplacement du négatif abrégé.** • **Sophro-mnésie senso-perceptive d'une journée habituelle avec prise de conscience de nos valeurs :** Nous pouvons nous relier à la journée d'hier (une journée de travail) par exemple… Prenons le temps de repérer notre façon de la mener, de nous organiser, notre façon d'agir… Qu'est-ce qui est important pour nous dans le fait de mettre notre réveil à telle ou telle heure, d'utiliser tel moyen de transport, est-ce relié à ma valeur liberté ou peut-être écologie… Qu'est-ce qui est important pour nous dans nos repas (le plaisir, la diététique, la santé ou une autre valeur), dans la façon dont nous gérons notre temps, nos échanges avec les autres… Relions chacune de nos actions à une valeur précise… Laissons s'écouler notre journée petit à petit en nous posant à chaque fois la question pourquoi nous faisons cela, en quoi c'est important pour nous, quelle valeur cela satisfait chez nous… Pause d'intégration… • **Désophronisation.**
Indications	Réalisez ce même exercice en choisissant une journée de vacances. Les contraintes ont tendance à guider nos valeurs et il est intéressant de se demander ce qui devient important pour soi dans des moments dénués d'obligations. On repère parfois ses valeurs en supprimant les moyens que l'on met habituellement en œuvre pour les satisfaire : par exemple si vous avez l'habitude de prendre votre temps dans la salle de bain, essayez de le raccourcir en mettant en lumière la valeur qui n'a pas été satisfaite.

TECHNIQUE SPÉCIFIQUE

Objectif	Se relier au phénomène que sont les valeurs.
Déroulement de l'exercice	• **Sophronisation de base vivantielle par systèmes.** • **Sophro-déplacement du négatif abrégé.** • **Sophro-présence aux valeurs :** Nous pouvons adopter la posture dos droit… Nous allons à présent utiliser toute la force de notre concentration sur ce phénomène que sont les valeurs… Nous pouvons peut-être accueillir la valeur liberté ou toute autre valeur… Laissons-lui du temps et de l'espace… Qu'est-ce qu'elle laisse émerger en nous, des images, des mots ou toute autre évocation (son, histoire, etc.)… Nous évoquons cette valeur à chacune de nos respirations… Elle devient de plus en plus présente à notre conscience… Si des idées parasites émergent, ne nous attardons pas dessus, laissons-les passer, laissons l'intellect de côté pour nous relier en toute phénoménologie aux valeurs… Pause d'intégration… • **Sophro-présence du positif abrégée.** • **Désophronisation.**
Indications	Cette technique peut se centrer principalement sur les valeurs de l'existence établies par Alfonso Caycedo : l'individualité, la groupéité, la société, l'humanité, l'universalité, l'éternité, la spiritualité.

TECHNIQUE SPÉCIFIQUE

Objectif	Prendre conscience de ses valeurs de vie.
Déroulement de l'exercice	• **Sophronisation de base vivantielle par systèmes.** • **Sophro-déplacement du négatif abrégé.** • **Sophro-stimulation imaginative de la maison des valeurs :** À présent, nous pouvons prendre la place d'un agent immobilier en nous imaginant visiter notre appartement ou notre maison… Nous poussons la porte d'entrée et allons nous voir passer dans chaque pièce de notre intérieur… Attentifs aux objets, à leur emplacement, aux couleurs… Et à chaque instant nous poser la question, qu'est-ce qui est important pour nous dans cette pièce… Qu'est-ce qui est important pour nous dans le fait d'avoir peint les murs en blanc, est-ce relié à notre valeur paix, sérénité… Qu'est-ce qui est important pour nous dans le fait

Déroulement de l'exercice	d'avoir gardé tel objet en souvenir… Prenons bien le temps de rassembler nos valeurs au fil de cette visite… • **Sophro-présence du positif abrégée.** • **Désophronisation.**
Indications	Les intérieurs sont chargés d'histoire et reflètent la personnalité de son ou ses habitants. Lorsque vous allez dîner chez des amis, il se dégage une atmosphère dès que vous rentrez dans leur demeure. Outre votre logement, essayez de repérer les valeurs dominantes de tel ou tel intérieur.

Chercher à mieux satisfaire ses valeurs de vie

Cette étape invite à prendre conscience des moyens mis en œuvre pour satisfaire ses valeurs et à développer leur efficacité. Pour commencer, notons la différence entre valeur et moyen : l'argent peut, par exemple, être un moyen de satisfaire sa valeur liberté.

Être conscient des moyens utilisés pour satisfaire nos valeurs

Tout le monde ne met pas son réveil à 7 heures tous les matins. Donc si nous le faisons, c'est que cela répond à un besoin en nous, autrement dit c'est un moyen de satisfaire une valeur précise (le respect, la liberté, par exemple). Précisons que ce que l'on a tendance à considérer comme une valeur n'est en fait qu'un moyen. Petite explication à l'appui : j'ai l'impression que ce qui est important pour moi dans le fait de mettre mon réveil à 7 heures au lieu de 7 h 30, c'est ma valeur organisation, alors qu'en fait être organisé n'est qu'un moyen de mieux satisfaire ma liberté (organisation = moyen, liberté = valeur). Il ne faut pas hésiter à approfondir sa réflexion en se reposant plusieurs fois la même question : « Qu'est-ce qui est important pour moi dans le fait de mettre mon réveil à 7 heures ? — L'organisation. » « Qu'est-ce qui est important pour moi dans le fait d'être organisé ? — La liberté que cela engendre. » Vous pouvez ajouter le conte du pêcheur mexicain (chapitre 13) à l'une des sophronisations suivantes.

TECHNIQUE SPÉCIFIQUE

Objectif	Conscientiser les moyens mis en place.
Déroulement de l'exercice	• **Sophronisation de base vivantielle par systèmes.** • **Sophro-déplacement du négatif abrégé.** • **Sophro-mnésie senso-perceptive d'une matinée habituelle :** Posture dos droit... Relions-nous à une matinée habituelle vécue en semaine, tout en mettant en lumière les valeurs importantes pour nous au cours de ce début de journée... Peut-être la valeur famille, travail ou autre... Et repérons chacun de nos actes durant cette matinée, autrement dit les moyens mis en place pour satisfaire nos valeurs... Par exemple quels moyens mettons-nous en œuvre pour satisfaire notre liberté ou toute autre valeur importante pour nous au cours de ces quelques heures... Par exemple pour satisfaire notre valeur sérénité, nous nous levons peut-être deux heures avant de partir travailler... Si notre valeur vitalité est importante dès le matin, essayons de repérer ce que nous faisons pour la satisfaire, peut-être prendre une douche, faire du sport... Prenons bien le temps de nous demander quelles sont les valeurs importantes pour nous le matin et essayons de nous relier aux moyens mis en place pour les satisfaire... Pause d'intégration... • **Désophronisation.**
Indications	C'est prendre conscience du sens de nos actions, du fait qu'elles représentent des moyens pour satisfaire nos valeurs. Par ailleurs, il est possible de constater que certains moyens ne sont pas adaptés à nos valeurs : on se lève à la dernière minute alors que la valeur sérénité est importante pour soi.

À titre d'exemple, voici un tableau intéressant à réaliser et à remplir, bien évidemment, en fonction de vos propres valeurs. Faites le parallèle entre les deux colonnes en reliant vos actes (réveil à 7 heures) à une valeur et aux moyens mis en place pour la satisfaire (vitalité, besoin de se dynamiser). Autrement dit, dans cet exemple : qu'est-ce qui est important pour vous dans le fait de mettre votre réveil à telle heure ?

Déroulement d'une matinée habituelle	*Valeurs et moyens*
– Réveil à 7 heures – Écouter les informations – Petit déjeuner – Etc.	– Vitalité, besoin de se dynamiser. – S'informer, s'ouvrir au monde, l'humanité. – Diététique, plaisir ou santé.

TECHNIQUE SPÉCIFIQUE

Objectif	Conscientiser les moyens mis en œuvre pour satisfaire une valeur.
Déroulement de l'exercice	• **Sophronisation de base vivantielle par systèmes.** • **Sophro-déplacement du négatif abrégé.** • **Sophro-mnésie senso-perceptive d'une journée habituelle et observation des moyens mis en place pour satisfaire mes valeurs :** Choisissons une de nos valeurs, par exemple la valeur famille et prenons la journée d'hier en repérant les moyens que nous avons mis en place pour la satisfaire… Peut-être avons-nous pris notre petit déjeuner en famille… Peut-être avons-nous passé deux heures uniquement avec nos enfants… Mettons en évidence les divers moyens concrétisés… Pause d'intégration… • **Désophronisation.**
Indications	De même, demandez-vous les moyens que vous utilisez pour satisfaire votre valeur partage ou encore écologie. Plus globalement, interrogez-vous sur vos conditions de satisfaction d'une valeur : De quoi ai-je besoin pour être libre ? Que me faut-il pour être serein ? etc.

TECHNIQUE SPÉCIFIQUE

Objectif	Prendre conscience du degré d'efficacité de ses moyens.
Déroulement de l'exercice	• **Sophronisation de base vivantielle par systèmes.** • **Sophro-déplacement du négatif abrégé.** • **Sophro-mnésie senso-perceptive d'une matinée avec changement des moyens habituellement mis en place :** Posture dos droit… Et relions-nous à une matinée habituelle en changeant nos habitudes… Par exemple au lieu de mettre notre réveil à 7 heures, si nous le mettions à 6 h 45… Qu'est-ce que cela changerait… Est-ce que cela satisferait ou pas notre système de valeur… Prenons des exemples concrets et modifions notre façon d'agir… En quoi ce moyen plutôt qu'un autre est-il efficace pour satisfaire une de nos valeurs… Par exemple, au lieu de petit-déjeuner avec les biscottes et la confiture habituelle, si nous prenions des céréales, est-ce que ce serait un bon moyen de satisfaire nos valeurs ou pas… Qu'est-ce que cela impliquerait… Serait-ce plaisant ou déplaisant… Serait-ce un nouveau moyen qui pourrait varier les plaisirs… Pause d'intégration… • **Évocation de sentiments positifs.** • **Désophronisation.**
Indications	Certaines habitudes (moyens) sont tellement ancrées en nous que nous ne parvenons plus à prendre le recul nécessaire pour nous demander si elles satisfont réellement nos valeurs ou si elles sont inefficaces.

Améliorer l'efficacité de ces moyens

C'est l'occasion de réfléchir à l'adéquation des moyens que l'on emploie : sont-ils disproportionnés ? Inefficaces ? En bref, prendre conscience de ses moyens, c'est se demander s'ils sont cohérents avec soi-même. Par exemple, une personne salariée qui souhaiterait mieux satisfaire sa valeur liberté va peut-être décider de diminuer ses horaires de travail tandis qu'une autre prendra un congé sans solde. Par ailleurs, les moyens n'ont de cohérence que par rapport au contexte : un retraité utilisera d'autres moyens que ceux qui viennent d'être énoncés pour satisfaire sa valeur liberté.

À MÉDITER

Nous évoluons au fil des années, certes, mais il reste toujours des choses immuables qui nous font vibrer. Que ce soit reprendre un pinceau en main alors que l'on n'a pas peint depuis des années ou se mettre à rejouer du saxophone que l'on avait abandonné au grenier. Rien de tel que les fondamentaux pour se retrouver, renouer avec soi, avec sa personnalité et donc avec les moyens qui nous permettent de mieux satisfaire nos valeurs, de nous épanouir. C'est rechercher ce qui nous apporte du bien-être, du plaisir, et en abuser !

TECHNIQUE SPÉCIFIQUE

Objectif	Prendre conscience de ses conflits de valeurs.
Déroulement de l'exercice	• **Sophronisation de base vivantielle par systèmes.** • **Sophro-déplacement du négatif abrégé.** • **Sophro-mnésie dissociée de moments où nous avons vécu des conflits de valeurs :** Posture dos droit… Prenons le temps de retrouver des situations où nous ne nous sentions pas en accord avec nous-mêmes, où deux valeurs entraient en conflit… Peut-être une situation où nous avions à la fois envie de passer du temps en solitaire et de faire plaisir à nos enfants en jouant avec eux… Peut-être encore un choix difficile entre une offre d'emploi avec un salaire important et une autre avec à la clé un métier qui nous plaisait mais mal payé… Visualisons ces situations comme un spectateur face à un écran de cinéma et concentrons-nous sur la façon dont nous les gérons… • **Sophro-présence du positif abrégée.** • **Désophronisation.**
Indications	Lors de la phénodescription, prenez le temps de noter les valeurs qui se retrouvent souvent en conflit. Essayez de repérer la valeur que vous privilégiez de façon récurrente dans cette difficulté de choisir. Rétablir une hiérarchie dans ses valeurs est une façon de remettre en question ses moyens et de gérer l'émotion de la culpabilité, qui naît essentiellement lors d'un conflit de valeurs.

TECHNIQUE SPÉCIFIQUE

Objectif	Développer l'efficacité et la cohérence de ses moyens.
Déroulement de l'exercice	• **Sophronisation de base vivantielle par systèmes.** • **Sophro-déplacement du négatif abrégé.** • **Sophro-mnésie dissociée d'un conflit de valeurs et recherche des moyens permettant de le gérer :** Posture dos droit... Prenons le temps de retrouver une situation où deux valeurs entraient en concurrence, peut-être des exemples issus de la précédente sophronisation... Et laissons émerger les moyens efficaces qui pourraient nous aider dans cette situation... Peut-être des moyens qui permettront de privilégier telle valeur un jour et telle autre le lendemain, de trouver un compromis ou peut-être finalement de satisfaire nos deux valeurs... Laissons émerger notre créativité, notre capacité d'adaptation pour donner plus de souplesse à nos moyens, pour en imaginer de nouveaux... Pause d'intégration... • **Sophro-présence du positif abrégée.** • **Désophronisation.**
Indications	Cet exercice permettra par exemple de s'apercevoir que l'on peut très bien satisfaire à la fois sa valeur couple et sa valeur amitié en alternant soirée en couple, soirée entre amis et soirée avec des couples d'amis !

Le tableau du bonheur

VALEUR ***Une valeur que l'on souhaite approfondir***	**MOYENS** ***Conditions de satisfaction de cette valeur***	**SATISFAIT (OUI/NON)** ***Ce moyen est-il satisfait ?***	**DÉPEND DE NOUS (OUI/NON)** ***Est-ce que la mise en œuvre de ce moyen dépend de soi ou pas ?***
Vitalité/Bien-être	– 8 heures de sommeil	Non	Oui
	– 1 heure quotidienne de sport	Oui	Oui
	– 4 repas équilibrés	Oui	Oui
	– Etc.		
Liberté	– 2 heures de temps libre par jour	…	
	– Salaire de … euros		

Avec un intitulé pareil, ce tableau est prometteur ! Effectivement, il permet de mettre à plat les moyens nécessaires à la satisfaction d'une de nos valeurs. Dans la première colonne, nous notons la valeur que nous souhaitons approfondir. Dans la deuxième, les moyens que nous mettons ou souhaiterions mettre en place pour la satisfaire.

Dans la troisième colonne, nous précisons si tel ou tel moyen est effectif (mis réellement en place au quotidien). Enfin, dans la quatrième nous indiquons si la mise en place de tel ou tel moyen dépend ou pas de nous. Dans l'exemple donné, on se rend compte que la valeur « vitalité » n'est pas parfaitement satisfaite puisque la personne ayant rempli le tableau estime avoir besoin de huit heures de sommeil et note qu'elles ne sont pas effectives (elle ne dort peut-être que six heures). Par cette prise de conscience, elle va peut-être adapter ses soirées et son organisation pour se coucher plus tôt ou trouver une autre solution.

C'est à vous !

De la même façon, choisissez une valeur et demandez-vous de quoi vous auriez besoin pour la satisfaire. Prenez bien le temps de noter des moyens concrets : pour satisfaire ma valeur liberté, j'ai besoin d'une heure de temps pour moi chaque jour (à noter dans la colonne « moyens »), ou encore j'ai besoin de passer deux heures avec ma famille, etc. Concernant la troisième et quatrième colonne : si vous vous apercevez que vous ne mettez pas tel ou tel moyen en pratique alors qu'il ne dépend que de vous, c'est le moment de chercher à agir (en adaptant sa façon d'organiser ses journées, d'entretenir des relations, etc.).

Savoir si les moyens dépendent ou pas de nous est une façon d'éclaircir la situation : cela dépend de moi, et je peux décider de prendre des mesures pour concrétiser ce moyen ; cela ne dépend pas de moi (mais de mon patron, de mon entourage, des circonstances, etc.), et je peux choisir soit de tout chambouler pour reprendre les rennes, soit de cesser d'être frustré en reconnaissant que je ne pourrai rien y changer (lâcher prise).

Voici un exemple relativement caricatural : un cadre travaillant à Paris, pour satisfaire sa valeur liberté (évasion, sérénité), aurait besoin d'une vue sur la mer depuis son bureau. Il peut soit décider de déménager, de changer de vie, soit réaliser qu'il aime son poste et sa vie ici et lâcher prise sur ce qu'il n'aura pas. La deuxième option peut laisser place à la créativité : il peut agrémenter son bureau de photos de vacances à la mer, mettre au mur un tableau représentant l'océan, etc.

Pour parvenir à mettre en place, à développer ou à revoir à la baisse les moyens de satisfaire une valeur, il est essentiel d'optimiser sa capacité d'adaptation (voir le chapitre 15) et de renforcer sa confiance en soi (voir le chapitre 16).

Intégrer les bénéfices de valeurs mieux satisfaites

Comme nous avons pu l'observer, satisfaire ses valeurs, c'est mettre en place des moyens cohérents et efficaces. Or, certains moyens mis en œuvre pour satisfaire une valeur sont conditionnés (voir le chapitre 16) et l'on va devoir se déconditionner pour les faire évoluer.

Par exemple, un individu s'aperçoit que pour satisfaire sa valeur « amitié », il a besoin de voir ses amis en semaine, mais que, en réalité, il ne les croise que le week-end. En effet, il a intégré le conditionnement affectif « il ne faut pas se coucher tard en semaine pour être en forme au travail » (ne grandis pas). Pour parvenir à satisfaire sa valeur amitié comme il l'entend, il va peut-être chercher à se libérer de ce conditionnement pour mettre en pratique un moyen cohérent avec son souhait : voir ses amis en semaine.

TECHNIQUE SPÉCIFIQUE

Objectif	Vivre consciemment ses valeurs, les stimuler pour pouvoir les mobiliser pleinement dans son existence.
Déroulement de l'exercice	• **Sophronisation de base vivantielle par systèmes.** • **Sophro-déplacement du négatif abrégé.** • **Sophro-manence et rétro-manence des valeurs :** Nous nous relions pleinement à une ou plusieurs valeurs de vie, peut-être l'humanité, l'individualité ou autre… Et plaçons nos mains en ouverture au niveau du 5e système… Peu à peu nous les remontons jusqu'au 1er système en prenant bien le temps de faire vivre cette valeur en nous, de réveiller sa présence dans chaque zone de notre corps… Plaisir d'intégrer cette valeur à la conscience… Puis nous pouvons redescendre nos mains, paumes vers le sol, du 1er au 5e système… Plaisir de réinscrire dans notre corps, nos cellules, cette valeur… Pause d'intégration… • **Désophronisation.**
Indications	Le terpnos logos complet se trouve au chapitre 11 (p. 156). Il est centré sur les capacités (sophro-manence et rétro-manence des capacités), mais il suffit de les remplacer par les valeurs.

TECHNIQUE SPÉCIFIQUE

Objectif	Conscientiser les moyens de satisfaire ses valeurs, les concrétiser.
Déroulement de l'exercice	• **Sophronisation de base vivantielle par systèmes.** • **Sophro-déplacement du négatif abrégé.** • **Sophro-projection future d'un week-end satisfaisant notre système de valeurs :** Nous pouvons adopter la posture dos droit et jouons sur notre créativité et sur notre capacité d'adaptation en nous imaginant mettre des moyens efficaces en place pour mieux satisfaire nos valeurs… Par exemple, nous imaginer organiser notre week-end dans le respect de nos valeurs (un week-end nature ou, à l'inverse, urbain)… Peut-être en partageant notre temps avec notre entourage ou en restant seuls… En faisant la grasse matinée ou en privilégiant une matinée active…

Déroulement de l'exercice	Prenons diverses situations susceptibles de se présenter lors d'un week-end et laissons émerger les potentiels moyens à mettre en place et les bénéfices qui découlent de leur cohérence… Pause d'intégration… • **Sophro-présence du positif abrégée.** • **Désophronisation.**
Indications	Au fil de votre démarche, les moyens de satisfaire vos valeurs deviendront sans doute plus évidents. Il ne restera plus qu'à les concrétiser…

Des valeurs à classer, d'autres à dénicher…

Il est essentiel de hiérarchiser ses valeurs de vie pour pouvoir les ajuster. On peut par exemple se rendre compte que l'on dépense trop d'énergie pour telle valeur alors qu'elle n'est pas si importante pour soi : on consacre tout son temps et toute son énergie au travail alors que la famille est plus importante pour soi. Ainsi, nous ne valorisons pas forcément les valeurs qui nous rendent heureux. Satisfaire ses valeurs de vie, c'est donc en partie apprendre à les hiérarchiser. Pour ce faire, intéressez-vous à vos relevés de comptes, qui vont refléter à merveille ce à quoi vous accordez de l'importance (l'alimentation, les loisirs, etc.) !

Pour être conscient de certaines valeurs qui pourraient épanouir mais qu'on n'ose pas approcher, il faut avoir confiance en soi (si je n'ai pas confiance en moi, je ne vais peut-être pas m'autoriser à prendre plus de liberté, par exemple en n'osant pas dire non à la demande récurrente d'heures supplémentaires). D'où l'intérêt d'approfondir le chapitre précédent ! Nos valeurs ne sont pas figées et peuvent ainsi évoluer et même changer. Nous n'avons peut-être pas les mêmes valeurs qu'il y a dix ans ou peut-être avons-nous les mêmes mais mettons des moyens différents en place pour les satisfaire. Exemple : une jeune femme qui s'octroyait auparavant une heure de lecture en rentrant du travail pour satisfaire sa valeur sérénité, devenue une jeune maman, doit aller chercher son fils à 17 heures et a déplacé son heure de bien-être un peu plus tard dans la soirée.

EN SAVOIR PLUS

On peut aussi s'ouvrir à de nouvelles valeurs par soi-même (se cultiver par exemple), même si ce sont souvent d'autres personnes, des rencontres, des voyages ou des situations nouvelles qui nous font entrevoir leur intérêt et leurs bénéfices. C'est tout simplement la possibilité de s'ouvrir à autre chose qu'aux schémas proposés par le cadre familial ou induits par la société (liés à la réussite, à la performance, etc.). Les valeurs de la société ne sont pas forcément les nôtres !

TECHNIQUE SPÉCIFIQUE

Objectif	Prendre conscience des valeurs qui nous épanouissent.
Déroulement de l'exercice	• **Sophronisation de base vivantielle par systèmes.** • **Sophro-déplacement du négatif abrégé.** • **Sophro-mnésie senso-perceptive de moments où l'on s'est senti épanoui sur les cinq dernières années :** Nous nous relions à une succession de moments heureux, peut-être des moments marquants ou plus simplement des instants de plaisir que nous avons pu vivre… L'occasion de réveiller en nous des émotions agréables du passé… Et dans chaque situation mettons en évidence la valeur qui en émerge… Est-ce que les moments de bonheur qui apparaissent ont été passés en famille, avec des amis, dans notre travail, dans nos moments solitaires… Prenons bien le temps de nous relier aux valeurs qui nous épanouissent… Pause d'intégration… • **Désophronisation.**
Indications	Cet exercice est un moyen de prendre conscience de nos valeurs de vie idéale et de la façon dont nous pourrions établir une hiérarchie en plaçant celles qui nous épanouissent au sommet de notre pyramide. Vous pouvez associer le conte « Les gros cailloux de la vie » (chapitre 13) à cette sophronisation.

TECHNIQUE SPÉCIFIQUE

Objectif	Prendre conscience de l'existence d'autres valeurs.
Déroulement de l'exercice	• **Sophronisation de base vivantielle par systèmes.** • **Sophro-déplacement du négatif abrégé.** • **Sophro-mnésie dissociée de moments d'échanges avec autrui :** Prenons le temps de nous relier à des instants de contact avec des personnes extérieures… Peut-être des discussions avec des proches (famille)… Peut-être des moments de partage avec des amis (soirées, vacances)… Ou peut-être des situations où nous avons observé l'attitude et le discours d'une personne, que ce soit au travail, dans un commerce, dans la rue… Laissons ces moments défiler sur un écran face à nous, comme au cinéma… À chaque situation, prenons

Déroulement de l'exercice	conscience des valeurs que véhicule tel ou tel individu, que ce soit dans son discours, dans sa façon de s'habiller, de gérer sa vie, de se comporter... Peut-être pouvons-nous également nous relier aux valeurs d'une personnalité, d'un personnage célèbre que nous admirons... À présent nous pouvons nous relier aux valeurs qui ont pu émerger en les abordant en toute phénoménologie... Qu'est-ce que telle valeur nous évoque... Est-ce que telle autre pourrait enrichir notre quotidien... Est-ce que celle-ci nous rebute et pourquoi... Pause d'intégration... • **Sophro-présence du positif abrégée.** • **Désophronisation.**
Indications	L'occasion de faire le point sur des valeurs qui nous sont peut-être étrangères à l'instant où nous les percevons mais qui pourraient peut-être nous correspondre et se fondre dans notre système de valeurs.

Une vie en cohérence avec ses valeurs

Au fil de ce travail sur soi (axé sur les valeurs de vie) on acquiert une spontanéité (dans son attitude, ses choix, etc.), on développe l'écoute de son instinct, ce qui procure une sérénité d'action, une tranquillité au quotidien. Derniers exemples de sophronisations pour prendre conscience de tous les bénéfices inhérents à une existence menée en cohérence avec nos valeurs de vie...

TECHNIQUE SPÉCIFIQUE

Objectif	Somatiser du positif issu de la satisfaction de ses valeurs.
Déroulement de l'exercice	• **Sophronisation de base vivantielle par systèmes.** • **Sophro-déplacement du négatif abrégé.** • **Sophro-mnésie senso-perceptive de moments reliés à nos valeurs :** Posture dos droit... Prenons plaisir à nous relier à trois moments du passé où nous avons eu le sentiment de guider notre vie, de savoir ce qui était important pour nous... Peut-être la fois où nous avons fait un choix de vie... La fois où nous avons entrepris un projet qui nous correspondait pleinement... Prenons bien le temps de revivre ces

Déroulement de l'exercice	moments, bien présents à notre corps, aux sensations plaisantes qui peuvent émerger… Pause d'intégration… • **Désophronisation.**
Indications	Se relier à des moments vécus en cohérence avec ses valeurs, c'est réveiller tous les bénéfices inhérents à leur pleine satisfaction

TECHNIQUE SPÉCIFIQUE

Objectif	Somatiser du positif issu de la satisfaction de nos valeurs.
Déroulement de l'exercice	• **Sophronisation de base vivantielle par systèmes.** • **Sophro-présence du positif de la satisfaction des valeurs de vie :** Posture dos droit… Prenons le temps de choisir des situations où nous satisfaisons une ou plusieurs de nos valeurs de vie… Peut-être en participant à une œuvre de charité, en faisant du sport ou encore en passant du temps avec sa compagne ou son compagnon… Et pour chaque situation chargeons-nous de tout ce potentiel positif que nous délivre la satisfaction de nos valeurs… Peut-être du positif lié à la joie, au sentiment de bien se connaître ou d'avoir fait quelque chose de bien… À chaque inspiration nous amenons ce positif et à chaque expiration nous le diffusons dans tout notre corps… Plaisir d'activer des sensations agréables dans chaque zone… Pause d'intégration… • **Désophronisation.**
Indications	Nous diffusons le positif dans tout notre corps, pas forcément au niveau des zones les plus habituelles.

TECHNIQUE SPÉCIFIQUE

Objectif	Intégrer les bénéfices sur le long terme.
Déroulement de l'exercice	• **Sophronisation de base vivantielle par systèmes.** • **Sophro-déplacement du négatif abrégé.** • **Sophro-projection future dans dix ans, cinq ans, un an :** Posture dos droit… Nous nous projetons dans les années à venir afin d'imaginer l'évolution possible de nos valeurs… Est-ce que dans un an notre valeur travail aura une autre dimension pour nous… Qu'est-ce qui dans un an va préparer notre vie dans cinq ans… Quelles sont les valeurs que nous pensons susceptibles d'évoluer… Qu'est-ce que j'aurai envie de me dire dans dix ans en constatant la façon dont j'aurai mené ma vie en privilégiant telles ou telles valeurs… Prenons le temps de nous plonger dans l'histoire de nos valeurs… Pause d'intégration… • **Sophro-présence du positif abrégée.** • **Désophronisation.**
Indications	Amusez-vous à imaginer l'évolution possible de vos valeurs.

EN BREF

Schématiquement, dans une démarche de meilleure satisfaction de ses valeurs de vie, on cherche d'abord à prendre conscience de son système de valeurs actuel, ensuite à améliorer, si nécessaire, les moyens mis en œuvre pour l'épanouir, et enfin à l'enrichir en y ajoutant peut-être de nouvelles valeurs.

Chapitre 18

La préparation à la maternité

Dans ce chapitre :

- Profiter pleinement de sa grossesse
- Développer ses capacités de détente et d'adaptation
- Se préparer à sa vie de future maman

La maternité est un événement empreint de magie mais aussi d'appréhension. Pour se préparer à cet intense moment par la sophrologie, il est essentiel d'organiser ses séances dès les premiers mois de grossesse (à partir du troisième mois). L'entraînement sophrologique s'attache à proposer des techniques pour vivre sa grossesse dans les meilleures conditions, tout en se préparant à la naissance et en intégrant les changements à venir. Pour un entraînement optimal (encadré, régulier, approfondi), il est bien sûr préférable de suivre des cours accompagnés par un sophrologue professionnel. Le programme suivant peut vous donner un exemple de la démarche qui pourra vous être proposée et même s'inscrire en complément lors de votre pratique autonome.

L'entraînement sophrologique

Les cours de sophrologie vont débuter par l'apprentissage de la relaxation et l'amélioration de l'écoute du corps : maîtriser sa respiration, savoir se détendre en toutes circonstances, dénouer ses tensions musculaires, se relier au bébé, percevoir les sensations liées à la grossesse. L'entraînement sophrologique va également consister à s'approprier des techniques et outils concrets pour gérer son stress durant la grossesse et l'accouchement en favorisant sa capacité d'adaptation (aux modifications de son corps, aux conditions d'accouchement, etc.) et en optimisant sa confiance en soi. En fin de chapitre, les valeurs de vie seront abordées.

Les sophronisations

Une bonne préparation à la maternité requiert un entraînement régulier, simplifié par l'enregistrement d'un CD de sophronisations. Ce CD deviendra votre meilleur ami durant les mois de grossesse jusqu'à l'accouchement !

Il pourra contenir toutes les techniques qui suivent et vous pourrez ajouter un fond musical pour pratiquer la sophronisation de base. Les principales techniques à enregistrer seront : la sophronisation de base, le sophro-déplacement du négatif, la sophro-présence du positif, la sophro-substitution sensorielle, les sophro-projection future, sophro-acceptation progressive et sophro-programmation future. La grossesse étant un moment singulier, le pronom personnel utilisé dans les terpnos logos sera le « vous ».

Les facteurs en bref

Les facteurs qui entrent en jeu dans un accompagnement à la maternité sont principalement les suivants :

- La respiration ;
- La capacité de détente et l'écoute du corps ;
- La capacité d'adaptation ;
- Les valeurs de vie.

ATTENTION

Ce programme n'est pas exhaustif mais propose, à titre d'exemple, des suggestions d'entraînement. Chaque facteur doit ainsi être développé de façon plus approfondie. Il s'agit cependant d'un moyen d'amorcer une démarche personnelle.

N'OUBLIEZ PAS !

Les relaxations dynamiques représentent l'axe de travail fondamental de la sophrologie et sont à pratiquer en parallèle de chaque programme. Rappelons que relaxations dynamiques et techniques spécifiques sont complémentaires.

Je respire

La respiration comme base de la relaxation n'est plus une hypothèse à démontrer. Cette première étape de l'entraînement consiste à vous familiariser avec ce phénomène pour bénéficier de ses diverses utilisations : la sophro-respiration synchronique permet notamment de se relier pleinement à un sentiment de son choix (par exemple, la détente).

Prendre conscience de sa respiration

Phénomène naturel, elle peut devenir d'une part un outil aux multiples bénéfices dans la vie quotidienne et d'autre part un moyen d'apprendre à écouter son corps. Voici de petits exercices pour se relier consciemment à sa respiration.

TECHNIQUE SPÉCIFIQUE

Objectif	Prendre conscience de sa respiration.
Déroulement de l'exercice	• **Sophronisation de base vivantielle par systèmes abrégée (très rapide).** • **Sophro-stimulation de la respiration :** Vous pouvez prendre le temps d'ajuster votre posture, allongée (puis assise et debout)... Une main sur votre ventre, l'autre sur le thorax... Plaisir d'écouter votre respiration... Durant quelques minutes, vous concentrez toute votre attention sur ce phénomène naturel .. Essayez de repérer son rythme, son amplitude, les zones mobilisées... Puis jouez sur vos inspirations et expirations en essayant de les réduire... Inspirez et expirez très rapidement comme si vous étiez essoufflée... Puis, à l'inverse, prolongez-les... Inspirez profondément par le nez et soufflez longuement par la bouche... Pause d'intégration... • **Désophronisation.**
Indications	Un exercice pour prendre conscience de cet outil extraordinaire qu'est la respiration et qui sera utilisé lors des techniques suivantes.

Maîtriser sa respiration et intégrer ses bénéfices

Découvrez dans cette étape l'exercice de la respiration en quinze secondes, qui vous sera utile pour vous détendre au quotidien, puis, plus précisément, lors des premières contractions. N'attendez cependant pas les prémices de l'accouchement pour vous entraîner !

TECHNIQUE SPÉCIFIQUE

Objectif	Synchroniser sa respiration avec une évocation mentale.
Déroulement de l'exercice	• **Sophronisation de base vivantielle par systèmes.** • **Sophro-respiration synchronique :** Prenez plaisir à vous relier à votre respiration... Le moment de l'inspiration puis de l'expiration... À chacune de vos respirations vous pouvez évoquer le mot « calme » ou peut-être « détente »... Chaque inspiration et expiration est l'occasion d'éveiller un peu plus en vous la présence de ce sentiment... Vos

Déroulement de l'exercice	respirations amplifient peu à peu les sensations qui émergent dans votre corps… Prenez plaisir à vous relier pleinement à ce sentiment en synchronisant son évocation mentale (se dire intérieurement « calme » ou « détente ») avec chacune de vos respirations… Pause d'intégration… • **Désophronisation.**
Dialogue post-sophronique	Imprégnez-vous de tout autre sentiment de votre choix par cette sophro-respiration synchronique.

TECHNIQUE SPÉCIFIQUE

Objectif	Diminuer ou remplacer une sensation désagréable par une autre (agréable).
Déroulement de l'exercice	• **Sophronisation de base vivantielle par systèmes.** • **Sophro-déplacement du négatif abrégé.** • **Sophro-substitution sensorielle :** Concentrez-vous sur une zone corporelle un peu inconfortable en termes de ressenti (légère douleur à l'épaule, par exemple)… Essayez de repérer les besoins de cette zone… Lui faudrait-il de la chaleur ou du froid… De la lourdeur ou de la légèreté… En fonction de la sensation que vous souhaitez amener pour remplacer la sensation désagréable, reliez-vous à une image, un mot ou un son qui l'évoque… Peut-être un feu de cheminée pour évoquer la chaleur… Le vol d'un oiseau pour amener de la légèreté… Prenez bien le temps à chacune de vos respirations (sophro-respiration synchronique) d'imprégner la zone choisie de sensations agréables… Pause d'intégration… • **Désophronisation.**
Dialogue post-sophronique	Retrouvez le terpnos logos complet dans le chapitre 11 (p. 129).

EXERCICE PRATIQUE

La respiration en quinze secondes

Objectif	Induire le niveau sophroliminal et accompagner les contractions utérines.
Description	Cet exercice pourrait se décrire comme une sophronisation de base très rapide. Il peut donc être utilisé pour induire le niveau sophroliminal, s'entraîner à la respiration, amener la détente et accompagner les contractions dans le cadre de l'accouchement. Pour cela, il est intéressant de s'entraîner à pratiquer l'exercice trois fois de suite (15 secondes X 3) afin de le prolonger le temps de la contraction. On débute par une inspiration profonde de cinq secondes et on poursuit par une expiration qui s'étend sur dix secondes tout en nommant et détendant successivement dix zones corporelles. La durée de chaque étape (inspiration puis expiration) n'est qu'une indication à adapter : on peut très bien inspirer pendant trois secondes, puis expirez durant les douze suivantes.
Déroulement de l'exercice	Posture assise ou allongée… Vous pouvez fermer vos yeux pour favoriser votre concentration… Et vous allez pouvoir inspirer pendant cinq secondes, puis expirer pendant les dix suivantes, le temps de détendre votre corps de la tête aux pieds… Front (une seconde), yeux (deux), mâchoire (trois), cou (quatre), épaules (cinq), thorax (six), ventre (sept), bassin (huit), jambes (neuf), pieds (dix)… Et vous pouvez reprendre une respiration naturelle… À présent vous allez pouvoir effectuer l'exercice trois fois de suite… Vous inspirez pendant cinq secondes… Et expirez pendant les dix suivantes, front, yeux, mâchoire, cou, épaules, thorax, ventre, bassin, jambes, pieds… Inspiration pendant cinq secondes… Et expiration, front, yeux, mâchoire, cou, épaules, thorax, ventre, bassin, jambes, pieds… Une dernière fois, inspiration, une, deux, trois, quatre, cinq secondes… Puis expiration, front, yeux, mâchoire, cou, épaules, thorax, ventre, bassin, jambes, pieds… Et reprenez votre respiration habituelle…
Indications	N'hésitez pas à répéter cet exercice à de multiples reprises afin de bien vous l'approprier durant votre grossesse. Deux objectifs dominants : une détente corporelle et une gymnastique respiratoire. Le rythme peut varier et passer à quatre secondes d'inspiration pour huit secondes d'expiration.

Savoir se détendre et écouter son corps

La plupart des techniques citées plus loin ont été développées précédemment dans le chapitre 11. Ainsi, prenez le temps de vous y référer pour enregistrer les terpnos logos complets. Tout passe par le corps : nos pensées, nos émotions, nos capacités, nos valeurs, etc. C'est en quelque sorte notre concierge puisqu'il est à la fois gardien et source d'informations diverses sur nous-mêmes (notre personnalité) et notre rapport au monde. Des techniques pour apprendre à vous détendre, vous familiariser avec votre corps et de façon plus ciblée avec votre schéma génital, c'est le programme qui vous est proposé ci-après.

J'apprends la détente

Une étape pour apprendre à se délasser, capacité essentielle au quotidien, et encore plus durant la grossesse. Au programme, des sophronisations mais aussi des exercices pratiques pour vous faire du bien !

TECHNIQUE SPÉCIFIQUE

Objectif	Favoriser un relâchement musculaire, l'écoute des sensations corporelles, amener au niveau sophroliminal.
Déroulement de l'exercice	• **La sophronisation de base :** Vous relâchez progressivement chacun de vos systèmes… Bien à l'écoute de vos sensations, conscience de la forme et du volume de chacun d'entre eux… Bien au contact de votre respiration abdominale en train de s'apaiser… Puis prenez le temps de vous imaginer dans un lieu de bien-être… Pause d'intégration… • **Désophronisation.**
Indications	Retrouvez le terpnos logos dans le chapitre 10 (p. 103). Au fil des mois de grossesse, la qualité de sommeil peut être altérée. Pourtant nous savons tous combien un sommeil réparateur est important. La sophronisation de base pourra vous être utile pour vous ménager !

TECHNIQUE SPÉCIFIQUE

Objectif	Évacuer toutes les tensions inutiles.
Déroulement de l'exercice	• **Sophronisation de base vivantielle par systèmes.** • **Sophro-déplacement du négatif :** Vous pouvez effectuer un IRTER… Inspiration, rétention-tension douce du 1er système et expiration-relâchement… Et vous reprenez une respiration naturelle… À chaque expiration, vous pouvez imaginer symboliquement toutes les tensions inutiles, tout le négatif présent dans votre corps se déplacer vers l'extérieur, à chaque expiration plus profonde… De même pour chaque système, puis pour tout le corps (totalisation)… Pause d'intégration… Évocation de sentiments positifs. Désophronisation.
Dialogue post-sophronique	Retrouvez le terpnos logos dans le chapitre 11 (p. 114).

EXERCICE PRATIQUE

Étirements et balancier

Objectif	Dénouer son corps.
Description	S'étirer pour mobiliser son corps dans des postures qui soulagent et masser son dos par un mouvement de balancier.
Déroulement de l'exercice	• **Les étirements** Commencez par préparer un tapis de gym confortable… Vous êtes debout et pouvez écarter vos pieds de façon à bien stabiliser votre posture… Vous pouvez réaliser des étirements… Vous inspirez profondément et amenez dans ce même temps vos bras en arrière comme si vos omoplates cherchaient à se coller… À l'expiration vous amenez vos bras en avant, mains vers le sol, tout en enroulant votre tête… Vous pouvez réaliser à plusieurs reprises cet exercice… Tout type d'étirement est possible, celui-ci est un exemple parmi tant d'autres. Jouez sur votre créativité pour effectuer des étirements quotidiens qui vous correspondent, c'est-à-dire qui ciblent vos zones de tension en les soulageant.

Déroulement de l'exercice	• **Le balancier** Terminez votre « activité physique » par l'exercice du balancier (plus difficile à pratiquer lorsque le ventre s'est bien arrondi)… Vous pouvez vous allonger sur le dos sur votre tapis de gym et amener vos genoux vers la poitrine, les maintenir avec vos mains tout en redressant légèrement votre tête pour étirer délicatement votre nuque… Vous adoptez la posture du balancier, ne reste plus qu'à le mettre en route… L'objectif n'étant pas de se faire des tablettes de chocolat en mobilisant les abdominaux, ne procédez qu'à de légers mouvements (de faible amplitude) d'avant en arrière, puis peut-être sur les côtés… Plaisir de masser votre dos, de le soulager par des points de pression… Un mouvement de balancier qui peut devenir un moment de partage avec votre bébé.
Indications	Au cours de la grossesse, des tensions apparaissent au niveau du dos. Pour cette raison, prenez soin de dormir sur un matelas confortable et n'hésitez pas à pratiquer ces exercices qui pourront vous soulager.

Écouter mon corps

Écouter son corps durant la grossesse, c'est prendre conscience de ses modifications en termes de sensations mais aussi se focaliser sur la zone dans laquelle le bébé se développe – ventre, appareil génital – et créer du lien avec lui.

TECHNIQUE SPÉCIFIQUE

Objectif	Renforcer sa structure biologique.
Déroulement de l'exercice	• **Sophronisation de base vivantielle par systèmes.** • **Sophro-déplacement du négatif abrégé.** • **Sophro-stimulation vitale :** Prenez conscience de votre structure biologique, notamment de vos organes… De système en système, douce augmentation de la chaleur et de la circulation par la sophro-respiration synchronique… Pause d'intégration… • **Désophronisation.**
Indications	Retrouvez le terpnos logos complet dans le chapitre 11 (p. 125).

TECHNIQUE SPÉCIFIQUE

Objectif	Développer sa concentration.
Déroulement de l'exercice	• **La sophronisation de base vivantielle par systèmes.** • **Sophro-déplacement du négatif abrégé.** • **Sophro-concentration sur votre schéma génital :** Posture au choix… À présent vous allez vous concentrer pleinement sur votre schéma génital… Conscience de votre périnée… Vous pouvez peut-être le mobiliser par de légères contractions… Conscience de votre vagin qui fait le lien entre la vulve et l'utérus… Et essayez de percevoir votre utérus, sa forme… L'utérus qui est le nid de votre bébé, le lieu de son développement… Plaisir de vous relier à la vie qui grandit progressivement en vous… Pause d'intégration… • **Désophronisation.**
Indications	Un exercice à répéter régulièrement au cours de votre entraînement, qui permet, en développant la conscience de son schéma corporel, d'avoir une perception plus fine des sensations au niveau de cette zone. Il vise également à vous faire intégrer progressivement la présence de votre bébé.

Intégrer les bénéfices de l'écoute du corps

Octroyez-vous des pauses bien-être pour vous relaxer, écouter votre corps et vous relier à votre bébé…

TECHNIQUE SPÉCIFIQUE

Objectif	Développer du lien avec son bébé.
Déroulement de l'exercice	• **Sophronisation de base vivantielle par systèmes.** • **Sophro-déplacement du négatif abrégé.** • **Sophro-présence aux sensations et sophro-présence du positif :** Posture au choix… À présent, prenez le temps de vous concentrer sur votre ventre… Vous pouvez peut-être venir poser vos mains dessus… Plaisir de prendre conscience de sa forme et de son volume qui évoluent peu à peu… Et reliez-vous progressivement à vos sensations

Déroulement de l'exercice	intéroceptives... La présence de votre bébé se manifeste par des sensations diverses... Peut-être par des étirements, de la lourdeur, des pressions, des mouvements... Vous êtes en contact avec cette vie qui se développe en vous... Et vous pouvez vous imaginer lui diffuser des sensations positives, peut-être une douce chaleur, de la légèreté ou toute autre sensation... Plaisir de communiquer avec votre bébé, peut-être de lui transmettre des sentiments de calme, de bien-être, d'harmonie, de douceur... Sophro-présence du positif pour tous les deux, à l'inspiration vous réveillez tout le positif de votre biologie pour le diffuser dans tout votre corps à l'expiration et plus particulièrement jusqu'à votre bébé... Chaque respiration est une occasion d'activer le positif dans tout votre corps... Pause d'intégration... • **Désophronisation.**
Indications	Au quotidien, gardez le contact !

EXERCICE PRATIQUE

La méthode Jacobson

Objectif	Principe de mise en tension pour un meilleur relâchement musculaire.
Description	Vous allez pouvoir vous concentrer progressivement sur chaque zone de votre corps, effectuer une tension douce puis procéder au relâchement, le tout associé à la respiration. On parle bien sûr de tension douce, ne cherchez pas à vous faire une crampe !
Déroulement de l'exercice	Commencez par vous installer confortablement... De préférence allongée... Vous pouvez fermer vos yeux pour vous recentrer... Et prenez le temps de vous concentrer sur votre bras gauche étendu le long de votre corps... Inspirez profondément... Rétention, vous maintenez l'air... Tension douce du bras jusqu'aux doigts, en mobilisant chaque petit muscle... Et expiration-relâchement, vous laissez aller votre bras à son propre poids... De même pour le bras droit... Inspiration, rétention-tension douce, expiration-relâchement... Pareil pour la jambe droite... Puis pour la jambe gauche... De même pour le visage... Inspiration, rétention-tension douce de tout votre visage en faisant la grimace et expiration-relâchement...

Déroulement de l'exercice	Enfin, sur tout le corps, inspiration, rétention-tension douce de la tête aux pieds en mobilisant le maximum de muscles… Et expiration-relâchement…
Indications	Il est notamment intéressant de pratiquer cet exercice lorsque vous ressentez les prémices de tensions inutiles.

Je sais m'adapter

Optimiser sa capacité d'adaptation, c'est apprendre à gérer son stress. Cela implique de savoir gérer ses émotions désagréables, d'appliquer le lâcher prise, de bien se connaître et de renforcer sa confiance en soi. Favoriser le processus d'adaptation, c'est faire preuve de souplesse, d'ouverture d'esprit, et développer sa créativité afin de dessiner des solutions efficaces pour rebondir. Une capacité essentielle pour vivre sereinement la maternité.

Prendre conscience de sa capacité d'adaptation

Une étape qui aide à apprivoiser cette capacité, à la mobiliser durant l'accouchement et à prendre conscience de son rôle après la naissance de votre bébé. En effet, au retour de la maternité, le chez-soi évolue…

TECHNIQUE SPÉCIFIQUE

Objectif	Se relier aux manifestations dans un moment d'adaptation.
Déroulement de l'exercice	• **Sophronisation de base vivantielle par systèmes.** • **Sophro-déplacement du négatif abrégé.** • **Sophro-mnésie dissociée de moments de facilité et de difficulté d'adaptation :** Posture au choix… Tout votre corps bien présent… Et maintenant, vous pouvez vous imaginer face à un écran de cinéma sur lequel vont défiler des moments de vie… En l'occurrence, prenez bien le temps de trouver une situation qui vous a déstabilisée mais à laquelle vous vous êtes bien adaptée et une situation où, à l'inverse, vous avez eu des difficultés d'adaptation… Peut-être un moment où vous avez su vous adapter aux caprices de votre voiture ou à une tâche professionnelle

Déroulement de l'exercice	particulière ou autre… Peut-être, à l'inverse, un moment où vous avez eu des difficultés à vous adapter aux modifications de votre corps en début de grossesse, ou toute autre situation… Prenez bien le temps de vous observer dans ces moments, tant au niveau de vos postures, de l'expression de votre visage, de votre discours intérieur que de vos attitudes… Essayez de repérer ce qui fait qu'à un moment donné vous parvenez à vous adapter, tandis que parfois le processus d'adaptation est compromis (le stress vous envahit)… Pause d'intégration… • **Sophro-présence du positif abrégée.** • **Désophronisation.**
Indications	Prendre conscience de ses difficultés d'adaptation, c'est mettre en lumière ce sur quoi vous allez pouvoir axer votre démarche. Par exemple, si vous vous apercevez que ce qui bloque votre adaptation dans une situation, c'est votre manque de confiance en vous, il faudra approfondir cette piste de travail !

TECHNIQUE SPÉCIFIQUE

Objectif	Intégrer à la conscience sa capacité d'adaptation.
Déroulement de l'exercice	• **Sophronisation de base vivantielle par systèmes.** • **Sophro-déplacement du négatif abrégé.** • **Sophro-présence à la capacité d'adaptation et sophro-manence/rétro-manence de trois capacités utiles dans un processus d'adaptation :** Vous pouvez vous placer debout… Prenez plaisir à vous relier à votre capacité d'adaptation, à tout ce qu'elle évoque pour vous… Peut-être des situations, des images, des mots ou autre chose… Accueillez-la en toute phénoménologie… Maintenant essayez de mettre en lumière les capacités qui vous sont utiles pour bien vous adapter dans une situation, qui stimulent votre capacité d'adaptation… Peut-être la capacité à faire des choix, se connaître, agir, réfléchir, prendre du recul, se détendre… Et vous pouvez réaliser une sophro-manence et rétro-manence de ces capacités en commençant par ouvrir vos mains au niveau de votre 5e système… Plaisir de stimuler cette zone par un IRTER pour réveiller vos capacités, notamment celles reliées à notre capacité d'adaptation… Vous remontez peu à peu vos mains jusqu'au 1er système en laissant émerger vos capacités de votre biologie…

Déroulement de l'exercice	Et rétro-manence, vous pouvez tourner vos mains face vers le sol du 1er au 5e système afin de réinscrire au plus profond de vos structures vos capacités renforcées... Prenez bien le temps d'intégrer... • **Sophro-présence du positif abrégée.** • **Désophronisation.**
Indications	La sophro-manence et rétro-manence tend à renforcer la présence et l'efficacité de vos capacités. Tout comme les autres techniques, ses bénéfices résident dans sa répétition (la pratiquer régulièrement).

Plus de souplesse d'adaptation

Notre capacité d'adaptation est essentielle pour aborder des situations du quotidien et également nécessaire dans une préparation à la maternité. Ainsi, même si certains paramètres sont prévus à l'avance (date et lieu d'accouchement, gynécologue-obstétricien, etc.), l'inattendu peut surgir. Une bonne capacité d'adaptation est alors précieuse pour vivre au mieux son accouchement, c'est-à-dire de façon sereine et confiante, disposant de ressources optimales. Les exercices qui suivent se concentrent sur le développement de votre capacité d'adaptation en ce qui concerne la situation singulière qu'est l'accouchement.

TECHNIQUE SPÉCIFIQUE

Objectif	Optimiser ses ressources et capacités avant l'accouchement
Déroulement de l'exercice	• **La sophronisation de base vivantielle par systèmes.** • **Sophro-déplacement du négatif abrégé.** • **Sophro-projection future de l'avant accouchement :** Posture au choix... Prenez bien le temps de vous concentrer sur votre ventre... Sa forme, ses sensations, la présence de votre bébé... Et à présent, vous pouvez vous projeter en imaginant le moment des premières contractions... Essayez de percevoir le décor dans lequel vous souhaiteriez vous trouver... Peut-être chez vous, dans une pièce en particulier... Travaillez votre créativité en imaginant le temps qu'il fera, le moment de la journée durant lequel les prémices pourraient avoir lieu, si votre conjoint sera déjà présent... Concentrez-vous sur les contractions qui deviendront plus régulières et intenses... Vous les vivez sereinement...

Déroulement de l'exercice	Vous pouvez peut-être vous relier au départ vers la maternité, à la façon dont vous souhaiteriez que cela se passe… Votre conjoint qui vous accompagne à la voiture, qui emporte le sac préparé pour l'accouchement,… Et vous arrivez à la maternité, toujours dans le calme et la sérénité… Vous pouvez vous imaginer jouer sur votre respiration pour vivre au mieux chaque contraction… Imaginez votre installation dans votre chambre, la sage-femme qui vous examine… Phase de travail… Conscience de la posture inhérente à l'accouchement… La dilatation progressive du col de l'utérus… Prenez bien le temps de vous relier aux moments qui précèdent la phase de poussée… Pause d'intégration… • **Sophro-présence du positif abrégée.** • **Désophronisation.**
Indications	Les techniques de futurisation sont un moyen de se préparer à des situations à venir en imaginant la façon dont on souhaiterait qu'elles se passent. Cependant, il est essentiel de laisser de la place aux imprévus, c'est-à-dire de ne pas trop préciser les détails pour ne pas être déstabilisé le moment venu, autrement dit s'adapter.

TECHNIQUE SPÉCIFIQUE

Objectif	Éveiller un sentiment de confiance au moment voulu.
Déroulement de l'exercice	• **La sophronisation de base vivantielle par systèmes.** • **Sophro-déplacement du négatif abrégé.** • **Geste signal :** Posture assise classique ou dos droit… Maintenant prenez le temps de choisir votre geste signal, un geste discret qui vous soit familier ou en tout cas qui vous corresponde… À présent, prenez bien le temps de vous relier à des moments de confiance que vous avez pu vivre… Peut-être des moments de l'enfance ou plus récemment le moment où vous avez appris que vous étiez enceinte, ou encore en vous reliant à votre bébé… Revivez ces instants en vous reliant pleinement aux émotions qu'ils font émerger en vous… Plaisir de vous charger de ce sentiment de confiance… Et dans le ressenti intense de ces moments, vous pouvez effectuer à plusieurs reprises votre geste signal pour commencer à bien le charger… Toutes les sensations agréables émergeant de ces moments de confiance sont associées à votre geste…

Déroulement de l'exercice	Prenez bien le temps d'intégrer… • **Désophronisation.**
Indications	Un geste à charger durant les jours qui suivent et à recharger occasionnellement !

TECHNIQUE SPÉCIFIQUE

Objectif	Vivre en conscience un corps qui s'adapte.
Déroulement de l'exercice	• **Sophronisation de base vivantielle par systèmes.** • **Sophro-déplacement du négatif abrégé.** • **Sophro-présence de votre 4e système :** Prenez plaisir à vous relier pleinement à votre 4e système, votre ventre, votre région lombaire… Plaisir de vivre cette zone dans son évolution… Le développement progressif de votre bébé qui arrondit peu à peu votre ventre… Plaisir de percevoir sa morphologie évoluer temporairement, un peu plus au fil des mois… Conscience de la souplesse, de l'élasticité de ce système et de ses autres capacités… Prenez bien le temps de vous relier en toute phénoménologie à ce 4e système, sa forme, son volume, ses sensations… Peut-être que le fait de se concentrer dessus évoque des situations particulières (les mains de votre mari posées sur votre ventre, par exemple), des images (mettez à profit votre imagination en vous demandant à quoi vous fait penser la forme de votre ventre), des mots… Pause d'intégration…
Indications	Votre corps se modifie et ce n'est pas une évidence en soi que d'intégrer ces changements. Or s'adapter progressivement à ce corps qui évolue, c'est vivre sereinement, avec plaisir et curiosité les mois de grossesse.

TECHNIQUE SPÉCIFIQUE

Objectif	Optimiser ses ressources et capacités lors de l'accouchement.
Déroulement de l'exercice	• **La sophronisation de base vivantielle par systèmes.** • **Sophro-déplacement du négatif abrégé.** • **Sophro-projection future lors de l'accouchement :** Posture au choix... À présent, vous pouvez vous projeter jusqu'au moment où vous vous trouverez en salle de travail... C'est le moment de la poussée... Concentrez-vous sur la posture à adopter, les personnes en présence, votre conjoint ou un proche est tout près de vous... Vous êtes en forme, prête pour cette dernière phase... Et vous vous imaginez en train de commencer à pousser... Votre respiration va devenir plus conditionnée et dynamique... Vous pouvez peut-être vous percevoir en train d'inspirer, bloquer et pousser... Votre bébé progresse peu à peu vers le jour... Essayez d'imaginer le mouvement de votre corps qui, lors de ces actions de poussée, va s'incliner vers l'avant... Inspirez, bloquez et poussez... La sage-femme vous indique le rythme à adopter et vous encourage... Tout votre corps est mobilisé lors de la poussée... Inspirez, bloquez et poussez... La tête de votre bébé apparaît... Et imaginez qu'il ne vous reste plus qu'une dernière poussée, le passage de la tête puis des épaules, vécu sereinement dans un dernier effort... Et vous vivez la présence de votre bébé tout contre vous, sa chaleur dans vos bras... Joie partagée avec votre conjoint ou un proche... Plaisir de partager ces instants, les premiers mouvements de votre enfant, son premier cri... Prenez bien le temps de vous relier à ces moments... Pause d'intégration... • **Sophro-présence du positif abrégée.** • **Désophronisation.**
Indications	Une technique qui vise à vous préparer à vivre votre accouchement mais également à développer la conscience du moment de la naissance.

Intégrer les bénéfices d'une bonne capacité d'adaptation

La faculté d'adaptation est un moyen de déployer au mieux son potentiel, d'être cohérent avec soi-même et efficace. Une façon de vivre consciemment une situation nouvelle, tout en optimisant ses ressources, vous est ici proposée.

TECHNIQUE SPÉCIFIQUE

Objectif	Se préparer à la maternité en se reliant à l'après-naissance.
Déroulement de l'exercice	• **Sophronisation de base vivantielle par systèmes.** • **Sophro-déplacement du négatif abrégé.** • **Sophro-acceptation progressive après la naissance :** Posture au choix… Vous pouvez essayer de vous projeter lors de la sortie de la maternité, le moment où vous allez rentrer, vous, votre conjoint et votre bébé, chez vous… Votre accouchement s'est passé sereinement et la vie que vous avez portée durant neuf mois est bel et bien présente dans votre maison, occupe sa chambre… Vos sens sont en éveil face à votre bébé, vous pouvez le voir, le toucher, sentir son odeur naturelle, le goûter par de tendres baisers, l'entendre… Vous pouvez peut-être vous imaginer dans la chambre que vous lui avez préparée, avec votre conjoint, en train de l'observer avec amour… Vivez tous les détails de ce moment de partage tous réunis sous le même toit… Vous pouvez également prendre plaisir à imaginer ses premières semaines, la visite de vos proches autour de votre bébé… Prenez bien le temps de vous fondre dans le décor de l'arrivée de votre enfant… Pause d'intégration… • **Sophro-présence du positif abrégée.** • **Désophronisation.**
Indications	Une nouvelle vie qui va nécessiter un temps d'adaptation !

Une histoire de valeurs de vie

Comme nous l'avons constaté dans le précédent chapitre, les valeurs de vie évoluent. Au cours de notre existence, certaines sont reléguées au second rang (pour une personne, le travail n'aurait plus autant d'importance), de nouvelles apparaissent, tandis que d'autres ne sont plus satisfaites de la même façon (une personne qui auparavant satisfaisait sa valeur liberté par son aisance financière aujourd'hui l'enrichit seulement d'instants solitaires). Devenir maman peut bouleverser son système de valeurs : on peut oublier de s'octroyer du temps pour soi (satisfaire sa valeur bien-être) ou encore négliger l'espace de quelques mois de satisfaire les valeurs qui nous épanouissent. Petit point sur vos valeurs de vie…

TECHNIQUE SPÉCIFIQUE

Objectif	Se préparer à l'accouchement en se reliant à ses bénéfices quelque temps après l'avoir vécu.
Déroulement de l'exercice	• **La sophronisation de base vivantielle par systèmes.** • **Sophro-déplacement du négatif abrégé.** • **Sophro-programmation future après la naissance centrée sur les valeurs de vie :** Posture au choix... À présent, projetez-vous quelques mois après la naissance de votre bébé... Vous pouvez peut-être vous relier à une journée vécue auprès de votre enfant... Et essayez de vous imaginer la façon dont vous auriez envie de vivre cette relation, votre vie de maman... Quelles valeurs seraient importantes à respecter pour vous... Peut-être votre valeur amour, liberté, bien-être, partage... Prenez le temps d'imaginer de nouveaux moyens pour satisfaire votre valeur liberté ou toute autre valeur compte tenu de votre responsabilité de maman... Et reliez-vous pleinement à la valeur famille en laissant émerger tout ce qu'elle évoque pour vous... La façon dont vous souhaiteriez la satisfaire au quotidien... Peut-être pouvez-vous également accueillir des valeurs que vous souhaiteriez transmettre à votre bébé... Profitez-en pour communiquer avec lui dans cet instant, lui diffuser des messages de calme et d'harmonie... Prenez bien le temps d'intégrer... • **Sophro-présence du positif abrégée.** • **Désophronisation.**
Indications	Votre capacité d'adaptation vous sera utile pour trouver de nouveaux moyens de satisfaire vos valeurs au cas où ce nouveau contexte vienne à les remettre en question ou plus simplement à les faire évoluer : auparavant vous profitiez du week-end pour faire la grasse matinée et satisfaire votre sérénité, peut-être qu'après la naissance vous devrez trouver un autre moyen pour combler cette valeur...

Votre préparation à la maternité en résumé :

- Enregistrer son CD d'entraînement (même principe pour les autres programmes si vous n'avez jamais pratiqué la sophrologie).
- S'approprier les outils et techniques au cours de la grossesse par un entraînement régulier.
- Utiliser la respiration en quinze secondes dès les premières contractions.
- Une première sophronisation (la sophronisation de base par exemple), si possible, avant de partir à la maternité.

Chapitre 19

La gestion du poids

Dans ce chapitre :

- Écouter son corps et se relier à ses émotions
- Développer une bonne image de soi pour réveiller sa confiance
- Se relier aux valeurs satisfaites par cette démarche

La sophrologie est aussi une discipline qui accompagne la gestion du poids. En effet, combinée au suivi d'un nutritionniste ou diététicien, elle devient un véritable atout durant la période de perte de poids et favorise une stabilisation durable. Plutôt que de vous aider à suivre un régime, un travail en sophrologie sur la gestion du poids a pour objectif l'intégration progressive d'une bonne hygiène de vie : trouver un équilibre qui nous corresponde et qui s'adapte à notre quotidien (nul intérêt ou presque de s'imposer une heure de jogging quotidien en ronchonnant alors qu'une heure de danse nous est préférable).

C'est le moment de faire connaissance avec les facteurs qui influent sur la bonne ou mauvaise gestion de son poids de forme et que vous aurez l'occasion d'approfondir au cours de ce chapitre :

- **L'écoute du corps,** mes sensations de faim et de satiété ;
- **La gestion des émotions désagréables :** frustration et culpabilité ;
- **L'image de soi,** associer la bienveillance envers soi-même à la volonté ;
- **Les conditionnements affectifs,** une histoire de plaisir premier ;
- **Les valeurs de vie,** mettre en lumière les besoins liés à une bonne gestion de son poids.

Il ne vous reste plus qu'à vous lancer dans l'aventure, en quête d un juste équilibre de vos habitudes alimentaires.

Ce programme n'est pas exhaustif mais propose, à titre d'exemple, des suggestions d'entraînement. Chaque facteur doit ainsi être développé de façon plus approfondie. Gardons à l'esprit que ce n'est pas avec quelques techniques « ludiques » que l'on résout des difficultés complexes, en agissant sur les symptômes, les manifestations plus que sur les causes. Il s'agit cependant d'un moyen d'amorcer une démarche personnelle.

N'OUBLIEZ PAS !

Les relaxations dynamiques représentent l'axe de travail fondamental de la sophrologie et sont à pratiquer en parallèle de chaque programme. Rappelons que relaxations dynamiques et techniques spécifiques sont complémentaires.

Ma vision du poids

La première étape est axée sur la prise de conscience de tous les facteurs qui entrent en jeu dans la gestion du poids. Au programme, des exercices pour prendre conscience de sa qualité d'écoute du corps, de sa relation aux émotions désagréables, de l'image que l'on a de soi, des conditionnements affectifs liés à son rapport à la nourriture et des valeurs de vie qui entrent en jeu dans ce rapport-là.

TECHNIQUE SPÉCIFIQUE

Objectif — Prendre conscience des facteurs qui entrent en jeu dans la difficulté à gérer son poids.

Déroulement de l'exercice

- **Sophronisation de base vivantielle par systèmes.**
- **Sophro-déplacement du négatif abrégé.**
- **Sophro-mnésie dissociée de repas en accord avec soi-même et de repas parasités :**

  Posture dos droit… À présent, posons le contexte inhérent à une sophro-mnésie dissociée… Nous imaginons un écran face à nous, sur lequel va défiler d'une part un moment illustrant un repas idéal, c'est-à-dire en cohérence avec nous-mêmes, peut-être un repas bien cuisiné, peut-être diététique, que nous avons pris le temps de savourer, où nous étions à l'écoute de notre sensation de satiété… Et d'autre part un moment de vie présentant un repas parasité, peut-être un repas où nous avons mangé avec excès, où nous avons mangé vite juste pour nous remplir sans nous relier aux saveurs des mets, peut-être une situation où nous avons mangé une seconde part de gâteau alors que nous n'avions plus faim… Prenons bien le temps de trouver ces deux moments…

Déroulement de l'exercice	Et laissons-les défiler l'un après l'autre sur notre écran de cinéma en nous observant en tant que spectateurs… Quelle est notre attitude, notre gestuelle, notre discours intérieur, l'expression de notre visage dans chacune de ces situations… Est-ce que nous prenons nos couverts délicatement ou dynamiquement… Est-ce que nous regardons la télévision, mangeons seuls ou accompagnés… Est-ce un repas cuisiné par nos soins ou surgelé… Mangeons-nous avec faim ou sommes-nous repus… Est-ce que nous avons fait une activité physique ou pas avant chacun de ces repas… Est-ce que quelques minutes avant de nous mettre à table nous nous ennuyons ou est-ce une période où nous vivions une difficulté (déception, échec, etc.)… Essayons de repérer les différences entre ces deux repas bien distincts… Prenons conscience des facteurs qui ont engendré à un moment donné un repas plaisant et dans un autre contexte un repas conditionné, ne répondant pas à nos objectifs profonds (manger lentement, etc.)… Peut-être la difficulté à écouter son corps, à gérer ses émotions, ou une autre… Pause d'intégration… • **Sophro-présence du positif abrégée.** • **Désophronisation.**
Indications	Au quotidien, essayez de repérer les facteurs qui conditionnent votre façon de manger. Les plus importants sont développés ci-après.

Mes sensations de faim et de satiété

La capacité d'écoute du corps est essentielle dans le cadre de la gestion du poids, notamment pour repérer ses sensations de faim et de satiété. Au-delà du corps, c'est un travail global sur le schéma corporel qui est indispensable à réaliser en parallèle notamment par la relaxation dynamique du 1er degré.

Je peux écouter mon corps

Se relier à son corps, savoir l'écouter, c'est indispensable pour repérer ses sensations de faim et de satiété dans le cadre de la gestion du poids. Petit exercice pour vous familiariser avec les sensations de base : chaleur, lourdeur, circulation, pression, tiraillement, fourmillement…

TECHNIQUE SPÉCIFIQUE

Objectif	Prendre conscience des sensations de base.
Déroulement de l'exercice	• **Sophronisation de base vivantielle par systèmes.** • **Sophro-déplacement du négatif abrégé.** • **Sophro-présence aux sensations de base :** Posture dos droit... Tout notre corps en train de se relâcher... Bien présent... Et nous allons pouvoir nous relier pleinement à nos sensations... Essayons de repérer peut-être des sensations de chaleur ou de froid, de lourdeur ou de légèreté... Peut-être des sensations de circulation, de pression, d'étirement, de fourmillement... Peut-être des sensations liées à la faim ou à la satiété selon le moment de la journée où nous pratiquons cette technique... Prenons bien le temps... Pause d'intégration... • **Désophronisation.**
Indications	Écouter son corps implique d'écouter ses sensations. Dans votre quotidien, selon que vous êtes au travail ou à votre domicile, que vous lisez ou faites du sport, apprenez à vous mettre au contact de vos sensations.

Apprendre à repérer ses sensations de faim et de satiété

Une sophronisation pour vous concentrer pleinement sur les sensations corporelles avant, pendant et après les repas. Un moyen de s'écouter et de satisfaire dans un juste équilibre le besoin fondamental qu'est manger – manger lorsqu'on a faim, s'arrêter lorsqu'on est rassasié.

TECHNIQUE SPÉCIFIQUE

Objectif	Prendre conscience de ses sensations concernant les repas.
Déroulement de l'exercice	• **Sophronisation de base vivantielle par systèmes.** • **Sophro-déplacement du négatif abrégé.** • **Sophro-mnésie senso-perceptive de l'avant, pendant et après repas :** Posture dos droit... Et nous allons pouvoir revivre une journée habituelle de notre quotidien en essayant de porter notre attention sur nos sensations autour des repas... Commençons par nous relier

Déroulement de l'exercice	pleinement au moment de notre réveil… Ressentons-nous des sensations de faim… Est-ce une grande ou petite faim qui apparaît… Puis essayons de vivre notre petit déjeuner… À partir de quel moment commençons-nous à être calés (après deux tartines ou autre chose)… Quelles sont nos sensations intéroceptives selon que nous prenons le temps de savourer ce repas ou que nous activons la cadence… Enfin, relions-nous aux sensations de l'après petit déjeuner… Comment nous sentons-nous… Juste rassasiés, un peu lourds, ou ressentons-nous encore une petite faim… De la même façon, essayons de nous relier au déjeuner, peut-être au goûter, et au dîner en nous concentrant pleinement sur nos sensations de faim et de satiété et surtout sur la façon dont elles se manifestent… Peut-être par de la chaleur ou du froid, de la lourdeur, de petits tiraillements, des pressions… Prenons bien le temps… Pause d'intégration… • **Désophronisation.**
Indications	Vous n'en êtes pas encore à l'étape où vous allez respecter vos sensations liées à la faim, mais vous commencez déjà à en prendre conscience. En effet, ce n'est pas parce que j'ai conscience d'être rassasié que je vais forcément mettre fin à mon repas : la gourmandise peut passer par là… Prenez le temps de repérer vos sensations relatives à vos repas quotidiens.

Savoir écouter son corps, c'est commencer à gérer son poids

Un corps justement approvisionné est un corps préservé, dans lequel on se sent bien. Mais par quelles sensations cet état positif se définit-il ? La sophronisation qui suit vous donne la possibilité de les éveiller…

TECHNIQUE SPÉCIFIQUE

Objectif	Intégrer les sensations positives inhérentes à une bonne gestion du poids.
Déroulement de l'exercice	• **Sophronisation de base vivantielle par systèmes.** • **Sophro-déplacement du négatif abrégé.** • **Sophro-projection future d'une nouvelle hygiène de vie :** • Posture dos droit… À présent, nous allons pouvoir nous imaginer dans quelques semaines, quelques mois… Nous nous projetons dans des

Déroulement de l'exercice	moments où nous avons acquis une nouvelle hygiène de vie, où nous entretenons une relation positive avec la gestion de notre poids... Peut-être des situations où nous ne réfléchissons plus aux quantités, au type d'aliment à privilégier, et préparons nos repas équilibrés instinctivement, où nous mangeons à notre faim... Les gestes et réflexes se sont ancrés en nous... Nous nous relions pleinement aux sensations qui pourront émerger dans ces instants, sensations que l'on ressent peut-être déjà en imaginant ces moments de bien-être physiques et psychiques... Peut-être des sensations liées au plaisir, à notre état d'esprit positif ou autre phénomène... Prenons bien le temps d'accueillir toutes ces sensations... Prenons bien le temps d'intégrer... • **Sophro-présence du positif abrégée.** • **Désophronisation.**
Indications	Il est toujours plaisant de se relier aux sensations d'un corps justement satisfait.

Se sentir frustré(e) ou culpabiliser

Ce sont en effet les deux émotions les plus manifestes dans le cadre de la gestion du poids. Par exemple, être frustré(e) de ne pas prendre de dessert ou culpabiliser d'y avoir succombé... Ça se complique!

Gestion du poids, frustration et culpabilité

La frustration et la culpabilité apparaissent comme les principales émotions désagréables qui reflètent notre rapport à la nourriture. La frustration se ressent au moment du régime, lorsqu'on se rationne, qu'on essaie de se conditionner pour mieux manger, mais aussi lorsqu'on n'atteint pas son objectif de perte de poids. Son contexte : une attente que j'ai du mal à satisfaire. La culpabilité peut émerger quand on ne parvient pas à contrôler ses pulsions alimentaires ou encore quand on fait un écart. Son contexte : je n'ai pas respecté une de mes valeurs. Par ailleurs, et c'est bien connu, manger est parfois un moyen de compenser, notamment en cherchant à apaiser des émotions telles que la colère ou encore la peur. Mais essayons d'ores et déjà de nous concentrer sur les plus manifestes dans le cadre de la gestion du poids.

TECHNIQUE SPÉCIFIQUE

Objectif	Prendre conscience de sa relation à la frustration et à la culpabilité.
Déroulement de l'exercice	• **Sophronisation de base vivantielle par systèmes.** • **Sophro-déplacement du négatif abrégé.** • **Sophro-mnésie dissociée de moments de frustration (lorsqu'on se retient de manger) et de culpabilité (lorsqu'on s'est trop laissé aller) :** Posture dos droit... Maintenant, nous allons pouvoir nous observer en tant que spectateurs dans des moments de vie où nous avons ressenti de la frustration ou de la culpabilité dans notre rapport à la nourriture... Peut-être des moments où nous n'avons pas atteint nos objectifs (frustration), par exemple en n'ayant pas pris le temps de cuisiner un repas diététique... Peut-être des situations où nous n'avons pas respecté une de nos valeurs (culpabilité), où nous avons fait des excès... Prenons donc bien le temps de choisir d'une part une situation de frustration et d'autre part un moment de culpabilité... Et nous laissons défiler ces moments sur un écran imaginaire, sans revivre les émotions de l'instant, juste en nous observant en tant que spectateurs... Si elles se réveillaient en nous, nous pourrions pratiquer un sophro-déplacement du négatif... Nous repérons dans ces situations notre façon de vivre ces deux émotions, qui se reflète dans notre comportement, notre discours intérieur (que nous disons-nous intérieurement lorsque nous ressentons de la frustration ou de la culpabilité ?), notre manière de les gérer... Pause d'intégration... • **Sophro-présence du positif abrégée.** • **Désophronisation.**
Indications	Petit détour au chapitre 10 (section « Les émotions désagréables ») pour en savoir plus sur ces émotions.

Une bonne gestion de ses émotions désagréables

Apprendre à gérer sa frustration et sa culpabilité, c'est se donner plus de souplesse et de liberté sans pour autant faillir aux objectifs préétablis et cohérents avec son souhait de gestion du poids. Une façon de vivre plus naturellement ses émotions.

TECHNIQUE SPÉCIFIQUE

Objectif	Prendre conscience des moyens susceptibles d'aider à mieux gérer sa frustration et sa culpabilité.
Déroulement de l'exercice	• **Sophronisation de base vivantielle par systèmes.** • **Sophro-déplacement du négatif abrégé.** • **Sophro-mnésie dissociée de moments de frustration et de culpabilité :** Nous adoptons la posture dos droit… Prenons le temps de nous imaginer face à un écran de cinéma sur lequel vont défiler des moments de frustration et de culpabilité par rapport à notre relation à l'alimentation… Peut-être un moment où nous étions frustrés de manger toujours la même chose ou autre… Peut-être un moment où nous avons culpabilisé de céder à l'appel d'une glace italienne ou toute autre situation… Une fois ces moments choisis, essayons de repérer ce que nous pourrions mettre en place à l'avenir pour mieux gérer nos émotions, faire en sorte de les écouter… (Pour reprendre les exemples ci-dessus :) Peut-être en nous imaginant parcourir les rayons d'une supérette asiatique et repérer de nouveaux produits à intégrer dans nos plats afin d'apaiser notre frustration… Peut-être en nous demandant si nous avons réellement envie de cette glace italienne, si nous souhaitons privilégier notre plaisir (valeur 1) et la savourer pleinement ou préférons respecter notre équilibre alimentaire (valeur 2)… Prenons bien le temps de laisser s'éveiller notre créativité pour trouver des moyens de gérer nos émotions, peut-être encore en anticipant leur apparition… Pause d'intégration… • **Sophro-présence du positif abrégée.** • **Désophronisation.**
Indications	Il n'y a pas de bon ou de mauvais choix, l'essentiel étant simplement de faire un choix conscient. Anticiper l'émotion de la culpabilité, c'est prendre conscience de la valeur que l'on souhaite privilégier (hiérarchiser ses valeurs de vie).

Bien gérer sa frustration et sa culpabilité

Comme nous avons pu l'observer précédemment, la frustration se manifeste lorsque nous avons des difficultés à satisfaire une attente, à atteindre un objectif (je suis frustré de ne pas parvenir à respecter mon régime).

Les comportements adaptés à une bonne gestion de cette émotion peuvent être les suivants : chercher de l'information, trouver un modèle, trouver de nouveaux moyens pour atteindre son objectif (développer sa créativité), entre autres (voir chapitre 10, section « Les émotions désagréables »). Quant à la culpabilité, elle apparaît lorsque nous ne respectons pas une de nos valeurs (je culpabilise d'avoir beaucoup mangé : je m'écarte de la valeur santé, par exemple). Apprendre à la gérer implique de hiérarchiser ses valeurs.

TECHNIQUE SPÉCIFIQUE

Objectif Mieux gérer sa frustration et sa culpabilité.

Déroulement de l'exercice

- **Sophronisation de base vivantielle par systèmes.**
- **Sophro-déplacement du négatif abrégé.**
- **Sophro-projection future de moments de bonne gestion de la frustration et de la culpabilité :**

  Posture dos droit… Nous allons pouvoir nous projeter dans une situation à venir, un moment susceptible de réveiller en nous un sentiment de frustration… Peut-être un moment où nous souhaiterions nous resservir ou autre… Et imaginons-nous bien gérer notre frustration… Peut-être en ayant, au préalable, demandé conseil à notre diététicienne… En ayant appelé une copine qui a intégré un bon équilibre alimentaire… Peut-être encore en prenant plaisir à faire autre chose, durant ce moment, peut-être travailler, regarder un bon film… En écoutant nos besoins profonds et pas le besoin de satisfaire un plaisir premier de compensation… Plaisir de développer sa créativité pour trouver de nouveaux moyens de pallier notre frustration et de répondre positivement à notre objectif de gestion du poids…

  Nous pouvons d'autre part nous relier à une situation dans laquelle la culpabilité pourrait émerger… Peut-être lors de repas de fête ou d'autres circonstances… En nous imaginant soit renforcer notre désir de gestion du poids et repérer les aliments les plus diététiques (valeur 1), soit faire le choix conscient de satisfaire notre plaisir (valeur 2) et savourer posément chaque mets…

  Prenons bien le temps de nous imaginer vivre positivement ces moments.

  Pause d'intégration…

- **Sophro-présence du positif abrégée.**
- **Désophronisation.**

Indications Dans la seconde partie du terpnos logos, on parle de « choix conscient ». En effet, lorsque l'on choisit consciemment de se faire plaisir lors d'un repas, la culpabilité n'a pas sa place. Elle survient lors de moments où l'on n'est pas en accord avec ses désirs profonds.

L'image de soi, entre bienveillance et volonté

Avoir une bonne image de soi est un bon début pour favoriser la confiance en soi ! Être à la fois bienveillant avec soi-même et écouter ses valeurs profondes, tout en y alliant la volonté, c'est le bon équilibre pour poursuivre sa démarche.

Comment je me vois ?

Il est temps de sortir des stéréotypes qui s'imposent à nous dans les publicités ou les magazines pour se recentrer pleinement sur sa propre réalité. Quelle image ai-je de moi-même ? En quoi gérer mon poids pourrait améliorer l'image que j'ai de moi ? Quels seraient mes objectifs pour renforcer ma motivation (j'ai besoin de perdre 5 kilos, de me muscler le ventre, de me préparer des repas équilibrés, etc.) ?

TECHNIQUE SPÉCIFIQUE

Objectif — Prendre conscience de la relation que l'on entretient avec son image.

Déroulement de l'exercice

- **Sophronisation de base vivantielle par systèmes.**
- **Sophro-déplacement du négatif abrégé.**
- **Sophro-mnésie dissociée sur des moments du quotidien :**

Posture dos droit… Et essayons à présent de nous relier à une multitude de situations du quotidien… Peut-être des moments de solitude, de discussion au travail, de partage avec notre famille ou nos amis… Et prenons bien le temps de nous observer dans chacune de ces situations, comme un spectateur qui regarde le film de sa vie… Attardons-nous sur notre discours intérieur, est-il positif ou est-ce que (mentalement) nous nous sentons inférieurs lors d'échanges avec autrui, lorsque nous donnons une opinion ou dans tout autre contexte… Est-ce que nous croyons en nous, nous faisons confiance dans les tâches du quotidien… Est-ce que nous avons tendance à nous valoriser… Est-ce que nous apprécions les moments où nous sommes seuls avec nous-mêmes… Peut-être pouvons-nous également nous demander quelle image de nous-mêmes nous pensons donner aux autres…

Puis nous pouvons nous concentrer sur des situations propres à notre alimentation… Quelle image avons-nous de nous-mêmes lorsque nous faisons nos courses, préparons ou faisons réchauffer nos repas, lorsque nous mangeons un sandwich à midi ou une salade le soir, lorsque nous

Déroulement de l'exercice	nous laissons aller à la gourmandise… Prenons bien le temps de nous observer dans ces moments, toujours sur notre écran imaginaire… Pause d'intégration… • **Sophro-présence du positif abrégée.** • **Désophronisation.**
Indications	L'image de soi est bien évidemment liée à la notion de confiance en soi et à ce titre peut se reconstruire, évoluer, se renforcer,…

Une image de soi positive

C'est être cohérent avec soi-même : je mange de façon équilibrée et apprécie ce comportement, je fais un repas de famille avec un peu d'excès et peux aussi avoir une bonne image de moi. L'image de soi ne doit pas être conditionnée : par exemple, j'ai une bonne image de moi à condition que je mange équilibré. On peut avoir une bonne image de soi en savourant un mets avec plaisir qui ne fait pourtant pas partie des aliments dits diététiques.

TECHNIQUE SPÉCIFIQUE

Objectif	Développer une bonne image de soi.
Déroulement de l'exercice	• **Sophronisation de base vivantielle par systèmes.** • **Sophro-déplacement du négatif abrégé.** • **Sophro-mnésie senso-perceptive d'un repas équilibré et d'un moment de gourmandise :** Posture dos droit… Nous allons pouvoir nous imaginer en train de revivre le moment de savourer un repas équilibré que nous avons pu mijoter récemment… Et prenons plaisir à nous sentir en accord avec nous-mêmes en mangeant sain, à notre faim, sans idées de privation… En respectant cette nouvelle hygiène de vie, nous respectons nos valeurs profondes, nous nous respectons nous-mêmes tout simplement… Prenons plaisir à nous relier à ce respect de soi, à l'image positive de nous-mêmes dans ce moment-là… Plaisir de revivre cet instant, de savoir ce que nous aimons, ce qui exalte nos papilles… Et maintenant, imaginons-nous en train de savourer un plat que nous apprécions énormément et qui n'est pourtant pas très « diététique », peut-être une viande en sauce, une fondue savoyarde, un dessert particulier… Relions-nous pleinement aux sensations de plaisir qui ont pu émerger lorsque nous avons vécu ce repas, des sensations issues

Déroulement de l'exercice	du plaisir gustatif, du fait de savourer un plat bien cuisiné… Et laissons émerger tout le plaisir de nous voir déguster peut-être notre plat favori… Plaisir d'aimer manger, d'apprécier le partage d'un repas copieux tout en sachant équilibrer ses besoins, peut-être en s'imaginant manger une soupe onctueuse le soir… Plaisir d'intégrer une bonne image de soi sortie d'idées préconçues… Pause d'intégration… • **Désophronisation.**
Indications	Avoir une bonne image de soi dans son rapport à l'alimentation ne doit pas se réduire à l'aspect diététique mais inclure le plaisir. Je peux avoir une bonne image de moi sans aucune culpabilité lorsque je savoure un carreau de chocolat.

Intégrer les bénéfices d'une bonne image de soi

Un exercice qui vous permettra de trouver et de commencer à charger un geste signal. C'est un geste sur lequel vous posez le mot que vous souhaitez (peut-être confiance, détente, calme) et que vous pourrez utiliser dans des moments où vous manquez de motivation pour cuisiner, où vous êtes tenté de faire un excès, ou d'autres.

TECHNIQUE SPÉCIFIQUE

Objectif	Associer un geste à un sentiment utile à éveiller dans une situation.
Déroulement de l'exercice	• **Sophronisation de base vivantielle par systèmes.** • **Sophro-déplacement du négatif abrégé.** • **Geste signal :** Posture dos droit… Commençons par trouver notre geste signal… Un geste discret et pratique… Prenons bien le temps de nous relier à des repas plaisants, vécus en cohérence avec nous-mêmes… Peut-être des moments où nous avons respecté nos sensations de satiété, où nous avons appris une nouvelle recette, où nous avons su combiner plaisir et diététique ou d'autres moments reliés au respect, à l'estime de soi… Et revivons pleinement ces instants en laissant se réveiller en nous toutes les sensations positives qu'ils ont pu susciter… Plaisir de vivre ces sensations dans notre corps…

Déroulement de l'exercice	Une fois qu'elles sont bien présentes en nous, nous pouvons effectuer à plusieurs reprises notre geste pour commencer à le charger… Nous pouvons également évoquer un mot précis, un mot qui pourra nous être utile dans notre relation à l'alimentation… Peut-être le mot confiance, équilibre, harmonie, bien-être, ou tout autre terme… Pause d'intégration… • **Désophronisation.**
Indications	Le geste signal devra être chargé durant quelques jours dès que vous vivrez des moments de plaisir, en cohérence avec votre gestion du poids. À l'inverse, une fois bien chargé, il pourra vous être utile dans des situations où vous manquez de motivation, où vous vivez une difficulté et avez tendance à vous reporter sur la nourriture.

Les conditionnements affectifs

Renoncer à la satisfaction d'un plaisir premier (côté enfant) pour accéder à un plaisir plus libéré (côté adulte), c'est tout l'objet d'un travail sur ce facteur. Il s'agit en ce sens de tendre vers l'autonomie, vers un plaisir en cohérence avec nos désirs profonds, qui s'inscrit dans la durée (se prolonge).

Conditionnements et gestion du poids

Pour en savoir plus sur les conditionnements affectifs, référez-vous au chapitre 11. Pourquoi travailler sur ce facteur ? Parce que notre comportement alimentaire peut être parasité, c'est-à-dire sous l'influence d'un conditionnement affectif. Manger relève alors de la satisfaction d'un plaisir premier, autrement dit du soulagement d'une tension interne (il me faut absolument manger cette part de gâteau au chocolat) : c'est la recherche d'un plaisir « pulsionnel » lié à l'enfance qui guide ainsi certaines de nos habitudes alimentaires. L'exercice ci-après donne l'occasion de révéler les conditionnements affectifs – souvent ancrés dans l'enfance par le système familial ou scolaire (la cantine) – qui nourrissent (c'est le cas de le dire !) ce plaisir premier. Des injonctions (conditionnements affectifs) apparentes – « il ne faut pas manquer de nourriture », « il faut bien manger », « il faut te faire plaisir », « il faut manger vite », « il faut finir ton assiette », etc. – peuvent en cacher de plus profondes…

TECHNIQUE SPÉCIFIQUE

Objectif	Prendre conscience des conditionnements affectifs liés à notre rapport à l'alimentation.
Déroulement de l'exercice	• **Sophronisation de base vivantielle par systèmes.** • **Sophro-déplacement du négatif abrégé.** • **Sophro-mnésie dissociée sur un repas parasité :** À présent, nous pouvons mobiliser notre attention sur un repas parasité que nous avons pu vivre, c'est-à-dire procurant un plaisir premier lié à l'enfance… Peut-être un repas où nous n'avons nullement écouté nos sensations de faim et de satiété, où nous avons mangé beaucoup, rapidement, où nous avons abusé de tel aliment ou cédé à la tentation d'un copieux goûter… Sans revivre la situation, juste en nous observant dans ce moment comme sur un écran de cinéma, prenons conscience du contenu de notre discours intérieur dans cet instant-là… Essayons de repérer l'injonction qui influence ce comportement… Peut-être « sois comme… ta mère, ton père » (mange en quantité, pour compenser), « ne t'aime pas » (grossis), « ne t'affirme pas », « ne sois pas toi-même » (mange comme je te l'ai appris), « ne grandis pas » (finis ton assiette)… Prenons bien le temps et effectuons un sophro-déplacement du négatif si des sensations désagréables s'éveillent en nous… Pause d'intégration… • **Sophro-présence du positif abrégée.** • **Désophronisation.**
Indications	Lorsque vous ressentez l'envie de vous resservir lors d'un déjeuner ou dans tout autre contexte de repas dits parasités, essayez de prendre le temps de repérer le conditionnement affectif qui peut se cacher derrière ce comportement et l'influencer. Si vous vivez une difficulté profonde et douloureuse dans votre rapport à la nourriture, rendez-vous directement chez un sophrologue tout en commençant peut-être un travail avec un psychothérapeute. L'un et l'autre sauront vous apporter l'encadrement nécessaire à votre démarche et vous assisteront dans la recherche de vos conditionnements affectifs.

S'ouvrir à plus de liberté

Une sophronisation axée sur les conditionnements affectifs établis autour de l'alimentation. L'occasion de retrouver des situations du passé qui ont ancré en nous ces injonctions, pour peut-être chercher à inverser la tendance.

TECHNIQUE SPÉCIFIQUE

Objectif Développer une meilleure connaissance de ses conditionnements affectifs.

Déroulement de l'exercice

- **Sophronisation de base vivantielle par systèmes.**
- **Sophro-déplacement du négatif abrégé.**
- **Sophro-mnésie dissociée de moments de repas durant l'enfance :**

  Nous adoptons la posture dos droit… Et essayons à présent de nous tourner vers des situations du passé, des moments de notre enfance associés aux heures de repas… Pour cela, nous pouvons nous imaginer face à un large écran, afin de nous observer en tant que spectateurs, et commencer à faire défiler les situations que nous retrouvons peu à peu… Peut-être des repas avec nos parents, de grandes tablées en famille, des repas à l'école, des pique-niques préparés avec un proche… Essayons de repérer dans chacun de ces moments si nos repas étaient conditionnés à l'époque, si nous avions la possibilité de nous resservir, si nous mangions beaucoup de desserts, si nous écoutions nos sensations de satiété… Attardons-nous également sur la façon dont étaient préparés les repas (plus ou moins copieux, avec tel ou tel type d'aliments, etc.)… Prenons également le temps de nous concentrer sur le comportement des adultes, leur discours vis-à-vis de la nourriture (mange tes haricots, finis ton assiette, etc.)… Des moments pour mettre en lumière les personnes, contextes, comportements qui ont pu influencer notre rapport actuel à l'alimentation…

  Pause d'intégration…

- **Sophro-présence du positif abrégée.**
- **Désophronisation.**

Indications Un exercice pour essayer de retrouver des éléments qui auraient pu jouer un rôle dans nos comportements alimentaires d'adulte. Un suivi psychologique peut être intéressant à envisager si ce passé est douloureux ou s'il est susceptible de laisser émerger des aspects difficiles à gérer.

Intégrer les bénéfices d'un déconditionnement

Se libérer d'un conditionnement affectif, c'est réveiller son côté adulte, celui de l'autonomie, du plaisir d'agir seul, de la cohérence de soi (voir le chapitre 11). C'est se trouver et, en l'occurrence, trouver sa propre façon de cuisiner, d'apprécier un repas, de gérer son équilibre alimentaire. En bref, intégrer des comportements alimentaires qui nous correspondent et nous sont propres.

TECHNIQUE SPÉCIFIQUE

Objectif	Se préparer à une situation future et optimiser ses capacités.
Déroulement de l'exercice	• **Sophronisation de base vivantielle par systèmes.** • **Sophro-déplacement du négatif abrégé.** • **Sophro-projection future d'un repas déconditionné (côté adulte) :** Adoptons la posture dos droit... Imaginons-nous vivre une journée à venir en étant pleinement reliés au plaisir de l'adulte lors de nos repas, c'est-à-dire en étant en cohérence avec soi-même, autonomes dans nos comportements... Nous nous projetons dans le plaisir de satisfaire nos besoins profonds et non plus de répondre à un conditionnement affectif... Peut-être en nous voyant cuisiner à notre façon, manger à notre rythme, choisir des produits qui nous correspondent durant les courses... Nos repas ne sont plus conditionnés par des « il faut » (il faut finir son assiette, il faut mettre un légume avec ses féculents, etc.) mais vécus beaucoup plus naturellement... Nous préparons et mangeons nos repas presque instinctivement sans mobiliser notre mental (combien de calories fait ce plat, etc.)... Prenons plaisir à nous imaginer vivre ce moment en toute liberté, en toute confiance... Et prenons bien le temps d'intégrer... • **Sophro-présence du positif abrégée.** • **Désophronisation.**
Indications	Les conditionnements peuvent être également des habitudes intégrées durant le régime (regarder le nombre de calories, peser ses plats, etc.).

Valeurs de vie et gestion du poids

Pourquoi je souhaite perdre du poids ou le stabiliser ? Quelle(s) valeur(s) cela satisfait-il chez moi ? Un bon moyen de stimuler positivement votre démarche pour faire en sorte de la pérenniser.

Des valeurs stimulantes

L'occasion de faire le point sur vos motivations ! Qu'est-ce qui est important pour vous dans le fait de perdre du poids ou de le stabiliser ? Prenez bien le temps de repérer les valeurs profondes auxquelles se rattache ce désir.

TECHNIQUE SPÉCIFIQUE

Objectif	Prendre conscience des valeurs qui guident notre gestion de poids.
Déroulement de l'exercice	• **Sophronisation de base vivantielle par systèmes.** • **Sophro-déplacement du négatif abrégé.** • **Sophro-présence aux valeurs qui guident le souhait de gérer son poids :** Posture dos droit… Nous pouvons à présent laisser émerger les valeurs qui stimulent notre démarche de gestion du poids… Pour cela, essayons de nous relier à ce qui est important pour nous dans ce désir… Qu'est-ce que le fait de perdre du poids, de gérer son alimentation au quotidien, de changer d'hygiène de vie satisfait chez nous… Peut-être que cela satisfait notre valeur santé, liberté, respect de soi, couple, plaisir, bien-être… Accueillons une ou plusieurs de ces valeurs dans leur sens profond, dans ce qu'elles nous évoquent en termes d'images, de mots… Laissons émerger tout ce qu'elles impliquent pour nous… Plaisir de leur donner du temps et de l'espace, de les aborder en toute phénoménologie, dans ce qu'elles représentent en tant que telles… Prenons bien le temps d'intégrer… • **Sophro-présence du positif abrégée.** • **Désophronisation.**
Indications	Se relier au sens profond de sa démarche est essentiel pour la pérenniser.

Une gestion du poids pérenne

Quelles sont les valeurs auxquelles on peut se raccrocher lorsqu'on est tenté de satisfaire un plaisir premier, c'est-à-dire quand manger devient plus une envie qu'un besoin ? Chacun va trouver des moyens différents à mettre en place pour satisfaire un plaisir lié à l'adulte et combler ses valeurs.

TECHNIQUE SPÉCIFIQUE

Objectif	Développer les moyens de satisfaire ses valeurs de vie.
Déroulement de l'exercice	• **Sophronisation de base vivantielle par systèmes.** • **Sophro-déplacement du négatif abrégé.** • **Sophro-mnésie senso-perceptive de moyens satisfaisant les valeurs inhérentes à notre gestion du poids :** Posture dos droit… Relions-nous aux valeurs qui ont pu émerger dans les précédentes sophronisations, des valeurs liées au souhait de bien gérer notre poids… Peut-être la valeur santé, plaisir, liberté, individualité… Et nous allons pouvoir nous tourner vers le passé en laissant émerger tous les moments de plaisir ou en tout cas de bien-être qui, peut-être inconsciemment, participaient à la gestion de notre poids… Peut-être un sport que nous adorions pratiquer… Peut-être des trajets à pied jusqu'à l'école qui nous laissaient le temps de rêvasser (satisfaction de la valeur liberté ou autre)… Peut-être encore le fait d'avoir l'esprit léger en ne pensant pas à la prise de kilos (autre état d'esprit)… Prenons bien le temps de nous relier à tous les moyens mis en place à l'époque et ayant un impact sur notre gestion du poids… Peut-être pouvons-nous en garder certains de côté, qui nous permettront de mieux satisfaire nos valeurs actuelles (par exemple reprendre le cyclisme pour satisfaire sa valeur plaisir)… Pause d'intégration… • **Désophronisation.**
Indications	Cet exercice donne la possibilité de redécouvrir des moyens simples que l'on appliquait auparavant et qui pourraient nous aider dans notre démarche actuelle. Mais aussi celle de retrouver une attitude positive par la mise en pratique de moyens qui nous épanouissent (aller marcher, reprendre le dessin, etc.).

PORTRAIT

Retrouver un bon équilibre

« À la retraite depuis quelque temps, je ressentais à chaque fin de journée (vers 17 heures) un certain ennui et le comblais en ouvrant mon frigo. J'avais pris du poids et ne supportais plus de ne pouvoir me maîtriser. De plus, je vivais au rythme de mon mari, faisais tout avec lui, et cette situation commençait à me peser.

Un travail sur les valeurs de vie me permit de prendre conscience de ce qui était important pour moi. Je réorganisais ainsi progressivement mon quotidien. Tout d'abord en m'octroyant des moments de solitude notamment en promenant mon chien et en allant faire le marché. J'en discutais avec mon mari et nous avons changés ensemble nos habitudes. Je réalisais que les études de beaux-arts que j'avais suivies dans ma jeunesse me manquaient et décidais de me remettre au dessin de façon assidue. Ainsi, en me recentrant, en réfléchissant à mes besoins, en écoutant mes ressentis et en développant ma créativité, j'ai su retrouver un équilibre. »

Danielle, 65 ans

Un exemple qui prouve bien que l'entraînement sophrologique est une véritable démarche et non la pratique de tel exercice pour répondre à tels maux. Autrement dit réaliser une sophro-projection future en s'imaginant parvenir à s'occuper à 17 heures ne répond en aucun cas aux principes et lois propres à la sophrologie. C'est en prenant conscience de multiples éléments (ses capacités, ses valeurs et autres) que Danielle a réorganisé son quotidien et qu'elle a modifié le moment creux qu'elle vivait auparavant.

Intégrer les bénéfices d'une vie en cohérence avec ses valeurs

Un exercice de totalisation qui permet de se relier à tous les bénéfices d'une relation à la gestion de son poids consciente et maîtrisée. Il s'agit d'une nouvelle hygiène de vie qui satisfait pleinement notre système de valeurs, en bref qui nous correspond et renforce notre épanouissement personnel.

TECHNIQUE SPÉCIFIQUE

Objectif

Intégrer les bienfaits d'une gestion harmonieuse du poids.

Déroulement de l'exercice

- **Sophronisation de base vivantielle par systèmes.**
- **Sophro-déplacement du négatif abrégé.**
- **Sophro-programmation future quelques mois après avoir intégré une nouvelle hygiène de vie :**

  Prenons le temps d'ajuster notre posture dos droit... Et vivons pleinement cette sophronisation qui va nous relier en conscience à l'intégration de tous les paramètres inhérents à une bonne relation à la gestion du poids... Imaginons-nous quelque temps après avoir mis en place une nouvelle hygiène de vie basée sur un bon équilibre alimentaire... Nous nous relions naturellement à nos sensations de faim et de satiété... Peut-être ne ressentons-nous plus ni frustration ni culpabilité vis-à-vis de la nourriture ou parvenons-nous à gérer ces émotions... Nous avons développé une bonne qualité d'image de soi notamment pour avoir mené cette démarche de gestion du poids... Nous allons peut-être la partager avec des proches, nous imaginer conseiller un(e) ami(e) sur le sujet... Nos comportements alimentaires sont déconditionnés et correspondent à notre personnalité, notre façon d'envisager notre rapport à l'alimentation... Nous pouvons peut-être nous imaginer détendus, ouverts aux autres, notre mental apaisé... Nos valeurs santé, bien-être, plaisir, respect de soi ou autre sont pleinement satisfaites... Plaisir d'avoir renforcé notre épanouissement personnel...

  Prenons bien le temps d'intégrer...

- **Sophro-présence du positif abrégée.**
- **Désophronisation.**

Indications

Une démarche de longue haleine entre régime, stabilisation et intégration d'une nouvelle hygiène de vie (tout dépend de la phase à laquelle on commence), mais qui compense l'énergie déployée par ses larges bénéfices !

EN BREF

Une prise de conscience des facteurs jouant un rôle dans la gestion du poids, puis un développement de leur maîtrise, et enfin l'intégration des bénéfices d'un poids de forme conscient et maîtrisé. Une façon de conquérir une nouvelle hygiène de vie en développant une relation plus naturelle à l'alimentation...

Chapitre 20

Le sevrage tabagique

Dans ce chapitre :

- Développer sa capacité de détente
- Renforcer sa confiance en soi
- Avoir une image de soi positive et des valeurs mieux satisfaites

La sophrologie s'intègre dans un sevrage tabagique en tant que discipline d'accompagnement. Elle vient en complément d'un travail effectué avec un médecin et/ou un psychothérapeute ou lors d'interventions dans des instituts spécialisés au sein d'une équipe. Elle apparaît comme un véritable atout pour parvenir au sevrage. Nous parlerons du tabac, mais en réalité se défaire d'autres addictions comme l'alcool relève d'un protocole quasi semblable à celui qui vous est présenté dans ce chapitre.

L'addiction est avant tout un comportement que l'on cherche à modifier. Elle est un moyen de combler des besoins. Il s'agit dans un premier temps de prendre conscience de tous les facteurs qui influent sur ce comportement (à titre d'exemple : je fume parce que cela me détend), de développer leur maîtrise (j'apprends à me détendre par mes propres moyens, notamment par la respiration), pour enfin adopter un nouveau comportement en accord avec soi-même (j'intègre les bénéfices d'une capacité de détente consciente et maîtrisée).

En ce sens, découvrez les principaux facteurs sur lequel ce chapitre est axé :

- **La capacité de détente,** apprendre à se détendre par soi-même sans substitut ;
- **La confiance en soi,** prendre de l'assurance ;
- **L'image de soi,** s'attarder sur son identité ;
- **Les valeurs de vie,** se relier à ce qui est important pour soi dans sa démarche de sevrage tabagique.

Les techniques centrées sur la capacité de détente et la confiance en soi peuvent commencer à être pratiquées dès la phase de préparation (juste avant d'arrêter sa consommation de cigarettes) puis réitérées lors de la phase d'arrêt, où elles s'accompagnent des techniques axées sur l'image de soi et les valeurs de vie. Elles représentent un bon moyen d'amorcer une dynamique de sevrage, de renforcer sa motivation avant même de se lancer dans l'aventure !

Pour synthétiser, c'est une démarche en deux temps qui s'opère au cours de l'entraînement sophrologique :

- Un travail sur la détente, consistant à développer sa capacité à se relaxer par soi-même, à décompresser.
- Un travail sur l'assurance, consistant à renforcer sa motivation, à intégrer des conditionnements positifs.

En cas de reprise (de la cigarette), d'interruption de la phase de sevrage, il est essentiel de rester dans une dynamique d'action en s'interrogeant sur les facteurs qui l'ont provoquée. D'autre part, il s'agit de revenir à son changement de comportement, autrement dit de reprendre un programme, en approfondissant les points qui font défaut (de travailler sur le ou les facteurs que vous avez des difficultés à intégrer).

Ce programme n'est pas exhaustif mais propose, à titre d'exemple, des suggestions d'entraînement. Chaque facteur doit ainsi être développé de façon plus approfondie. Gardons à l'esprit que ce n'est pas avec quelques techniques « ludiques » que l'on résout des difficultés complexes, en agissant sur les symptômes, les manifestations plus que sur les causes. Il s'agit cependant d'un moyen d'amorcer une démarche personnelle.

Les relaxations dynamiques représentent l'axe de travail fondamental de la sophrologie et sont à pratiquer en parallèle de chaque programme. Rappelons que relaxations dynamiques et techniques spécifiques sont complémentaires.

Apprendre à se détendre sans substitut (La capacité de détente)

Il est souvent plus aisé de repérer nos tensions inutiles que de parvenir à mettre en œuvre des moyens (naturels) de se détendre. C'est tout l'objet des techniques qui suivent…

Je peux me détendre par moi-même

La cigarette est souvent un moyen de décompresser. Elle devient ainsi une façon de se détendre au quotidien ou en tout cas de limiter les manifestations propres à un état de stress. Or, nous possédons une capacité de détente qu'il ne tient qu'à nous d'utiliser. Prenez le temps de vous écouter, vos ressources ne demandent qu'à être réveillées !

TECHNIQUE SPÉCIFIQUE

Objectif	Prendre conscience des éléments qui favorisent notre détente.
Déroulement de l'exercice	• **Sophronisation de base vivantielle par systèmes.** • **Sophro-déplacement du négatif abrégé.** • **Sophro-mnésie senso-perceptive de moments de détente :** Posture dos droit… Prenons plaisir à retrouver des moments où nous étions pleinement détendus… Peut-être des instants durant les vacances où notre corps se trouvait dans un état agréable de relâchement tout comme notre mental… Ou tout autre contexte… Relions-nous pleinement à ces situations dans lesquelles nous étions bien relaxés… Essayons de repérer dans ces mêmes moments les conditions qui ont favorisé notre détente… Peut-être le fait de se retrouver seul, de ne pas avoir de responsabilité, d'être dans la nature, de lâcher prise, de ne plus penser au travail… Plaisir de prendre conscience des éléments qui ont une influence sur notre capacité de détente… Pause d'intégration… • **Désophronisation.**
Indications	Essayez de repérer dans votre vie quotidienne les moments propices à votre détente afin de vous relier à ce qui la favorise.

Savoir se relaxer

La respiration abdominale représente déjà un bon moyen pour se relaxer : à l'inspiration, le ventre se gonfle, à l'expiration, il rentre. Vous pouvez chercher à accentuer le mouvement en approfondissant l'inspiration et en gonflant le ventre au maximum, puis en prolongeant l'expiration et en rentrant bien votre ventre (voir le chapitre 15). D'autre part le sophro-déplacement du négatif (voir le chapitre 11) pourra vous être utile dans l'objectif d'évacuer des tensions inutiles. Ces deux exercices sont intéressants à pratiquer dès le début du sevrage pour gérer sa nervosité. Développer votre capacité de détente va vous permettre, en ce sens, de gérer les manifestations du stress par vous-même et non par la cigarette.

TECHNIQUE SPÉCIFIQUE

Objectif	Associer un sentiment utile à un geste.
Déroulement de l'exercice	• **Sophronisation de base vivantielle par systèmes.** • **Sophro-déplacement du négatif abrégé.** • **Geste signal :** Nous adoptons la posture dos droit... Prenons le temps de trouver un geste pratique, discret, instinctif... Et nous allons nous relier à des moments de détente que nous avons pu vivre... Peut-être des instants passés sur notre canapé à lire, à jouer avec nos enfants, peut-être des moments de rire, de vacances... Revivons ces situations et laissons s'éveiller en nous toutes les sensations de détente que nous avons pu ressentir dans ces situations... Une fois toutes ces sensations bien présentes en nous, nous pouvons effectuer notre geste signal à plusieurs reprises tout en évoquant le mot détente... Plaisir de commencer à charger ce geste, de s'approprier un outil que nous pourrons utiliser dans des moments où nous aurons besoin de décompresser... Pause d'intégration... • **Désophronisation.**
Indications	Pensez à continuer de charger votre geste pendant quelques jours avant de l'utiliser pour vous détendre ! Rendez-vous au chapitre 11 pour en savoir plus sur le geste signal (p. 151).

Intégrer les bénéfices d'une bonne capacité de détente

Nous possédons tous de multiples capacités qu'il ne tient qu'à nous de développer. La capacité de détente en fait partie et ne demande qu'à être maîtrisée. C'est chose faite, vous avez à présent la possibilité de vous détendre par vos propres moyens, il ne vous reste plus qu'à bénéficier de cette autonomie.

TECHNIQUE SPÉCIFIQUE

Objectif	Se préparer à une situation future en optimisant sa capacité de détente.
Déroulement de l'exercice	• **Sophronisation de base vivantielle par systèmes.** • **Sophro-déplacement du négatif abrégé.** • **Sophro-projection future d'un moment de détente vécu en toute autonomie :** Posture dos droit… Nous pouvons à présent nous tourner vers une situation à venir… Peut-être un moment où l'envie de compenser notre nervosité par la cigarette pourrait se manifester… Prenons bien le temps de nous relier à ce contexte… Et prenons plaisir à nous imaginer bien gérer cette situation tout simplement en nous détendant par nous-mêmes, sans substitut… Peut-être en nous imaginant effectuer notre geste signal conditionné pour réveiller des sensations de détente (exercice effectué dans l'étape précédente)… Peut-être en nous voyant mettre en place notre respiration abdominale… En nous reliant à un lieu de bien-être pour nous apaiser… Peut-être encore en adoptant une posture confortable de relaxation… Prenons bien le temps de nous relier à tous les moyens que nous avons à notre disposition pour nous détendre par nous-mêmes… Pause d'intégration… • **Sophro-présence du positif abrégée.** • **Désophronisation.**
Indications	Un exercice pour mobiliser plus consciemment et efficacement votre capacité de détente.

La confiance en soi, prendre de l'assurance

De façon générale, développer ou renforcer sa confiance en soi, c'est tendre vers l'autonomie. Une définition d'autant plus parlante dans le cadre du sevrage tabagique que addiction équivaut à dépendance. De la dépendance à l'autonomie, il y a tout un chemin à parcourir…

Un manque de confiance en soi compensé par la cigarette ?

Fumer est parfois bien pratique pour masquer un manque de confiance. Il est parfois plus simple de nouer le contact autour de la cigarette devenue signe de convivialité. Un comportement qui est en fait parasité – c'est-à-dire sous l'influence d'un conditionnement affectif (voir le chapitre 11) – puisqu'il recherche (dans son aspect addictif) un plaisir premier lié au soulagement d'une tension interne (j'ai besoin de cette cigarette). Il apparaît ainsi essentiel de mettre en lumière vos comportements parasités – auxquels vous répondez par la cigarette – et d'identifier les complexes sous-jacents (d'infériorité, d'exclusion, etc.).

TECHNIQUE SPÉCIFIQUE

Objectif Prendre conscience de comportements parasités.

Déroulement de l'exercice

- **Sophronisation de base vivantielle par systèmes.**
- **Sophro-déplacement du négatif abrégé.**
- **Sophro-mnésie dissociée de moments parasités ayant pour réponse la cigarette :**

  Adoptons la posture dos droit... Essayons de repérer les moments qui nous invitent à fumer une cigarette... Est-ce lors de repas, du travail, entre ami(e)s... Plutôt le matin, l'après-midi, le soir... Est-ce que nous fumons pour combler notre ennui, pour donner une certaine image de nous aux autres...

  Peut-être pouvons-nous identifier nos comportements parasités en nous observant comme sur un écran de cinéma en tant que spectateurs... Est-ce que nous fumons lorsque nous ressentons un complexe d'infériorité ou de supériorité, lorsque nous nous sentons en échec, coupables ou exclus... Prenons bien le temps de discerner les complexes qui apparaissent dans ces moments...

  Pause d'intégration...

- **Sophro-présence du positif abrégée.**
- **Désophronisation.**

Indications Au quotidien, prenez le temps de repérer les contextes qui vous amènent à fumer.

Renforcer sa confiance en soi

Fumer une cigarette avec le côté adulte (celui de l'autonomie, de la cohérence de soi), c'est prendre une cigarette avec plaisir lors d'une soirée et non par manque. Dans ce cas, le plaisir ne disparaît pas une fois l'action terminée mais dure dans le temps à l'inverse du plaisir premier (côté enfant) lié à la dépendance et conditionné (voir le chapitre 16). Il est ainsi essentiel de prendre conscience des conditionnements qui entrent en jeu dans sa dépendance à la cigarette pour peut-être ensuite chercher à s'en défaire.

TECHNIQUE SPÉCIFIQUE

Objectif	Prendre conscience des facteurs qui entrent en jeu dans le besoin de fumer.
Déroulement de l'exercice	• **Sophronisation de base vivantielle par systèmes.** • **Sophro-déplacement du négatif abrégé.** • **Sophro-mnésie dissociée de moments parasités et identifier les conditionnements affectifs :** Posture dos droit... Essayons de prendre conscience des conditionnements affectifs qui peuvent se cacher derrière nos comportements parasités en nous reliant à des situations ayant déclenché le besoin de fumer... Peut-être des moments qui ont pu émerger dans les sophronisations précédentes... Qu'est-ce que la cigarette vient combler... Peut-être vient-elle en réponse aux injonctions suivantes qui ont pu être ancrées lors de l'enfance : « n'échoue pas » (à la première difficulté, la cigarette vient compenser nos émotions désagréables), « ne t'affirme pas » (la cigarette devient une force pour communiquer), « sois comme ta mère, ton père, ou une autre personne » (on cherche à imiter une identité en fumant), « ne préserve pas ta santé » (on trouve des moyens de se fragiliser) ou tout autre conditionnement... Prenons bien le temps de les identifier... Pause d'intégration... • **Sophro-présence du positif abrégée.** • **Désophronisation.**
Indications	Un moyen d'avoir un regard plus clair sur votre dépendance, en découvrant peut-être le ou les conditionnements affectifs autour desquels elle s'est élaborée.

Intégrer les bénéfices d'une confiance en soi optimale

Plus besoin de cigarette pour entamer la conversation! Faire un travail sur soi pour renforcer sa confiance, c'est, entre autres, chercher à faciliter ses échanges, s'affirmer, se débarrasser de ses comportements parasités. Pour cela, il s'agit de se libérer de ses conditionnements affectifs notamment par l'éveil du côté adulte (voir le chapitre 16).

TECHNIQUE SPÉCIFIQUE

Objectif	Éveiller pleinement le plaisir de l'autonomie (côté adulte).
Déroulement de l'exercice	• **Sophronisation de base vivantielle par systèmes.** • **Sophro-déplacement du négatif abrégé.** • **Sophro-projection future de déconditionnement :** Nous adoptons la posture dos droit... Essayons à présent de nous tourner vers l'avenir... Nous allons pouvoir nous projeter vers des situations habituellement parasitées par nos conditionnements affectifs (« sois sociable », etc.), autrement dit des moments propices à la consommation addictive de tabac... Imaginons-nous vivre ces moments dans un futur proche en réveillant pleinement le plaisir lié à l'adulte, celui de l'autonomie, de la cohérence de soi, synonyme de confiance... Peut-être allons-nous nous observer dans une soirée où nous avons envie de fumer dans le but de nous insérer dans un groupe (la cigarette comme signe d'appartenance), de nouer la conversation avec une personne... Peut-être pouvons-nous nous relier à un moment de stress que nous cherchions auparavant à compenser par la cigarette (la cigarette comme anti-stress) ou tout autre comportement parasité, associé à un conditionnement... Et nous pouvons nous imaginer revivre prochainement ces moments mais cette fois-ci avec notre côté adulte... Peut-être en développant un discours intérieur positif, ses capacités de relation avec les autres... Peut-être en nous affirmant, en adoptant une attitude motivée et assurée... Plaisir de ne plus dépendre de conditionnements et de tracer son propre chemin, de prendre du recul concernant ses idées préconçues (je peux être sociable sans cigarette, etc.), de développer ses propres ressources et se mettre à l'écoute de ses désirs profonds, en cohérence avec soi-même... Pause d'intégration... • **Sophro-présence du positif abrégée.** • **Désophronisation.**

Indications	C'est un travail quotidien que de stimuler le besoin d'un plaisir adulte au lieu de se tourner vers celui d'un plaisir lié à l'enfance souvent plus aisé à satisfaire (il est plus simple de se laisser aller au besoin addictif de cigarette plutôt que d'aller à son encontre) et relevant de la dépendance.

L'image de soi, s'attarder sur son identité

La cigarette est associée à des gestes, des attitudes particulières, des réflexes, comme des reflets de notre personnalité. L'occasion de faire le point sur votre image de fumeur et de la modifier progressivement.

Mon image de fumeur

Un exercice qui renvoie à sa propre image : qu'est-ce que je pense de moi en tant que fumeur ? Est-ce que j'apprécie ce comportement ou est-ce qu'il ne colle pas à mon identité ? L'occasion de s'arrêter un instant sur la qualité de relation que vous entretenez actuellement avec votre image…

TECHNIQUE SPÉCIFIQUE

Objectif	Prendre conscience de son image de soi en tant que fumeur.
Déroulement de l'exercice	• **Sophronisation de base vivantielle par systèmes.** • **Sophro-déplacement du négatif abrégé.** • **Sophro-mnésie dissociée sur des moments de consommation de tabac :** Posture dos droit… Et nous posons notre contexte, notre large écran sur lequel vont défiler des moments où nous allons pouvoir nous observer en train d'allumer une cigarette, de la consumer, d'acheter un paquet… En bref, évoquons une myriade de situations en rapport avec notre consommation de tabac… Et observons nos comportements dans chacune de ces situations… Qu'est-ce que nous ressentions… Quel était notre discours intérieur… Autrement dit comment la dépendance se manifeste-t-elle, que ce soit dans notre ressenti ou notre attitude… Relions-nous à l'expression de notre visage dans ces moments-là, peut-être à des signes de nervosité qui ont pu apparaître ou d'autres… Par cette prise de recul, prenons bien le temps de prendre conscience de

Déroulement de l'exercice	notre rapport à la cigarette et surtout de l'image que cette dépendance nous renvoie de nous-mêmes… Pause d'intégration… • **Sophro-présence du positif abrégée.** • **Désophronisation.**
Indications	Il s'agit tout simplement de prendre conscience de l'image que l'on a de soi vis-à-vis de sa dépendance. Se sentir dépendant peut être source de dévalorisation.

Se relier à une image de soi non-fumeur

Quelle est mon identité ? Quelle image voudrais-je avoir de moi ? Ai-je peur de ne plus avoir de repères dans ma nouvelle image de non-fumeur ? Un exercice pour se vivre en tant que fumeur et non-fumeur en se familiarisant peu à peu avec l'évolution possible de l'image de soi.

TECHNIQUE SPÉCIFIQUE

Objectif	Développer un regard positif sur une image de soi non-fumeur.
Déroulement de l'exercice	• **Sophronisation de base vivantielle par systèmes.** • **Sophro-déplacement du négatif abrégé.** • **Sophro-mnésie dissociée d'instants vécus avec et sans la cigarette :** Posture dos droit… Nous allons à présent pouvoir nous observer, en tant que spectateurs sur notre écran imaginaire, dans des situations du quotidien… Des instants aussi simples que le moment du petit déjeuner, le moment de partir au travail et autre… Nous pouvons peut-être dérouler le fil d'une journée habituelle en nous attachant à repérer tous les éléments qui entrent en jeu dans notre image de fumeur et à l'inverse dans les moments sans cigarette… Quelle image nous renvoyons-nous quand nous fumons et ne fumons pas… Quelle est notre attitude, notre discours intérieur, l'expression de notre visage, le contexte (quelles situations sont propices à la cigarette ou à sa mise de côté)… L'image de soi fumeur nous renvoie à quelque chose, l'image de soi non-fumeur nous renvoie à autre chose… Prenons plaisir à nous relier à ses comportements opposés, à la possibilité de se vivre non-fumeur, à tous les aspects positifs de cette nouvelle image de soi… Pause d'intégration…

Déroulement de l'exercice	• **Sophro-présence du positif abrégée.** • **Désophronisation.**
Indications	Un travail d'ouverture vers une nouvelle image de soi, celle du non-fumeur.

Intégrer les bénéfices d'une bonne image de soi

Une sophronisation pour intégrer votre nouvelle image de non-fumeur. C'est un moyen de vous redécouvrir et peut-être l'occasion de vous interroger sur les comportements qui favoriseront l'image que vous avez de vous-même et seront en cohérence avec votre identité profonde.

TECHNIQUE SPÉCIFIQUE

Objectif : Valoriser une image de soi non-fumeur.

Déroulement de l'exercice

- **Sophronisation de base vivantielle par systèmes.**
- **Sophro-déplacement du négatif abrégé.**
- **Sophro-projection future de moments vécus en non-fumeur :**

  Posture dos droit... Maintenant nous pouvons nous projeter lors de moments que nous vivons ou allons vivre en tant que non-fumeurs... Essayons de nous relier principalement aux situations associées au besoin de fumer... Peut-être le matin avec le café, après le déjeuner, en pause au travail, en soirée, ou à d'autres instants... Et prenons plaisir à nous imaginer vivre tous ces moments à l'avenir avec notre nouvelle image de non-fumeur... Essayons de nous visualiser dans ces situations, par exemple après le déjeuner, en nous concentrant sur notre visage détendu, serein, sur la liberté de nos mains (plus de cigarette à tenir)... Nous nous voyons peut-être bien droits dans notre posture... En ayant renforcé notre confiance en nous (éveil du côté adulte, autonome), nous avons des facilités à discuter sans cigarette... Plaisir de nous voir heureux, plus lumineux, décomplexés... Une nouvelle image de soi plaisante et positive...

  Nous pouvons nous imaginer mettre en place des comportements en cohérence avec cette image de non-fumeur, peut-être en nous voyant apprécier pleinement les saveurs d'un repas, nos papilles n'étant plus sollicitées par le goût du tabac... Nous nous imaginons peut-être nous arrêter dans un café plutôt qu'au bureau de tabac... Plaisir de nous

Déroulement de l'exercice	relier à une image de soi pleinement choisie, construite en cohérence avec soi-même et non pas dépendante… Une image de soi comme le reflet de comportements que l'on fait évoluer positivement et qui nous correspondent profondément… Pause d'intégration… • **Sophro-présence du positif abrégée.** • **Désophronisation.**
Indications	C'est se révéler à soi-même. La peur d'une image de soi non-fumeur reflète la peur d'un changement de personnalité. En réalité, la cigarette ne définit pas notre personnalité en tant que telle mais certains de nos comportements. Ainsi, arrêter de fumer est synonyme de changement de comportement (addictif) et non de transformation de personnalité bien que celle-ci puisse évoluer par la démarche de sevrage.

Les valeurs de vie, guides d'un sevrage pérenne

C'est le moment de se pencher sur les questions suivantes :

- Qu'est-ce qui motive votre sevrage tabagique ?
- En quoi cette démarche est-elle fondamentale pour vous ?

Après avoir répondu, il ne vous reste plus qu'à nommer vos valeurs et à les satisfaire.

Prendre conscience des valeurs satisfaites dans un sevrage

Un moyen de renforcer sa motivation afin de substituer un conditionnement négatif (lié à la dépendance au tabac) à un autre positif (lié à un comportement autonome). Se relier à ses valeurs, c'est se demander ce qui est important pour soi dans le sevrage entrepris.

TECHNIQUE SPÉCIFIQUE

Objectif	Prendre conscience des valeurs que l'on souhaite en arrêtant de fumer.
Déroulement de l'exercice	• **Sophronisation de base vivantielle par systèmes.** • **Sophro-déplacement du négatif abrégé.** • **Sophro-présence aux valeurs :** Posture dos droit… À présent, prenons le temps de nous relier aux valeurs qui motivent notre sevrage tabagique… Autrement dit, qu'est-ce qui est important pour nous dans notre démarche d'arrêt du tabac… Peut-être notre valeur santé, liberté, famille… Prenons bien conscience des valeurs que nous voulons satisfaire… Et relions-nous à chacune d'entre elles dans tout ce qu'elle représente pour nous… Par exemple la valeur liberté, qu'est-ce qu'elle évoque pour nous dans le cadre de notre sevrage… Plus largement, pourquoi est-ce une valeur importante pour nous… Peut-être pouvons-nous nous relier aux images, aux mots, aux situations que cette valeur nous évoque… Plaisir de vivre consciemment les valeurs qui entrent en jeu dans notre démarche et de renforcer leur présence à la conscience… Pause d'intégration… • **Sophro-présence du positif abrégée.** • **Désophronisation.**
Indications	Plus vous aurez conscience des valeurs qui stimulent votre sevrage tabagique, plus vous pourrez renforcer leur présence pour soutenir votre démarche.

Mieux satisfaire ses valeurs de vie

C'est amorcer une dynamique, mettre en place les moyens nécessaires à la satisfaction des valeurs qui stimulent son sevrage. Autrement dit, il s'agit de dénicher de nouvelles façons d'accompagner sa démarche et donc de mieux satisfaire les valeurs pour lesquelles nous l'avons entrepris.

TECHNIQUE SPÉCIFIQUE

Objectif	Développer les moyens mis en place pour satisfaire ses valeurs.
Déroulement de l'exercice	• **Sophronisation de base vivantielle par systèmes.** • **Sophro-déplacement du négatif abrégé.** • **Sophro-mnésie senso-perceptive reliée à des moyens cohérents à mettre en place :** Posture dos droit... Commençons par nous relier pleinement à des situations du passé qui pourraient nous apporter des moyens de favoriser notre sevrage, autrement dit de mieux satisfaire les valeurs de vie qui entrent en jeu dans notre démarche... Des moyens qui vont pouvoir nous accompagner, décupler notre motivation... Peut-être un moment où un ami qui a lui-même arrêté de fumer nous a fourni des conseils précieux pour renforcer sa volonté... Peut-être des moments où nous nous sommes ouverts à de nouvelles activités qui pourraient favoriser notre bien-être durant cette période et sur le long terme... Peut-être une situation où prendre des vacances s'est avéré bénéfique pour éviter le stress et se recentrer sur ses désirs profonds... Ou tout autre moyen qui pourrait nous être utile actuellement et sur la durée... Peut-être encore organiser des déjeuners réguliers avec des amis non-fumeurs... Faisons appel à notre créativité pour respecter nos valeurs et renforcer notre motivation... Pause d'intégration... • **Désophronisation.**
Indications	Ouvrir le champ des possibles en développant sa créativité est essentiel pour accompagner au mieux sa démarche.

Une nouvelle hygiène de vie en cohérence avec ses valeurs

Un exercice de totalisation pour intégrer le plaisir de satisfaire ses valeurs au quotidien. C'est une façon de se respecter que de mettre en place les moyens nécessaires à son épanouissement personnel.

TECHNIQUE SPÉCIFIQUE

Objectif	Se relier aux bénéfices de la réussite de son sevrage tabagique.
Déroulement de l'exercice	• **Sophronisation de base vivantielle par systèmes.** • **Sophro-déplacement du négatif abrégé.** • **Sophro-programmation future quelque temps après sa démarche de sevrage :** Posture dos droit… Maintenant nous allons pouvoir apprécier des moments à vivre prochainement, des moments associés au plaisir simple et profond d'avoir accompli une démarche positive pour soi… Imaginons-nous quelque temps après le début de notre sevrage tabagique, peut-être quelques mois voire quelques années après… Et relions-nous pleinement au plaisir d'avoir intégré une nouvelle hygiène de vie en écoutant notre corps et en lui apportant régulièrement la détente dont il a besoin… En ayant confiance en nous dans notre rapport aux autres et au monde notamment par l'éveil du côté adulte (autonomie)… Nous pouvons peut-être nous imaginer avoir intégré une nouvelle image de soi non-fumeur, nous voir en train d'expliquer à des amis notre démarche, leur donner des conseils pour leur propre sevrage… Enfin relions-nous aux valeurs que nous avons satisfaites par cette désaccoutumance, des valeurs qui sont à présent épanouies et épanouissantes comme la liberté ou autre… Pause d'intégration… • **Sophro-présence du positif abrégée.** • **Désophronisation.**
Indications	C'est une sophronisation qui réunit toutes les notions abordées précédemment, à savoir la capacité à se détendre, la confiance en soi, l'image de soi et les valeurs de vie.

EN BREF

Un entraînement sophrologique pour vous charger de tous les bienfaits inhérents au sevrage, que ce soit dans le ressenti positif de votre corps, dans votre degré de confiance, dans la qualité d'image que vous aurez de vous-même, ou encore dans le plaisir de satisfaire vos valeurs de vie. Également, une façon d'intégrer tous les bénéfices présents et futurs de vos efforts actuels (pour changer votre comportement addictif) susceptibles de renforcer votre motivation. N'hésitez pas à répéter à plusieurs reprises toutes les techniques qui suivent afin d'optimiser votre entraînement. Rappelons en effet qu'elles prennent sens par la répétition vivantielle (voir le chapitre 4).

Chapitre 21

La préparation aux examens

Dans ce chapitre :

- Préserver son équilibre général
- Développer sa capacité de concentration
- Renforcer sa confiance en soi
- Gérer son stress

Le passage d'un examen est un moment d'adaptation propice à l'éveil de manifestations liées au stress. Au programme dans ce chapitre : renforcer vos ressources et capacités afin d'optimiser votre potentiel le jour J.

À travers les techniques proposées, vous aurez la possibilité de travailler sur :

- **l'équilibre général :** maîtriser votre respiration, écouter votre corps, développer votre capacité de détente, favoriser votre sommeil.
- **la concentration :** la stimuler, en faire un atout, développer un discours intérieur positif.
- **la confiance en soi :** sortir de la peur de l'échec, se relier aux valeurs satisfaites par le passage de cet examen, avoir confiance en ses capacités.
- **le stress :** renforcer votre capacité d'adaptation, gérer vos émotions.

Il ne vous reste plus qu'à vous lancer, de préférence quelques semaines, voire quelques mois, avant la date prévue pour l'examen. Rappelons que la sophrologie est un entraînement et que les exercices prennent sens par leur répétition. Effectuez donc à plusieurs reprises les techniques particulièrement utiles dans votre démarche.

ATTENTION

Ce programme n'est pas exhaustif mais propose, à titre d'exemple, des suggestions d'entraînement. Chaque facteur doit ainsi être développé de façon plus approfondie. Gardons à l'esprit que ce n'est pas avec quelques techniques « ludiques » que l'on résout des difficultés complexes, en agissant sur les symptômes, les manifestations plus que sur les causes. Il s'agit cependant d'un moyen d'amorcer une démarche personnelle.

N'OUBLIEZ PAS !

Les relaxations dynamiques représentent l'axe de travail fondamental de la sophrologie et sont à pratiquer en parallèle de chaque programme. Rappelons que relaxations dynamiques et techniques spécifiques sont complémentaires.

Avoir un bon équilibre général

Mieux vaut être en forme pour passer un examen, physiquement et psychologiquement ! Voici un début de programme tout en douceur pour favoriser la phase de révision et le moment de l'examen. Retrouvez d'autres techniques spécifiques pour favoriser votre équilibre général au chapitre 11.

Je mobilise ma respiration

Si vous avez pris connaissance des précédents chapitres, vous avez très certainement entendu parler de la respiration abdominale (diaphragmatique). C'est un des outils qui pourra vous être précieux tout au long de votre préparation jusqu'à la date d'examen, pendant son passage et même après (lors de l'attente des résultats) ! Pour vous en rappeler le principe, précisons qu'il s'agit de favoriser la mobilité du diaphragme : à l'inspiration gonflez le ventre, puis rentrez-le à l'expiration. Prenez bien le temps de rééduquer cette respiration en vous reliant à tous les bénéfices qu'elle peut éveiller. Par ailleurs, l'exercice qui suit vous permettra de prendre conscience des différents temps d'un cycle respiratoire tout en les maîtrisant.

TECHNIQUE SPÉCIFIQUE

Objectif Maîtriser sa respiration.

Déroulement de l'exercice

- **Sophronisation de base vivantielle par systèmes.**
- **Sophro-déplacement du négatif abrégé.**
- **Sophro-présence à la respiration :**

  Posture assise classique... Nous pouvons à présent nous mettre à l'écoute de notre respiration en portant notre attention sur nos cycles respiratoires... Inspiration puis rétention rapide poumons pleins... Expiration puis brève rétention poumons vides, et le cycle reprend naturellement...

  Et à présent jouons sur notre respiration en saccadant son rythme... Nous pouvons inspirer en trois temps... Inspiration-rétention, inspiration-rétention, inspiration-rétention... Et de même pour

Déroulement de l'exercice	l'expiration qu'on entrecoupe… Expiration-rétention, expiration-rétention, expiration-rétention… Puis reprenons une respiration ordinaire et cherchons à prolonger nos inspirations, puis nos expirations… Une respiration plus naturelle et fluide… Pause d'intégration… • **Sophro-présence du positif abrégée.** • **Désophronisation.**
Indications	Au quotidien, la durée de nos cycles respiratoires a tendance à se raccourcir. Prenez le temps de développer l'amplitude de votre respiration en inspirant et expirant profondément et longuement.

Apprendre à se détendre

Le geste signal est une technique essentielle à pratiquer dans le cadre de la préparation d'un examen. Ainsi, elle va vous permettre d'associer un geste à un sentiment positif de votre choix (par exemple, la détente), qu'il pourra être utile de réveiller lors du passage de l'examen.

TECHNIQUE SPÉCIFIQUE

Objectif	Développer sa capacité de détente.
Déroulement de l'exercice	• **Sophronisation de base vivantielle par systèmes.** • **Sophro-déplacement du négatif abrégé.** • **Le geste signal :** Posture dos droit… Prenons quelques instants pour trouver notre geste signal… Laissons-le émerger naturellement… Un geste qui nous correspond… Et prenons plaisir à nous relier à un moment vécu de profonde détente, peut-être en revivant une journée de thalassothérapie, une soirée de lecture ou toute autre situation… Toutes les sensations de détente, de bien-être éprouvées dans ces moments-là se réveillent en nous… Une fois ces sensations positives bien présentes en nous, nous effectuons à plusieurs reprises notre geste signal pour commencer à le conditionner… Pause d'intégration… • **Désophronisation.**

Indications	Pour tout savoir sur la technique du geste signal, rendez-vous au chapitre 11. N'hésitez pas à feuilleter les chapitres précédents pour trouver de nouvelles façons de développer votre capacité de détente.

Favoriser son sommeil

C'est bien connu, une bonne nuit de sommeil favorise la mémoire. C'est le moment d'assimiler les informations apprises au cours de la journée. Bien dormir améliore également notre capacité de concentration. Il apparaît alors essentiel de préserver ses nuits dans le cadre de la préparation d'un examen.

TECHNIQUE SPÉCIFIQUE

Objectif : Optimiser son coucher.

Déroulement de l'exercice

- **Sophronisation de base vivantielle par systèmes.**
- **Sophro-déplacement du négatif abrégé.**
- **Sophro-projection future d'un bon sommeil (autrement nommée protection-sophroliminale du sommeil) :**

  Posture dos droit… Nous allons pouvoir nous imaginer en train de vivre une nuit de sommeil idéale… Nous posons le contexte, notre intérieur, notre chambre… Et relions-nous au moment du coucher… Peut-être pouvons-nous nous imaginer en train de baisser l'intensité de la lumière quelques minutes avant, de prévoir notre planning de révision pour le lendemain afin de lâcher prise, de laisser de côté nos pensées parasites… Prenons bien le temps de voir tout ce que nous pourrions mettre en place pour nous coucher sereinement…

  Et nous pouvons nous relier à notre installation dans notre lit en prenant bien le temps d'ajuster notre posture, d'écouter notre respiration calme et régulière ou tout autre élément favorisant notre bien-être…

  Relions-nous pleinement à l'aspect positif de cette nuit de sommeil en imaginant peut-être nos connaissances (révisions de la journée) s'intégrer, en prenant plaisir à nous ressourcer pour favoriser la journée à venir…

  Enfin, nous pouvons percevoir le moment du lever, en pleine forme, prêts à poursuivre nos révisions (ou peut-être à passer notre examen s'il s'agit du jour J)…

  Pause d'intégration…
- **Sophro-présence du positif abrégée.**

Déroulement de l'exercice	• **Sophro-présence du positif abrégée.** • **Désophronisation.**
Indications	Une technique encore une fois à répéter pour intégrer tous ses bénéfices.

Renforcer sa concentration

Une capacité essentielle qui met parfois nos nerfs à rude épreuve lorsque nous ne parvenons pas à la maîtriser. Découvrez quelques sophronisations qui pourront vous aider à focaliser votre attention vers un objectif précis !

Prendre conscience de sa capacité de concentration

Nous maîtrisons plus ou moins notre concentration en fonction notamment de notre équilibre général (bonne ou mauvaise nuit, etc.) et du contexte (environnement bruyant ou calme, etc.). Petit exercice pour se relier à ce phénomène, en repérer les éléments qui influent sur notre degré de concentration.

TECHNIQUE SPÉCIFIQUE

Objectif	Se relier à sa capacité de concentration.
Déroulement de l'exercice	• **Sophronisation de base vivantielle par systèmes.** • **Sophro-déplacement du négatif abrégé.** • **Sophro-mnésie dissociée de moments de difficulté et de facilité de concentration :** Posture dos droit… Prenons tout d'abord le temps de nous relier à notre respiration, de nous concentrer sur ce phénomène… Et nous allons pouvoir retrouver des moments liés à notre capacité de concentration… Tout d'abord une situation dans laquelle nous avons eu des difficultés à nous concentrer et d'autre part une situation de pleine concentration… Peut-être un moment de la vie quotidienne, un moment de révision ou autre… Nous allons nous observer dans ces deux contextes en tant que spectateurs en essayant de repérer notre attitude, les personnes en présence, notre discours intérieur,

Déroulement de l'exercice	l'expression de notre visage... Plaisir de prendre du recul par rapport à ces situations, de prendre conscience du rapport que nous entretenons avec notre capacité de concentration... Nous mettons également en lumière les éléments qui, à un moment donné, favorisent ou mettent en difficulté notre concentration... Pause d'intégration... • **Sophro-présence du positif abrégée.** • **Désophronisation.**
Indications	Le début du terpnos logos vous propose de vous relier à votre respiration. C'est un exercice très intéressant pour stimuler sa concentration. Une écoute attentive de ce phénomène permet ainsi de se percevoir au présent et de se recentrer.

Développer la maîtrise de sa concentration

Notre mental est sollicité en permanence par un flot de pensées. Nous n'en avons pas toujours conscience, pourtant notre discours intérieur fonctionne quasiment en permanence. Vous allez pouvoir chercher à repérer, par la sophronisation qui suit, la qualité de votre discours intérieur dans des moments de facilité ou de difficulté de concentration.

TECHNIQUE SPÉCIFIQUE

Objectif	Prendre conscience de la qualité de son discours intérieur.
Déroulement de l'exercice	• **Sophronisation de base vivantielle par systèmes.** • **Sophro-déplacement du négatif abrégé.** • **Sophro-concentration :** Posture dos droit... Et prenons le temps de choisir un objet neutre que nous allons imaginer (puisque nous avons les yeux fermés) face à nous... Nous utilisons toute la force de notre concentration pour le maintenir bien présent en nous intéressant à sa forme, sa couleur, peut-être sa texture... Et maintenant, toujours bien reliés à notre objet neutre, nous nous concentrons également sur notre respiration, peut-être en suivant attentivement ces cycles (inspiration-expiration), en repérant son rythme, les zones qu'elle mobilise... Poursuivons pendant quelques instants cette double concentration...

Déroulement de l'exercice	Pause d'intégration... • **Désophronisation.**
Indications	Essayez de repérer au quotidien votre discours intérieur, la place qu'il entretient dans vos journées (lors de vos révisions), l'influence qu'il peut avoir sur votre moral, votre motivation. Se relier à son discours intérieur, c'est prendre conscience de la façon dont il agit sur ses actions.

Intégrer les bénéfices d'une bonne capacité de concentration

Développer un discours intérieur positif donne la possibilité de mobiliser pleinement ses ressources et tend à stimuler notre niveau de confiance. C'est être bien présent à soi et à son objectif – rassembler ses esprits – et favoriser sa concentration. Plutôt utile pour passer un examen!

TECHNIQUE SPÉCIFIQUE

Objectif	Gérer ses pensées parasites.
Déroulement de l'exercice	• **Sophronisation de base vivantielle par systèmes.** • **Sophro-déplacement du négatif abrégé.** • **Sophro-projection future lors de l'examen :** Posture dos droit... Nous allons pouvoir nous imager piloter notre mental, mobiliser pleinement notre capacité de concentration au moment de l'examen... Nous pouvons nous projeter jusqu'à l'instant où nous serons assis devant notre copie... Et nous allons nous imaginer gérer nos idées parasites en prenant tout d'abord conscience de leur présence sans chercher à les nier... Nous leur accordons une maigre importance et pouvons décider de les laisser de côté (comme si nous les enfermions dans un baluchon que nous déposons sur une branche d'arbre), nous y reviendrons plus tard... Des oisillons viennent s'en emparer et nous les rapporterons plus tard, ou toute autre image... Pour bien nous recentrer, nous pouvons également nous rappeler nos objectifs... Nous pouvons nous imaginer en train de nous relier aux raisons de passer cet examen, ce à quoi cela va pouvoir nous amener... Stimulons notre motivation en nous reliant à nos valeurs, à ce qui est important pour nous... Nous sommes bien présents à notre discours intérieur et insérons des pensées qui pourront nous être utiles le jour J, par exemple le mot confiance ou autre...

Déroulement de l'exercice	Pause d'intégration... • **Sophro-présence du positif abrégée.** • **Désophronisation.**
Indications	Un discours intérieur positif peut être un discours qui dynamise, qui donne confiance, qui tend au lâcher prise (laisser de côté ses idées parasites)...

Affermir sa confiance en soi

La peur de passer un examen est souvent liée à une difficulté d'adaptation, pouvant elle-même venir d'un manque de confiance. Au-delà de la simple peur de l'examen, c'est la peur de l'échec qui peut se manifester. On nous a en effet bien fait comprendre (le cadre familial, scolaire, social) qu'échouer était dévalorisant et ne révélait rien de bon (aucune félicitation...).
Il est temps de retrouver une relation naturelle à l'échec qui n'est en fait qu'une expérience. Qui dit expérience dit évolution personnelle. Échouer devient alors une façon de se relier à ses difficultés, donc de renforcer ses ressources, de prendre du recul par rapport à sa démarche, (ce qui ne veut pas dire abandonner le projet), de développer sa capacité à rebondir sur des expériences désagréables mais pas négatives pour autant (voir Lexique, « Négatif »). La société met ainsi au dessus de tout les notions de compétition, performance, réussite comme conditions du bonheur. Ainsi, un enfant est poussé par ses parents à suivre une filière générale plutôt que professionnelle, alors que son plus grand souhait est d'apprendre le métier de charpentier. Sortons des préjugés, libérons-nous de nos conditionnements, restons nous-mêmes, écoutons nos désirs profonds et mettons, en conséquence, toutes les chances de notre côté pour accéder à nos objectifs !

Mon manque de confiance

Agir par peur de l'échec peut représenter un comportement parasité, c'est-à-dire sous influence d'un conditionnement affectif (« réussis » par exemple, voir le chapitre 16). Sortir de ses schémas, c'est-à-dire de ce que l'on a pu nous inculquer ou encore d'échecs précédents que nous avons pu vivre, est une façon de retrouver une relation plus naturelle à l'échec. Certes, j'ai peur d'échouer parce que c'est un examen important pour moi, mais j'ai confiance en moi, donc en mes capacités pour le valider ou pour rebondir si je n'ai pas les résultats escomptés.

TECHNIQUE SPÉCIFIQUE

Objectif	Prendre conscience de ses conditionnements affectifs.
Déroulement de l'exercice	• **Sophronisation de base vivantielle par systèmes.** • **Sophro-déplacement du négatif abrégé.** • **Sophro-mnésie dissociée de moments de scolarité :** Nous adoptons la posture dos droit… Et nous allons à présent essayer de nous relier au(x) conditionnement(s) affectif(s) qui alimentent notre peur de l'échec… Nous nous imaginons en tant que spectateurs face à un large écran sur lequel vont défiler des moments du passé qui ont pu influer sur notre rapport actuel à l'échec… Peut-être allons-nous nous observer dans des situations vécues durant notre scolarité, des moments où nous avons eu une bonne ou mauvaise note, à la réaction de notre enseignant dans les deux cas, peut-être une situation où nous avons comparé nos notes avec nos camarades… Essayons également de nous observer lors de contrôle, le jour précédent (lorsque nous nous y préparions), puis le jour J… Quel rôle jouaient nos parents, nos enseignants dans notre scolarité… Quels étaient leurs conseils, leurs remarques… Quand se manifestait leur reconnaissance, leur affection (lors de bonnes et/ou mauvaises notes)… Prenons bien le temps en nous observant dans ces différentes situations de nous relier aux conditionnements affectifs que l'on a pu intégrer durant notre scolarité, peut-être « sois parfait », « sois gentil », « sois le meilleur », « réussis », ou d'autres… Pause d'intégration… • **Sophro-présence du positif abrégée.** • **Désophronisation.**
Indications	Comment comprendre sa peur de l'échec sans revenir à la source ? L'occasion de mettre en lumière les conditionnements affectifs que l'on a intégrés et dont on souhaiterait se libérer pour vivre plus sereinement notamment l'examen à venir.

Renforcer sa confiance en soi

Se déconditionner de la peur de l'échec, c'est en partie éveiller son côté adulte (voir le chapitre 16), celui de l'autonomie, de la cohérence de soi. Selon le contexte, cela pourrait consister à se dire « je passe cet examen pour moi et pas pour faire plaisir à…, ni pour suivre l'exemple de…, ou encore pour véhiculer telle image ». Le « je » apparaît important dans cette situation : je passe cet examen, parce que je sais ce que je veux et que je suis pleinement relié à mes objectifs.

TECHNIQUE SPÉCIFIQUE

Objectif	Mobiliser et vivre en conscience son autonomie et ses ressources.
Déroulement de l'exercice	• **Sophronisation de base vivantielle par systèmes.** • **Sophro-déplacement du négatif abrégé.** • **Sophro-présence à l'autonomie :** Posture dos droit… Nous sommes en pleine préparation de notre examen et c'est l'occasion de prendre le temps de nous libérer de notre peur de l'échec qui s'associe notamment à la peur de décevoir, de véhiculer une certaine image de soi… À l'inverse, nous éveillons pleinement notre côté adulte… Plaisir de nous relier dans ce moment présent à l'expérience que nous vivons et nous apprêtons à vivre… Relions-nous pleinement à nos capacités, au potentiel que nous éveillons jour après jour pour tendre vers notre objectif (concentration, mémoire, etc.)… Plaisir de passer cet examen en toute autonomie par nos propres moyens et pour nous-mêmes… Plaisir de gérer notre peur de l'échec en ayant conscience des enjeux tout en restant sereins et confiants… Formidable expérience d'évolution personnelle… Conscients de la dynamique d'action que nous avons enclenchée par notre inscription à cet examen… Plaisir de prendre des décisions, d'aller jusqu'au bout de nos idées… Pause d'intégration… • **Sophro-présence du positif abrégée.** • **Désophronisation.**
Indications	Rechercher le plaisir lié à l'adulte et non celui lié à l'enfance demande souvent plus de détermination, mais c'est un plaisir plus intense et qui se prolonge. Par exemple, passer, par peur de l'échec, un concours que l'on est quasiment sûr d'avoir mais qui ne nous amène qu'à un poste peu attractif va nous apporter le plaisir premier de la réussite, mais il ne va pas durer (plaisir lié à l'enfance). En revanche passer un concours plus difficile qui nous conduirait au poste rêvé va certainement demander plus de volonté, de temps, va nous confronter à nos émotions désagréables, notamment à la peur (de l'échec), mais ne sera que plus gratifiant si on le réussit (plaisir lié à l'adulte). En cas d'échec, nous serons capables de gérer cette déception en ayant développé notre confiance, notre capacité à rebondir sur les difficultés.

Se relier à ses valeurs de vie

Qu'est-ce que le fait de passer cet examen satisfait chez moi ? C'est en répondant à cette question que nous comprenons ce qui est important pour nous, ce à quoi nous aspirons, et que nous nous donnons la possibilité de renforcer notre motivation, notre confiance.

TECHNIQUE SPÉCIFIQUE

Objectif	Prendre conscience des valeurs de vie satisfaites par le fait de passer cet examen.
Déroulement de l'exercice	• **Sophronisation de base vivantielle par systèmes.** • **Sophro-déplacement du négatif abrégé.** • **Sophro-mnésie senso-perceptive de moments qui nous ont menés jusqu'à cet examen :** Posture dos droit… Essayons de nous relier à tous les moments décisifs qui nous ont conduits à passer cet examen… Peut-être des rencontres, des choix personnels, des réflexions, un désir profond relié à notre personnalité ou toute autre situation… Qu'est-ce qui a fait qu'à un moment donné nous nous sommes dirigés vers cet objectif, vers le passage de cet examen… En quoi c'est important pour nous… Prenons plaisir au fil de ces moments à rassembler les valeurs qui guident ce choix… Peut-être la valeur individualité, humanité, liberté, plaisir, famille, travail ou autre… Pause d'intégration… • **Désophronisation.**
Indications	L'occasion de faire le point sur vos motivations !

Avoir confiance

Développer sa confiance en soi (voir le chapitre 16) représente un véritable travail sur soi et nécessite un investissement personnel. Au quotidien, essayez de repérer les moments où vous réagissez avec le côté enfant (dépendance) et le côté adulte (autonomie). Par la suite vous pourrez mettre des moyens en place pour éveiller la recherche d'un plaisir lié à l'adulte, autrement dit à l'autonomie, à la cohérence de soi.

TECHNIQUE SPÉCIFIQUE

Objectif	Intégrer les bénéfices d'une confiance en soi développée.
Déroulement de l'exercice	• **Sophronisation de base vivantielle par systèmes.** • **Sophro-déplacement du négatif abrégé.** • **Sophro-projection future de l'avant-examen :** Posture dos droit… Prenons bien le temps de nous relier à la journée précédant l'examen, puis au transport pour se rendre sur les lieux, jusqu'au moment d'entrer dans la salle… Essayons de nous projeter, de nous imaginer vivre ces différents moments en pleine confiance, en nous reliant au plaisir lié à l'adulte, en sachant pourquoi nous passons cet examen, en ayant conscience de nos capacités, en ayant un discours intérieur positif… Nous pouvons peut-être imaginer la confiance se lire sur notre visage, sur notre attitude, notre démarche plutôt assurée… Laissons émerger tout ce qui peut renforcer notre confiance, plaisir de ressentir toutes les sensations positives qui en découlent… Pause d'intégration… • **Sophro-présence du positif abrégée.** • **Désophronisation.**
Indications	Arriver confiant à un examen ne signifie pas ne pas avoir de doutes, être sûr de réussir ou encore être orgueilleux. En effet, passer un examen reste un moment d'adaptation et donc d'éveil de manifestations liées au stress. Être confiant n'est donc pas synonyme de « zen attitude » mais de maîtrise de soi et d'optimisation de ses ressources.

Apprendre à gérer son stress

Rappelons la méthodologie de gestion du stress proposée dans un précédent chapitre (chapitre 15) :

1 – Garder la maîtrise de soi

2 – Accepter ce qu'on ne peut pas changer

3 – Qu'est-ce que je veux? (Trouver des solutions)

4 – Agir

Pour plus d'informations et de sophronisations sur ces différentes étapes, reportez-vous donc au chapitre 15. D'ores et déjà vous avez travaillé sur l'équilibre général et la confiance en soi qui, une fois optimisés, favorisent une bonne capacité d'adaptation. Pourquoi parler d'adaptation ? Parce que le stress est justement la réaction qui se manifeste dans un processus d'adaptation. Nous nous adaptons sans cesse au quotidien – un nouveau chapitre à réviser, un stylo en panne d'encre, une voiture capricieuse, etc. – et passer un examen représente une situation d'adaptation à part entière.

Stress et capacité d'adaptation

Une première étape pour nous relier à notre relation au stress : prendre conscience des facteurs qui influent sur une bonne gestion du stress (une bonne adaptation) et, à l'inverse, de ceux qui entraînent un stress négatif (une difficulté d'adaptation dans une situation).

TECHNIQUE SPÉCIFIQUE

Objectif — Prendre conscience de sa relation au stress.

Déroulement de l'exercice

- **Sophronisation de base vivantielle par systèmes.**
- **Sophro-déplacement du négatif abrégé.**
- **Sophro-mnésie dissociée de moments de bonne et mauvaise gestion du stress :**

  Adoptons la posture dos droit... Et imaginons-nous en tant que spectateurs, bien installés face à notre écran imaginaire sur lequel va défiler un moment de bonne ou de mauvaise gestion du stress que nous avons pu vivre dans le cadre de contrôles ou d'examens passés... Nous pouvons peut-être nous observer dans un moment où nous avions un contrôle de mathématiques, lors d'un précédent examen, quand nous attendions des résultats, ou en toute autre situation... Prenons bien le temps de nous observer dans ces moments en repérant ce qui favorise ou déstabilise notre adaptation... Par exemple, le fait de bien réviser peut la renforcer (au moment de passer l'examen)... Nous prenons conscience de notre discours intérieur dans ces moments-là, de notre attitude, peut-être de signes de nervosité ou autres... Prenons le temps de nous relier au contexte de ces moments-là... Prenons bien conscience de notre relation au stress...

  Pause d'intégration...

- **Sophro-présence du positif abrégée.**
- **Désophronisation.**

Indications — L'occasion de faire un bilan sur votre rapport au stress et peut-être également sur votre capacité à gérer ses manifestations.

Renforcer sa capacité d'adaptation

Une sophronisation tournée vers le futur, au moment de passer votre examen, afin de vous préparer à cette situation en intégrant une bonne capacité d'adaptation. Il ne s'agit en aucun cas d'inhiber votre stress mais d'en faire un allié positif. En effet, il est essentiel pour acquérir une vigilance suffisante et mobiliser ses ressources dans un moment où on en a particulièrement besoin. Un certain niveau de stress peut devenir stimulant et éviter d'arriver dans la salle d'examen en bâillant, tant on est détendu !

TECHNIQUE SPÉCIFIQUE

Objectif : Optimiser sa capacité d'adaptation.

Déroulement de l'exercice

- **Sophronisation de base vivantielle par systèmes.**
- **Sophro-déplacement du négatif abrégé.**
- **Sophro-projection future au moment de passer l'examen :**

  Posture dos droit… Nous allons à présent nous imaginer vivre le jour de l'examen en gérant bien notre stress, autrement dit en possession d'une capacité d'adaptation optimale… Nous vivons chaque étape de cette journée en passant par la méthodologie de la gestion du stress… Par exemple lors de la remise des sujets, nous pouvons peut-être nous observer dans la salle d'examen prenant le temps de bien respirer, de gérer nos émotions (garder la maîtrise de soi, étape 1)… Puis intégrer le lâcher prise en développant plus de souplesse, une ouverture d'esprit (accepter ce qu'on ne peut pas changer, étape 2), peut-être en nous disant qu'il faut en passer par cet examen pour atteindre nos objectifs… Nous pouvons nous imaginer en train de nous relier aux raisons de notre présence ici et maintenant (qu'est-ce que je veux ? étape 3) entre autres, pour enfin commencer à travailler sur le sujet (agir, étape 4)… Même cheminement au moment de finir notre épreuve et de rendre notre copie ou encore pour nous préparer à un oral… Prenons bien le temps de nous projeter dans une sereine adaptation…

  Pause d'intégration…

- **Sophro-présence du positif abrégée.**
- **Désophronisation.**

Indications : Une sophronisation essentielle, à répéter à volonté durant votre entraînement sophrologique afin de vous préparer à passer cet examen en renforçant vos ressources.

Intégrer les bénéfices d'une bonne capacité d'adaptation

Apprendre à gérer son stress, c'est mettre toutes les chances de son côté pour éviter d'être paralysé par ses manifestations à l'instant T. Au contraire, il s'agit de s'en servir comme moteur, pour stimuler nos capacités et nos ressources au moment de l'examen.

TECHNIQUE SPÉCIFIQUE

Objectif	Se préparer à un examen en se reliant aux bénéfices de sa réussite.
Déroulement de l'exercice	• **Sophronisation de base vivantielle par systèmes.** • **Sophro-déplacement du négatif abrégé.** • **Sophro-programmation future après l'examen** : Posture dos droit… Nous nous projetons quelques mois, peut-être même quelques années après la réussite de notre examen en faisant fonctionner notre imagination… Peut-être pouvons-nous nous relier à l'objectif vers lequel nous tendions en passant cet examen, un métier, un nouveau poste ou autre… Plaisir d'être parvenus à satisfaire nos valeurs, ce qui est important pour nous… Nous pouvons peut-être nous imaginer donner des conseils à des amis qui vont eux-mêmes passer un examen, chargés de notre expérience… Relions-nous également à notre évolution personnelle, peut-être que cette étape nous a permis de développer grandement notre confiance, d'intégrer une bonne capacité d'adaptation (gestion du stress)… Prenons plaisir à imaginer toutes les retombées positives issues du passage de cet examen, tout en nous reliant à notre corps, aux sensations agréables que ces bénéfices laissent s'éveiller en nous… Pause d'intégration… • **Sophro-présence du positif abrégée.** • **Désophronisation.**
Indications	Se relier à l'après-examen : où va-t-il m'amener, que va-t-il changer dans ma vie, quel objectif je vais atteindre, quel regard j'aurai sur moi après avoir passé cette épreuve…

Optimiser ses ressources le jour de l'examen

Il est temps de rassembler toutes les notions sur lesquelles vous avez travaillé durant ce chapitre afin de vous imaginer chargé de toutes ces ressources le jour de l'examen.

TECHNIQUE SPÉCIFIQUE

Objectif	Intégrer les ressources nécessaires au passage de cet examen.
Déroulement de l'exercice	• **Sophronisation de base vivantielle par systèmes.** • **Sophro-déplacement du négatif abrégé.** • **Sophro-projection future autour de l'examen :** Posture dos droit… Prenons le temps de nous relier à l'avant, pendant et après examen, bref à toutes les situations qui vont l'entourer, en étant pleinement reliés à nos ressources… Nous pouvons nous imaginer vivre chacun de ces moments en mettant à profit notre respiration notamment pour nous détendre… Peut-être pouvons-nous nous percevoir bien concentrés sur notre objectif, sur nos actions… Nous pouvons également nous imaginer être chargés de confiance, éveiller notre côté adulte, autonomes dans tous ces moments… Plaisir d'être reliés à nos valeurs de vie, à ce qui nous importe dans le passage de cet examen… Plaisir d'optimiser notre capacité d'adaptation en passant par ces différentes étapes, de gérer notre stress… Pause d'intégration… • **Sophro-présence du positif abrégée.** • **Désophronisation.**
Indications	C'est le moment de réunir tous les facteurs approfondis au cours du chapitre pour vous préparer à un examen.

EN SAVOIR PLUS

La préparation sportive par la sophrologie

Pourquoi parler de la préparation sportive (compétition, optimisation des performances, etc.) dans ce chapitre ? Tout simplement parce que l'entraînement sophrologique pour se préparer aux examens en est proche. Un programme de sophrologie appliqué au sport pourrait consister à passer par les exercices précédents en changeant le contexte, c'est-à-dire en précisant par exemple dans le terpnos logos « imaginons-nous sur le terrain » plutôt que « imaginons-nous dans la salle d'examen ». Par ailleurs, un autre axe de travail pourra être ajouté afin d'approfondir le geste juste : chaque sport requiert ainsi l'intégration d'un geste technique.

TECHNIQUE SPÉCIFIQUE

Objectif Renforcer l'intégration du geste juste.

Déroulement de l'exercice

- **Sophronisation de base vivantielle par systèmes.**
- **Sophro-déplacement du négatif abrégé.**
- **Sophro-mnésie senso-perceptive sur une compétition sportive :**

  Posture dos droit… Nous allons pouvoir nous tourner vers le passé pour revivre la réussite d'une compétition sportive… Essayons de revivre ce moment en nous concentrant sur nos gestes techniques positifs, les actions que nous avons pu réaliser dans le sentiment du geste juste (de confiance)… Mettons-nous bien à l'écoute des sensations qu'éveillent ces gestes… Visualisons un geste en particulier, son exécution tant dans sa vitesse, dans sa grâce que dans la posture adoptée… Peut-être laisse-t-il entrevoir notre touche personnelle, notre style propre… Relions-nous également à la façon dont il s'est concrétisé, était-il instinctif, automatique ou réfléchi… Plaisir de nous concentrer également sur l'objectif de ce geste (marquer un but, faire une passe ou autre)… Prenons bien le temps de revivre ces instants positifs, de nous en charger…

  Pause d'intégration…

- **Désophronisation.**

Indications Les relaxations dynamiques du 1er et 2e degré sont très intéressantes à pratiquer autour de cette technique.

Cinquième partie

À vous de jouer !

Dans cette partie…

Une occasion de pratiquer la sophrologie seul(e), en couple ou avec vos enfants. Vous aurez même la possibilité de la faire découvrir à vos ami(e)s, le temps d'une soirée thématique. À vous de jouer ! Une partie ludique, combinant exercices pratiques, relaxation dynamique et techniques spécifiques de sophrologie.

Chapitre 22

Se détendre en solo

Dans ce chapitre :

- Je me détends au travail
- Je m'organise des pauses bien-être à la maison
- Je me ressource en pleine nature

Au travail, à la maison ou en pleine nature, tout contexte peut devenir propice à une pause détente. Découvrez ou redécouvrez – si vous avez feuilleté ou approfondi les parties 3 et 4 de l'ouvrage ! – des techniques spécifiques de sophrologie associées à des exercices pratiques. Des exercices pour se recentrer !

Des exercices discrets au bureau

A priori, se détendre au cours de ses journées de travail n'est pas chose facile. Détrompez-vous, exercices à l'appui, vous allez pouvoir allier en toute discrétion écoute du corps, respiration et détente !

Je respire par le ventre ou presque

EXERCICE PRATIQUE

Déroulement de l'exercice	Placez une main sur votre ventre, l'autre sur le thorax, et prenez quelques minutes pour écouter votre respiration, repérez son rythme et les zones mobilisées. À présent, prenez plaisir à mettre en pratique la respiration naturelle : vous inspirez par le nez tout en gonflant votre ventre, puis expirez en le rentrant. Pendant une minute, familiarisez-vous avec la respiration ventrale.
Observations	Il s'agit d'amorcer une dynamique de rééducation de cette respiration naturelle. Pour cela, essayez de penser à la mettre en pratique quelques fois dans votre journée. Durant une petite minute, vous placez vos mains sur votre ventre et pratiquez cette respiration basse. Une technique utile pour préserver son corps et s'apaiser dès les premières manifestations d'un moment de stress par exemple.

Je positive

TECHNIQUE SPÉCIFIQUE

Intitulé	La sophro-présence du positif
Déroulement de l'exercice	• **Sophronisation de base vivantielle par systèmes abrégée.** • **Sophro-présence du positif :** Posture dos droit… Prenons le temps de nous relier à une évocation positive… Une image, une situation, un mot, un son ou autre… À chacune de nos inspirations nous activons les sensations positives émergeant de cette évocation… Lors de nos expirations, nous diffusons le positif dans chacun de nos systèmes… Plaisir de charger peu à peu tout notre corps de positif… Pause d'intégration… • **Désophronisation.**
Indications	Une technique qui ressource et dynamise. À pratiquer sans modération !

Même à la maison

Le chez-soi semble être un lieu idéal pour savourer des moments de détente. Pensez cependant à couper le téléphone, à prévenir votre conjoint et/ou vos enfants de votre désir de prendre un moment pour vous, afin de ne pas être dérangé en pleine sophronisation ! Des conditions optimales pour une détente totale…

Se planifier des « pauses bien-être »

TECHNIQUE SPÉCIFIQUE

Intitulé	La sophronisation de base
Déroulement de l'exercice	• **La sophronisation de base :** Nous sommes allongés… Et relâchons peu à peu chacun de nos systèmes du 1er au 5e en prenant conscience de leur forme et de leur volume, de leur détente progressive, bien à l'écoute de nos sensations… Plaisir de nous relier à notre respiration peut-être devenue plus calme et posée… À présent, nous allons pouvoir nous relier à un lieu de bien-être que nous connaissons ou que nous pouvons imaginer… Dessinons et plongeons-nous dans ce paysage, ses couleurs, ses senteurs, les sons qui en émergent… Plaisir de nous imaginer dans cet endroit, de nous y ressourcer… Prenons bien le temps d'intégrer, de laisser se poser en soi l'expérience de cette sophronisation… • **Désophronisation.**
Indications	Retrouver le terpnos logos complet de cette technique au chapitre 10 (p. 103).

Et en pleine nature

Au détour d'une balade, prenez quelques instants pour vous connecter à la nature. Que ce soit en marchant, en contemplant un paysage, en commençant une sieste ou dans un autre contexte, profitez-en pour développer votre capacité de détente au contact de la nature.

Éveiller son côté terrien

EXERCICE PRATIQUE

Déroulement de l'exercice	Vous êtes debout, commencez par placer vos pieds dans un juste écart pour ajuster et équilibrer votre posture. Vous pouvez peut-être fermer les yeux si vous n'êtes pas sujet au vertige. Prenez conscience de votre verticalité ; du contact contre le sol en imaginant peut-être des racines pousser sous vos pieds ; de vos sensations corporelles (lourdeur, légèreté, chaleur, froid, etc.) ; du principe d'apesanteur. À présent, vous allez pouvoir vous allonger sur le dos dans ce coin de nature. Expérimentez cette posture propice à la sieste en plein air en prenant bien conscience de tous vos points d'appui contre le sol, peut-être des sensations de lourdeur ou au contraire de légèreté de tout votre corps, de la façon dont ce contact peut vous recharger, peut-être encore du silence qui opère… Toujours allongé, vous pouvez essayer de vous tourner, face contre terre. Prenez bien le temps d'ajuster votre posture, peut-être en plaçant vos mains l'une sur l'autre pour appuyer votre front dessus, en positionnant vos pieds sur les côtés, face interne contre le sol. Prenez conscience de votre respiration ventrale, de vos sensations corporelles, des informations que vous amènent vos cinq sens. Plaisir de vous laisser aller à cette posture.
Observations	N'hésitez pas à poser vos chaussures pour réaliser cet exercice, histoire de vous mettre à l'aise !

Chapitre 23

La « sophro » en couple

Dans ce chapitre :

- Se relier à son corps et à celui de l'autre
- Partager ses valeurs de vie
- Éveiller sa créativité

À travers les exercices pratiques et les techniques sophrologiques à proprement parler qui suivent, vous allez pouvoir partager des moments à deux, en toute intimité, pour en apprendre plus sur votre compagne ou compagnon…

À l'écoute de votre corps

Des exercices pour se relier pleinement à son corps et à ses sensations mais aussi à celui de son ou sa partenaire. Apprenez à vous relaxer à deux !

Découvrir son corps à deux

RELAXATION DYNAMIQUE

Objectif	Relaxation dynamique du 1er degré à deux
Déroulement de l'exercice	• **Sophronisation de base vivantielle par système (debout l'un en face de l'autre).** • **Relaxation dynamique du 1er degré :** À présent, l'un d'entre nous, toujours les yeux fermés ou semi-ouverts, va pouvoir prendre le temps de découvrir chaque système de son partenaire à travers le toucher… Prenez bien le temps de découvrir tout son premier système comme pour la première fois, vous amenez vos mains à sa tête, son visage… Tous deux bien à l'écoute de vos sensations, prenant conscience de la forme et du volume de cette zone…

Déroulement de l'exercice	De même pour le 2e, 3e, 4e et 5e système, en étant toujours bien relié à vos corps (respectifs), à vos sensations, en prenant conscience de chaque zone… Puis inversez les rôles… La personne qui restait immobile va pouvoir découvrir par le toucher comme pour la première fois le corps de son ou sa partenaire… De système en système, conscience de tout votre corps, de vos sensations… Pour terminer, vous pouvez réaliser un sophro-déplacement du négatif de tout votre corps… Commencez par une tension douce… Inspiration, rétention-tension douce, expiration-relâchement… Vous reprenez une respiration naturelle et à chaque expiration vous évacuez tout le négatif de votre corps… Pause d'intégration… • **Sophro-présence du positif abrégée.** • **Concentration sur un objet neutre.** • **Évocation de sentiments positifs.** • **Désophronisation.**
Indications	Un terpnos logos qui devra être enregistré par l'un de vous deux pour ensuite ne plus avoir qu'à vivre l'expérience. C'est une nouvelle version de la relaxation dynamique du 1er degré qui vous est présentée dans cet exercice. Vous trouverez la version « classique » au chapitre 12 (p. 171).

Communiquer vos valeurs

L'occasion de partager vos valeurs de vie, de vous relier à ce qui est important pour vous, ce à quoi vous aspirez. Un moment de partage…

Des valeurs de vie communes

EXERCICE PRATIQUE

Déroulement de l'exercice	Notez vos valeurs de vie sur papier (au moins 5), c'est-à-dire tout ce qui est important pour vous aujourd'hui, qui donne du sens à votre quotidien (famille, amour, liberté, respect,…). Puis listez ce que vous admirez chez votre conjoint(e) (valeurs, qualités). Enfin, comparez vos propres valeurs à celles de votre partenaire…
Observations	Chacun de votre côté essayez de faire cet exercice, puis croisez vos idées, prenez connaissance des valeurs respectivement notées.

Développer votre créativité

Un moyen de vivre des expériences diverses et originales, de surprendre l'autre, de partager des moments de rire, en bref d'affoler vos sentiments !

La musique dans la peau

TECHNIQUE SPÉCIFIQUE

Intitulé	Sophro-stimulation musicale
Déroulement de l'exercice	• **Sophronisation de base vivantielle par systèmes.** • **Sophro-déplacement du négatif abrégé.** • **Sophro-présence aux sensations :** En posture dos droit, vous allez pouvoir vous mettre à l'écoute d'extraits musicaux… Durant ce temps d'écoute prenez plaisir à vous relier pleinement à votre corps, à identifier ses sensations, les émotions que tel ou tel morceau réveille en vous… Pause d'intégration… • **Sophro-présence du positif abrégée.** • **Désophronisation.**
Indications	Chacun à votre tour faites écouter à votre partenaire des styles musicaux originaux à travers cette technique. Vous pouvez choisir par exemple cinq morceaux en enchaînant une minute de chacun. Un moyen de mettre en évidence vos sensations.

L'originalité, ça me connaît !

EXERCICE PRATIQUE

Déroulement de l'exercice	Lancez-vous un défi ou plus simplement créez un projet à deux. Peut-être en vous fixant un objectif dans le cadre d'une activité physique (marcher jusqu'à tel endroit, courir pendant un temps donné, etc.). Peut-être en vous plongeant dans un projet créatif (redécorer entièrement une pièce de votre intérieur, etc.). Peut-être en vous inscrivant à des cours particuliers (de danse, d'écriture, de langue, etc.). En bref, essayez de vous fixer un objectif qui sort de l'ordinaire, qui requiert de la volonté et que vous pourrez partager ensemble.
Observations	Éveiller son imagination, ce n'est pas seulement taper sur un moteur de recherche « idée originale à faire à deux » ! Il s'agit d'aller chercher en soi des idées en fonction de sa personnalité et de celle de son ou sa partenaire.

Chapitre 24

Une « soirée sophro » entre ami(e)s

Dans ce chapitre :

- S'amuser en apprenant sur soi
- Découvrir ses amis sous un nouveau jour
- Partager des expériences originales

Vous souhaitez proposer une soirée originale à vos ami(e)s ? C'est l'occasion de jouer l'apprenti sophrologue en leur suggérant de découvrir la sophrologie. Plus d'exercices pratiques que de techniques sophrologiques à proprement parler, mais l'occasion de partager un moment en vous découvrant chacun sous un nouveau jour.

Vous trouverez deux techniques spécifiques, à vous de décider si vous souhaitez vous enregistrer en train d'énoncer leur terpnos logos ou si vous préférez les animer en direct. À vous de jouer pour mettre en pratique le programme qui vous attend !

Se découvrir autrement

Respiration et valeurs de vie sont abordées dans les deux exercices qui suivent. Tout le monde peut participer !

Chacun sa respiration

Figure 24-1 : Un exercice pour observer la respiration de l'autre.

EXERCICE PRATIQUE

Déroulement de l'exercice	Si vous êtes en nombre pair tant mieux, sinon adaptez l'exercice en formant un groupe de trois. Placez-vous en binôme, face à face et en tailleur. Vous allez pouvoir placer une main sur votre ventre, l'autre sur votre thorax. Une personne du binôme peut fermer les yeux pour bien se recentrer, l'autre, les yeux ouverts, va chercher à imiter sa respiration. Il s'agit de reproduire au plus près la respiration de son ou sa partenaire en mobilisant les mêmes zones (repérer si son ventre ou son thorax bouge) et en copiant son rythme (plus ou moins rapide). Puis inversement, votre partenaire va imiter votre respiration.
Observations	Un moyen de constater que nous n'avons pas tous une respiration semblable !

Donner et recevoir

EXERCICE PRATIQUE

Déroulement de l'exercice	Notez chacun sur un papier autant de valeurs de vie que vous êtes d'invités moins un (vous-même). Prenez bien le temps d'inscrire des valeurs qui sont importantes pour vous et vous épanouissent aujourd'hui (amitié, amour, famille, liberté, respect, etc.), qui donnent du sens à votre quotidien. Ensuite découpez votre feuille en petits bulletins. Sur chacun d'eux se trouve une des valeurs notées au préalable. Il ne vous reste plus qu'à écrire votre nom au dos de vos billets et à distribuer chacun à votre tour une valeur à un(e) ami(e). Vous décernez toutes vos valeurs aux personnes de votre choix (valeur « Liberté » pour Chloé, etc.).
Observations	Un bon moyen de dévoiler vos valeurs, donc une part de votre personnalité, et de les partager…

Partager un moment

Les exercices de développement personnel prennent un autre sens lorsqu'ils sont pratiqués collectivement, d'autant plus avec ses ami(e)s. Poursuivez votre exploration !

Composer ensemble une histoire

TECHNIQUE SPÉCIFIQUE

Intitulé	Sophro-stimulation imaginative
Déroulement de l'exercice	• **Sophronisation de base vivantielle par systèmes.** • **Sophro-déplacement du négatif abrégé.** • **Sophro-stimulation imaginative :** Posture au choix… Et maintenant nous allons pouvoir chacun à notre tour créer une histoire de toutes pièces… Chacun d'entre nous imagine un personnage et une partie de son histoire… Par exemple, un chef d'entreprise qui deviendrait clown, une oie qui déciderait d'explorer la planète… Relions-nous à des couleurs, des émotions, des paysages, des sons pour inventer un court scénario… Laissons libre cours à notre imagination…

Déroulement de l'exercice	Posture au choix… Et maintenant nous allons pouvoir chacun à notre tour créer une histoire de toutes pièces… Chacun d'entre nous imagine un personnage et une partie de son histoire… Par exemple, un chef d'entreprise qui deviendrait clown, une oie qui déciderait d'explorer la planète… Relions-nous à des couleurs, des émotions, des paysages, des sons pour inventer un court scénario… Laissons libre cours à notre imagination… Pause d'intégration… • **Sophro-présence du positif abrégé** • **Désophronisation.**
Indications	Pas si simple de se laisser aller, de lâcher prise sur un mental qui tendrait à dire : « Qu'est-ce que je vais bien pouvoir imaginer ? », « Est-ce une bonne histoire ? », « Qu'est-ce que les autres vont penser ? », etc. Essayez de vous libérer de ce discours intérieur en prenant plaisir à créer, à vous relier à cette capacité incroyable qu'est l'imagination.

Ma tête sur ton ventre

EXERCICE PRATIQUE

Déroulement de l'exercice	Arrangez l'espace de la pièce dans laquelle vous vous trouvez de sorte que tout le monde puisse s'allonger sur le dos. Vous allez pouvoir chacun à votre tour vous placer en quinconce, en posant votre tête sur le ventre d'un de vos amis, l'un d'entre eux mettant lui-même sa tête sur votre ventre et ainsi de suite selon votre nombre. Une fois tout le monde bien installé, vous pouvez fermer les yeux et vous mettre à l'écoute de la respiration de l'ami sur lequel votre tête est posée et de votre propre respiration. Un exercice de contact pour se relier les uns aux autres !
Observations	Une mise en scène qui porte souvent à rire, et qui représente un moyen de s'écouter mutuellement et de se vivre plus intimement.

Chapitre 25

Un après-midi avec les enfants

Dans ce chapitre :

- La respiration en point d'orgue
- Des exercices ludiques de concentration
- Sensations et émotions

Il est possible de s'initier à la sophrologie dès 7 ans. Si vous souhaitez partager un moment de découverte avec vos enfants, les observer en train d'écouter leur respiration, leur corps, leurs sens, il ne vous reste plus qu'à jouer le ou la sophrologue le temps d'un après-midi pas comme les autres.

Respirer en s'amusant

Des exercices qui permettront à vos enfants (ou aux enfants que vous gardez) de se familiariser avec leur respiration. Outre le fait d'en prendre conscience et d'en développer la maîtrise, c'est un bon moyen d'écouter son corps !

La bougie qui vacille

EXERCICE PRATIQUE

Déroulement de l'exercice	L'enfant se place face à une bougie et va jouer avec les mouvements de la flamme par sa respiration. Commencez par lui proposer de souffler le plus lentement possible pour faire en sorte d'effleurer tout juste la flamme, puis d'augmenter peu à peu la pression du souffle afin de la faire vaciller de plus en plus jusqu'à l'éteindre.
Observations	N'hésitez pas à jouer avec la distance de la bougie, plus ou moins proche de l'enfant, bien sûr sous surveillance. Un exercice tout simple permettant de prendre conscience de sa respiration et de mieux la maîtriser.

J'additionne et je respire

EXERCICE PRATIQUE

Déroulement de l'exercice	Il s'agit d'associer une addition à la respiration. L'enfant s'assoit face à une feuille sur laquelle est inscrite une addition. Il prend un crayon et inspire profondément par le nez, puis débute son opération dès qu'il commence à expirer en soufflant progressivement par la bouche. Le but est de tenir son expiration jusqu'au moment de trouver la somme.
Observations	Selon l'âge des enfants cet exercice risque d'être plus ou moins compliqué, alors n'hésitez pas à remplacer l'addition par un dessin : essaie de dessiner un bonhomme de neige le temps de ton expiration.

Concentration maximale

Des exercices pour développer et favoriser la concentration de vos enfants. C'est aussi fait pour les grands !

D'où vient ce son ?

EXERCICE PRATIQUE

Déroulement de l'exercice	Un enfant a les yeux bandés tandis qu'un autre se place loin de lui dans un coin de la pièce et produit un son. Une fois l'espace bien dégagé (évitez les chaises au milieu du salon !), l'enfant va chercher à se rapprocher du son émis.
Observations	Inversez ensuite les rôles ! Un exercice intéressant pour renforcer sa concentration mais également pour mettre à profit le sens de l'ouie.

Écoute ton corps et tu sauras qui tu es

Dès le plus jeune âge, s'éduquer à écouter son corps est essentiel. Des exercices pour se relier à ses sensations et trouver son lieu de bien-être.

Le pinceau magique

EXERCICE PRATIQUE

Déroulement de l'exercice	Un enfant est allongé, les yeux fermés tandis qu'un autre caresse son visage avec un pinceau (propre de préférence !). D'abord le front, puis délicatement les yeux, le nez, la bouche, le menton, le contour du visage, peut-être au niveau du cuir chevelu. L'enfant décrit alors les sensations éveillées par le pinceau : frisson, picotements, chaleur, etc.
Observations	Les rôles sont ensuite inversés. Vous pouvez élargir l'exercice aux mains : le pinceau est passé sur la face supérieure, puis entre les doigts et sur la paume de la main.

Décrire ses sensations

TECHNIQUE SPÉCIFIQUE

Objectif	Sophro-présence aux sensations
Déroulement de l'exercice	• **Sophronisation de base vivantielle par systèmes (spécialement pour les enfants, à expliquer avant la pratique) :** Vous êtes assis sur une chaise et allez pouvoir ramollir peu à peu tout votre corps… Votre tête se laisse aller à son propre poids, votre visage devient tout lisse, vos dents ne se touchent pas… Puis vos épaules se relâchent comme si vos mains voulaient toucher le sol… Vous inspirez profondément par le nez et pouvez peut-être sentir votre thorax s'ouvrir (définir au préalable le thorax)… Vous pouvez imaginer comme une ceinture qui entoure votre dos et votre ventre par une douce chaleur… Enfin vous relâchez vos jambes comme si elles devenaient toute molles… Et vous allez pouvoir effectuer une douce tension de tout votre corps… Vous inspirez l'air par le nez et en même temps vous grimacez, vous tendez vos bras, étirez la pointe de vos pieds, contractez vos jambes… Puis vous soufflez fort par la bouche et relâchez votre corps… • **Sophro-déplacement du négatif abrégé (spécialement pour les enfants) :** Maintenant vous allez pouvoir souffler à plusieurs reprises par la bouche en imaginant comme de la fumée sortir de votre corps et se déplacer vers l'extérieur…

Déroulement de l'exercice

- **Sophro-présence aux sensations :**

  Imaginez que votre corps est votre maison et que vous allez partir à sa découverte… Vous allez pouvoir explorer votre maison en essayant de repérer ce qui s'y passe à l'intérieur… Concentrez-vous sur votre tête, que se passe-t-il à ce niveau-là, est-ce que c'est chaud, froid, lourd, léger… Quelles sont les sensations au niveau de vos bras, de votre ventre, puis de vos jambes… Est-ce lourd, léger, est-ce qu'il y a des fourmillements, est-ce que ça fait comme des bulles qui pétillent…

  Pause d'intégration…

- **Désophronisation.**

Indications

Pour les enfants, la phénodescription (description du vécu de sa sophronisation) peut se réaliser par l'intermédiaire de dessins. L'enfant choisit des couleurs pour chaque sensation (rouge = chaleur, rose = fourmillements, etc.) et pose ses couleurs sur le dessin d'un bonhomme selon les sensations qu'il a pu ressentir et selon la zone dans laquelle elles se sont exprimées (tête, bras, etc.).

Un lieu à moi

TECHNIQUE SPÉCIFIQUE

Objectif

Sophro-stimulation imaginative

Déroulement de l'exercice

- **Sophronisation de base vivantielle par systèmes (spécialement pour les enfants : voir exercice « Décrire ses sensations »).**
- **Sophro-déplacement du négatif abrégé (spécialement pour les enfants : voir exercice « Décrire ses sensations »).**
- **Sophro-stimulation imaginative :**

  Maintenant vous allez essayer de vous imaginer dans un endroit où vous êtes heureux… Peut-être un lieu où vous riez beaucoup, un lieu où vous aimez jouer ou encore un lieu où vous retrouvez vos ami(e)s par exemple… Cela peut être aussi un lieu imaginaire… Prenez bien le temps de dessiner ce lieu dans votre tête… Ses couleurs, ses senteurs, son décor… Peut-être pouvez-vous vous imaginer dans cet endroit en train de vous amuser…

  Vous pourrez désormais retrouver cet endroit en fermant les yeux quand vous le souhaiterez…

Déroulement de l'exercice	Pause d'intégration… • **Sophro-présence du positif abrégé** • **Désophronisation.**
Indications	Un lieu dans lequel l'enfant pourra se ressourcer dès qu'il en ressentira le besoin.

Sixième partie

La partie des Dix

Dans cette partie...

Commencez par insérer dans votre quotidien des exercices pratiques pour vous détendre tout au long d'une journée. Ensuite, vous allez peut-être vous lancer dans l'enregistrement des terpnos logos proposés dans l'ouvrage !

Chapitre 26

10 exercices pratiques pour se relaxer

Dans ce chapitre :

- Maîtriser sa respiration
- Écouter son corps
- Développer son imagination

Nous parlons bien d'exercices pratiques, et non de techniques de sophrologie à part entière (relaxations dynamiques et techniques spécifiques), qui se pratiquent au niveau sophroliminal et suivent un protocole précis. Vous aurez l'occasion de les introduire progressivement dans votre quotidien en particulier pour vous détendre, écouter votre corps, vous recentrer. Outre les exercices proposés, il peut être intéressant au cours de vos journées de faire le point sur votre état physique et psychique en répondant à ces brèves questions : Comment je me sens aujourd'hui ? Mon corps est-il pleinement relâché, plutôt tendu ? Si je devais trouver un mot pour qualifier cette journée, quel serait-il ? C'est à vous !

Je pratique la respiration abdominale

En posture assise ou debout vous posez une main sur votre ventre, l'autre dans votre dos au niveau de la région lombaire. Vous inspirez par le nez en cherchant à espacer vos mains, votre ventre se gonfle. Puis vous expirez en rapprochant vos mains, vous rentrez le ventre.

N'OUBLIEZ PAS !

Au quotidien, c'est une respiration qui apaise. Vous pouvez l'utiliser au cours de vos journées pour préserver votre corps et la mettre à profit avant – si c'est une situation prévisible – ou pendant un moment de stress.

J'expire

Le sophro-déplacement du négatif, technique spécifique que vous avez pu découvrir dans le chapitre 11, est un exercice qui peut devenir très pratique au quotidien. Prenez le temps de fermer les yeux pour vous recentrer, puis effectuez une tension douce de tout votre corps (inspiration, rétention-mise en tension douce, expiration-relâchement). Reprenez ensuite une respiration ordinaire et jouez sur vos expirations pour évacuer tout le négatif de votre corps (les tensions inutiles, etc.).

N'OUBLIEZ PAS !

Certes l'exercice est peu discret, mais il a le mérite de libérer tout notre corps. N'hésitez pas à l'effectuer avant une trop grande accumulation de tensions !

L'auto-massage

Pas très sophrologique mais néanmoins intéressant pour se relaxer, l'auto-massage est également un bon moyen de dénouer ses tensions inutiles. Selon les zones « meurtries » massez par pression, par mouvements circulaires, par pincements ou autres mouvements. Écoutez-vous et adaptez cet exercice (comme les autres d'ailleurs !) à votre besoin.

Je m'étire

Dans la lignée de l'auto-massage, les étirements permettent de dénouer notre corps. Vous pouvez par exemple enrouler votre dos en laissant tomber vos mains au plus près du sol durant l'expiration et remontez tout doucement en étirant vos doigts vers le plafond lors de l'inspiration. Selon la zone que vous cherchez à mobiliser, faites appel à votre créativité pour trouver des mouvements adaptés !

Je me relie à ma respiration

Un excellent moyen de se recentrer : écouter ce phénomène si naturel qu'est la respiration. Concentrez-vous ainsi sur plusieurs cycles respiratoires, un cycle correspondant à une inspiration, rétention succincte (poumons pleins), expiration, rétention succincte (poumons vides).

Mon lieu de bien-être

Se relier à un lieu de bien-être est un exercice intéressant pour s'évader, l'espace de quelques minutes, du quotidien et se ressourcer. Choisissez un endroit plaisant, qui évoque pour vous des sentiments positifs : un lieu de vacances, de culture, d'intimité, un lieu imaginaire ou autre. Vous pouvez fermer vos yeux et prendre quelques minutes pour vous concentrer sur cet endroit, distinguer ses couleurs, son espace, ses senteurs, etc.

Ma bulle

Pour favoriser sa concentration, il est parfois utile de faire appel à son imagination. Commencez par fermer les yeux et vous boucher les oreilles pour entrer plus facilement dans votre monde intérieur. Au bout d'une minute débouchez vos oreilles et, les yeux toujours bien fermés, créez une bulle autour de vous. Elle vous sépare du monde extérieur. Vous pouvez lui prêter une couleur ou encore une texture particulière pour la personnaliser.

Je me charge de positif

La sophro-présence du positif, technique spécifique, est un exercice plaisant à réaliser au quotidien une fois qu'on est bien entraîné. Il permet de se dynamiser, de recharger son corps. Cherchez tout d'abord à vous relier à une évocation agréable : une image, un mot, un son, un goût par exemple. À l'inspiration, vous éveillez toutes les sensations positives suscitées par cette évocation et à l'expiration, vous les diffusez dans tout votre corps.

Contre le sol

Prenez le temps de vous allonger sur le sol, que ce soit sur un tapis dans votre intérieur ou sur l'herbe à l'extérieur. Relâchez-vous peu à peu en ouvrant vos bras de chaque côté et en réalisant une sophronisation de base par systèmes. Prenez bien conscience de votre corps et de vos sensations.

La méthode Jacobson

Un des exercices proposés dans cette méthode est la tension douce : le fameux IRTER utilisé dans les techniques sophrologiques. Inspirez profondément, rétention (poumons pleins) - tension douce de tout votre corps et expiration-relâchemenent. Un exercice que l'on peut appliquer aux zones plus particulièrement chargées de tensions inutiles.

Chapitre 27

10 astuces pour enregistrer une technique

Dans ce chapitre :

- Travailler sa voix
- Un matériel peu coûteux
- Jouer les sophrologues

La seconde moitié de l'ouvrage, à savoir les parties 3, 4 et 5, est consacrée à la pratique. Une des principales caractéristiques de la sophrologie étant l'accompagnement par le discours, il apparaît essentiel, si vous n'avez jamais pratiqué avec un sophrologue, d'enregistrer les terpnos logos qui vous intéressent, notamment ceux des techniques clés. Il s'agit donc d'un premier travail à réaliser avant de pratiquer chaque technique, autrement dit de commencer votre entraînement sophrologique. Mais enregistrer sa voix peut devenir problématique : Quel ton faut-il prendre ? Quel rythme ? Quel matériel utilisé ? Bref, des explications s'imposent !

Commencez par la sophronisation de base

C'est l'exercice initial dans la pratique de la sophrologie. Une façon de découvrir la discipline par une technique qui peut durer entre vingt et quarante-cinq minutes. Commencez donc votre enregistrement par cette technique spécifique et poursuivez-le par le sophro-déplacement du négatif et la sophro-présence du positif : des techniques clés à s'approprier pour aborder sereinement les suivantes.

Votre CD de « sophro »

Achetez un CD vierge dont vos prochains enregistrements définiront les pistes : Piste 1 / La sophronisation de base ; Piste 2 / Le sophro-déplacement du négatif, Piste 3 / La sophro-présence du positif, etc. Rien de bien compliqué ! Ces trois techniques représenteront donc le début de votre entraînement. Vous pourrez ensuite en enregistrer de nouvelles issues du chapitre 11 : la sophro-stimulation vitale, la sophro-mnésie, la sophro-projection future, etc. Vous aurez peut-être l'occasion de vous lancer également dans un programme (partie 5) en enregistrant de façon chronologique les différentes techniques proposées.

Choisissez votre matériel

Le dictaphone reste le meilleur moyen de vous enregistrer. Commencez par vous familiariser avec votre matériel, notamment en jugeant de sa bonne distance au moment de l'enregistrement pour obtenir un son net. Le câble USB fourni vous permettra de transférer vos enregistrements sur votre ordinateur. Vous avez également la possibilité d'acheter un micro avec un logiciel spécifique. Les MP3 ont également une fonction dictaphone, qui peut être pratique mais produit un enregistrement plus « artisanal ».

Musique ou pas

Les techniques de sophrologie ne nécessitent pas un fond musical. Celui-ci peut être intéressant pour la sophronisation de base en facilitant le relâchement mental. À vous de voir si la musique favorise ou perturbe votre concentration, si elle vous est utile.

Un moment de silence

Il paraît évident que le silence est une des conditions d'un bon enregistrement. Choisissez un moment lors duquel vous ne risquez pas d'être dérangé, coupez le téléphone et placez-vous dans une pièce calme et pas trop exiguë afin d'éviter les résonances.

Un ton calme

Entrer dans une relaxation dynamique ou une technique spécifique nécessite un discours d'accompagnement énoncé par une voix posée. Essayez d'adopter un ton neutre et régulier et de le garder tout au long de l'enregistrement…

Un rythme lent

Les points de suspension présents à chaque fin de phrase dans les terpnos logos symbolisent des pauses (deux à trois secondes), ou plus succinctement des silences permettant de se recentrer. En effet, un discours continu durant toute la durée de la pratique ne laisserait pas de place à l'expérience personnelle, à l'autonomie. Les moments de pause d'intégration seront quant à eux encore plus prolongés (deux à trois minutes) et ils sont symbolisés par un retour à la ligne. Un rythme lent s'impose ainsi : ce n'est pas un marathon! L'enregistrement est donc un moment de patience qui dure autant que la relaxation dynamique ou sophronisation finale que vous allez bientôt pouvoir vivre.

Complétez les terpnos logos

Vous remarquerez au chapitre 11 que la sophronisation de base vivantielle par systèmes, essentielle pour pratiquer les techniques de sophrologie – elle permet d'accéder au niveau sophroliminal –, n'est pas réécrite mais simplement indiquée : « Sophronisation de base vivantielle par systèmes ». Il est bien évident que lors de vos enregistrements il vous faudra reprendre son terpnos logos développé au début du chapitre. De même pour les parties 4 et 5 qui ne font que rappeler « Sophronisation de base vivantielle par systèmes », « Sophro-déplacement du négatif abrégé », « Sophro-présence du positif abrégée », « Évocation de sentiments positifs ». Il ne suffit donc pas de prononcer leur intitulé mais bien d'insérer leur terpnos logos respectif.

Restez serein(e)

N'ayant pas l'habitude de vous enregistrer, de vous concentrer sur votre voix, de lire un texte spécifique avec un ton et un rythme particuliers, vous pourriez facilement vous décourager. Lancez-vous dans cette aventure l'esprit serein, amusé, sans vous créer de pression inutile. Au début, testez-vous sur de courtes durées : enregistrez-vous durant une minute, puis réalisez votre autocritique pour améliorer par exemple votre élocution lors du prochain enregistrement. Si vous écorchez un mot au bout de quinze minutes d'enregistrement, ce n'est pas grave : poursuivez tranquillement le terpnos logos.

Se détacher de sa voix

Nous avons souvent des difficultés à apprécier notre voix. Au fil de votre entraînement vous aurez l'occasion de vous en détacher pour vivre pleinement la technique en question. C'est un lâcher prise progressif qui s'opère, l'objectif étant de se recentrer et de n'utiliser le discours d'accompagnement que comme fil conducteur.

Septième partie

Annexes

Dans cette partie…

Pour ne pas se perdre parmi les « sophro », faire la différence entre relaxations dynamiques et techniques spécifiques et tout savoir sur les différents moments des sophronisations, un lexique complet est à votre disposition.

Vous trouverez également une bibliographie qui vous aidera à aller plus loins dans votre pratique de la sophrologie.

Lexique

Lexique à l'attention des esprits curieux… et consciencieux!

Le jargon sophrologique n'aura plus de secret pour vous.

Conscientiser : Laisser émerger à la conscience. Par exemple, conscientiser les sensations.

Écoute du corps : Écouter son corps, c'est développer sa capacité à accueillir et à vivre consciemment les sensations (physiques, émotionnelles et autres). Cela implique par exemple de repérer les zones où se logent habituellement nos tensions inutiles (au niveau des épaules, du ventre, etc.).

Désophronisation : Elle signale la fin de la pratique, autrement dit la fin d'une relaxation dynamique ou d'une technique spécifique. C'est la phase durant laquelle on prend le temps de retrouver un tonus habituel et de rouvrir les yeux.

Geste signal : Il fait partie des techniques dites spécifiques et sert à éveiller un sentiment utile (par exemple le calme ou encore la confiance) quand bon nous semble par un geste ancrage.

IRTER : C'est un acronyme signifiant Inspiration, Rétention-Tension douce, Expiration-Relâchement. Autrement dit, il s'agit d'une mise en tension douce associée à la respiration. L'IRTER est intéressante pour activer la présence du corps (en avoir conscience).

ISOCAY : C'est un acronyme signifiant « Intégration par la Sophrologie CAYcédienne® ».

Méthodologie : Le terme méthode serait plus juste, mais il est employé pour définir la relaxation dynamique. Ainsi, la méthodologie en sophrologie désigne une façon de s'entraîner suivant trois phases : la découverte (prendre conscience), la conquête (mieux maîtriser), et la transformation (intégrer les bénéfices d'une meilleure conscience et maîtrise).

Négatif : Le négatif désigne tout ce qui nous démobilise, qui nuit à notre santé, notre vitalité, qui nous fait perdre notre motivation et notre volonté. Ce terme n'a donc rien de nébuleux! Évacuer le négatif – dans le cadre de la technique spécifique du sophro-déplacement du négatif – consistera à se libérer de ses tensions inutiles et peut-être de pensées parasites, si elles sont négatives.

Niveau sophroliminal : C'est le niveau de conscience juste en dessous du niveau de « conscience vigile », désormais privilégié dans l'entraînement sophrologique. Un niveau dans lequel sont pratiquées les relaxations dynamiques et techniques spécifiques. Pour plus de facilité, nous parlons de niveau sophroliminal au cours de l'ouvrage.

Pause d'intégration : Elles représentent les pauses qui ponctuent les relaxations dynamiques et les techniques spécifiques. Ce sont des moments d'accueil et d'intégration des phénomènes expérimentés pendant la pratique.

Phénodescription : C'est une description orale ou écrite qui s'effectue après la pratique (après la désophronisation). Cela consiste à décrire ses sensations, plus largement son vécu par rapport à la technique expérimentée. Une façon de mieux intégrer cette expérience à la conscience.

Phénoménologie et réduction phénoménologique : En sophrologie, l'apport de la phénoménologie réside dans les notions de découverte et d'expérience. La réduction phénoménologique se résume en trois principales étapes : le retour à la chose elle-même, la suspension du jugement (*épokhè*) et la mise entre parenthèses.

Phronique : Un terme employé en sophrologie dans le sens de « profond(e) » et faisant ainsi référence à la profondeur de la conscience. On parle par exemple de vivance phronique.

Positif : Le positif représente tout ce qui est mobilisateur, qui va dans le sens de la santé, de la vitalité, et tout ce qui va éveiller une plus grande qualité de conscience. Le positif n'est pas forcément l'agréable : manger une tablette de chocolat par jour est peut-être agréable mais ne semble pas très positif. Rappelons que toutes techniques sophrologiques respectent le principe d'action positive (voir le chapitre 4).

Relaxation dynamique : Une méthode formant la colonne vertébrale de la sophrologie et de son entraînement. Elles se composent de 12 degrés classés en cycles réductif, radical et existentiel. On parle par exemple de RD1 pour désigner la relaxation dynamique du 1er degré. Au sein même des relaxations dynamiques sont insérées des techniques dites spécifiques, principalement le sophro-déplacement du négatif et la sophro-présence du positif.

Sensation : Les sensations peuvent être intéroceptives – ce sont les sensations internes émergeant de récepteurs plus ou moins profonds – ou extéroceptives, c'est-à-dire externes, de l'ordre de la perception sensorielle. Ce sont des informations pouvant se manifester par le tonus musculaire (tendu/relâché), le poids (lourd/léger) ou encore la densité (plein/vide). On peut également parler de sensations de chaleur ou de froid, de fourmillement, de circulation sanguine et d'autres encore. Écouter et accueillir ses sensations est inhérent à l'entraînement sophrologique.

Se relier : Ce n'est pas simplement observer ou s'observer (modalité visuelle), mais faire appel aux modalités mentales, physiques et émotionnelles.

Sophro-acceptation progressive : Technique dite spécifique dont l'objectif est de se préparer à vivre positivement une situation future en se reliant à son après.

Sophro-concentration : Technique dite spécifique dont l'objectif est de développer sa capacité de concentration et de pouvoir la mobiliser sur un phénomène.

Sophro-correction sérielle : Technique dite spécifique dont l'objectif est de se déconditionner d'une situation anxiogène.

Sophro-déplacement du négatif : Technique dite spécifique dont l'objectif est d'évacuer les tensions inutiles présentes dans le corps à chaque expiration.

Sophro-manence et rétro-manence : Technique dite spécifique dont l'objectif est de vivre consciemment ses valeurs ou ses capacités, les stimuler pour pouvoir les mobiliser pleinement dans son existence.

Sophro-mnésie dissociée : Technique dite spécifique dont l'objectif est de mobiliser la conscience dans une relation positive au passé en tant que spectateur d'un souvenir, non dans son ressenti.

Sophro-mnésie libre : Technique dite spécifique dont l'objectif est de développer une relation naturelle au passé en se reliant à des souvenirs positifs.

Sophro-mnésie senso-perceptive : Technique dite spécifique dont l'objectif est de mobiliser la conscience dans une relation positive au passé en évoquant un souvenir positif et en le revivant tant dans sa perception que dans ses sensations.

Sophronisant : C'est la personne qui pratique une séance de sophrologie, autrement dit le client ou patient (dans le cas où le sophrologue est aussi thérapeute) du sophrologue. Sophronisant est un terme qui implique autonomie, responsabilisation et investissement personnel. Il peut également être employé au féminin pour qualifier les sophronisantes.

Sophronisation : Elle désigne le protocole global d'une technique spécifique : sophronisation de base + technique spécifique + désophronisation.

Sophronisation de base : Il s'agit d'une technique spécifique à part entière qui consiste à relâcher ses muscles, à écouter des sensations corporelles, à accéder au niveau sophroliminal, mais elle désigne également différentes techniques d'entrée dans une sophronisation : sophronisation de base, vivantielle, par systèmes, abrégée.

Sophro-présence : Technique dite spécifique dont l'objectif est de vivre en conscience et mobiliser un phénomène.

Sophro-présence du positif : Technique dite spécifique dont l'objectif est de somatiser du positif, autrement dit activer sa présence dans tout le corps.

Sophro-programmation future : Technique dite spécifique dont l'objectif est de se préparer à une situation future en se reliant aux bénéfices de sa réussite quelque temps après l'avoir vécue.

Sophro-projection future : Technique dite spécifique dont l'objectif est de se préparer à une situation future en s'imaginant la vivre positivement et en optimisant ses ressources et ses capacités.

Sophro-respiration synchronique : Technique dite spécifique dont l'objectif est de synchroniser sa respiration avec une formulation mentale, un mouvement, une image ou encore une sensation.

Sophro-stimulation imaginative : Technique dite spécifique dont l'objectif est de vivre consciemment et de développer son imagination.

Sophro-stimulation vitale : Technique dite spécifique qui vise un renforcement de la structure biologique.

Sophro-substitution sensorielle : Technique dite spécifique dont l'objectif est de diminuer ou remplacer une sensation désagréable par une autre (agréable).

Systèmes : En sophrologie, on parle de cinq systèmes, qui représentent des régions corporelles précises. Le 1er système réunit par exemple le visage et le crâne. Le 2e : le cou, la nuque, les épaules et la face externe des bras jusqu'au bout des doigts. Et ainsi de suite jusqu'au bas de corps.

Techniques spécifiques : Elles désignent les techniques telles que le sophro-déplacement du négatif, la sophro-présence du positif, la sophro-projection future, les sophro-mnésies, qui sont pratiquées en parallèle des relaxations dynamiques, et paraissent souvent plus concrètes aux yeux des sophronisants au début des séances. Elles ont chacune un objectif précis.

Terpnos logos : C'est le texte d'accompagnement d'une relaxation dynamique ou d'une technique spécifique.

Vivance (phronique) : La vivance, et plus précisément la vivance phronique, désigne la rencontre corps-esprit dans la profondeur de la conscience. On parle de répétition vivantielle lorsque l'entraînement sophrologique permet de répéter la vivance (les rencontres).

Bibliographie

Les ouvrages sur la sophrologie

Chéné P.-A., *Sophrologie. Tome 1 : Fondements et méthodologie*, Ellébore, 2001

Chéné P.-A., *Initiation à la Sophrologie caycédienne®*, Ellébore, 2004

Davrou Y. (Dr.), *La Sophrologie facile*, Marabout, 2005

Esposito R., *Sophrologie : lexique des concepts, techniques et champs*, Elsevier Masson, 2010

Gauthier P., *Découvrir la sophrologie*, InterEditions, 2011

Pecollo J.-Y., *La Sophrologie au quotidien*, éditions du Rocher, 1994

Les ouvrages sur les champs d'application de la sophrologie

Bellenger L., *La Confiance en soi*, ESF, 1998

Chéné P.-A., *Sophrologie. Tome 2 : Champs d'application*, Ellébore, 2006

Chevalier-Beaumel A. et Guillot D., *Sophrologie et créativité*, Le Puits Fleuri, 1999

Autres ouvrages

Fosse P., *102 exercices de flash relaxation pour remédier au stress*, Recto Verseau, 2006

Haag P. et Roudil-Paolucci N., *L'Hypnose*, Le Cavalier Bleu, 2010

Lyotard, J.-F., *La Phénoménologie*, PUF, 2007

Pesez Y., *Savoir s'exprimer*, Retz-CEPL, 1977

Putois O., *La Conscience*, Flammarion, 2005

Rimpotché R. T., *Et si vous m'expliquiez le bouddhisme ?*, NiL, 2001

Saradananda S., *Postures et techniques du yoga*, Larousse, 2009

Sites internet

Le Syndicat des sophrologues professionnels :

`www.syndicat-sophrologues.fr`

La Société française de sophrologie :

`www.sophrologie-francaise.com`

La coordination des écoles professionnelles de sophrologie

`http://ecoles.sophrologues.fr/`

Autres :

`www.sophrologie-info.com`

`www.lasophroetvous.com`

`www.ecole-formation-sophrologie.fr`

Index

R

S

Disponibles dans la collection « Pour les Nuls »

Vie pratique

Bien-être

Titre	*Auteur*	*Prix*	*ISBN*
Coffret Massages	Collectif	24,90 €	978-2-7540-2064-0
Les Huiles essentielles	Elske Miles	22,90 €	978-2-7540-1596-7
Shiatsu et Réflexologie	Synthia Andrews, Bobbi Dempsey, Michel Odoul	22,90 €	978-2-7540-0981-2
Le Tai-Chi	Therèse Iknoian	22,90 €	978-2-7540-0137-3
Les Massages	Steve Capellini, Michel Van Welden	22,90 €	978-2-7540-0060-4
La Méthode Pilates	Ellie Herman	21,90 €	978-2-8769-1767-5
Le Yoga	Georg Feuerstein	21,90 €	978-2-8769-1752-1
Le Feng Shui	David Kennedy	21,90 €	978-2-8769-1687-6

Psychologie

Titre	*Auteur*	*Prix*	*ISBN*
Le Développement personnel	Collectif	29,90 €	978-2-7540-0865-5
L'Interprétation des rêves	Didier Colin	22,90 €	978-2-7540-2318-4
L'EFT (Technique de libération émotionnelle)	Helena Fone, Jean-Michel Gurret	22,90 €	978-2-7540-2067-1
La Pensée positive	Averil Leimon, Gladeana McMahon, Béatrice Millêtre	22,90 €	978-2-7540-1821-0
L'Adolescence	Michel Fize	22,90 €	978-2-7540-1412-0
Exercices de programmation neuro-linguistique	Romilla Ready, Kate Burton, Béatrice Millêtre	19,90 €	978-2-7540-1593-6
Exercices de thérapies comportementales et cognitives	Rhena Branch, Rob Willson, Béatrice Millêtre	19,90 €	978-2-7540-1592-9
Les Relations amoureuses	Florence Escaravage, Kate M. Wachs	22,90 €	978-2-7540-1499-1
Apprendre mieux	Marie Joseph Chalvin	22,90 €	978-2-7540-1261-4
Le Langage des gestes	Joseph Messinger	22,90 €	978-2-7540-0597-5
La Confiance en soi	Kate Burton	22,90 €	978-2-7540-0647-7

Titre	Auteur	Prix	ISBN
Le Coaching	Jeni Mumford	22,90 €	978-2-7540-0353-7
La PNL	Romilla Ready, Kate Burton	22,90 €	978-2-7540-0169-4
L'Hypnothérapie	Mike Bryant, Peter Mabbutt	22,90 €	978-2-7540-0504-3
Les Thérapies comportementales et cognitives	Rob Willson, Rhena Branch	22,90 €	978-2-7540-0246-2
La Psychologie	Dr Adam Cash	21,90 €	978-2-8769-1802-3

… en Poche

Titre	Auteur	Prix	ISBN
Zen ! La Méditation	Stephan Bodian	11,90 €	978-2-7540-0000-0
Les Massages	Steve Capellini, Jocelyne Rolland, Michel Van Welden	11,90 €	978-2-7540-1330-7
Le Feng Shui	David D. Kennedy	11,90 €	978-2-8769-1871-9
Un bureau feng shui	Holly Ziegler, Jennifer Lawler	11,90 €	978-2-8769-1949-5
La Méthode Pilates	Ellie Herman	11,90 €	978-2-7540-0223-3
Le Yoga	Georg Feuerstein, Larry Pane	11,90 €	978-2-7540-0063-5
Guérir l'anxiété	Dr Martine André, Dr Charles Eliott, Dr Laura Smith	11,90 €	978-2-7540-1195-2
Les Thérapies comportementales et cognitives	Rob Willson, Rhena Branch	11,90 €	978-2-7540-1074-0
La PNL	Romilla Ready, Kate Burton	11,90 €	978-2-7540-0879-2
La Psychologie	Dr Adam Cash	11,90 €	978-2-8769-1957-0